金融创新与秩序

黄毅著

金融创新与秩序

黄毅 著

Financial Innovation and Order

By Huang Yi

法律出版社
LAW PRESS·CHINA

金融业的创新与秩序

（代　序）

金融业如何作用于现代经济不是可以轻易定论的问题，但金融是现代经济的核心，也是每一次经济危机的核心要素。从历史的演变逻辑看，金融创新助推了金融业的繁荣，并且为经济发展注入了新的活力，但每当危机发生之时，所有的反思都会归集于金融创新过度，以及金融监管不力之上。然后，在行业转型和秩序重塑的争论声中，开启新的发展周期，蹈入新的轮回。本书基于一个全新的视角，围绕监管法治的主线，试图揭示监管与创新的内在逻辑，从而为金融业，尤其是银行业的转型发展和秩序建构探索未来之路。

一、监管与创新的持续博弈是金融业发展的动力之源

银行过度的创新使监管规则流于形式，这被认为是 2008 年国际金融危机的重要成因，但金融创新从来没有因为发生危机而停止过。银行为什么有足够的动机去创新，因为金融监管制度给银行带来了过重的负担且存在税负效应，而监管的必要性却一直未能得到完美的论证；监管对于金融市场的真实作用总是被质疑，并且监管规则本身也存在各种可资利用的漏洞等。因此，银行通过创新转型，与监管不断

地进行博弈是不可避免的,这是金融业的过去和现状,也是金融业的未来。

如果说金融危机的发生与金融创新密不可分的话,那么,监管恐怕就只能是危机导向型的。事实也的确如此。正是对各种大小危机的反复总结,才得以概括出林林总总的金融监管规则。当然,也正是因为危机导向这一规律的存在,导致监管规则看起来并非十分严整的逻辑体系。而且,当特定的时段过去,危机逐渐消退之后,监管规则的效用就会被人质疑。在笔者所翻译的《反思银行监管》一书中,对这个问题进行过全面的阐释。

因为这些原因的存在,监管与创新在多数时候呈现为一对博弈组合。它们彼此之间的竞争,为金融业的发展提供了动力,铸就了金融业的繁荣和扩张。监管与创新之间的博弈也精彩纷呈,从基础金融产品的演化,到风靡一时的证券化产品,乃至 Facebook 新近推出的 Libra 项目企划,无不蕴含着摆脱现行监管和体制束缚的企图。但最终的结果是:金融创新所能突破的最多是监管规则,而不可能背离法律体系和体制利益,没有一项金融产品能够真正存续于既定秩序之外。

从这个角度讲,金融业发展的根本在于保持监管和创新的平衡,这个过程是对金融安全与市场效率、秩序与自由等冲突价值的有效权衡,是小心地维护好"监管与创新"所形成的动态均衡结构,唯有如此,才能为金融业和社会经济的发展提供不竭的动力。而能够达成这一目标的关键手段,无疑就是市场法治,亦即借助法治手段为监管和创新确定合理的边界,建构良好的市场秩序。

二、监管的游离与探索

监管的功能决定了其自身的价值站位不可能太高,所以,金融监管常常更像是经济政策而非法律的一部分,是功利的、不断变幻的,完全无法与“市场”或“法治”这些相对恒定的价值相提并论。20 世纪大萧条之前的金融业基本上不受管制,而是处在自由竞争的状态,世界经济大萧条之后出台的《格拉斯—斯蒂格尔法》(Glass-Steagall Act)结束了这一切,这部法律确立了严格分业经营的原则,禁止银行包销和经营公司证券,只能购买美联储批准的债券。之后,随着凯恩斯主义的流行,政府管制经济成为一种趋势,金融监管也进入“安全性优先”的时代。这期间,美国出台了许多具有时代性的监管立法,建立了存款保险制度,设立了美国证券交易委员会(U. S. Securities and Exchange Commission,SEC)等监管机构,建构起一套稳定的金融体系。但这个时期的金融监管更多地体现为一种合规性管制,对银行等机构的经营限制繁多而具体,这套体系对于防控金融风险的确行之有效,但也付出了“滞胀”的代价,这种“严监管”的体制同时还激发了金融机构通过创新来规避监管的浪潮。

随着时代的变迁,当自由主义经济思潮在 20 世纪后期复兴之后,金融监管迅速跟进,安全性不再是首要的关切,创新和经营效益方面的考量更为优先。一批体现新价值的法律很快出台,如美国《1980 年存款机构放松管制和货币控制法》《1987 年公平竞争银行法》等。但过度放松监管的恶果很快呈现出来,不同级别金融危机的发生频度明显增加。安全与效率,这两个看似简单的选择项,成了金融监管无法破解的难题。

迄今为止,能够尽量兼顾安全与效率的监管方案显然就是“审慎监管”,其核心思想是在放松管制的同时加强对金融业的监督,其中最具代表性的规范是《巴塞尔协议》。巴塞尔原则的确立,使金融监管进入了一个新的时代,也即审慎监管时代。审慎监管也可以称为“资本约束”的监管,或者“风险为本”的监管。这一监管理念意图通过对过往数据的分析,来计算银行未来所面临的风险,然后以足够的资本储备来覆盖可能发生的损失。

审慎监管虽不完美,但它是金融监管史上一次真正的飞跃,它让监管者摆脱了“一管就死、一放就乱”的困境,得以从一个相对超脱的监督者的角色来约束金融经营行为。但审慎监管同样存在致命的缺陷,这不仅因为过往的数据和经验未必可靠,还因为审慎体制无论怎样改进,都无法照顾到所有的风险,因而失之于过分宽松。所以,我们很容易就能发现一个事实:那就是尽管各国监管部门一直在扩大风险的范围,并且不断地提高资本要求,但是危机却照样发生,甚至发生了2008年那样席卷全球的金融风暴。

金融风暴的发生,使金融监管体系再次面临逻辑无法自证的窘境。危机之后的监管体制改进是多方面的,巴塞尔规则也迅速更新到Ⅲ,最近又概括出了“Ⅳ”,但其内在的改进逻辑无非是在强调和扩展审慎理念的同时,将历史上那些简单直接的合规性管制手段重新启用。金融监管环境因为强化合规手段而再次进入了“严监管”时期,惩罚性措施越来越多,金融业通过简单计算经济资本来证明风险管控能力的时代成了过去式。

三、创新驱动、监管驱动、科技驱动和货币驱动

如前所述,创新突破和监管的不断改进无疑为金融业的持续发展提供了动力。但这一原则在进入信息时代,尤其是移动互联网时代之后,正在被弱化,计算机技术对金融业的重要性似乎超过了其他

因素。

金融是中介行为,金融行为的标的在多数时候表现为一种信息,因此,当信息的形态或方式发生改变时,金融业首当其冲就会受到影响。计算机技术的发展不仅使金融信息的传递变得简单易行,还使大多数信息变成了在网络上传输的数据。金融业因此而发生了无比巨大的改变,货币更多时候是以一组数据的形式在不同账户之间流转,网络数据取代纸质凭证成为金融交易的主要方式。进入4G时代之后,移动设备的信息交互能力增强,一跃成为最常见的交易终端,中国的诸多支付公司更是从银行手中抢走了原本应由现金占据的金融消费端口。当前,随着5G技术的成熟落地,相信金融交易模式还将会继续迭代更新,大型科技公司与金融机构之间的技术融合趋势也将更进一步。

但必须指出的是:信息技术对金融业的改变纵然是巨大的,却并不改变金融的基本逻辑。无论以什么方式实现的金融交易,都仍然是一种从时间上和空间上对金融资源进行整合的行为,因而都必须遵循金融规律,必须纳入现行监管体制和法律框架。当然,交易方法和路径的改变意味着原有的监管手段已经不合时宜,原来的法律制度安排也需要更新,Fintech(金融科技)已是现实,Regtech(监管科技)已无可回避,甚至Judtech(司法科技)也将会到来,而所有这些都是挑战和改变,都意味着金融业需要转型升级。

事实上,真正能够颠覆金融逻辑的要素只可能是货币,尤其是货币的法律属性。这是因为货币是金融的前提,是最初、最高位阶的金融创新,是整个金融体系的源头。而现代货币是拟制货币,是体制的产物,因此又被称为“主权货币”,将主权货币嵌入体制的手段是货币制度,而货币制度的逻辑起点正是货币的法律属性。从历史上看,货币法律属性的每一次改变都会产生重塑金融业的效果。

早期的货币是贵金属等实物,人为拟制因素并不明显,因而货币的体制和法律属性没有被关注。但在拟制货币,尤其是纸币时代的到来,货币的本质变成了一种法律制度,隶属于体制的一部分,甚至衍生出了"铸币税"。随着布雷顿森林货币体系的解体,货币脱离了与所有实在物的联系,变成了一种与"股权"类似的信用权利,被完全拟制化了,金融的基本逻辑因之也发生了实质性改变。金融业自此走上了彻底的货币依赖路径,中央银行的货币政策选择某种程度上决定着金融业的走向,金融创新和行业发展也转向与监管规则不断进行博弈的路径。

科技如果想要改变金融业的内在逻辑,也只能通过改变货币的法律属性来实现,需要将货币从体制中剥离出来,而这恰是"数字货币"正在做的事情。如果像比特币和Libra之类的信息符号能够真正成为公众认可的货币,则现行货币制度将被完全颠覆,中央银行和商业银行的存续方式,乃至现代经济制度等都将会被重构。但在主权国家时代,这种局面几乎没有可能会发生,主权货币与既有体制已经无法切割,这决定了各类数字货币,无论其包装多么华丽,最多也只能止于"证券产品",而难以作为"通货"被主权国家所接纳。所以,数字货币时代虽然近在眼前,但却为现实所不容,但这并不意味着数字货币,或者其他形态的货币金融体系永远不会到来,因此,从监管法治的角度做好准备是必要和迫切的。

四、金融业的秩序归于法治

无论是监管与创新的博弈,金融科技所带来的改变,还是取代纸币的新型货币在某个时刻的问世等,所有这些都无时无刻地影响着金融业。但在可以预见的未来,它们最终都要归于既定的秩序,归于主权国家所确立的治理体系。金融业的持续发展归根结底也要依赖一套平衡稳定、激励相容的法律秩序。

按照“法律不完备”理论,监管原本是多余的,只是因为法律的不完备,以及司法能力的不足才产生了对监管的需求,因而监管只是法律的补充,是替补者的角色。这种观点虽然有着明显的,甚至过激的自由主义色彩,但对于金融行业秩序的建构却有着非凡的意义,因为它为监管指明了方向。监管的出发点不是要“管”住金融交易,而是要建立能够指引和矫正金融行为的规则。至于“博弈”,那是金融企业的诉求,而不应该成为监管者的执法动机。

法律秩序的核心逻辑在于权利义务体系,更在于“分工”,分工带来的效率和规模化生产,推动了人类文明的进步。金融业本身就是产业分工的结果,监管权如果不愿沦为司法的补充,也可以视作权力分工的产物,分工制约仍然是现代治理机制的基本路径。金融秩序意义上的分工既包括监管权力配置结构的合理性,也包括监管权力与金融市场之间的界限分隔,监管与创新之间的博弈可以理解为双方在这条界限之上的龃龉,而监管的游离与反复则说明:划出一条恒定的界限是一项几乎无法完成的任务。分业体制或混业体制反映的无非是分工精细化的程度,无论是机构监管还是功能监管则是对博弈范围的圈定。这些不同的模式并非要诠释不同的金融理念,而只是在勾勒不同的分工格局和行业秩序,或者说,它们所要解决的,本质上是同一个金融业的问题。

所以,金融业的持续发展必须遵循行业内在的规律,同时又必须容忍和面对科技或者其他因素带来的挑战。如果只是为了因应不同的宏观环境,则无论金融抑制或者金融深化都有其合理性,选择哪种导向都自有其道理,关键是看选择的时机。换句话说,这些都不是最重要的,最重要的是要建立起一套无论在什么时候,都能够指引行为和处置风险的规则,亦即一种归于法治理念和市场机制的金融秩序。

当今时代,唯有市场机制和法治秩序才是金融业真正的支撑。

Innovation and Order in the Financial Industry

(Preface)

How finance works in the modern economy can not be easily summarized, but it can be said that finance is a core part of the modern economy and one of the main causes of every economic crisis. The evolution of finance often follows a particular pattern. Financial innovation boosts the prosperity of the financial industry and injects vitality into the economic system. Upon a crisis, reflections often scrutinize excessive financial innovation and laggard regulation. The subsequent debate on how to re-write the rules and incentivize a transformation of the industry marks the start of a new cycle.

This book analyzes the relationship between regulation and innovation using the framework of law. It hopes to delineate a path for continued structural growth and transformation of the banking sector.

First, the play-off between regulation and innovation is a catalyst for growth

Banking innovations typically out pace regulation. When done in excess, regulation becomes a formality. This is considered a material factor in the 2008 financial crisis. Yet financial innovation has never slowed because of the risk and occurrence of crises.

The reason behind such pace of innovation is the banks' need to alleviate burdens from excessive regulation. Yet, the necessity of regulation is not a foregone conclusion, and the true effects of regulation on financial markets remain debated, especially considering loopholes susceptible to exploitation despite such heavy regulation. The strategic wrestling between bank's innovation and regulation remains unavoidable. This is the past, present, and future of the financial industry.

If the occurrence of the crises remains in lock step with financial innovation, then regulation may, albeit reluctantly, be crisis-oriented. In fact, it is from the repeated reflections of the various large and small crises that a general financial regulatory framework can be distilled. Of course, it is precisely because of its crisis orientation, that the specific regulations do not seem to add up to a coherent system. Moreover, the effectiveness of the regulatory rules is likely to be questioned after some time has passed and the consequences of crisis have gradually receded. The book "Reflection on Bank Supervision" translated by the author covers this topic more comprehensively.

The juxtaposition between supervision and innovation, and their inherent need for competition provides the impetus for the development of the financial industry. From the very basic financial products, to the once popular securitization products, and to the newly launched Libra project of Facebook, the intention to break through the current regulatory hold is pervasive. But the result is that, even at its best, financial innovation can only bypass concrete regulatory measures, but it can't get rid of the whole legal system and rule of law. No financial product can truly exist beyond the established order.

From this perspective, the focal point of the financial industry is to maintain the precarious balance between supervision and innovation. This process is an effective balance between the opposing values of security and efficiency, order and freedom. This shifting paradigm is the result of continued careful management of such complex dynamics. Only in this way can we provide a sustainable source of growth for the financial industry and social economy. The key means to achieve this goal is undoubtedly the rule of law applied to the market, that is, the use of the rule of law to determine sensible boundaries for regulation and innovation, to construct a good market order.

Second, the separation and exploration of regulation

The inherent function of regulation necessitates that its value is somewhat limited. Oftentimes, it is more comparable to economic policy, which is utilitarian and constantly changing. It is far from being "market" or "the rule of law". The financial industry before the Great Depression of the 20th century was largely unregulated, but the Glass-Steagall Act changed that. This law established a strict operational separation. It prohibited banks from underwriting and operating corporate securities and deemed that they can only purchase bonds as approved by the Federal Reserve. Later, with the rise of Keynesianism, the government's intervention in the market became more prevalent, and financial regulation entered an era of "safety first." During this period, the West introduced many landmark legislations; the creation of a deposit insurance system, establishment of the SEC and other regulatory agencies, in view of creating a stable financial system. However, financial regulation during this period ended up being compliance-driven, resulting in numerous and specific restrictions on the operation of banks. This system was effective in preventing and controlling certain financial risks, but it also led to "stagflation". This "strictly regulated" system also spurred a fervor amongst financial institutions to circumvent rules through innovation.

As liberal economic theories began to revive in the late last century, financial regulation quickly followed suit. Security was no longer the main concern. Innovation and operational efficiencies were given priority. Several laws embodying these new values were soon introduced, such as the US Depository Institutions Deregulation and Monetary Control Act of 1980 and the Competitive Equality Banking Act of 1987. However, the consequences of excessive deregulation quickly emerged, and the frequency of financial crises at varying magnitudes increased significantly. Security and efficiency, two seemingly simple options, became a dilemma that financial regulation could not solve.

So far, the regulatory program that can balance safety and efficiency is obviously "prudential regulation". Its central idea is to strengthen the supervision of the financial industry while deregulating. The "Basel Agreement" is amongst the most representative of such framework. The establishment of the Basel system ushered financial regulation into a new era, the era of prudential supervision. Prudential regulation can also be called "capital-constrained", or "risk-based" regulation. This regulatory concept is intended to project the potential risks faced by the banks by analyzing past data and requiring enough capital reserves to cover possible losses.

Although prudential supervision is not perfect, it is a material step forward in the history of financial regulation. It allows for effective management of banks activities without excessive freedom or control. But prudential supervision has its flaws. Experience and data are not always the best representation of the future. No matter how it evolves, it would be impossible for the prudential regulation framework to account for all risks. It is evident in the observation that although national regulators have been expanding the scope of regulations and raising capital requirements, crises continue to occur, and it even left room for the Great Financial Crisis in 2008.

This financial turmoil, once again, brought the financial regulatory system to an inflection point. The improvement of the regulatory system after the crisis was multifaceted. The Basel rules was quickly updated to the Basel Ⅲ; and recently, the Basel Ⅳ. However, the inherent improvement logic emphasized the expansion of the prudent regulation concept, enhanced by the re-use of compliance controls discussed earlier. The financial regulatory environment has once again entered a "strict regulation" period with heavier punitive measures. The era of capital requirement calculations as the basis to prove adequate risk management capabilities has become a thing of the past.

Third, innovation-driven, regulation-driven, technology-driven and currency-driven progresses

As mentioned earlier, innovation breakthroughs and regulatory improvement has undoubtedly provided the impetus for the financial industry. But this pattern is weakening as we enter the information age, especially the mobile internet era. Technology seems to be quickly out-ranking other factors in terms of importance to the financial industry.

Finance is ultimately an act of intermediation. The primary subject of financial intermediation is information. Therefore, when the form or mode of information changes, the financial industry bears the brunt. The development of technologies not only makes the transfer of financial information simple, but also turns most of the information into data transmitted over the internet. As a result, the financial industry has undergone tremendous changes. Fiat currency is mostly but a string of numbers moving between accounts. Digitized data has replaced paper documentation as the main method of financial transactions. After entering the 4G era, the mobile phone became capable of more advanced information exchange, leading to its ascendance to the most common trading terminal. Many third-party payment companies in China have largely made the need for cash redundant, replacing the physical fiat currency's role at every point-of-sale. With the maturity of 5G technology, we'll see the next iteration of changes, the technical integration of technology companies and financial institutions will be further enhanced.

It is worth noting that, while information technology has brought enormous change to the financial industry, it does not change the basic logic of finance. Financial transaction, no matter how it is executed, is still a temporal and spatial distribution of capital. Therefore, it must follow the laws of finance, and incorporated into the current regulatory and legal framework. Of course, the change in trading methods and routes means that the original regulatory tools are out of date, and the original legal system also needs to be updated. Fintech (financial technology) is a reality, Regtech (regulatory technology) is inevitable, and the advent of Judtech (jurisdictional technology) will only be a matter of time. With all these changes and challenges, the financial industry will need to further transform and evolve.

The only factor that can truly subvert this financial logic is currency, especially the legal nature of money. This is because currency is the precondition of finance, the initial and highest level of financial innovation, and the source of the entire financial system. Modern currency is the product of the system-so called "sovereign currency". The monetary system presents itself as an embodiment of sovereign currency and its economic and financial roles; and the logical starting point of the monetary system is the legal attribute of money. Historically, every change in the legal nature of currency has reshaped the financial industry.

Early currency was physical objects such as precious metals, with limited human imposed frameworks. Thus, the institutional and legal attributes of the currency were not a priority. However, when the era of banknotes came, the essence of money became a legal system, part of the system, and even derived the "coinage tax". With the disintegration of the Bretton Woods system, currency became detached from all physical objects and has become a kind of credit right similar to "equity". This laid the foundation for the future evolution of financial systems, and the basic logic of finance has also taken effect. Since then, the financial industry has embarked on a thorough path of monetary dependence. The choice of the central bank's monetary policy determines the direction of the financial industry to some extent. Financial innovation and industry development also turned to the path of wrestling with regulation.

If technology wants to change the inherent logic of the financial industry, it can only be achieved by changing the legal attributes of currency. This is achieved by separating currency from the existing monetary framework, and this is exactly what "digital currency" is trying to accomplish. If informational representations such as Bitcoin and Libra become publicly recognized currencies, the current monetary system will be completely subverted, and the existence of central banks and commercial banks, as well as the modern economic system, will be reconstructed. However, in the era of sovereign nation states, outcome has low likelihood. Sovereign currency and the existing system can no longer exist independently. This means that digital currency, no matter how spectacular the packaging, will end up becoming securities and not currency, shunned by sovereign states. Therefore, although the digital currency era is close at hand, it is far from reality. But this does not mean that digital currency or other forms of currency and financial systems will never come. Therefore, it is necessary and urgent to be prepared from a legal perspective.

Fourth, the order of the financial industry belongs to the rule of law

Whether it is the wrestle between regulation and innovation, the changes brought about by financial technology, or the replacement of banknotes by a new norm of currency, the financial industry will be impacted at every step. But in the foreseeable future, these scenarios will be governed by the established financial order and managed within the framework of a sovereign state. The sustainable development of the financial industry ultimately depends on a balanced, stable and inclusive legal order.

According to the "incomplete law" theory, regulation is redundant. It is only because of the incompleteness of law and the lack of judicial capacity that regulation becomes necessary. Therefore, regulation is a supplement to law. Although this view has obvious and even excessive liberalism, it has an extraordinary significance for the construction of the financial industry order, because it points out the direction for regulation. The starting point of regulation is not to "restrict" financial transactions, but to establish rules that guide and correct financial behavior. As for the "game", it originates from the growth needs of financial institutions, and should not become an enforcement motivation for regulators.

The core logic of the legal order lies in the framework of rights and obligations, but also the "division of labor". The division of labor brought efficiency and large-scale production and promoted the advancement of human civilization. The financial industry itself is the result of industrial division of labor. If the regulation is not willing to become a supplement to the judiciary, it can also be regarded as the product of the division of power. The division of labor is still the basic path of the modern governance. The division of labor in the context of financial order includes both the distribution of regulatory power and the boundary between regulation and the financial market. The game between supervision and innovation can be understood as the game of the two sides above this boundary, which shows that drawing a clear boundary is an almost impossible task. The division system or the mixed system reflects nothing more than the degree of division of labor. And institutional supervision or functional supervision defines of the scope of the "the game". These different models are not intended to interpret different financial concepts, but to outline different divisions of labor and possible industry orders. What these models need to solve is essentially the same financial industry.

Therefore, the sustainable development of the financial sector must follow the laws of the industry, while at the same time bracing the challenges brought about by technology or other factors. If it is only to respond to different macro-environments, financial suppression or deepening both has its draw, the choice either way has its justifications. The key is to look at the timing of such choices.

In other words, the most important thing is to establish a set of rules that can guide behavior and deal with risks at all times.

In the current era, market mechanism and financial legislation as guided by the principles of rule of law are true pillars of the financial industry.

目　　录

第一章　金融监管的法治定位

第二章　金融监管的法治路径

第三章　金融监管权力的法治基础

第四章 房地产金融化的反思

第五章 金融创新的市场逻辑

第六章 金融科技与银行转型

Table of Content

Chapter Ⅳ Reflections on the Issue of Real Estate Financialization

Chapter Ⅴ Market Logic of Financial Innovation

Chapter Ⅵ Financial Technology and Financial Innovation

第一章　金融监管的法治定位

金融监管的一般逻辑[①]

法治理论的形成与发展中,有一观点曾引发了公法的本能反应。这种观点认为,公法应当以法律程序为学术评价的主要对象,而学术的主要任务是发展有序的法律原则和法律概念等"浅层理论",政府法治理论则主要交由政治学与哲学去探讨。[②] 基于法治发展的历史过程,公法学者并不否认政治学以及政治哲学之于法治理论的奠基性作用,但公法学者也有自己的学术立场,他们认为理论既非政治学或哲学的特权,也并非与公法的性质和功能无缘,相反,理论化在公法中发挥着基础性作用。[③] 正因为多年来公法的理论化建树,现代政府法治理论才得以日渐拓展和愈加完善。而事实上,金融监管法治理论既是政府法治理论的重要组成部分,也是在政府法治理论的包容之下得以发展的。当然,金融监管法治理论的发展,也在深化金融监管法治的同时一并推动着政府法治向前迈进。

---

① 根据2012年系列研究成果整理。

② [爱尔兰]B. 奥利里:《公法学者应做些什么?》(B. O'Leary, *What Should Public Lawyers Do?*),载《牛津法律研究杂志》(OJLS)1992年第12卷,第404页。

③ [英]S. 塞德利爵士:《沉默的声音:没有宪政的宪法》(Sir Stephen Sedley, *The Sound of Silence: Constitutional Law without a Constitution*),载《法律季评》(LQR)1994年第110卷,第270~277页。

一、本质:理想与现实

金融监管法治的本质考察,必须还原到法治的本质分析,因为金融监管法治之于国家法治尤其是政府法治,既有自身的特殊性要求,也深刻地打上了法治的同一性烙印。法治首先被认为是一种理想。自由主义思想家康德的法治命题是:大自然迫使人类去加以解决的最大问题,就是建立一个普遍法治的公民社会。[①] 在康德的法哲学体系里,法治显然被看作一种价值追求,一种实在社会的公民理想。就这一普遍法治理想,他提醒人们说,法治"这个问题既是最困难的问题,同时又是最后才能被人类解决的问题"。[②] 哈佛大学法学学者 Richard H. Fallon, Jr 也认为,"法治是一个备受赞颂的历史性理想……在美国的法律著述中,人们很少直接进行有关法治理想的历史和概念的基础的辩论"。[③] 法治又被理解为一种法律形态。瑞士法学家丽狄娅·芭斯塔·弗莱纳考察法国的法治国(Rechtsstaat/State Rule Through Law)时,比较研究了法国的法治国家(Etat de droit)和英国法治(rule of law),他认为德国法治与法国法治同属大陆法传统,又受到英国法治的很大激发,但德国法治仍保持了自己的"精神和灵魂",而三个国家法治的本质,均可理解为现代自由国家的一种法律形态。[④] 中国法学界对法治的本质把握,则分明地给予法治以实践与现实意义。有学者认为,法治表征一种治国方略或社会调控模式,表征

---

① 参见[德]康德:《历史理性批判文集》,何兆武译,商务印书馆 1997 年版,第 8 页。

② 同上书,第 9 页。

③ [美]巴里·海格(Barry M. Hager)《法治:决策者概念指南》,曼斯菲尔德太平洋事务中心译,中国政法大学出版社 2005 年版,编者的话第 2 页。

④ 参见[瑞士]丽狄娅·芭斯塔·弗莱纳、夏勇、李林主编:《法治与 21 世纪》,社会科学文献出版社 2004 年版,第 16 页。

一种政府行为方式，表征一种社会秩序状态，表征诸多价值观念的集合。[①] 也有学者认为，法治是法律史上一个经典概念，也是当代中国重新焕发的一个法律思想，它是一项中西方文明发展的历史成就，是一种法律制度的品德要求，是一种社会共同体的道德价值，也是一定社会的现实践履。[②] 还有学者论及，人们关心法治，表达了一种深刻的渴求，渴求社会生活的规则有序，而"法律就是使人类行为服从规则治理的事业"，[③]故而法治的诸多定义都指向一种本质诉求——规则性统治。[④]

金融监管法治饱含诸多基本价值，价值的追求过程折射出一定的理想意蕴。金融监管有两个法治要求，一为实质层面，二为形式层面。实质层面要求对金融监管权力（尤其是规则制定权）予以限制和规范。对金融监管权力的滥用予以抵制和控制，对金融业主体和社会公众的自由权利和财产权利予以平等保护。法治原理还要求金融监管者奉行依法监管、合理监管、权责一致和正当法律程序等现代金融监管法律基本原则。形式层面主要是金融监管规则的价值取向，也即富勒所言的法律的外在之德。[⑤] 它要求金融监管规则具备一般性、公布或公开、可预期、明确、无内在矛盾、可遵循性、稳定性、同一性等法律制度品德。[⑥] 从这些实质及形式意义上讲，金融监管法治是一种蕴含

---

① 参见［瑞士］丽狄娅·芭斯塔·弗莱纳、夏勇、李林主编：《法治与21世纪》，社会科学文献出版社2004年版，第20～23页。

② 参见夏勇：《法治源流——东方与西方》，社会科学文献出版社2004年版，第2～15页。

③ Lon Fuller, *The Morality of Law*, rev. ed., Yale University Press, 1969, p. 106.

④ 苏力：《道路通向城市——转型中国的法治》，法律出版社2004年版，第4页。

⑤ 富勒所提及的"morality"虽然在许多场合包含汉语通用的"道德"一词的含义，但与后者还是有些不同。故译为"德"。富勒给他关于法治的一章取名为"使法律成为可能的德"。这种成法之德或使法律之为法律的品德内在于法律之中，与我们通常所说的"法律与道德的关系"不甚相同。富勒又把这种内在之德称作"程序自然法"。See Lon L. Fuller, *The Morality of Law*, Rev. ed., Yale University Press, 1969.

⑥ See Lon Fuller, *The Morality of Law*, rev. ed., Yale University Press, 1969, pp. 46－94.

民主、自由、平等、人权、理性、文明、秩序、正义、效益与合法性等诸社会价值在内的制度理想。这种社会理想归属于现代社会特有的意识形态，是一切金融监管制度化行为和制度安排应当与之相适应的价值标杆。

金融监管法治又是一种社会治理方式，其作为政策目标实现的过程无疑昭示着现实性本质。金融监管不但是传统意义上的公权行为，也是现代意义上的社会治理方式。现代金融监管这一治理能力的建设，很大程度上建立在法治基础之上。这些法治基础通常表现为合理且可预期的金融监管法律框架；金融监管规则的透明性（可以事先为人知晓）；金融监管规则的真实执行；金融监管的再监管（监管监督）；监管过程的冲突解决；监管规则的修复与再生等。这些金融监管法治要素的实现，极大地提高了政府金融监管的公共产出。金融监管法治作为政策目标与治理方式，不但在发达的金融大国成效斐然，①而且在广大发展中国家也颇有收获。例如，在世界银行帮助或曰要求下，毛里塔尼亚、几内亚、老挝、罗马尼亚、捷克、菲律宾、孟加拉等国就进行了上述旨在提高金融治理能力的法治实践。② 而在中国，研究者认为，法律制度对转轨经济金融做出了回应和调整，尽管“这些调整并不必然就会产生与理想法治相应的法律制度，而是一个混合产物——混合各种制度形式和实践”，③但“变革中的法律制度已经开始在经济金融行为的管制规范、民事纠纷的解决、法律的强制执行以及秩序维护、划

① 有一种说法，西方政策制定者们曾把法治视为建立市场支持性制度（market-supporting institutions）的灵丹妙药。参见［美］彼得·穆雷尔：《法律的价值——转轨经济中的评价》，韩光明译，法律出版社2006年版，第9页。

② 参见［美］克里斯托夫·克拉格：《制度与经济发展——欠发达和后社会主义国家的增长与治理》，余劲松等译，法律出版社2006年版，第431～432页。

③ ［美］彼得·穆雷尔：《法律的价值——转轨经济中的评价》，韩光明译，法律出版社2006年版，第207页。

分国家权力和社会权威等方面发挥越来越重要的作用。……实际上，法治已获得了新的地位”。[①]

二、属性：公域与私域

金融监管法治决定了两个范畴：一是公法尤其是行政法的基础理论；二则是金融监管的模式选择。这两大范畴均是基于一定的政治哲学或曰国家理论而形成的，从源头上看，一直可以溯及至自然理性、自然权利、个人利益和人性假设等政治哲学观念，而在社会发展过程中，人们倾向于认为这两大范畴内部的相关区别无非是源于公域与私域或曰公共利益与私人利益的分野。

西方行政法律观念源远流长。19 世纪以来形成的法律传统至 20 世纪发生了流变和进化，而从这种流变过程可以看出分明的公私两域分立的痕迹。早在 19 世纪末至 20 世纪初，英国最杰出的宪政法学家戴雪借重概念主义学术传统，倡导了议会主权、法律主治和普通法司法审查等正统理论（the classic theory）。[②] 而与之相对应的还有所谓功能学派（the functional school），强调政府目的的实现和尊重政府为促进个人利益而发挥的既定功能。半个世纪以后，伦敦政治经济学院的 Carol Harlow 和 Richard Rawlings 出版《法律与行政》一书，[③]对上述公法传统做出梳理与拓展，再将 20 世纪 30 年代的法国狄骥功能主义（特别是公务学说）理论一并考察。他们将前者视为实证主义或曰形式主义传统（the formation tradition），且命名为红灯理论（red light

---

① ［美］彼得·穆雷尔：《法律的价值——转轨经济中的评价》，韩光明译，法律出版社 2006 年版，第 180 ~ 181 页。

② 参见［英］戴雪：《英宪精义》，雷宾南译，中国法制出版社 2001 年版，第 115 ~ 145 页、第 227 ~ 245 页。

③ See Carol Harlow and Richard Rawlings, *Law and Administration*, London: Butterworths, 1997, 2nd edition.

theories)；将后者视为现实主义或曰功能主义(偏重工具主义)的另一种传统(alternative tradition)，并命名为绿灯理论(green light theories)。[①] 1992年，曼彻斯特大学 Martin Loughlin 在《公法与政治理论》这本研究公法传统的名著中，[②]分别列出规范主义风格(Normativism Style)和功能主义风格(Functionalism Style)两种公法传统。他所论及的这两大传统的理论分别涵盖了红灯理论与绿灯理论，在20世纪90年代获得了人们的普遍认同。

传统与风格的不同，导致了法治含义与状态各异。规范主义风格的公法被定义为是控制政府权力的法律规范，其思想基础在于个人主义和自由主义，其价值追求在于权利、自由、正义和安全。出于对官僚行为动机的怀疑和利己主义与经济人假设，这种公法传统下的法治要素包括法律至上、正当程序和普通法司法审查等。功能主义风格的公法定义为有关行政机关或监管机构的组织、权力和职责的法律规范，其思想基础在于公共利益和社会或集体主义(含社会实证、社会进化和社会实用主义)，其价值取向在公共利益、公共秩序、行政效率和公共服务。出于政府行为动机的信任和利他主义与公仆假设，这种公法传统下的法治要求被归纳为行政权力的政治过程控制、法律的政府工具属性和基于公共利益的政府监管等。对照各国的法治实践，英国无疑偏重于规范主义传统，美国大抵上可视为功能主义或曰现实主义传统，而法国不但具有典型的功能主义传统，而且其法治结构因具备行政法院等政府体制内控权设施而呈现出一定的独特性。

---

① 红灯理论主要喻指法律指令行政刹车(brake)，重点控制行政自由裁量权；绿灯理论主要喻指允许行政踩加速器(step on the accelerator)且一路放行，法律授予并尊重行政自由裁量权。这两种理论在20世纪80年代引起了广泛关注。See Cecil T. Carr, *Concerning English Administrative Law*, Oxford: OUP, 1941, pp. 10－11.

② See Martin Loughlin, *Public Law and Political Theory*, Oxford University Press, 1992.

值得注意的是，这两种公法传统理论也一直处于变化发展中，最明显的是出现了两者相互融合与相互借鉴的趋势。20 世纪 80 年代以后，各国法学家即开始质疑公法理论的两极分化，认为走中间道路（the middle ground）更为可取，主张行政法的使命在于使个人利益和公共利益等多种利益保持一种公正的平衡（a fair balance），强调采用多元主体的机制（如法院内外并举的控权机制）实现政府法治。在这些理论推动下，Carol Harlow 和 Richard Rawlings 又提出了涵盖上述理论精义的黄灯理论（amber light theories）。不过，如同各国的法治实践灵活多样，这一理论也只是多元理论中的一种新型形态，尚未成为西方法治世界的主流理论。

中国公法学者将世界近代以来的公法理论划分为三类，即控权论、管理论与平衡论。控权论基本上是对上述西方各国公法理论的一种提炼和概括，如主张限制政府公共权力的范围和防止公共权力的滥用；遵循规则主义的政府法治理想；强调立法对行政权力的严格控制；主张在普通法模式下展开司法审查；坚持公正优于效率的行政程序；提出个人利益优于公共利益的价值观；等等。[①] 管理论主要是针对苏联、东欧和中国计划经济时代的公法所做出的一种理论总结，例如认为行政法的目的在于保障国家和社会的公共利益，基本内容是调整国家管理关系和规定国家管理的原则和制度；强调公共利益的优先性和私人权利的有限性；行政法律关系主要体现为命令与服从关系；行政法律手段主要体现为强制性命令手段；等等。[②] 平衡论是结合西方公法理论（可以看出黄灯理论印迹）与中国公法理论现状而提出的前瞻

---

① 参见李娟：《行政法控权理论研究》，北京大学出版社 2000 年版，第 42 ~ 114 页。

② 参见［苏］瓦西林科夫：《苏维埃行政法总论》，姜明安等译，北京大学出版社 1985 年版，第 1 页、第 10 页、第 11 页。

性公法理论，如主张行政法既要保障政府管理的有效实施，又要防止公民权利的滥用或违法行使；认为行政法是调整和监督行政关系的法律规范和原则的总称；认为依法行政是行政法最重要的基本原则，但对依法行政的内涵应做出新的解释；主张综合运用行政法各种手段和机制确保政府权力与公民权利、公共利益与个人利益之间的动态平衡；等等。[①] 当然，中国现阶段的公法尤其是行政法理论还是倾向认为，行政法是指调整行政法律关系，规范和控制行政权力的法律规范系统。[②] 由此可以看出，行政法的内容在于调整行政关系，其本质在于控制和规范行政权力。这种行政法律本质和内容的界定，均取法了现代西方公法控权理论，而又顾及了中国政府行政的管理主义传统，是新时期历史与现实、理论与实践的基本总结，应当说具备了一定程度的科学性与说服力。

公共利益与私人利益的公私两域的划分，直接产生了现代金融监管的不同理论路径：公共利益路径（Public Interest Approach）与私人利益路径（PrivateInterest Approach）。在金融监管中，公共利益理论主要解决了两个基本问题：第一是金融监管的必要性描述，即存在严重的金融市场失灵现象；第二是政府具有克服金融市场失灵的必要条件，即具备一定程度的政府动机和政府能力。

基于公共利益路径理论，人们倾向于认为，金融市场失灵存在三种原因或曰现象：金融领域信息不对称、金融体系脆弱性和金融危机。目前有大量的文献表明，信息不完全是造成金融市场失灵的重要原因。这种信息不完全或不对称，主要是指潜在的或者实际交易中的一

① 参见罗豪才：《现代行政法的平衡理论》，北京大学出版社 1997 年版，第 27 ~ 42 页。

② 参见姜明安：《行政法与行政诉讼法》，北京大学出版社、高等教育出版社 2005 年版，第 14 ~ 24 页。

方能够获取比另一方更多的信息。[①] 例如,在金融市场中,接受资金的一方对于资金的实际用途、完成项目的努力程度、还款意愿和签约后的风险等方面信息往往更为了解。这种信息不对称容易产生逆向选择(adverse selection)和道德风险(moral hazard)问题,直接影响金融市场的配给行为(rationing behavior)。[②] 这一现象能够较好地解开银行业和短期贷款之间的趋势关系,也能够解释银行贷款方面的困惑与缺乏贷款二级市场等问题。[③] 金融体系的脆弱性,则主要体现于金融高风险性与金融外部性等方面。金融业属于高负债行业,与其他行业相比,它具有全然不同的高风险性。例如,银行业负债率可达到90%,其资金主要来源于储户存款,它以部分准备金为支点,以借短放长的期限变换为杠杆,依靠资产组合实现行业利润,它的经营状况必然受到利率、存款结构、存款规模、借款人还贷能力和汇率等变化的影响。这些银行业面临的风险问题,大部分也是其他金融机构可能面临的问题,整个金融体系面临着利率、流动性、信用和汇率等多种风险的影响,是一个毋庸置疑的事实。此外,金融创新和金融衍生工具在提高金融效率的同时,也增加了可能的金融风险。这些金融风险,均具有一定的外化形式,理论上可视为系统失灵、传染效应和网络效应等金融外部性问题。[④] 例如,银行挤兑(bank run)即是一种典型的金融外

---

① George A. Akerlof,"The Market for Lemons:Quality Uncertainty and the Market Mechanism",Quarterly Journal of Economics,1970,pp. 89,488 - 500.

② Joseph E. Stiglitz,and Andrew Weiss. "Credit Rationing in Markets with Imperfect Information",American Economic Review,1981,pp. 71,393 - 410.

③ John M. Barron. and Michael Staten. "The Value of Comprehensive Credit Reports:Lessons from the U. S. Experience",in Margaret J. Miller,ed. ,*Credit Reporting Systems and the International Economy* Cambridge,MA:MIT Press. 2003,pp. 273 - 310.

④ Long Millard and Dimitri Vittas,*Financial Regulation*:*Changing the Rules of the Game*,p. 62.

部性现象。[①] 所有这些事实均可以表明,金融体系存在明显的独具行业特点的脆弱性。至于金融危机,则常常被认为是信息不完全与金融外部性共同作用的结果。资产泡沫(asset bubbles)或资产市场的剧烈波动,也是影响金融稳定甚至导致金融危机的一个重要原因。相对隐蔽的银行危机,常常会导致信贷的大幅消减和不可避免的经济衰退;更有甚者,代价高昂的银行危机所造成的财政压力,将会导致一些基本公共支出的削减,例如健康、保险或者教育等。

在公共利益理论框架中,如果不存在信息或交易成本,如果产权得到了明晰界定和切实保护,而政府又以公共利益最大化为主要政策目标,那么一个消极的不作为的政府可能更符合公共利益。然而事实上,明显的市场失灵情形确实存在而不可否认,这就使政府主动干预金融市场成为必要。公共利益模式下,研究金融监管的经典著述大抵认为,当金融市场不完善且出现市场失灵时,亚当·斯密所提及的"看不见的手"(invisible hand)并不起作用,这时政府需要扮演前者的具有建设性意义的角色,来保障公共利益和社会福利的实现。政府干预通常包括:采取阻碍竞争的垄断手段;防止出现金融外部性;[②]减少信息不对称或者产权失效和合同执行方面的失灵等。[③] 这些政府干预措施,形成了基于公共利益的所谓政府的"援助之手"(helping-hand)。[④]

---

① 一篇有关金融中介的经典论文认为,这种传染效应或曰溢出效应并非由于信息不对称造成,而是因为随机性冲击所致。See Douglas W. Diamond, and Philip H. Dybvig, "Bank Runs, Deposit Insurance, and Liquidity", Journal of Political Economy, 1983, pp. 91, 401 - 419.

② 包括导致金融市场生产太多的具有社会负面效应的产品,例如银行扩张行为中的滥发贷款;太少的具有社会正面效应的产品,例如借款者的信用信息缺失。See Arthur C. Pigou, *The Economics of Welfare*, 4th edition. London: Macmillan, 1938.

③ See Arthur C. Pigou, *The Economics of Welfare*, 4th edition. London: Macmillan, 1938.

④ See Anddrei, Shleifer, and Robert W. Vishny. *The Grabbing Hand: Government Pathologies and Their Cures*. Cambridge, MA: Harvard University Press, 1998.

金融监管的私人利益路径理论认为,金融监管政策的制定取决于监管者与被监管者的私人利益而非公共利益。这一理论具有较长的历史发展过程,最早可溯及对古代王公贵族们和近代集权者的金融特权的控诉,现代以来则集中体现为以监管俘获(regulation capture)和监管腐败(regulation corruption)为主体的政府监管失灵理论。有文献资料表明,公元5世纪西罗马帝国晚期,帝国即使用了残酷税收政策和降低货币成色的阴谋,却没有以皇室庞大的资产做抵押向银行家借款以满足需要。[①] 在13世纪的欧洲,国王和贵族们为了随时可能发生的战争而想方设法筹措军费,他们的方法通常是答应给予银行家特权以向银行家借款。这些贷款类似于垃圾债券,违约率高且常常出现欠账不还的情况。例如,意大利西北部城市卢卡(lucca)的Ricciardi,这家银行在1272年至1310年贷款40万英镑给英格兰国王,因到期不能收回贷款而破产。1348年英王爱德华三世的违约,致使在百年战争中给英格兰提供贷款的佛罗伦萨的两家银行倒闭。[②] 这些借款不还且导致银行破产的事例表明,统治者对银行而言,无疑伸出了致使公共银行遭遇"阿喀琉斯之踵"(the Heel of Achilles)[③]式悲剧的"攫取之手"(grabbing-hand)。[④] 在19世纪和20世纪早期的墨西哥,专制统治

① See Randall S. Kroszner, and Philip Strahan, "Obstacles to Optimal Policy: The Interplay of Politics and Economics in Shaping Bank Supervision and Regulation Reforms", in Frederic Mishkin, ed., *Prudential Supervision: What Works and What Doesn't* Chicago: University of Chicago Press, 2001, pp. 233 - 266.

② See James R. Barth et al., Rethinking Bank Regulation Till Angels Govern, Cambridge: Cambridge University Press, 2006, pp. 36 - 37.

③ 阿喀琉斯是古希腊神话中最伟大的英雄之一。相传,他的母亲是一位女神,在他降生之初,女神为了使他长生不死,将他浸入冥河洗礼。阿喀琉斯从此刀枪不入,百毒不侵,只有一点除外——他的脚踵当时被女神提在手中,未能浸入冥河,于是"阿喀琉斯之踵"就成了这位英雄的唯一弱点。在漫长的特洛亚战争中,阿喀琉斯一直是希腊人最勇敢的将领。在十年战争即将结束时,敌方将领在众神的示意下,抓住了阿喀琉斯的弱点,一箭射中他的脚踵,阿喀琉斯最终不治而亡。此处比喻银行业百密一疏,因当权者借款不还而破产。

④ See Anddrei, Shleifer, and Robert W. Vishny, *The Grabbing Hand: Government Pathologies and Their Cures. Cambridge*, MA: Harvard University Press, 1998.

更迭频繁,资源流动频度极大,统治者的掠夺愈加严重,作为流动性极强的银行资产更是容易成为统治者掠夺的对象。[①] 在这些情况下,人们有理由认为,政府和银行的关系并不是由社会福利和公共利益推动的,国王、贵族和近代集权者的私人利益,银行家的个人生存与个人利益,才是统治者和银行关系的真正驱动力。

即便是进入现代社会,政府融资(government financing)需要仍然是推动金融监管的根本动因。首先是战争时期金融系统被用来为国家和政府融资,20 世纪 30 年代的日本和德国发生的情况即为例子。其次,即使在和平时期,政府的融资需求也经常是放在第一位的。研究者考察美国 19 世纪的情形发现,联邦与州之间为了各自的利益而或明或暗地争夺金融监管权力,这也是造成当今美国州和联邦两级政府监管且属于多头监管的极为复杂的金融监管模式的历史原因。[②] 在今天的发展中国家,银行系统是政府国内融资的主要渠道,银行监管政策反映政府自身利益的情形相当普遍。在金融自由化之前,许多发展中国家在准备金、流动性和资产组合方面对银行都有较高的要求,使银行必须持有大量的现金和政府债券,例如 20 世纪 90 年代初的印度和当今的阿根廷、墨西哥、阿尔及利亚、巴西、土耳其等。[③] 虽然政府融资行为亦可视为符合公共利益,但是政客们却利用银行为政府债务融资,或者通过指令把信贷投向他们个人偏好的项目,或者给予他们的政治支持者以融资方便,这就不能不使人们觉得这种融资行为更多

---

① See Haber, H. Stephen et al., *The Politics of Property Rights: Political Instability, Credible Commitments, and Economic Growth in Mexio*. Cambridge: Cambridge University Press, 2003.

② See Haber, H. Stephen, "Political Institutions and Economic Development: Evidence from the Banking Systems of the United States and Mexio", mimeo, Stanford University, 2004.

③ James R. Barth et al., *Rethinking Bank Regulation Till Angels Govern*. Cambridge: Cambridge University Press, 2006, p. 41.

的是出于私人利益的考虑。

问题还远远不止如此,当今金融监管中已出现了明显的监管失灵现象。强势的金融机构或者其他的金融市场主体,首先可能会抵制监管,当他们对监管程序极为熟悉时,他们就会对监管者直接施加影响,或者通过政客们对监管者间接施加影响,这就发生了人们常说的监管俘获或政治俘获。[①] 例如,利益集团的政策游说(an agency view of lobbying)和监管者的信息兜售(influence peddling)行为,就是影响监管决策和监管决策被影响的明证,也是监管俘获与政治俘获的典型表象。[②] 这种监管俘获或政治俘获的发生,无论是对监管者与被监管者而言,还是对政客们而言,均促进了他们的个人利益或集体利益,但绝非增加了整个社会的公共利益和公共福祉。此外,监管者与被监管者可能为了获取个人利益,而进行设租寻租活动;监管者可能利用金融部门的资源去购买政治支持(系统性腐败),或者将部分资源直接据为己有(贪污)。这些监管俘获、政治俘获和监管腐败现象,已经构成了当前关于政府失灵或监管失灵理论的主要论据。

正是基于上述私人利益路径的理论分析,不少人认为,政府干预的理由是难以成立的,更进一步。强调依靠强大的政府之手极不可靠,而直接化的金融监管对于培育高效的金融中介而言,显然存在事实的缺陷和必然的风险。金融业务的限制、准入壁垒的营造、国有化程度的高比率、金融监管权力的扩张,对金融业发展、效率、稳定和安全非但构不成正相关,而且通常构成了负相关。因此,政府只有避免直接干预、严格控制金融监管权力,间或出动它的"宽容之手"(light

---

① 参见李成:《金融监管学》,科学出版社2006年版,第28页。

② See James R. Barth et al. ,*Rethinking Bank Regulation Till Angels Govern*. Cambridge:Cambridge University Press,2006,p. 42.

hand)，且通过加强私人部门监督和强化金融市场纪律，竞争、效益、安全、稳定和最终走向繁荣的现代金融才可能出现。[①]

三、表征：空间和时间

金融监管法治的空间性，也即金融监管法治的地域性。金融监管的法律原则和制度，往往表现为一种明显的地域性智识，监管法治过程也是各国人民已经、正在和将要进行的一种地域性实践。孟德斯鸠曾说："为每一国人民而制定的法律，应该是非常适合该国人民的；所以如果一个国家的法律竟能适合另外一个国家的法，那是非常凑巧的事。"[②]他实质上提出了法律的地域性命题，由此进而分析了导致法律产生地域性差异之原因。罗林斯(Richard Rawlings)认为，每一种行政法理论的背后都是国家的理论，那种认为行政法是非政治的、中立的和独立于政治与政府的观念并不契合社会现实，相对于其他法律而言，行政法这种国内公法更是一种语境化的产物。[③] 而且，行政法治实践表明，行政法治的发展表现出明显的路径依赖性，它是一个动态的、流变的和发展的过程，而不是普适的、超经验的、超时空的亘古不变的教条或模式。事实上，包括行政法价值演变、机制构建与制度变迁的行政法治，通常被视为是一种嵌插于特定时空结构中语境化的知识与实践。世界各国行政法治的现代化过程，实际上是普适性的行政法治理念原则与地域性的社会条件不断磨合的过程；或者说，行政法治理念与原则的本土化与制度化构建，也深深地打上了时间和空间的历史

---

① See James R. Barth et al. ,Rethinking Bank Regulation Till Angels Govern. Cambridge:Cambridge University Press 2006,pp. 14 - 15,20.

② [法]孟德斯鸠：《论法的精神》，张雁深译，商务印书馆1978年版，第6页。

③ Carol Harlow and Richard Rawlings, *Law and Administration*, London: Butterworths, 1997, 2nd edition.

烙印。就行政法治传统而言,世界各发达国家与主要发展中国家的法治结构也具有明显的地域性特点。正如上文所论及的,英国的政府法治传统上属于规范主义风格,其控权方式在于借重普通法法院予以司法审查;而美国的政府法治传统上属于功能主义风格,其控权方式借助于宪政上的分权制衡机制和政府体制内的行政程序控制;法国传统上倾向于采用强调公益属性和公权特殊性的偏重功能主义的法治风格,其政府法治特点在于政府体制内严格的行政法院控制机制;德国和日本具有典型的欧陆法治国色彩,强调制定法的规范作用和宪政层面的政府控制。对照中国的法治现状,其地域性也比较突出。中国既没有西方严格的蕴含控权要求的规范主义法治传统,也没有采用西方现代意义的功能主义法治模式。中国现今的法律形式出现了借鉴两大法律阵营的合理因子的趋势,例如,在立法中强调控制公权、保证民权和程序正当等;但在法治实践中,各方法治主体仍无法摆脱传统的人治方式和计划经济时期的管理风格,如事实上的有法不依、滥用公权、违反程序和漠视民权等。这些带有明显地域性的整体政府法治实践,必然影响金融监管法治的现状与走向。考察金融监管法治,就应该充分考虑人类法治发展中的地域性特征。

金融监管法治的时间性,主要是指法治状态将受到金融监管基本政策的重大影响,而这种重大影响在监管法治发展的历史过程中经常呈现出不同的时间性特点。在有的历史时期,金融监管者可能会采取加强监管的政策,而在有的历史时期,则会采用放松监管的监管政策。从上文所论及的公共利益路径理解监管政策,人们通常容易形成加强监管的看法;而从私人利益路径出发,则容易让人形成有必要放松监管的结论。在不同时期和不同国家,金融监管政策与方法千差万别,从非常宽松到全面掌控,从高度干预型监管甚或是直接控制所有权,到相对自由的金融业发展时期,基于两种利益观的不同监管政策将得以形成,并体现出明显的时间性特点。在理论与实践中,这些特点可从以下三个层面分别展开:一是一些重大金融事件的发生,例如经济危机,必然会导致公共利益路径的加强监管政策的出台。例如,20 世纪 30 年代爆发的世界性经济危机均导致了英、美、法、德、日诸国对金融的直接干预;20 世纪最后 10 年,即亚洲金融危机之后,也引发了各国对加强金融监管。二是监管政策将以不同频率(different frequencies)在公共利益与私人利益之间摇摆,在这种往返来回的过程中实现动态平衡。一国的监管政策可能在一段时期更符合公共利益,而另一段时期则可能更符合私人利益。[①] 监管者可能面临不同的金融发展情势,而必须对能够反映两种利益观的监管政策做出选择或调整。当监管者面临强大的压力时,他可能会选择较为宽松的监管政策,这种政策无疑有利于实现私人利益;当金融业因宽松监管而出现混乱迹象时,监管者可能会收紧监管的缰绳,甚至实施最严格的监管。三是监管政策的摇摆和两种利益观之间的平衡可能受到外部冲击而被打破,但被打破是暂时的,而平衡是长久的。例如,在美国,处于货币中心的银行曾经反对建立联邦存款保险制度达数 10 年之久,但在大萧条(great depression)之后,银行就不再反对建立这种安全网(safety net)了。[②] 又如,发展中国家因为政治经济制度的重大调整和社会转型,也可能在放松监管、加强监管和严厉监管等政策之间做出选择,但这些都是

---

① See Edward J. Kane, "Ethical Foundations of Financial Regulation", National Bureau of Economic Research Working Paper 6020, 1997.

② See Eugene. White, "Deposit Insurance", in Gerard Caprio and Dimitri Vittas, eds., *Reforming Financial Systems: Historical Implications for Policy*. New York: Cambridge University Press, 1997, pp. 85 – 100.

非常态的政策变化,国家整体制度和社会转型完成之后,金融监管政策的调整仍然服从于一种黑格尔式的动态平衡规律。

各国法治传统理论的探究和划分,金融监管两种利益观下的政策取向,有助于人们对一定时间和空间的金融监管状态做出描述。法治传统的规范主义与功能主义风格,监管政策的公共利益与私人利益取值,可以相互组合为不同的理论标签,而这种理论标签或许能够解释一定时间、一定国家的金融监管法治。例如,19 世纪中叶之前英国的金融监管法治,即可称为执行宽松监管的规范主义法治;又如,20 世纪 30 年代美国的金融监管法治,大抵可称为实行严格监管的功能主义法治。这种两两对应关系,可以进一步推演,进而形成多类法治状态描述的理论标签。当然,法治传统的两种划分,利益路径的理论区别,都是理论分析中较为极端的情形。这种理论分析,也许夸大了诸如法治与金融监管背后的各种复杂动因。不同法治模式和监管政策下,可能发生更加复杂的分化、组合及其他变化。这种情况,在国家法治层面表现得尤为突出:两大法治传统的国家均在做出法治改进,它们相互借鉴甚或是相互模仿,使法治呈现融合趋势。例如,英国法治传统中,普通法院控制行政公权由来已久,而后来又借鉴了法国的行政法治经验,建立为数众多的行政裁判所即可说明问题;①又如,普通法国家日益重视成文法的法治意义,而大陆法系国家亦在有条件地引入判例制度。

考察法治与监管的时空性属性,有利于推动金融监管法治的纵深发展。一方面,有利于金融监管法治置身于社会宏大背景而增强其必

---

① 参见[美]卡罗尔·哈洛、理查德·罗林斯:《法律与行政》,杨伟东等译,商务印书馆 2004 年版,第 621 ~ 677 页。

要的回应性。相对于特定的社会结构而言，金融监管法治无疑是派生的、附属的和应变的。监管法治只有通过持续不断的与各种宏观社会条件寻求契合，才能适应社会结构变迁，才能回应人类共同体需要，才能赢得足够的生存与发展空间。也正是基于这种契合和发展，通过社会物质条件与意识形态之结合，金融监管法治的理念、原则与制度才能真正地回应人类所普遍追求的自由、正义、平等与福祉。另一方面，有利于提炼金融监管法治的智识共识且使其具备借鉴的必要与可能。对于金融监管与法治之间关系的理解，任何理论主张均不能自封居于垄断地位，人们基于其流变发展，基于一定的文化传统，基于不同的利益诉求，将或多或少地形成金融监管法治的一般共识或曰基本共识。这种监管法治的智识共识，有利于同一时期的国家和地区做出跨越时空的理论借鉴与法律移植，从而使金融监管法治获取长久发展的建设性、正当性与权威性。

四、功能：稳健与发展

金融监管理论中，监管目标和监管功能一直是理论研究的重点。一个成熟的金融系统应该具有稳健的基本特征，各类金融主体在市场中追求各自的利益，社会公众需要在竞争中获取信心，而金融业具有高风险的特性，这种风险性反馈出稳健的实现难度，因而，实现金融业的稳健运行是金融监管的重要目标。尽管在金融发展的各个历史时期，监管当局提出了不同的金融监管理念。从世界范围来看，金融监管开始的最初一个世纪里，金融业一直秉持相对宽松的自由发展理念。经历了大规模的金融危机之后，20 世纪 30 年代以后，即进入以管制和安全为基本理念的发展时期。20 世纪 70 年代以后，随着金融全球化、经济一体化和金融创新的加剧，全球经济金融环境发生了重大变化，金融监管理念已确定为效率和竞争，这些金融监管理念均为各个时期的具体监管政策和立法提供内容，但有一个根本的前提，即是维护金融的安全与稳定，实现金融业的稳健运行。没有稳健即无所谓效率，也无所谓竞争，更无所谓金融业的自由发展。当前，金融稳健理论已相对成熟，金融稳健具体是指一国能够抵御内外冲击而保持金融制度和金融体系的正常运行与发展，即使受到冲击，也能能动反映，并保证本国金融与经济不受重大损害。它既包括金融财富的稳定，金融制度的稳健运行，也包括维持这种状态和能力所应获得的政治、军事与经济条件。Crockett 认为，金融稳健有两大标准：一是金融系统中的主要金融机构稳定，即它们有充分的信心支付到期债务而无须外部援助；二是主要的金融市场稳定，市场主体能够遵循市场规则且排除各类规则关系纠纷。[①] Udaibir S. Das 和 Marc Quintyn 则强调，金融系统的抗风险能力尤为重要，这构成金融健全性（Financial System Soundness）问题的基本内涵。[②]

金融发展是一个永恒的主题，金融竞争是金融发展的根本动因，金融创新则大抵可归结为是金融竞争的外在表现，金融竞争、创新和进化的过程，即构成金融发展的历史。通过竞争和创新，世界金融获得进化并最终获得了发展。例如，早期金融的内涵无非是金融货币、银行、货币借贷方、信贷借贷者、消费农业贸易等信贷业务；中期金融内涵则获得了发展，这些发展范围包括票据、债券、保单、复式会计、银

---

① See Andrew, Crockett, "Why Is Financial Stability a Coal of Public Policy?", 36 in Maintaining Financial Stability in a Global Economy: Proceedings of A Symposium Sponsored by the Federal Bank of Kansas City, Jackson Hole, Wyoming, 1997, p. 7.

② See Udaibir S. Das et al., "Does Regulatory Governance Matter for Financial System Stability? An Empirical Analysis", 载 http://www. Bankofcanada. ca/en/Conference/2003/Regulatory. pdf, Accessed 2012 年 12 月 1 日。

行机构、保险机构、合伙企业、抵押贷款、票据贴现、证券交易和保险业务;近期金融内涵又得到了更大的发展,具体包括股票、期货、期权、银行券、证券交易所、中央银行;到了现代金融阶段,则发展到包括基金、纸币、银行卡(信用卡)、欧元、基金买卖、股权交易、风险投资、网上银行、金融监管机构、存款保险机构等。[①] 值得注意的是,世界金融发展在各个国家和地区是不平衡的,经济合作与发展组织(OECD)国家的金融发展无疑是现代性标杆,而在转轨国家的经济金融发展中,其效果因混杂着各种不利因素而大打折扣。在最近的《转轨报告》(Transition Report)中,欧洲复兴与开发银行(EBRD)指出,与发达的市场经济国家相比,转轨经济国家的金融业还很脆弱,其银行、证券、保险等金融市场和金融中介均有待进一步发展。[②] 在有的国家需要对企业、银行、证券以及破产制度进行改革,而在另一些国家必须考虑将财政政策与银行监管的重点从贷款发放和利率控制转向维护金融系统的稳健、效率和长足发展。在苏联和东欧国家,为了保证金融监管的框架性改革和经济金融的稳定发展,即已进行了大规模的重建工作。[③]

对于实现金融监管目标,促进金融业稳健运行和长足发展,金融监管法治均能够发挥独特的规范作用。监管法治的作用和功能主要体现在以下三个方面:

首先,金融监管法治能够充当监管权力与私人权利的平衡器。一方面,监管权的滥用和非完美性将导致监管失灵,而监管法治有助于

---

① 参见徐诺金:《金融生态理论——对传统金融理念的挑战》,中国金融出版社 2007 年版,第 87 页。

② 参见[美]彼得·穆雷尔:《法律的价值——转轨经济中的评价》,韩光明译,法律出版社 2006 年版,第 314 ~ 315 页。

③ 参见[美]克里斯托夫·克拉格:《制度与经济发展——欠发达和后社会主义国家的增长与治理》,余劲松等译,法律出版社 2006 年版,第 429 页。

克服这种监管失灵。监管权以强制力为主要构成要素,以迫使被监管者服从规制为外在特征,被监管者的个人权益在强大的监管者面前常常显得弱小无助。行使监管权力的各类主体,有可能受各种诱因的影响而使监管权背离它原来的目的和方向,致使出现滥用、渎职和侵害被监管者合法权益的现象。这种监管权的非完美性以及滥用、渎职、侵权等情况,需要监管法治做出防范和规范。另一方面,为了追求各自的商业利润和个人利益,金融市场主体有可能滥用自己的经济权利,他们通过协议或默契来形成价格、质量和金融产品的垄断地位。处于市场弱小地位的相关主体和普通消费者,可能成为金融产品的接受者和金融市场主体滥用经济权力的受害者。由此形成的侵权责任,除了受民事法律规范调整外,还需要金融监管法律强力且及时的规制。由此而来,社会必须创造一种有效机制,在扩大监管权的同时,加强对监管权的控制和制约,使其被正当行使而不致滥用;在保障市场主体权益的同时,加强对市场主体经济权利的规范和引导,使之合理实现而不致扭曲。这种能够实现权力与权利的动态平衡的机制,无疑由金融监管法治所出。

其次,金融监管法治能够形成寻租、创租、抽租与金融腐败的防火墙。寻租(rent seeking)通常被定义为市场主体取得垄断或政府其他优惠的活动,即将资源运用于试图获取政府保护的垄断,或者改变政府监管使之有利于自身,或者保护自身免受损害的活动。[①] 创租(rent creation)是指政府或监管者利用监管手段影响市场主体的利润,诱使或迫使市场主体向它们提供利益,以期获取自身更高的利益。抽租

① See Tullock, G., "The Backward Society: Static Inefficiency, Rent-Seeking and the Rule of Law", in Colander, D., Neoclassical Political Economy, 1984, p. 56.

(rent extration)是指政府或监管者故意提出某项将使市场主体利润遭受损失的监管政策作为威胁，迫使市场主体分割部分既得利益与政府或监管者分享。[①] 寻租、创租、抽租等活动无疑会带来一定的金融腐败，必定构成不利条件破坏金融市场结构，影响资源配置效率，轻者影响金融市场主体的正常发展，重者降低经济增长速度，打破宏观经济的均衡。在金融监管法治条件下，人们通过调整制度结构，欲使金融市场主体由非生产性的寻租活动转向依法金融交易活动；限制金融监管者的监管权力，迫使其减少乃至消除创租、抽租等金融腐败现象；采取积极性激励措施，实现监管者依法监管和金融市场依法依规经营的机制条件。

最后，对发展中国家而言，也即最重要的，将有利于建立稳健与发展的金融体系的政策取向反映到法治建设中，确保金融监管法治发挥促进金融稳定与金融发展的功能。多项研究表明，发展中国家在现代条件下，尤其是在墨西哥、东南亚金融危机之后，保证金融稳健应被确定为金融监管的首要目标，这既是发展中国家应对危机的合理反映，也得到了研究者考评多种变量之后的理论认可。还有一些研究金融监管的文献表明，应该对监管者直接监管银行、国有控股银行、严格限制银行活动和阻止国内外新银行的准入等监管规则亮出警示牌；应该对监管者试图改变金融市场主体结构和过于严厉的诸如暂停分红、取消奖金、取代股东、更换董事和高管等监管措施予以大胆质疑。因为这些措施和规则并不足以从根本上有利于金融稳定和金融发展；相反，过于严厉的监管桎梏不利于金融稳健和金融发展，将导致金融系

---

① 迈克切斯内曾提出了完整的创租和抽租概念。See McChesney, F., "Rent Extraction and Rent Creation in Economy Theory", in Rowly, C. & Tullock, G., *The Political Economic of Rent-Seeking*, 1988, pp. 179 – 196.

统更加脆弱。而且，相关金融发展的研究还表明，金融监管政策对金融协调、金融效率、金融竞争、金融创新等金融发展事项至关重要，金融监管政策应该致力于从根本上和关键层面寻找最终便于金融发展的有利条件。例如，银行不能简单地定位于吸收存款，运作良好的银行不仅在动员社会储蓄方面，而且在决定由谁使用这些资源方面起着关键性作用。因此，银行政策的制定者不仅要从稳健性这一点重下功夫，而且还应该考虑采取措施以激励银行合理配置资源和有效运作与发展。[①] 而所有这些监管政策的调整和采用，均应该及时地反映到金融监管法律规则中去，并以法治的建设性、正当性和权威性保障推行。

---

① See James R. Barth, et al., *Rethinking Bank Regulation Till Angels Govern*. Cambridge: Cambridge University Press, 2006, pp. 307 – 316.

金融监管法治原则[①]

金融监管的法律原则(principles of law)是指统领金融监管法律规则制定、执行、监督和指导金融监管各方主体行为的基础性规范。它通常体现金融监管法律的基本理念和价值取向,高度概括、抽象提炼出金融监管法律的本质精神,融会贯通而又超然统御金融监管法律的具体规范。研究金融监管法律制度与法治状态,需要对金融监管法律原则予以理论解读。比对金融监管法律规则运行实践,金融监管法律原则既是规约蓝本,又是保障樊篱,其理论面目经由法律学者归纳、甄别、筛选、确立而清晰可见。

一、法律原则及其金融监管语义

英语世界里,原则的对应词是 principle。它来源于拉丁语 principium,最初语意是开始、起源、基础。后来语义有所扩大,用于指称根源、起因、假设、原理、定理、本原或一般的真理等。当代社会,这些义项进一步扩展并被词典化:(1)公开声称的活动或行为准则;(2)根本的、原初的或一般的真理,为其他真理所凭借;(3)根本的教义或信条、特别的统治性意见;(4)行为的正确准则;(5)正确行为的

① 根据 2012 年系列研究成果整理。

要求和义务的指导感;(6)行为方式采用的固定规则。[1] 在古汉语中,原则一词未被发现使用,权威的汉语词典《辞源》中也没有收集该词。现代条件下,通过现代语义学考察,人们有的将原则理解为认识事物的出发点与初始点;有的将原则看作评判事物的规范性标准和据以处理事物的本源性准则;还有的赋予原则一词以公共含义,将其视为观察、评价和处理各类社会问题的准绳或指导原则。

在西方国家中,法律原则是指可作为规则的基础或本源的综合性、稳定性的原理或准则。德国法律学者们认为,法律原则(原理)实际上源于正义原理,是人类理性的产物。英国学者沃克从法律原则的功能——解决疑难案件的角度将其定义为,许多法律推理所依据的前提,不断而正当地适用于特别或具体规则解决不了或解决效果有限的案件的一般准则。美国宪法研究学者、哲学家罗纳德·德沃金(Ronald Dworkin)提出:“我们只有承认法律既包括法律规则也包括法律原则,才能解释我们对于法律的特别尊敬。”[2]

著名的《布莱克法律词典》先期将法律原则解释为:(1)法律的诸多规则或学说的根本的真理,是法律的其他规则或学说的基础或来源;(2)确定的行为规则、程序或法律判决明晰的原理或前提,除非有更明晰的前提,不能对之证明或反驳的理论部分。[3] 后来,该词典又精炼地将法律原则界定为:法律的基础性真理或原理,为其他规则提供基础性、综合性或本源性规则或原理,是法律行为、法律程序、法律决定的决定性规则。[4] 当今人们常说的法律原则,大抵是指观察和处理

---

① See American College Dictionary, Randen Publishing House, New York, 1956.

② [美]罗纳德·德沃金:《认真对待权利》,信春鹰等译,中国大百科全书出版社 1998 年版,序言第 18 页。

③ See Henry Campbell *Black's Law Dictionary*, West Publishing Co., 1979.

④ See *Black's Law Dictionary*, West Publishing Co., 1983, p. 1074.

法律问题的准绳和指导准则。作为一种法律调整机制,它有着意义明显的法律功能:(1)协调全部社会关系或某一领域的社会关系;(2)对法律的制定、理解和应用提供指导意义;(3)可以作为疑难案件的断案依据,在普通法条件下尤其如此。当然,作为规则基础或本源的综合性、稳定性的原理和准则,原则不能独自预设任何确定的、具体的事实状态,也不能规定具体的权利和义务,更不能规定确定性的法律后果,所有这些内容,均只能寄托于规则与规范。

正如人们意识到的,若干世纪以来,为了更有效地规范政府权力和行为,人们结合学者智识贡献进行了很多尝试和实践,确立了很多规范和制度,特别是行政法律、规则和制度。这些尝试、实验、规则、制度,有的已获得了成功,有的已遭到了失败,有的则成败得失不一而足。学者们在广泛总结的基础上,从中抽象出一些较普遍适用的规则,以指导新的探索和实践,这些普遍性规则即是行政法律原则。如同其他部门法律原则一样,根据调整领域大小和规范全面与否,行政法律原则又可区分为基本原则和具体原则两类。其中,规范行政立法、执法、法制监督,指导行政行为的实施,以及处理行政争议的基础性准则,即可称为行政法律的基本原则。这些原则是对众多单行行政法律法规的理论概括;而不简单等同于某个单行法律文本中所载的具体原则。它是行政法律原则中最主要最具价值的原则,是行政法律存在之基础,离开这些原则,也就无所谓行政法律了。[①] 行政法律的具体原则是行政法律基本原则的具体化,是指导规范行政法律部分领域或行政法律运作部分环节的一般准则。和基本原则作为理念或法理不同,这些具体原则一般由成文法律的具体条文所确立并宣示。它统领

① 参见罗豪才:《行政法学》,北京大学出版社1996年版,第30页。

具体规则,并通过具体规则来调整社会关系。

作为指导金融监管行为和规范金融监管规则的基础性准则,金融监管的法律原则既要反映出行政法律基本原则的共性,又要展示出行业法律特殊原则的个性,是一般与特殊、共性与个性的统合。正如学者们所熟知的,行政法律基本原则是指导、规范整个行政法律领域的一般性准则,作为行政法律领域之一,金融监管领域理应接受行政法律基本原则的指导和规范。例如,金融监管应当遵循依法行政原则,金融监管者要严格依法监管与依法办事,不得滥用自由裁量权,对违法的监管行为承担法律责任,保护和维护被监管者的权利和权益;又如,金融监管应当遵循行政公开原则,金融监管主体要公开有关法律和政策,公开地实施监管行为,公开与监管有关的信息和情报。在有些时候,由于行政法律基本原则是相关具体原则的原则,在实行具体原则时,也应该遵循特定的基本原则,例如,在实现促进竞争原则时,必须遵照依法行政和行政法治原则;由于基本原则于具体事实层面具有非规范性与非确定性,[①]在不同行政法律领域均能够获得较好的生命力,它可以越过具体原则,而直接成为不同场域的具体规则的指导准则。不过,较之行政法律的基本原则,金融监管法律原则毕竟只限于政府对金融和金融市场予以监管的领域,是特定的行政法领域的原则,因而其反映行业监管的特殊性原则,不一定能反过来对整个行政法律领域具有指导和规范作用,例如,保障消费者权益和维护系统安全等原则,就只是金融监管应当遵循的原则与准则,其他行政法律领域就不一定需要接受该类原则的指导与规范。

---

① 有学者认为,民法基本原则在立法技术上具有如下特征:(1)非规范性规定;(2)不确定(模糊)性规定;(3)衡平性规定;(4)强行性规定;(5)强制补充性规定。参见徐国栋:《民法基本原则解释》,中国政法大学出版社2001年版,第17～38页。就立法技术而言,行政法基本原则也具有上述特征。

金融监管中,究竟应确立哪些法律原则,目前人们认识还未能统一。在金融监管法治理论研究中,学者们大致同意就确立金融监管法律原则设定如下具体标准:(1)整理和发现具有一般意义的法律原则,应当使其能够很明了地与法律规则做出区分。(2)依赖的不是孤立时空条件下的法律文本,而是基于对传统正义原则的尊重且以整体类推方式确立。(3)确立金融监管的法律原则,必须扎根于能够反映行业法律与部门法律特点的内在性。(4)适应社会需要和监管需求,并以一定地域一定时期的整体法治状态为参照。正是在这些标准之下,连同对监管法律与行政法律的共性与个性关系的正确把握,金融监管法律原则才能在实践中发展、确立和成型。当然,现实生活中的情况往往很复杂,需要做出许多灵活认定与变通处理。例如,在当代金融监管立法实践中,几乎每部监管法律都会规定若干法律原则,面对这种情况,人们需要具备两个角度的认识:一是立法宣示虽然是确立法律原则的重要方式,但这并非意味着所有法律原则均来自法律的明文宣示——因为多数情况下法律原则是通过法律实践、司法判例和学术活动确立起来的;二是即使立法明文宣示了所谓法律原则,此等原则也未必就是世所公认的法律原则。①

二、法律原则生长动因的特别发掘

正如一些敏感学者发现的,当前人们已在不知不觉中处于一个行政与监管的法律规则林立的社会,法律规则不但表达着公众关于各自需要的态度,而且还将态度各异的社会成员联合在一起。人们所期望

---

① 例如,中国《证券法》第3、4条使用了原则的表述,一些学者还将该法总则的若干规定一概视为基本原则:守法原则、分业原则等,对此,许多学者即不予认同。参见周又苏:《新证券法论》,法律出版社2007年版,第111页。

能够实现的最多不过是更自由地享受人生,而法律规则就是这种能够帮助人们实现自我价值的社会装置。无论何种流派的哲人,对法律规则的社会功效的理解似乎没有什么不同。在马克思主义者看来,法律是肯定的、明确的、普遍的行为规范,这些规范中自由地存在具有普遍的、理论的、不取决于个别人主观的性质,法典就是人民自由的圣经。[①] 而在自由主义者哈耶克的法眼里,一般性规则是自由得以存在的必要条件;而对这种一般性规则的诉求,意味着应当由法律而不是由人统治人的生活——应当由法治而非人治支配整个社会的运行。[②] 近现代以来有很多证据表明,法律规则已不仅仅是行政与监管关系的调节器,人们对法律规则的期望已越来越高,法律规则体系因此也越来越发达。法律规则在圈点公私两域的同时,又游丝般地渗入到几乎所有的公域私域之中去——如此,社会各方主体最终得以联系起来。[③] 无怪乎有不少学者概括说,世人已处在一个近乎本能地将自己期望交给复杂的规则体系,并指望规则能带来相应回报的社会。整体上看来,现代行政与监管越来越依赖规则,规则因而乘机主导了行政与监管;规则已成为主导社会的力量,并很大程度上成为社会力量的源泉。

法律规则之所以能主导社会,是因为它具备了一些独特的属性:

---

① [德]马克思、恩格斯:《马克思恩格斯全集》(第1卷),人民出版社1964年版,第71页。

② 哈耶克的法治语境下的法律具有多元属性:(1)法治意味着,政府除非实施众所周知的规则以外,不得对个人实施强制,它构成了对政府机构的一切权力的限制,这当然也包括对立法机构的权力的限制。(2)真正的法律必须具备公知的且是确定的属性。(3)平等是真正的法律之要件,即真正的法律应当平等地适用于人。参见哈耶克:《自由秩序原理》,邓正来译,生活·读书·新知三联书店1997年版,第260~278页。

③ 学者们形象地说道:"事实上,整个行政规则体系犹如一个internet网,每个人都身处网中,每个人都可拥有经由许可而属于自己的个人主页。只要遵循法定程序,人们可以享受丰富得令人惊叹的网上资源,身处虚拟世界而忘乎所以——当然也可以依据规则排除他人的干扰,例如,拒绝不欣赏的人去造访自己的个人主页。"参见宋功德:《行政法哲学》,法律出版社2000年版,第430页。

一是规范性,即在规则所覆盖的相对有限的事实范围内,可以普遍意义上规范人们的行动;二是确定性,即规则设定的权利、义务与法律后果是明确的、肯定的和相对稳定的;三是可预期,即人们在做出行为选择之前可知道自己行为的结果——受到规则肯定与保护,或者受到规则否定与制裁;四是可操作,只要一个具体案件符合规则假定的条件,执法人员即可直接操作并适用该规则。[①] 由于法律规则具有规范性、确定性、可预期性和可操作性,使特定事实状态下人们的行为与后果模式化与固定化,使人们能够选择行为方式和预测行为后果,也使人们能够预测他人的行为和反应,因而使法律规则能够主导人们的行为、生活和发展。但是,法律规则在获得了主导社会价值的同时,也存在明显的局限和困窘,这既表现在法律规则的形成阶段,也贯穿于法律规则的存续过程,具体可做以下分析:

1. 在形成阶段看规则局限

检视法律规则的制定、修改及编纂各类生成过程,研究者轻易能够发现,影响法律规则的科学性与生命力的因素主要来自立法者。

一则立法者的认知能力有限。赋予法律规则的生长秉性,要求立法者对法律规则所规范事物的性质有着准确、全面、科学把握,能够洞察该类或该项事物的特征、属性与本质。然而,由于社会事物浩繁、复杂和多变,在实践中要洞察社会一切事物并准确把握其本质,几乎是不可能的。立法者不是无所不知的神仙佛祖,而是智识有穷与理性有限的生命体——况且其智识与理性并不必然高于其他同类!他们难以对所有事物都有准确而全面的认识,也即难以洞察所有事物的本质。更要注意到的是,社会事物是不断变化的,即使立法者能够洞察

---

① 参见张文显:《规则 · 原则 · 概念——论法的模式》,载《现代法学》1989 年第 3 期。

现时事物的本质,他们也不可能洞察未来事物的本质;即使他们也能勉强把握一定范围的未来事物的本质,他们则一定不可能把握所有的未来事物的本质。现实也正是如此,无论立法者做出多大努力,一定时空条件下的法律规则总是存在很多缺点和盲区。①

二则立法者的表达效能有限。欲使法律规则经典永久,还要求立法者体现出良好的表达效能。其优良性意味着:准确而全面地将立法者对事物本质的认识表达出来;立法者表达出来的内容不至于被人们曲解或误会。现实生活中,这种优良性经常得不到保障,原因是存在一些突出的消损因素,主要有两项:(1)主观上表达意愿复杂。虽然大多数情况下立法者具有良好表达的动机,他们无意破坏表达的有效性,但是特定时空背景下,他们也可能基于政治平衡、集团压力或个人偏见等多方原因,有意消隐、增补或改变本该如实表达的事项或内容,从而使立法表达时常剑走偏锋。(2)客观上表达技术受制。时至今日,表达技术——包括所有立法技术仍是一个因影响立法效果而困扰人们心智的重要因素,其受制多的局限性通常可从如下层面看出来:一是全球范围内法学教育中没有实现立法技术学科化或专门化;二是立法实践中传统以来重制度安排而轻技术方法,至今改进有限;三是立法者的非专业化现象明显,这在转型国家和层级较低的立法实践中更为突出。这些立法表达技术方面的不利因素,在相当程度上影响了立法表达效果。

此外,语言文字的特点也是影响立法表达有效性与优良性的重要原因。此类因素无关立法者的主观动机,也不属于技术方法范畴,但

---

① 举例来说,当年拿破仑法典精益求精,无疑试图通灵后世,而历史的变迁却碾碎了立法者对理性的迷信。又如,美国宪法描绘武装力量时,只提到了陆军和海军,因为当时的立法者无法预见空军的出现——他们时至今日也未予修改。

分明制约着立法者的表达效果。正如有学者意识到的，语言文字是无限的客体世界之上的有限符号——世界上的事物比用来描述它们的语词要多得多，[①]因而从对应的范围来看，有限的语言文字不可能表达无穷的客观世界。况且，人们对世界的认识中，有很多知识是无法用言词来表达的，[②]这种无法表达性既可溯源到哲学上的不可言说，[③]也可显现于工程技术中的所谓知识的弥散性。[④] 可见，作为法律规则的基本载体，语言文字存在一定的局限性，立法者是难以将其认识完整、准确、有效地表达出来的。[⑤] 当然，人们为了克服语言文字的上述局限性，也做出了一些变通性应对，例如一词多义、宽泛定义、弹性表述等，但这些应对性方法又带来了一些新的问题：法律规则的模糊性与不确定性。如此，人们再次做出变通性应对——在适用法律规则时，特别是要使用那些用词模糊的条文时，必须辅之以良好的法律规则解释机制。然而，这些运用语言文字的方法无论得到了何种改进，其局限性

---

① 参见［美］E. 博登海默：《法理学——法哲学及其方法》，邓正来等译，华夏出版社 1987 年版，第 464 页。

② 比如，亚里士多德知识分类中的“技艺”，就被认为是那些无法或几乎无法用言词传达的，似乎只有通过实践才可能把握的知识，有时甚至是只有某些具有特殊天赋的人才能获得的。亚里士多德曾经将人类的知识分为三大类：纯粹理性、实践理性和技艺。所谓纯粹理性，在亚氏时代，大概是几何、代数、逻辑之类可以精密研究的学科，如今似乎还应该包括某些自然科学；实践理性是指人们在实践活动中做出选择的方法，用来确定命题之真假、对错和行为善良与否，如伦理学、政治学等和另外一些科学技术学科；技艺是指那些无法或几乎无法用言辞传达的，似乎只有通过实践才可能把握的知识，有时甚至是只有某些具有特殊天赋的人才能获得的知识。参见苏力：《知识的分类与法治》，载《读书》1998 年第 3 期。

③ 即使是早期的维特根斯坦（因为是逻辑实证主义学者，所以是比较“纯粹理性”的），在其名著《逻辑哲学论》的篇末，也承认哲学中“有不可言说的”东西——因此要“保持沉默”。

④ 在工程技术中，一个重要的知识领域就是 know-how。人们在各个学科中都似乎不约而同地开始重视“个人性知识”，强调知识的弥散性，强调“无意识的知识”，强调“无言之知”，强调“身体记忆的知识”，强调“习得的知识”，强调那种无法交流或者交流起来不经济的知识。参见苏力：《制度是如何形成的》，中山大学出版社 1999 年版，第 166 页。

⑤ 用有限的符号来描述无限的客体世界，常常不得不用同一个语词来表达多重意思，也即人们公知的一词多义。对语词意思的把握由于人们的认识结构、个人经验以及利益的不同而有所不同，这就使得不同的读者对同样的文本可能读出不同的意思。有学者针对这些语词符号的局限性指出：“文字虽为表达意思之工具，但究系一种符号，其意义需由社会上客观的观念定之。因而著于条文之文字，果能表达立法者之主观意思否，自非立法者所能左右。然则立法者纵属万能，但因其意思需借文字以表达之故，亦势难毕现无遗，则成文法之不能无缺漏而非万能也明矣。”参见郑玉波：《民法总则》，台北，三民书局 1979 年版，第 39 页。

就像语言文字本身的局限性一样，明显存在且无法根除。

2. 从存续过程看规则困窘

法律规则的存续过程，也即法律规则形成之后适用于社会实践的全过程。这一漫长或短暂的过程中，法律规则表现出确定性与普遍性两大特性。而正是这些法律规则特性，带来了其存续过程中表现出来的困窘。

一则法律规则的确定性意味着，法律规则保持着相当程度的稳定性，它因此受制于一个局限——滞后性。法学研究者论及法律规则属性，围绕稳定性与滞后性问题，时常要耗费一些心思与笔墨。在富勒看来，法律规则的稳定性是一个真正法律制度的前提之一。[①] 而麦迪逊则反对频繁改变法律，他对这种现象进行了严厉谴责。[②] 事实上，法律规则要维持它的稳定性，就有陷入保守性的可能——法律规则调整的社会生活是变动不居的，虽然法律规则在制定之初，是有可能完全符合社会现实的，但随着时间的推移，其滞后性即逐渐显现出来。对此，梅因感慨地说道："社会的需要和社会的意见常常是或多或少地走在法律的前面，我们可能非常接近地到达它们之间缺口的结合处，但永远存在的趋向是要把缺口重新打开来。因为法律是稳定的，而我们谈到的社会是前进的。"[③]

二则法律规则的普遍性是其另一个重要特征，而这个特征同时又给它带来了另一个局限——可能导致个案处理的非公正性。法律规则并非针对特定的人们，而是对一般人具有普遍意义的适用性。它只

---

① 富勒认为，具备包括法律稳定性在内的八大因素，是一个真正法律制度的前提。参见沈宗灵：《现代西方法律哲学》，法律出版社 1983 年版，第 205 ~ 209 页。

② 参见［美］汉密尔顿等：《联邦党人文集》，商务印书馆 1980 年版，第 230 页。

③ ［英］梅因：《古代法》，商务印书馆 1959 年版，第 15 页。

能为人们的行为提供一个基本模式,不能针对不同的人们厘清特定的行为界限。因而可以说,这种法律规则的普遍性意味着,同一情况同一对待,同类情况同类对待;而只要作下步推演,问题就显现出来了——因为法律的普遍性特征还意味着,它只注意其适用对象的一般性,却可能忽视每一次法律适用对象都是特殊个体的情形——正是这一点,恰有可能使得法律规则在解决个案问题时失去处理结果的公正性。面对法律规则的普遍性与具体事物的特殊性之间的矛盾,先哲柏拉图曾深刻地指出:“法律绝不可能发布一种既约束所有人同时又对每个人都真正最有利的命令,法律在任何时候都不能完全准确地为社会的每个成员做出何谓善德与何谓正确的规定。人类个性的差异性,人类行为的多样性,所有人类事务无休止的变化性,使得人们无论什么时候,也无论拥有何种艺术,均不可能制定出可以绝对适用于所有问题的规则。”①

3. 补救规则缺陷的法律原则

正是因为法律规则有着上述局限性,自法律规则成为社会调控装置以来,人们对这些问题予以反思、应对或改善的进程从来没有停歇。早在古希腊文明史上,亚里士多德就对成文的法律规则发表过看法,他甚至将法律规则的这种局限性上升到了影响城邦政体优劣性之层面,他说道:“完全按照成文法律统治的政体不会是最优良的政体,因为法律只可能制定一些通则,不可能完备无遗,不可能规定一切细节,不可能将所有问题都囊括进去;而一个城邦的事务是异常复杂且变幻多端的,成文的法律绝不可能及时地适应这个需要。”②其言下之义,在

① [美]E. 博登海默:《法理学——法哲学及其方法》,邓正来等译,华夏出版社 1987 年版,第 8 页。
② [古希腊]亚里士多德:《政治学》,吴寿彭译,商务印书馆 1983 年版,第 163 页。

于强调法律规则之外，还应当有着其他东西来调控社会成员的行为。法律实践与理论研究的长年演进，使人们越发容易发现，补救法律规则与生俱来的局限性，需要发展具有较大包容性、适用性、原则性的行为规范；应对为解决法律规则矛盾而发明的解释机制的局限性[①]——比如无限制的随意解释，同样需要创设、遵循特定理性与价值的更高规范。[②] 换言之，在制定法律规则和进行规则解释时，即应该确立一些概括性与灵活性较强的法律原则，以弥补法律规则的不足和规范对法律规则的解释。由此得出的更完整的结论是：基于有效调控社会的现实需要，在法律规则之外，还必须拥有一种迥异于规则的社会调控装置——法律原则。弥补规则独特针对性的缺陷，是法律原则终得以应运而生的深层缘由。

近现代以来，承认法律原则重要价值的，当首推美国学者德沃金。他认为法律是规则、原则、政策的综合，[③]法律原则的价值通过其与规则的区分而彰显：一方面，规则以完全有效或者完全无效的方式适用；

---

① 正是出于解决法律规则的稳定性与滞后性之间、普遍性与特殊性之间矛盾的考虑，人们最初发明了法律规则的解释机制。除此，还有一种所谓隐含权理论——发掘法律规范体系中隐含的法律规则，以扩大法律的适用范围。这种思路首先由汉密尔顿使用，他在处理美国宪法问题时首先使用了“隐含权”这个术语，指联邦政府的某项虽未经宪法的明确规定但可以从宪法之下其他权力之间关系中推论出来的权力。美国建国之初，汉氏提出的建立国家银行的议案遭到了来自各方面的反对。反对者认为，宪法并未规定政府有设立国家银行的权力，因而该提案违宪。汉氏遂提出隐含权为自己辩护，认为宪法既然授权联邦政府征收捐税、发行公债、管理货币、统筹商务等权，就一定隐含了设立国家银行的权力，因为银行是行使上述权力的必要工具，无国家银行则联邦政府无法行使上述权力。参见张宏生：《西方法律思想史》，北京大学出版社 1983 年版，第 316 页。

② 在适用法律时，对法律进行灵活解释，在一定程度上使法律既保持了稳定性和普遍性，又能够适应不断变化的社会生活。但法律解释绝不是随意的、不受限制的解释，其需要接受诸多因素的限制，如立法者意图、立法目的、法律价值、基本文义等限制。其中，立法者意图和立法目的很难探明，使得法律解释顿然复杂起来——为让法律解释获得正当性，解释者经常在进行解释时打着立法者意图或立法目的的旗号。幸而法律价值和基本文义具备相对稳定性，时常将法律解释圈定在某种适用范围。尤需警醒的是，对法律进行灵活解释的同时，最有可能减损法律的稳定性和确定性价值。梅因立足于英国法的特点，提及使法律与社会相协调的媒介有拟制、衡平和立法三种。参见[英]梅因：《古代法》，商务印书馆 1959 年版，第 15 ~ 17 页。其中，拟制是指以新的指导思想适用以旧的指导思想为基础的法律条文。从某种意义上说，拟制就是对法律条文的歪曲解释。

③ 德沃金对法律规则与法律原则的关系作了经典的分析，他在论述法律规则与原则的关系时，大部分场合讨论的是法律规则与广义上的法律原则的关系，在少数情况下，他才把原则与政策区别开来。

而法律原则并不是非适用不可的，只是在做出相关决定时才必须予以考虑。另一方面，理论上规则可能有例外，例外能够全部列举出来，一条完全的规则应包括它的全部例外；而法律原则不存在例外，却具有重要性和分量（weight）轻重之分：不同原则对峙时，一条原则可能基于重要性和分量压倒另一条原则。在这里，德氏不但强调了法律规则的刚性与强度，维持了规则的确定性，而且从更高意义上承认了法律原则的价值，把法律从实证主义的僵死教条中拯救出来，使法律获得了灵活性，能够及时回应社会变化的需求。后来，这样的认识得到了传播和发展。在今天的大多数法律学人看来，法律规范依其对社会关系调整的确定性与细密度，的确可以区分为规则、原则、基本原则三类：规则对社会关系的调整最为确定，最为具体，可操作性最强；原则对社会关系的调整弹性相对较大，规范较抽象，可操作性较弱；基本原则对社会关系调整的弹性则更大，规范更抽象，可操作性更弱。[①] 事实上，现代厉行法治——法律统治的国家，莫不都是规则与原则统治的国家。这其中，规则的统治是直接的、确定的和主导性的，原则的统治是通过规制规则而形成的，因而是间接的——当然有时也是直接的、弹性的和补充性的。

三、法律原则功效：金融监管规则运行的樊篱

在法理学家眼里，法律原则与法律规则同为法律的要素，两者之间存在共性，规则与原则间有一个边缘地带，甚至有些法律要素究竟属于规则还是原则都难以确定，但是法律原则与法律规则之间的区别

---

① 参见姜明安：《行政法与行政诉讼法》，法律出版社2003年版，第58页。

还是明显的,[①]尤其不能否认的是,法律原则对法律规则而言,具有十分重要的补缺意义。法律原则可以是很抽象的,例如法律面前人人平等原则、依法监管原则、自然公正原则;也可以是非常具体的,例如任何人不能做自己案件的审判者、信息披露与信息公开等。无论抽象还是具体,法律原则均构成了对法律规则的统率、指引与补正作用。可以说,法律原则为法律规则提供了基础或平台,对法律规则的形成和存续具有根源性意义。此外,法律原则还有独到的作用,它在特定时空条件下具有替代法律规则的功能,具体表现在两个方面:(1)在特殊条件下,法律原则可以作为疑难案件的断案依据。人类法律发展史上,众多的法律原则,方便了广阔范围内的法律实践;抑或是多年的法律智慧沉淀,产生了诸多法律原则。在两大法系国家,特别是判例法国家,法律原则有时可以取代规则来判断是非曲直。当某一个或某一些特殊事实的发生,致使适用法律规则将损害法律基本价值取向,或者致使原本简单明了的案件陷入疑难时,法律原则可以越过法律规则而作为断案依据。[②] (2)在一定范围内,法律原则可以直接作为审判依据。在英美法系国家,法律原

① 法理学者将规则与原则作了较严格的区分:(1)在对事及对人的覆盖面上,法律原则较宽,法律规则较窄,即法律原则有更大的宏观指导性,某一法律原则常常成为一群规则的基础。正是在这个意义上,有的学者把原则称为超级规则。(2)在变化的速率方面,法律原则有较强的稳定性。法律原则通常是社会重大价值的积淀,不会轻易改变,相比之下,法律规则的改变要容易得多。(3)在是否适用的确定性方面,原则较为模糊,而规则较为明确;当原则与原则、规则与规则相互冲突时,选择的方法也不同。冲突的规则的适用常常是要么无效,要么有效,确定相互冲突的原则的适用时,常常要对冲突的原则所代表的利益作出权衡,相互冲突的原则必须衡量或平衡,某些原则比其他原则具有较大的"分量",上述法律规则与原则的区别是相对的。参见张文显:《法理学》,北京大学出版社2000年版,第74~75页。

② 例如,美国有一很有名的案例——黑格斯诉帕尔默案。该案发生于1882年,16岁的男孩帕尔默知道他的祖父在现有的遗嘱中给他留了一大笔遗产,但他怀疑这位新近再婚的老人可能会更改遗嘱而使他一无所获,因而,他用毒药杀害了祖父。他能否继承被害人的遗产?按一般法律规则,他是合法继承人,应当继承遗产,但这与法律的目的和一般社会伦理不符。据此,纽约州法院厄尔法官认为:立法者应具有一种普遍和广泛尊重传统正义原则的意图,除非他们明确表示相反的态度;既然法律条文属于整个法律体系的组成部分,那么对具体法律的理解就应使它与那种更普遍的原则相符。他说,在任何地方法律都遵循这样一种原则:任何人不得从其错误行为中获得利益。因此,遗嘱法应被理解为否认以杀人来获得遗产者的继承权。最终法院依据"一个人不能从他的不当行为中得利"这一法律原则剥夺了男孩的继承权。具体参见[美]德沃金:《法律帝国》,李常青译,中国大百科全书出版社1996年版,第14页。

则大抵产生于判例,法治初期更是这样的。法官们结合先例与本例的比较考察,有时注重两例的事实与具体规则,有时则注重两例的事实与特定原则,援引先例或根据先例确立的原则进行审判。有时,还可以将制定法或判例法确立的普遍性原则直接作为断案依据,这些法律原则的作用与法律规则没有两样——美国的正当法律程序原则即是如此。

行政法学者认为,在调整行政关系、立法行为、行政行为、行政争议等方面,法律原则有着独特的规范功效,具体可做这样理解:(1)行政法律原则是一种普遍性规范,它对行政关系进行整体规范和宏观调整。在行政法律规则调整特定行政关系,以及行政执法者适用具体行政法律时,行政法律原则发挥了独到的指导与规范作用。执法者必须领会行政法律原则精神,必须将法律原则与具体规则结合适用。通过这种法意与法则的结合适用,行政法律的价值、目标和功能得以实现。(2)行政法律原则不仅指导和调整行政关系与执法行为,而且指导和调整行政法律规则制定行为。国家代议、民意、权力机构制定行政法律,行政机关与行政当局制定行政法规、规章和规则,均受到行政法律原则的指导和规范,行政法律、行政法规、规章和其他规则都要体现、贯彻、服从行政法律原则,尤其是基本原则。行政法律原则与基本原则对立法的指导和调整,是其在执法中得以实现的前提和保障。(3)行政法律原则不仅对行政立法、执法起到宏观指导作用,而且在一定场合还直接规范行政行为的实施和行政争议的处理。一般来说,行政法律原则不直接调整和规范行政行为的实施和行政争议的处理。但在某些情况下,相应问题或事项缺少具体行政规则调整,或者法律规则给行政主体或行政争议处理机关留下较广泛的自由裁量余地时,行政行为的实施或行政争议的处理就要直接受行政法律原则的拘束,即直接根据行政法律原则做出相应行为或裁决相应争议。①

金融监管中,法律原则的作用与功效历来为学者们所重视。许多研究表明,金融监管法律原则不同于它所统领的一般法律规则。这种不同不但表现于二者的存在形态,而且更体现于二者的功能与作用。具体而言,金融监管法律原则的功能主要有以下几项:

1. 规范监管规则存废。监管法律原则集中反映了监管法律的价值与精神,是指导和规范监管法律运行的根本准则。监管法律原则所体现的价值与精神,必须渗透到监管规则的诸种存废环节中去。无论监管规则的制定与解释,还是监管规则的修改与废止,都必须接受监管法律原则的规约,必须在监管法律原则的指导下进行。金融监管法律、法规、规章、命令和其他规则,均必须服从监管法律原则,其内容均不得与监管法律原则相抵触。

2. 调整监管规则内容。金融监管法律体系中,存在众多具体监管制度,如金融市场准入制度、金融高管准入制度、金融业务经营制度、金融持续监管制度、金融市场退出制度、金融市场纪律制度,等等。这些具体制度内容繁复、庞杂且彼此差异很大,不容易协调、统一和普遍范围内适用。要在调整目标、管制手段、监管措施和法律效力等方面相互衔接好,就必须发挥监管法律原则的调整、协调和规范功能。

3. 指引监管规则解释。金融监管法律原则能够为监管规则的解释提供依据,是法律原则功能在金融监管法律规则体系中发挥作用的有力证据。为了将相对抽象的普遍性监管法律规则或条文适用于变化着的具体监管法律关系,就必须对监管法律规则适用中的有关问题做出相应解释;而为了避免解释不准确、不到位、不规范,避免任意扩大解释或缩小

---

① 参见姜明安:《行政法与行政诉讼法》(第2版),北京大学出版社2005年版,第63页。

解释,避免造成监管法律规则实施混乱,监管法律规则解释必须依据法律原则进行。事实上,监管法律原则确实为监管规则解释提供了依据。

4. 弥补监管规则缺陷。正如上文论及的,成文的法律规则存在缺陷:规则空白、规则缺损与规则滞后。由于金融监管关系的繁复性、庞杂性、多变性,立法者对应纳入监管规则调整范围的事项不可能做出周详、全面且一时万世的规定,这就是人们常说的监管规则的缺陷。在监管规则缺乏、缺损和相对落后于现实的情况下,监管法律原则可以作为监管者的执法准则,可以作为被监管者的守法准则,还可以作为监管各方主体适用法律规则的依据。

5. 规制监管裁量权力。现代金融监管实践中,各国法律规则均授予了监管者较为广泛的自由裁量权:许可监管者视时视情况而定,对监管实践中的某些选择性事项予以选择性处置。监管裁量权需要合理运用,但无论监管者何等优秀,也难以保证自由裁量权不致失范或滥用。因而,如何限制自由裁量权,一直以来是学者们研究之重点。可以认为,监管法律原则是规范自由裁量权的有效准则。这种有效性来自两个方面:一是监管者吃透法律原则之精神,在监管实践中合理使用该项权力;二是法官们秉持法律原则之精义,在司法实践中审查监管权力的合法性——当然,有时也过问合理性。①

① 面对实证主义者的"法律原则没有控制法官们的判决"的责难,德沃金说道:"第一,任何特定原则在事实上是否否定某些法律官员具有约束力,经常是一个问题。但是,这并不是原则自身特点,使它没有能力来约束法官。法官们如果在做出判决时不能全面地考虑一些法律原则,他的批评者会批评说考虑并采取相关的法律原则是法官的责任。第二,原则的确不像规则那样直接决定一个结果,但原则有其自己的运作方式,它们引导着判决的某一方向,虽然这种引导不是决定性的,但一套原则可以预示一个结果,因为法官必须遵守他认为有约束力的一条规则,而法官在思量具体遵守哪条规则时,正是在思量能够应当遵循哪条规则或者哪些原则。第三,原则的确不像法律规范那样具有权威性,甚至它们的分量,与生俱来就具有争议,但是法官同其他的执法官员一样,有义务去达到给他的原则要求的理解,并且根据他的理解去行动,而尽管这种理解可能有争议。"[美]德沃金:《认真对待权利》,信春鹰、吴玉章译,中国大百科全书出版社 1998 年版,第 56~58 页。

四、法律原则的确立与表述——兼及金融监管场域

法律原则是法律的灵魂，任何国家的行政法律都不可能没有法律原则。这种法律原则通常只是一种观念或法理，存在于各国立法者和公民的法律意识中，大多由相应国家的学者加以概括和归纳，并在其学术著作中予以反映和阐释。因为思维与视角不同，概括与归纳方法不同，不同的学者对行政法律原则的表述也存在差异。数百年来，各国法学研究者结合本国本土的政治、经济、民族、文化、法律传统，把握行政法律的价值共性，对行政法律原则做了各具特色的认定和表述。

美国行政法律原则主要包括：(1)联邦主义：内含联邦法律效力最高原则、充分忠实和信任原则(doctrine of full faith and credit)；[①] (2)分权原则：分权原则是一个政治原则，保持政府上层机关之间的平衡，在下级机关中没有分权原则，下级机关在行使国家三种权力的时候，由于没有政治的意义，属于执行三种职能，因而遵循行政性职能分离原则(separation of functions)；[②] (3)法律平等保护原则；(4)法治

---

① 充分忠实原则规定在联邦宪法第4条第1节。该节规定："每一州对其他各州的公文书、公记录和司法程序必须给予充分的忠实和信任。国会可以制定普遍性法律，规定该文书、该记录和程序必须证明的方式及其效果。"

② 联邦宪法的分权条款规定在三个条文之中，《宪法》第1、2、3条分别规定设立立法、行政、司法三个政府部门，行使不同的政府权力。《宪法》第1条第1节规定："本法所授予的全部立法权力属于由参议院和众议院所组成的合众国国会"；《宪法》第2条第1节规定："行政权属于美利坚合众国总统"；《宪法》第3条第1款规定："合众国的司法权属于最高法院及国会随时规定并设立的下级法院"。联邦宪法只规定设立三个不同的政府部门，分别行使三种政府权力，没有规定任何一个政府部门不能行使其他部门的权力。因此就出现了美国法院关于分权原则的形式主义解释与功能主义解释：前者是从政府机关的观点解释分权原则，认为美国宪法为了保护个人自由，把政府权力分别归属于三个部门，每一部门行使一种权力，除了宪法特别规定的例外情况以外，每一部门不得行使属于其他部门的权力，否则就是破坏分权原则。最高法院在有些重要的判决中采取了这个观点，例如在1986年的鲍谢尔诉赛纳尔案件中，最高法院否认了国会的一个法律。但是，功能主义对分权原则的解释，不是从政府机关出发，认为某种权力属于某一部门，不能由其他部门行使，而是从政府权力的作用着眼，在每一个具体问题上观察权力行使的效果，因为分权原则的基本观念在于防止政府权力的过分集中，所以规定政府的三个部门的最上层机构，各享有某一方面的权力，互相制约，以保持政府各部门之间的平衡。最高法院在大部分情况下根据功能主义观点解释分权原则。但功能主义者认为三个最高的政府机关各有一定的基本权力，不能受到其他部门的破坏，在他们之间必须保持平衡。

原则:含基本权利、正当的法律程序、保障法律权威的机构。[①] 法国行政法律原则主要为以下诸项:[②](1)与自由概念相关的原则;(2)平等原则,含义为法律、命令、租税、公役与公共负担面前的平等;(3)防卫权原理(Principe general des droits de defense),其意为人人拥有对抗日益强大的行政权的防卫权,以保护其合法权益;(4)有关裁判程序方面的原理,含司法程序结构、审判公开原则、法院间接强制权、两审终审制等;(5)没有成文法律规则依据的行政行为可通过诉讼确认为越权;(6)行政行为效力不溯及既往原则;(7)行政的公正义务(Lobligatio dimpartialite de I' administratin);(8)禁止行政对财产无偿处分。[③] 德国行政法律原则通常表述为:(1)有关行政行为成立、撤销或取消原理;(2)有关行政行为无准备的原理;(3)公法上的失权原理;(4)行政自我约束原理;(5)必要与比例原则;(6)有关行政程序原理;(7)公法补偿的原理;(8)公法上偿还请求权及结果排除请求权的法理;(9)信赖保护的原则;(10)平等对待原则等。日本行政法律原则一般被概括为:(1)依法律行政原则;(2)平等对待原则;(3)比例原则;(4)行政程序诸原则;(5)信义诚实原则;(6)禁止翻供原则;(7)信赖保护原则等。

在中国,行政法律原则正处在进一步形成过程中。学者们在研究初期做了各有差异的表述:有的将行政法律原则概括为行政合法性、行政公正性、行政合理性、行政应变性、行政负责等;[④]有的将行政法律

---

① 参见王名扬:《美国行政法》,中国法制出版社 1995 年版,第 77 ~ 121 页。

② 主要根据宪法委员会的判例而形成,下列这些自由和权利是共和国法律所承认的基本原则:①个人自由;②公共自由;③安全的权利。立法机关不能取消这些基本原则,但可通过法律规定它们的行使。参见王名扬:《法国行政法》,中国政法大学出版社 1998 年版,第 209 ~ 213 页;

③ 参见王名扬:《法国行政法》,中国政法大学出版社 1998 年版,第 210 页;张正钊、韩大元主编:《比较行政法》,中国人民大学出版社 1998 年版,第 50 页。

④ 参见龚祥瑞:《行政法与行政诉讼法》,法律出版社 1989 年版,第 15 页。

原则确定为行政法制、行政适当、行政统一、行政公开等；[①]有的将行政法律原则概括为责任行政、行政合法性、行政合理性等；[②]有的将行政法律原则确立为依法行政、以法行政、参与行政、适当行政等；[③]还有的知名学者认为，行政法律基本原则是行政法治原则，它涵盖了对行政法关系所有主体的要求，其对行政主体的要求即为依法行政，其内容可具体分解为行政合法性原则、行政合理性原则和行政应急性原则等。[④] 近年来，学者们对行政法律原则的研究有了一些发展，开始强调程序、效益、透明度和应急性等内容。有学者将行政法律原则概括为行政法治、程序正当和行政效益等原则，认为这些原则之下又包含若干次级原则。[⑤] 也有学者在总结其他成果的基础上，提出应确立行政法律原则为越权无效、正当程序、平等对待、诚实信义、信赖保护等项。[⑥] 有研究者精心构建了行政法律原则理论，将行政法律原则概括为4项：(1)行政法治原则，包括依法行政、依法办事、控制滥用自由裁量权、对违法侵权行为承担法律责任、保护人权、维护公民的基本权利和自由等；(2)行政公正原则，含依法办事而不偏私、平等地对待相对人而不歧视、合理考虑相关因素而不专断、自己不做自己的法官、不单方接触等；(3)行政公开原则，意为行政立法、行政政策、行政执法、行政裁决公开等。[⑦] 还有学者认为，行政法律原则可相对统一为合法性原则和合理性原则，在这两大原则之下，可确定法治行政、应急性、参与、平等、公开、比例、及时、诚信、信赖保护、正当程序、权益保障等子原则，也

---

① 参见方忻：《行政法总论》，人民出版社1990年版，第30～33页。
② 参见张树义：《行政法学新论》，时事出版社1991年版，第51页。
③ 参见熊文钊：《行政法通论》，中国人事出版社1995年版，第89～95页。
④ 参见罗豪才：《行政法学》，北京大学出版社1996年版，第30～31页。
⑤ 参见孟鸿志：《行政法学》，北京大学出版社2002年版，第65～87页。
⑥ 参见宋功德：《行政法哲学》，法律出版社2000年版，第467页。
⑦ 参见姜明安：《行政法与行政诉讼法学》，北京大学出版社1999年版，第43～54页。

就是所谓的二级原则——既是基本原则在某个领域或某几个行为领域里的反映,又不简单等同于某部单行法律所确立的原则,如此,既显得基本原则相对集中,不至于太多而显过于分散杂乱,又可总结各行政行为领域里带有共性的若干原则,使原则不至于太多显过于累赘、烦琐。①

上述各国学者阐述的行政法律原则,并非各国普遍共有的原则,亦非所有行政法学者普遍认同的原则,而只是各国行政法律发展中形成的历史较长久、适用较普遍、为人们较广泛认同的若干原则。为便于研究、理解和法律适用,人们倾向于依法律原则的内容不同而将法律原则分为实体性原则和程序性原则:②实体性原则指规定实体法律(其功能为调整实体上的权利义务关系)问题的原则;程序性法律原则是规定程序性法律(其功能为调整程序上的权利义务关系)问题的原则。

金融监管法律原则是政府金融监管活动中不可或缺的重要准则,它既来源于行政法律原则,反映行政法律原则的共性要求,又根植于金融及其监管的理论与实践,反映出金融监管法律原则的个性特点。金融监管法律的理论与实践中,人们大致同意将金融监管法律原则确定为如下诸项:依法监管原则、合理监管原则、比例原则、诚信原则、正当法律程序原则、公开原则、公平原则、公正原则、促进市场竞争原则、维护系统安全原则、内部控制与外部监管相结合原则。其中,前八项来源于行政法律原则,实体性与程序性原则各四项;后三项来源于金融监管要求,反映了金融监管法律的特殊属性。

---

① 参见湛中乐:《现代行政过程论》,北京大学出版社 2005 年版,第 134 ~ 171 页。

② 法理学上,按不同的标准可以对法律原则做出不同的分类,除本文采纳的分类方法外,对法学研究和法律适用有较大价值的分类还有以下三种:(1)按原则产生的基础不同,可将法律原则分为政策性原则和公理性原则。(2)按原则的覆盖面不同可将原则分为基本法律原则和具体法律原则。(3)按照原则所在的法律部门不同,将法律原则分为程序法原则、财产法原则、契约法原则、侵权法原则、刑法原则五类——美国法学家迈克尔·D. 贝勒斯就持此分类方法。参见张文显:《法理学》,北京大学出版社 1999 年版,第 75 ~ 76 页。

金融监管法律的实体性原则[①]

金融监管中,调整金融监管各方主体实体层面的权利与义务关系的法律,即人们常说的实体性金融监管法律。统率、指引、规范实体性金融监管法律的法律原则,即为本文所称的金融监管法律实体性原则,具体而言,包括依法监管原则、合理监管原则、比例原则和诚信原则四项。

一、依法监管原则

依法监管原则直接来源于行政法律中的依法行政原则,或者说依法行政原则是依法监管原则在金融监管中的特殊表述。对其完整理解,需要把握三个层次递进的内容:法律的秩序意义、依法监管的必要性和依法监管的当代内涵。

(一)法律规则对秩序之意义

研究法律肇源之因时,人们发现,法律的诞生深深地根植于人类对秩序的渴求。霍布斯曾想象了没有秩序的可怕场景,在《海中巨兽》一书中,他描绘道:“人们处在一种被称为战争的状态之中,那时一种每个人对每个人的战争……在战争的年代里,人人互为仇敌,其

① 根据2012年研究系列成果整理。

全部的后果就如同人们在除自己的体力和创造力之外，没有其他安全保障的年代。在这种状况下，根本谈不上工业……也没有艺术，没有文学，没有社交，而最不幸的是频繁的惧怕和死于暴力的危险，人们的生活孤独、贫穷、肮脏、野蛮而又短暂。”①霍布斯这段话告诉人们：没有秩序，社会就不能发展，人类就不会创造文明。论及人类对秩序的向往，E. 博登海默有段名言：“历史表明，凡是人类建立了政治或社会组织单位的地方，他们都曾力图防止不可控制的混乱现象，也曾试图确立某些适于生存的秩序形式。这种要求确立社会生活有序模式的倾向，绝不是人类所作的一种任意专断或‘违背自然’的努力。”②人类同自然界一样，秩序压倒无秩序，规则压倒各类偏差。秩序意味着某种程度的一致性、连续性和确定性，没有秩序就没有预期，没有预期就没有生活，因而秩序对于人类生存和发展尤为重要。

毫无疑问，秩序对人类而言是至关重要的，但有效建立秩序显然也至关重要。因而，如何有效建立起共同的秩序，是人类必须思考的问题。在霍布斯看来，人类没有秩序是因为没有一个令所有人敬畏的共同权力；而秩序需要有一个共同的权威，需要有一个令人敬畏的共同权力。人们当然相信，权威是一个社会秩序形成的重要保障。权威确立了社会成员的行为规则，将社会成员的行为模式化，使他们能够做出合理的预期，并依据合理的预期而行动，这样，社会变得有序和谐，社会秩序得以建立。而 E. 博登海默则思考得更远，他指出：“毋庸置疑，人类主张生活安排具有连续性的倾向，与他们要求在相互关系中遵守规则的倾向之间，是存在联系的……坚持行为方式的规则化，

---

① ［英］G. D. 詹姆斯：《法律原理》，关贵森等译，中国金融出版社 1990 年版，第 27 页。

② ［美］E. 博登海默：《法理学——法哲学及其方法》，邓正来等译，华夏出版社 1987 年版，第 207 页。

给予社会生活以很大程度的有序性与稳定性。"[①]他认识到了社会规则之于秩序的意义，与现时的人们谈论法律对于秩序的意义，具有相当的吻合度。事实上，人们正是通过诸多方式，确立了系列的行为规则——既通过长期相互交往自发形成规则，又通过宗教教义影响而确立规则，还通过世俗法律要求而设定规则——如此社会秩序最终建立起来。

美国法学家庞德研究了社会有序化的权威规范，他概括了三种规范或曰模式：宗教规范、伦理规范和法律规范。在任何一个社会中，这三种规范都发挥着不同程度的作用。在古代社会，作为社会有序化的主要规范，不是宗教规范就是伦理规范。前者如中世纪的欧洲社会，后者如古代的中国社会。而进入近现代社会，无一例外地都将法律规则作为社会有序化的主导行为规则。法律升迁为社会有序化的主导行为规则，源自西方社会的近代化过程，在这个过程中经济结构由自然经济模式转变为市场经济模式，而这个转变是推动法律升堂入室的主要力量。自然经济模式下，人们缺少整个社会的普遍性联系，人身依附于特定政治组织或长官意志，因而不需要存在协调整个社会的普适性行为规则——法律。市场经济条件下，个人不再被视为某个群体的附属物，人们之间的关系既是一种平等自主的关系，又是一种平等竞争的关系。而各方在追求自身的经济利益的同时，转向服从一种普遍性、抽象性、确定性和强制性的行为规则，即法律规则。

（二）依法监管的创设始因

应当明确的是，市场经济既是竞争经济和冲突经济，又是秩序经济、规则经济和法治经济。没有秩序的市场，没有规则的市场，没有法

---

① ［美］E. 博登海默：《法理学——法哲学及其方法》，邓正来等译，华夏出版社 1987 年版，第 217 页。

治的市场,就是强盗横行之地,就是欺骗泛滥之所,而不是严格的、真正的和人所向往的市场。

现代市场经济发展进程中,政府扮演的角色日益增多,政府的作用日益重要。金融监管条件下,监管者既是相对超然于金融市场的公权力主体,又是制定金融市场规则、建立金融市场制度、实施金融市场监管、维护和促进金融市场发展的主要力量。尤为重要的是,监管者代表政府执掌权力,发挥对金融市场予以强力干预的功能,其监管权力与监管活动的规范,无论何时做出何种强调,均不为过。换言之,监管者掌握着强制力,具有金融市场主体所不能比拟的力量,它能否遵循依法监管原则,对于金融市场秩序的建立和市场机制的有效运转而言,是十分关键的因素。金融市场主体当然必须遵守金融法律规则,服从金融市场规则,确保在金融业务、金融竞争、金融创新和金融发展中合规守法;但出于对监管权的警惕和防范,人们还是愿意特别强调监管者本身的奉公守法——监管主体、监管职权、监管措施、监管责任等,真实地合乎法律规则的规制与要求。

退而言之,即便是金融市场主体违反法律规则,尚可以诉诸监管者;事实上,监管者的存在无疑具有这方面的针对性。而一旦监管者不是严格依据法律规则开展金融监管,却是凭借诸如执法者个人意愿等因素肆意而为,则监管者行为将不可预见,金融市场主体本应具有的平等且独立的人格将丧失殆尽;金融市场缺失了平等而独立的主体,则金融市场良好运行的可能性将彻底丧失。与此同时,如果监管者不依法监管市场,还可能导致金融市场主体的自由和权益受到最大的妨碍和侵害。因为在监管者的强制性权力之下,金融市场主体没有行为选择自由,只能按照监管者的意志做出行为。如果监管者的监管行为是依法实施的，因为法律规则并不指向特定的主体，而是平等地适用于所有处于相同境况的主体，金融市场主体不但可以预见强制性权力，还可以因依法监管行为而免遭不法侵害；如果监管权力偏离了法治的轨道，监管者实施了违法监管行为，则金融市场主体显然无法避免受到侵害。因此，人们常说，在一个自由国度里，市场经济是法治之下的经济形态，政府必然依照法律来监管市场；一个尊重公民自由和权利的政府，其行政当局和监管者实施行政与监管行为，运用强制性权力，亦无不受到一定规则的控制。

（三）依法监管的当代内涵

金融监管是典型的行政行为，依法监管是依法行政在金融监管领域的要求与体现。在行政法学者看来，依法行政的基本含义是指，政府的一切行政行为应依法而为，受法之拘束。[①] 德国行政法学者认为依法行政原则包括3项内容：（1）法律创制。指法律对行政权的运作、产生绝对有效的拘束力，行政权不可逾越法律而行为。（2）法律优越。指法律位阶高于行政法规、行政规章和行政命令，一切行政法规、行政规章和行政命令皆不得与法律相抵触。（3）法律保留。指宪法关于人民基本权利限制等专属立法事项，必须由立法机关通过法律规定，行政机关不得代为规定，行政机关实施任何行政行为皆必须有法律授权，否则，其合法性将受到质疑。[②] 日本学者认为，依法行政在具体制度形式上体现为3项要求：（1）建立议院内阁制、议会制的民主主义，通过国会对行政进行政治限制；（2）在这一前提下，行政立法、行

① 这里论述的依法行政原则是广义的，相当于学者们常使用的行政法治原则。狭义的依法行政原则仅指依法律规定行政，只是行政法治原则的要求之一。

② 此观点出自行政法学者奥托·迈耶所著《德国行政法》一书，转引自陈新民：《行政法学总论》，台北，三民书局1995年版，第54页。

政处分和行政程序中,存在立法优先的要求或者立法的统制问题;(3)通过法院对行政进行司法方面的事后救济,而不限于行政监察之类的行政内部监督。[①]

在中国,依法行政原则主要包括以下内容:首先,行政据以依凭的法律规则包括宪法、法律、法规、规章。这些法律规则体系中,效力依次递减宪法的效力最高,法律的效力高于法规,法规的效力高于规章。依法行政首先要求依宪法、法律行政,法规、规章只有符合宪法、法律的规定时,才能作为行政行为的依据。其次,依法行政要求政府依法律规则的明文规定行政。政府不严格按法规办事,不严格依法规行政,就不是法治政府。依法行政不仅仅要求政府依法律规则的明文规定行政,还要求政府依法律规则的原理、原则、精神行政。再次,依法行政要求政府依法律规定行政,而依法律规定行政又首先要依行政法律的规定行政。政府不但要严格按照行政法律规定的范围、条件、标准和限度办事,而且要依行政组织法和行政程序法的规定行政。最后,依法行政要求政府对行政相对方依法管理,对自身严加约束。依法行政不仅要求政府对行政相对方依法管理,还要求政府自身守法,要求政府依法提供服务和依法接受监督。现代社会,政府依法行政是法治政府的基本要求,管理在法治社会则意味着服务,依法行政则意味着接受人民通过各种方式和途径实施的监督。[②]

就金融业依法监管而言,研究者大致同意强调如下内容:[③]

---

① 参见[日]和田英夫:《现代行政法》,倪健民译,中国广播电视出版社1993年版,第27~28页。

② 参见姜明安:《行政法与行政诉讼法》(第2版),北京大学出版社2005年版,第65~66页。

③ 这些内容亦可从英国著名行政法学者韦德的一段话中看到影子,韦德指出,每个政府当局必须能够证实自己所做的事情是有法律授权的,几乎在一切场合这都意味着有议会立法的授权,否则其行为就是侵权行为或侵犯了他人的自由,政府行使权力的所有行为,即所有影响他人法律权利、义务和自由的行为都必须说明其严格的法律依据。受到影响的人都可以诉诸法院。如果法律依据不充分,法院将撤销此行为,他就可以不去理睬它,而不会产生任何后果。参见威廉·韦德:《行政法》,徐炳译,中国大百科全书出版社1997年版,第25页。

1. 职权法定。职权法定是金融业依法监管的基本要求。职权是政府行为的前提因素，监管职权是监管者开展监管活动的必备条件。没有相应的监管权，也就无所谓有效的监管行为。在现代条件下，这种监管权主要来源于法律法案的授权。经由位阶较高的法律法案授权，监管者的职权才被视为合法化。英、美、德、日诸国的金融监管者的职权，均由金融监管法律法案直接授予，且设定极为周详，在中国，银行、证券、保险诸业的监管者职权，也是来自《银行监管法》《证券法》《保险法》等法律的直接授予。

2. 责任法定。责任法定要求，金融监管者违法失当的监管行为承担其相应的法律后果。监管法治的一个很重要的特点是，它不仅在被监管者违反金融法律规则时追究相应的法律责任，而且对监管者违法失当的监管行为追究相应的法律责任。对监管者而言，违法监管危害了被监管者的权利，除应承担相应的法律责任外，其对监管服务所涉及的公共利益造成损害，还应承担纪律上或政治上的责任。在监管实践中，有职权即有职责，权力和责任是对等的，既没有无责任的权力，也没有无权力的责任。监管者的职责行为由金融监管法律法案设定，这是现代各国法治实践中的通例，发达国家如此，发展中国家近年来的立法也是如此。

3. 行为法定。监管行为法定是依法监管原则的又一项要求。金融监管中，监管职权必须通过一定的监管行为来实现。金融监管规则制定权、市场准入权、业务监管权、监管措施权、监管处罚权等项职权，均须由特定规则描绘出一系列的监管行为。这些行为即使被监管者对监管当局的行为形成预期，也使监管者本身对自己的行为有标准可资对照。可以设想，如果不对监管行为的标准、种类、条件、范围等进行法律设定,则监管法治不可能实现。当然,由于经济金融活动的多样性与创造性,法律规则不可能也没有必要对政府监管行为做出事无巨细的规定,而应将监管行为条件、方式、幅度、范围等行为要素交由监管机关自由裁量——这就涉及下文的合理监管原则。[①]

4. 程序法定。程序法定,是指金融监管行为应当按照法律规定的程序而做出。监管行为的程序包括监管行为的实质性程序和形式性程序两个基本内容。前者包含监管行为的程序定位、标准、方式、步骤、期限、收费、纠纷化解与救济等内容;后者包含监管行为依据的法律规范和政策公布、情报信息的公开等内容。由于金融监管者具有较大的自由裁量权,而监管程序有利于控制自由裁量权的滥用,因而以程序法定原则来规范金融监管者,则显得尤为必要。

二、合理监管原则

学界一致认为,合理监管原则产生的主要原因在于,监管自由裁量权的广泛存在。[②] 监管自由裁量权是现代社会的必然产物,经济金融发展中,由政治家和普通公民组成的代议机构没有能力对金融监管各个事项都予以详细、明确、具体地规范,而只能对之做出一般原则性的规定,具体监管范围、形式、方法等选择性事项,均不得不留给监管者去自由裁量。随着科学技术和经济金融的日益发展,代议机构立法的原则性越来越高,授予监管者的自由裁量权越来越大,越来越广泛。同时,人们还发现,自由裁量与监管法治之间并不必然相互矛盾,传统

---

① 有学者认为,根据行为条件、方式、幅度、范围等行为要素的不同,法律法规授予的行政自由裁量大小也各异,具体了分为广度裁量、中度裁量和小度裁量三种。参见姜明安:《论行政自由裁量权及其法律控制》,载姜明安主编:《行政诉讼案例评析》,中国民主法制出版社 1994 年版。

② 参见罗豪才:《行政法学》,北京大学出版社 1996 年版,第 33 页。

上认为“行政(监管)裁量的运用明显与基本的法治原则相冲突,因为行政(监管)裁量的运用似乎置行政(监管)人员于法律之上”①的观念似已过时。严格的“三权分立”和“无法律即无行政”的严格法治主义已不能适应社会、经济、金融的发展需要。对监管自由裁量权的过分担忧,还忽视了人的能动性。“任何一部法律法规,无论它如何严密、周详,都不可能规范当时相应社会生活的一切方面,更不能规范其未来将要发生的变化,任何法律法规总不可避免地会有或多或少、或大或小的缺陷、遗漏,行政(监管)机关在执法中,如果没有任何自由裁量权,只能刻板地、机械地加以执行,那反而导致很多不合理、不公平的现象,甚至给公民、社会导致灾难,违反法律规则的初衷。”②监管实践证明,监管自由裁量并不一定导致不公正,相反,监管自由裁量与公正的关系还呈现出一定的正相关性。③ 正是基于这种存在的必要性与正当性,在英美法系国家,监管自由裁量几乎散漫于整个监管法律中;在大陆法系国家,尽管在传统上只突出从监管行为的角度来分析自由裁量,但近来也逐渐将自由裁量的范围予以拓宽——如德国承认在政府计划中也存在自由裁量,日本则认为自由裁量广泛地存在于政府立法、计划、强制、契约等各种公域活动之中。④

然而,承认自由裁量的必要性与正当性,并不必然承认自由裁量无懈可击。事实上,自由裁量的出现,已威胁到监管合法性原则,自由

---

① Kenneth F. Warren, *Administrative Law in the Political System*, 3rd edition, Prentice Hall, Upper Saddle River, New Jersey, 1996, p. 402.

② 姜明安:《论行政自由裁量权及其法律控制》,载姜明安主编:《行政诉讼案例评析》,中国民主法制出版社 1994 年版,第 429 页。

③ Phillip J. Cooper, *Public Law and Public Administration*, 2nd edition, Englewood Cliffs, New, Jersey, 1988, p. 227. 转引自罗豪才:《行政法论丛》(第 3 卷),法律出版社 1998 年版,第 349 页。

④ 参见[日]室井力:《日本现代行政法》,吴薇译,中国政法大学出版社 1995 年版,第 88 ~ 89 页。

裁量权与监管合法性之间,确实存在紧张关系。如前所述,监管合法性原则要求,金融监管中,必须实行职权法定、行为法定、程序法定和责任法定。而自由裁量权的出现,赋予了监管者自行判断行为的条件、自行选择行为的方式和自由做出监管决定的权力。如果监管者自由裁量过大,则意味着监管者自由选择的余地加大。在这种情况下,监管者就可能考虑不应考虑的因素,或者不考虑应予以考虑的因素,违反法律规则的目的而做出行为选择。监管者在做出行为选择时,如果关心的不再是法律设置自由裁量权的目的,而是考虑或不考虑各种非法定考虑因素时,就是滥用了自由裁量权。既然违反了法律设置自由裁量权之目的,则监管者行为即已构成了对法律的违背。事物还远不止如此,合法性原则"似乎仅要求行政机关(监管者)的权力应当有正式法律授权,而无须对这些权力的性质进行限制",①如果这样的理解成立:可以授予政府无限的自由裁量权,因而它们所做的一切都可以合法,②那么法律只会成为形式的外壳,徒有其名,而不能成为公民权利和自由的保证。监管法治要求得更高,它不仅要求监管权依法存在、依法行使、不得与法律相抵触,而且要求监管行为的内容客观、适度,符合理性,即要求"政府还必须根据公认的限制自由裁量权的一整套原则办事",③这一套原则可以概括为行政合理性原则。总之,政府监管行为除了遵循合法性原则外,还要遵循合理性原则。

合理监管原则的一般内容可表述为:(1)监管行为应符合法律规则的目的与精神;(2)监管行为不得考虑不相关因素;(3)监管行为必

---

① T. R. S. Allan, *Legislative Supremacy and the Rule of Law: Democracy and Constitutionalism*, The Cambridge Law Journal, Vol. 44, Part one, March 1985, p. 114.

② 参见[英]威廉韦德:《行政法》,徐柄等译,中国大百科全书出版社1997年版,第25页。

③ 同上。

须考虑相关因素;(4)平等适用法律规范,不得对相同事实给予不同对待;(5)符合自然规律;(6)符合社会公德和社会道德。[①] 在此基础上,金融监管行为还应当符合下列两项特殊要求:其一为符合公共利益要求。经典的金融监管理论所分析的金融监管成因主要有三——信息不对称、市场的外部性、市场的不完全竞争性。金融市场失灵,损害的是大量处于弱势地位的金融消费者的利益,诸如低劣的金融服务却要求昂贵的价格;或者是公共利益,诸如金融风险、金融危机和金融秩序的混乱甚或崩溃等。在没有其他力量改变这种金融市场失灵问题时,人们自然希望监管者这只"看得见的手"来干预金融市场、规范市场主体行为。可见,为了解决金融市场失灵问题,监管者的监管行为具备了合法性基础。因此,监管者必须以规范金融市场、维护公共利益为行动指向。其二为尊重金融市场规律。金融监管者应当针对金融市场自身所无法克服的缺陷而行动,而不能干预金融市场的正常秩序,破坏金融市场规律。当代许多金融学家认为,金融市场自身是能够发展出一套完善的秩序的,完备的市场过程会产生一种有助于价值最大化的金融市场秩序。[②] 在布坎南的理论中,监管者的功能在于为金融市场运行搭建一些市场自身无法自发形成的制度平台,而不亲自参与到市场运行中。金融监管者的职能是用来解决金融市场自身所不能解决的问题的,它不能取代金融市场去解决本该由市场解决的问题。监管者也不能天真地想建立一个"有秩序的金融市场",因为

① 参见罗豪才:《行政法学》,北京大学出版社 1996 年版,第 34 页。

② 诺贝尔经济学奖得主布坎南认为:(1)市场秩序需要由一系列的制度支撑,或者说市场就是由一系列的制度构成的;(2)有了这一系列的制度,即具备完备的市场后,市场自身能产生一种自发的市场秩序。他论述道:"市场是一种制度过程,在其间个人彼此相互作用,其目的在追逐他们各自的不论哪一种目的。18 世纪哲学家伟大的发现是:在适宜地设计的法律和制度中间,市场中分散的谋私利的个人的行为产生一种自发的秩序,一个分配结果的模式,它不是任何人选择的,但是它可以合适地归类为能反映参加者的价值最大化的秩序。"参见[美]詹姆斯·M. 布坎南:《自由、市场和国家》,吴良键等译,北京经济学院出版社 1985 年版,第 88 页。

这样做意味着将限制金融市场的作用——而这是任何身处其中的人们所不能接受的。对中国而言,既然已致力于市场经济和金融市场的发展,监管者就必须尊重金融市场的自发秩序,就必须尊重市场经济与金融市场的规律。

三、比例原则

比例原则起源于德国公法,是一个相当宽泛的概念,通说皆将之分为适当性原则、必要性原则以及狭义比例原则。[①] 所谓适当性原则,是指所采取之措施必须能够实现行政目的或至少有助于实现目的,亦即在目的—手段关系上必须是适当的。所谓必要性原则,又可称为最少侵害原则或最温和之手段原则,是指立法者或监管者针对同一目的之达成,有多种适合之手段可供选择,应选择对人民损害最小之手段,亦即在不违反或减弱所追求之目的或效果之前提下,面对多数可能选择之处置,应尽可能选择对人民权利侵犯最轻或最小不良作用之方法。所谓狭义比例原则,最常见的解释是手段不得与所追求之目的不成比例,在是否采取监管措施和采取何种监管措施时,应衡量目的达到的利益与侵及被监管者的权益二者孰轻孰重,只有前者重于后者,监管行为才具有合理性,监管行为在任何时候均不应该给予被监管者权益以超过监管目的与目标本身价值的损害。[②] 为此,监管者必须考虑三项重要因素:其一为人性尊严不可侵犯。对人的尊严的尊重和保护,是宪法的构建原则,自由人类的人格及其尊严是宪法秩序中最高的法价值。其二为公益的重要性程度。这是在整体衡量时必须考虑

---

① 参见城仲模:《行政法之一般法律原则》,台北,三民书局1994年版,第122页。

② 参见陈新民:《行政法学总论》,台北,三民书局1995年版,第62页。

的因素，对于基本权的侵害越深，则该监管措施或规范所欲维护的公益必须更重要。其三为手段的适合性程度。意指在何种程度与范围中，手段有助于目的之达成，当有其他同样有效且对于基本权利侵害较少之措施可供选择时，则立法或监管应选择该较小侵害之措施。[①]

在金融监管中，比例原则具体包含下列三个层次的内容：

（一）适当性监管

所谓适当性监管，是指监管措施与行为对于实现监管目的与目标是适当的。现代经济中，人们倾向于对政府的经济功能作严格的限制。那种绕过市场而由政府包办一切的中央计划经济模式，对经济社会发展是极为不利的。但是，以为政府仅发挥守夜人作用的想法，在今天看来也太过简单，因为这种政府角色无法应对现代日趋繁杂的经济金融活动。监管者应该在经济金融发展中发挥至关重要作用，但其作用设置必须基于补救金融市场失灵。在市场失灵并不存在的领域中，监管者不应该企图代替市场。如果在充分竞争的条件下，金融市场一定可以比监管者更好地组织经营，更快地促进技术进步，更好地满足消费者的利益。所以，监管者应该维护金融市场的竞争状态，保障其竞争条件更为充分。特别是当金融市场尚未发育完全而缺乏竞争时，监管者尤其需要耐心地扶植金融市场的发育，并给金融市场提供成熟充分的空间。鉴于金融市场的公共性、专业性与高风险性，监管者当然具有干预的责任。但即使是在必须干预的场景中，监管者干预也应该十分慎重。从发达金融市场国家来看，金融监管者充分发挥金融市场机制作用，尽量减少政府监管，是这些国家的良好经验。监管者只应针对那些具有公共性、垄断性和风险高发的环节或领域予以

① 参见城仲模：《行政法之一般法律原则》，台北，三民书局1994年版，第125～126页。

监管;市场利率、金融服务、金融产品质量等问题均可以由市场机制去调节;如果消费者能掌握充分的金融信息,甚至诸如银行资本充足率、流动性等问题都可以付诸金融市场去解决。

(二)必要性监管

所谓必要性监管,是指监管措施的实施应以达到监管目的、目标为限,不能给被监管者造成过度的不利影响,即监管措施的采用只能限于必要的幅度,以尽可能使相对人权益遭受最小的侵害。金融市场失灵,只是为金融监管提供了合法性的前提条件。金融监管真正获取合法性,还必须具备其他重要条件。金融监管中,必要性原则要求,授予监管者以金融监管权时,代议机构必须十分慎重,一定要对金融监管的范围、措施和如何制衡作出明确的规定。关于这一点,在民主化、法治化、自由化程度较高的国家反映得尤为突出。美国在开始金融监管以前,围绕应否授予特定机构以金融监管权,国内各政治力量和各个阶层的人们就进行了反复争论与权衡。遵循监管必要性原则要求,如果有非政府监管的其他途径可以解决的金融市场问题,监管者应尽量收敛公权力的触角;即使政府监管不可替代时,也应当以实现金融监管目的、目标为宜,不能扩张政府的金融监管权力。后行监管必要性原则还要求,监管者实施金融监管措施时,如果有多项措施可供选择,监管者应选择对被监管者或第三人或社会最小损害的措施,同时还应当考虑如何使该项监管措施的实施支出的成本最少。

(三)监管比例性考量

监管比例性考量至少包括以下三项内容:其一,监管成本不得大于监管收益;其二,监管所维护的公共利益不得小于被监管者因监管而牺牲的合法权益;其三,不得损害被监管者的某些基本权益。政府监管是需要成本的。从金融监管过程看,监管金融成本包括监管立法成本、监管执法成本、规则修改或调整成本和放松或解除监管的成本等。从成本的不同支出者看,监管成本分为两大类:一大类是由政府承担的成本,主要表现为金融监管机构的各种成本费用;另一大类是主要由被监管企业承担的成本,主要用于按照监管决定的要求,报送有关材料、公布有关信息。被监管者承担的监管成本也许还包括向金融监管立法者和执法者游说甚至进行寻租活动的成本,当然这种成本不是法律认可范围内的成本。对监管比例性的考量要求,金融监管只有在成本小于收益时才可以发生,或者说,监管者选择的具体监管措施所支出的成本,应当小于该监管措施所产生的收益。对监管比例性的考量还意味着,即使客观上存在某种监管需求,但如果为满足这种需求而提供的金融监管成本太高,也不值得采取这种金融监管。此外,金融监管通常是为了公共利益的需要,同时常伴随牺牲被监管者的一些合法权益,故而比例原则要求,在实施金融监管时,必须先行衡量该公共利益与被监管者合法权益之间孰轻孰重,只有在牺牲被监管者合法权益小于所要维护的公共利益的情况下,才可以进行金融监管,才可以实施监管行为。

四、诚信原则

诚信原则原本是私法领域使用的一项基本原则,它导源于私法关系中的严守契约原则。在罗马法中,即有诚实契约和诚信诉讼之说。[①]

---

① 诚实契约的当事人不仅要承担契约规定的义务,同时要具备善意诚实的类型状态。在诚信诉讼中,主审者可不受契约字面含义的约束,可根据当事人的真实意思对契约进行解释,并可根据公平原则对当事人的约定进行干预,以消除某些约定的非公正性。参见江平:《罗马法基础》,中国政法大学出版社 1982 年版,第 121 ~ 122 页。

在近代社会，诚信原则构成了民事法律的一个基本原则。确立这一原则意味着，所有民事关系均须建立在人们的主观善意和客观衡平的基础之上。主观善意要求人们的交易行为本乎至诚，不容欺诈，对于过去所为不容任意推翻；客观衡平则是指人们的交往应顾及正义与公平，以维护正当与善良秩序。法制史上，早期的行政法学者反对在行政法律中援用诚实信用原则，以为公法领域不宜适用私法原则。现代以来，诚信原则逐渐被公法学界承认并援用。1926 年，德国行政法院的判决中即有这样的表述："国家作为立法者及法律监督者，应当遵守诚实信用原则。"①1996 年，葡萄牙和韩国分别制定《行政程序法》，确认了诚信原则。中国台湾地区，现行的"行政程序法"亦规定了诚信原则。而且当代条件下，法学界发展了诚信原则理论，认为应对该原则作比较宽泛的理解，具体在内容上应注意吸收信赖保护原则。这种将信赖保护原则置于诚信原则含义之内的观点，具备较强的逻辑性与说服力，因而为较多的当代学者所承认。

行政法理上，诚信原则主要包括以下内容：(1)法律规范应具有稳定性和可预期性。在一个法治国家，规范行政行为的行政法律法规应当具有明确性、可预测性，以维护法律的安定性。(2)法律规范具有不可溯及性。意指行政法律规范不得变动无常，尤其对行政相对人不利的规范，不得溯及既往。(3)行政活动应具有真实性与确定性。即指行政机关不得弄虚作假、反复无常，工作目标与方向应当明确并相对稳定，不应朝三暮四、游离多变。(4)行政主体应信守诺言，言而有信。即使在没有法定职责的情况下，行政主体一旦作出某种诺言或承诺，就应当兑现诺言，取信于民。

---

① ［日］村德治：《宪法与行政法诸问题》，有斐阁 1987 年版，第 10 页。

金融监管中,诚信原则的基本含义有以下四项:第一,监管者对自己做出的行为和承诺恪守信用,不得随意变更,不得反复无常,监管行为一经做出,未有法定事由,未经法定程序,不得随意撤销、废止或改变,监管行为具有确定力、公定力、公信力。第二,对被监管者做出授益行为,即使事后发现有轻微违法或对监管不利,只要行为不是因被监管者的过错造成,也不得撤销、废止或改变;除非不撤销或改变此种违法的监管行为将严重损害国家、社会公共利益。第三,监管行为做出之后,如事后据以做出该监管行为的法律规则修改或废止,或者据以做出该监管行为的客观情况发生了重大变化,为了公共利益需要,监管机关可以撤销、废止或改变已经做出的监管行为,但监管者事先必须做出细致的利益权衡。第四,发现有较严重的违法情形,或者可能对国家、社会公共利益造成重大损失的情形,必须撤销或改变监管行为时,对撤销或改变这种监管行为给无过错的被监管者造成的损失,监管者必须给予合理补偿。

金融监管法律的程序性原则[①]

金融监管中,调整金融监管各方主体程序层面的权利与义务关系的法律,即是人们常说的程序性金融监管法律。统率、指引、规范程序性金融监管法律的法律原则,即为本文所称的金融监管法律程序性原则,具体而言,包括正当法律程序原则、监管公开原则、监管公平原则和监管公正原则。

一、正当法律程序原则

正当法律程序一词肇始于英国1215年的《大宪章》。该宪章第39条规定:"自由国民非依国法而受其之合法审判者,不得逮捕、禁锢、剥夺财产、逐出于外国,或加以任何伤害。"1354年之自由律亦规定:"任谁,不论其财产或者身份如何,不得未经正当法律程序,加以逮捕、禁锢、剥夺继承权或处以死刑。"[②]17世纪至18世纪,正当法律程序和英国法律随着英国移民一同移入美国。后来,美国人将其写入宪法修正案。美国《宪法修正案》第5条规定:"未经正当的法律程序不得剥夺任何人的生命、自由或财产。"这条规定适用于联邦政府机关。

---

① 根据2012年系列研究成果整理。

② 林国漳:《浅析行政法学上之"正当法律程序原则"》,载城仲模:《行政法之一般法律原则》,台北,三民书局1994年版,第56页。

《宪法修正案》第 14 条规定："任何州不得未经正当的法律程序而剥夺任何人的生命、自由或财产。"这条规定适用于各州政府机关。这两条宪法修正案，规定了美国行政法上所规定的程序规则，必须符合宪法上的正当法律程序标准。

何谓正当法律程序，在英国人看来，程序正当必须符合古老的自然正义（nature justice）原则，该原则包含两条基本原则：(1)任何人不应成为自己案件的法官。根据这一规则，行政机关实施任何行政行为，参与行为的官员如果与该行为有利害关系，或被认为有成见或偏见，即应回避，否则，该行为无效。(2)任何人在受到惩罚或其他不利处分前，应为之提供公正的听证或其他听取其意见的机会。根据正当程序规则，公民在财产被征用、申请许可证照被拒绝，或受到吊销证照、罚款、开除公职等处罚或纪律制裁等不利处分前，行政机关均应事前给予其通知，告知处分根据、理由，听取其申辩意见，否则该处分将被司法审查确认无效。①

而根据美国法院的解释，宪法规定的正当法律程序有两个方面的意义：(1)正当的法律程序是一个实体法的规则，称为实质的正当法律程序。这种意义上的正当法律程序要求国会所制定的法律，必须符合公平与正义。如果国会所制定的法律剥夺个人的生命、自由或财产，不符合公平与正义的标准时，法院将宣告这个法律无效。(2)正当法律程序是一个程序法的规则，称为程序上的正当法律程序。这种意义上的正当法律程序要求一切权力的行使，在剥夺私人的生命、自由或者财产时，必须听取当事人的意见，当事人具有要求听证的权利。②

---

① 参见姜明安：《行政法与行政诉讼法》（第 2 版），北京大学出版社 2005 年版，第 81～87 页。

② 参见王名扬：《美国行政法》，中国法制出版社 1995 年版，第 383 页。

在美国正当法律程序的适用范围，已不再仅单纯限于程序方面，而是已扩及实体方面，且不论是立法、行政、司法，都受此原则的限制，尤其是各项监管领域，都一体适用。[①]

20世纪中期以后，随着各国行政程序立法的发展，正当程序原则在世界许多国家得到确立和广泛适用。许多欧洲大陆法系国家（如德国、葡萄牙、西班牙、荷兰等）和许多亚洲国家和地区（如日本、韩国、中国台湾地区、澳门特别行政区等）都纷纷进行行政程序立法，通过立法确立正当程序原则为行政法的基本原则。与此同时，学者们亦就正当法律程序原则的基本含义达成了共识。正当法律程序原则的基本含义是，行政机关做出影响行政相对人权益的行政行为，必须遵循正当法律程序，包括事先告知相对人，向相对人说明行为的根据、理由，听取相对人的陈述、申辩，事后为相对人提供相应的救济途径等。

理论上深究起来，学者们认为正当法律程序原则中的正当一词，是一个发展变化的概念。不同时代的人们都会对正当一词赋予不同的含义。为此，有的学者提出最低限度的公正这一术语，并赋予这一术语以下几层意义：(1)程序没有偏私地对待当事人；(2)在行使权力可能对当事人权利义务产生不利影响时，必须为当事人提供某种形式的表达意见，必须为当事人提供为自己利益辩护的机会；(3)为决定说明理由。他们进一步强调，如果一个法律程序缺乏这些要素，不论通过该程序产生的结果如何，“也不论该程序多么具有法律效率，人们仅仅根据正义感或一般常识就可能感觉到它的不公正，程序的正当性也将因此而受到挑战和质疑。”[②]另有学者从人的主体性出发，认为正

① 参见林国漳：《浅析行政法学上之“正当法律程序原则”》，载城仲模：《行政法之一般法律原则》，台北，三民书局1994年版，第65～66页。

② 罗豪才：《行政法论丛》（第3卷），北京大学出版社2000年版，第221页。

当法律程序的正当含义包括以下几个不可分割的方面：[①](1)法律程序对程序主持者的正当要求，包括中立性、合理性、排他性、可操作性；(2)接受程序法律结果的法律主体对法律程序的正当要求，包括平等参与性、程序自治性、程序人道性；(3)程序法律行为的及时终结性，即对程序法律行为完成时间的明确要求；(4)程序法律的公开、透明性，即指程序法律必须公布，法律程序诸要素为公众知晓。

金融监管中，正当法律程序原则的具体含义有下述三项：(1)监管回避。在西方国家，"自己不做自己的法官"是正当法律程序原则的首要要求。根据这一要求，监管者处理涉及与自己有利害关系的事务或裁决与自己有利害关系的争议时，应主动回避或应当事人的申请回避。此外，监管者应设立特定机构，裁决涉及金融监管的有关争议；监管者处理违法行为，调查机构、处理机构、裁决机构应相对分离。(2)说明理由。监管者做出任何监管行为，特别是做出对被监管者不利的监管行为，除非有法定的保密要求，都必须说明理由。对于制定监管规则等抽象监管行为，应通过政府公报、监管公报或其他公开出版的刊物说明理由；对于具体监管行为，应通过法律文书或其他形式直接向监管行为所及对象说明理由。(3)听取陈述和申辩。监管者做出任何监管行为，特别是做出对被监管者不利的监管行为，必须听取被监管者的陈述和申辩。监管者做出严重影响被监管者合法权益的监管行为时，还应依被监管者的申请或依法主动举行听证，通过被监管者与执法人员当庭质证、辩论，审查监管者据以做出监管行为的事实与证据的真实性、相关性与合法性。

① 参见李龙、徐亚文：《正当程序与宪法权威》，载《武汉大学学报》(人文社科版)2000年第5期。

二、监管公开原则

监管公开原则,是指为规范政府监管权力,在监管活动中,除涉及国家机密、商业机密或个人隐私外,所有政府监管信息应当一律向社会公众公开。监管公开的本质是,通过一种法律程序实现对监管权的制约。监管公开是现代民主与基本人权理论发展的结果,它是监管主体的法定职责,同时也是监管相对人的重要权利。

20 世纪以后,行政权的扩张成了难以抑制的现实趋势,对传统行政法律提出了强有力的挑战。行政权扩张的直接后果是,可能增大对公民权利所产生的不利影响。因而在现代社会中,如何有效地保护公民的合法权益不致受到日益扩张的行政权的侵害,即成了现代行政法治的一个核心问题。研究者认为,解决这一问题的主要方法是,调动行政相对人和社会公众监督行政权的积极性,发挥行政相对人、社会公众对行政权的监督、制约功能。作为各国法治建设的共同路径,行政公开是行政相对人、社会公众监督行政权行使的必要条件。正所谓"阳光是最好的防腐剂"。也是在这一历史时期,西方国家普遍出现了议会大权旁落和行政权扩张的法律现象,国家权力结构发生了重大变化,导致了国家权力重心从议会转到了政府。传统上,公民通过选举议会组成人员和国家元首,以实现其民主参与的目的,这种做法已产生了危机。基于危机认识而产生了新的民主理论,这种民主理论认为:由于议会无法对政府实施有效的控制,至少是控制的有效度已有所减弱,因此作为国家权力主体的公民应当有权越过议会直接参与到政府行使行政权的过程中,以防止行政权的滥用。而且,当今世界,人权理论获得了蓬勃发展,基本人权理论表明:人不能成为权力所支配的客体，不能成为权力所要达到目的的手段，所有权力行使的正当目的只能是有利于人的自我发展和完善。传统行政法中行政权以命令与服从的管理模式履行着维护社会秩序的重任，公民在行政法律关系中处于受支配的被动局面，对行政主体形成意思表示没有参与表达意见的机会。新的条件下，需要改变传统的行政权运作模式，取而代之以协商与合作。这种新的行政权运作模式要求行政主体开放行政权运作过程，让行政相对人参与进来表达其意见，从而使行政机关形成的意思表示更趋正当合理。“民主理论家们相信公开的政治程序能够保护人类尊严与其他价值。”①

金融监管中，监管公开是必须确立和遵循的一项重要法律原则，其基本内容主要有：

1. 金融监管依据公开。监管依据公开要求，金融监管者进行监管规则制定、采取监管措施、实施监管行为，均必须以法定形式向社会公布。相关细节问题有三：(1)公开时间。监管权依据的公开应当是事先公开，即监管者在监管决定做出之前公开其监管权，如事后公开将导致那些依据该公开的监管权做出的监管决定无效，但法律有特别规定的除外。(2)公开方式。应当以符合法律规定的方式进行；如没有法律规定，监管者应当采用便于社会和行政相对人了解的方式进行。(3)公开内容。应当明确公开依据的名称、制定机关、生效时间、适用对象等，监管事项的范围、前提、标准、监管可采用的措施的种类、程序等。

2. 金融监管信息公开。监管信息公开是监管者参与监管程序、维

① ［美］沃尔特·F. 莫非：《宪法、宪政与民主》，载宪法比较研究课题组编译：《宪法比较研究文集》，山东人民出版社1993年版，第8页。

护自身合法权益的重要前提。监管者根据被监管者的申请,应当及时、迅速地向其提供所需要的信息和资料,除非法律有不得公开的禁止性规定。[①] 被监管者和社会公众能顺利获取监管信息,是监管公开法律原则的基本要求。监管信息公开,具体有两层含义:一方面,要求监管者以适当的方式将其制造、搜集、整理、控制、保护的信息公开出来;另一方面,监管者还应当建立相应的机构对这些信息整理、保管、分类,并且应公众的申请提供给公众。金融监管信息公开的实现程度,是衡量一个国家金融法治状态的重要指标。

3. 金融监管过程公开。监管过程公开,是指监管者应当将与监管决定形成过程有关的事项向被监管者和社会公开。在这事中公开过程中,具有典型意义的内容是监管听证。[②] 监管听证是指监管者在做出影响被监管者合法权益的决定前,由被监管者表达意见、提供证据的程序,以及监管者听取意见、接受证据的程序所构成的一种法律制度。现行各国的行政程序法律尽管内容上存在差异性,但大都确立了行政听证制度。行政听证制度已成为行政程序法律的核心。需要注意的是,监管决定形成过程,还涉及部分内部程序,如内部讨论程序、决定程序、批准程序等,这些内容一般不属于公开范围。

4. 金融监管结果公开。监管者对被监管者的合法权益做出有影响的监管决定,必须向被监管者公开,从而使被监管者具有获得救济的机会。如果应当公开的监管决定没有公开,该监管决定就不能产生法律效力,不具有法律执行力。由于监管结果所影响的对象,不仅限

---

① 政府信息公开法律制度以信息公开为原则,以豁免公开为例外,因此世界各国《信息公开法》都以排除条款对豁免公开的政府信息予以列举规定,凡未被明确规定可以豁免公开的信息均应当公开。参见应松年、陈天本:《政府信息公开法律制度研究》,载《国家行政学院学报》2002 年第 4 期。

② 参见章剑生:《论行政程序法上的行政公开原则》,载《浙江大学学报》(人文社科版)2000 年第 6 期。

于被监管者，也包括社会公众，因此，监管结果公开包括两个方面：向监管者公开与向社会公开。监管者向被监管者公开监管规定结论，既是监管决定生效的条件，也是被监管者行使救济权的前提。对于重大涉及公共利益内容的监管决定——如银行存款、贷款利率的调整等决定，还应向社会公众公开。其方式可以在报刊上公告，或以新闻报道形式公开。

三、监管公平原则

从一般意义上说，公平是一种道德观念，它以人们公认的价值观为判断标准，强调地位、利益、责任在当事人间的合理分配，即所谓的"损有余而补不足"。就这一角度而言，公平原则接近于分配正义或体制公平，使有关主体各得其所，实现自身的利益。另外，由于公平观念本身的高度伦理化，人们对公平原则的理解具有很大的不确定性，且因时代和社会条件的不同而各有差异。现代行政法理论认为，行政公平是民主国家的要求。民主国家意味着国家属于全体人民，因此，全体人民在自己的国家内享有同等的权利和机会，因此行政主体应平等地对待任何相对人，不能厚此薄彼，不能凭某种关系或自己的好恶赋予某些人以特殊的权利，对某些人施加特别义务。因此，行政公平原则的基本要求就是平等对待相对人、不歧视。平等对待而不歧视是公民在"法律面前一律平等"的宪法原则①在行政法领域的具体体现。行政机关实施行政行为，无论是抽象行为还是具体行为，无论是授予权益行为还是要求履行义务行为，无论是赋予某种资格的行为还是科处某种处罚的行为，都必须依法平等地对待任何相对人，不能因为行

① 参见《中华人民共和国宪法》第33条。

政相对人的身份、民族、性别、宗教信仰等的不同而对之予以不平等的待遇。[①] 当然，平等和公平也不是绝对的，行政行为也不可能绝对地、无条件地对相对人一律平等。[②] 在特别条件或特别情形下，也有一些具体制度在要求上存在差异性。

金融监管中，监管公平原则有着如下三层含义：

1. 监管公平意味着，金融市场与金融监管中各参与主体的法律地位平等。金融市场各参与主体，包括各金融机构、从业人员，中介机构和其他参与主体。这些参与主体中，无论机构的大小，无论个人身份有何不同，也无论是机构还是个人的区别，各金融市场主体在法律上具有平等地位，平等地享受权利，也平等地承担义务。所有主体的权利与义务关系均受监管法律的平等调整。金融监管关系中的各方主体，其不但包括金融市场参与主体，还包括金融监管机构和监管人员。虽然实体法律规则设定了前者与后者之间不同的权利与义务关系，但就法律地位上而言，两者是完全平等的。法律面前，公权者不会显得尊贵，被治者亦不会沦落至卑下，因为法律的价值首先在于平等与公平。

2. 监管者应当注意消除明显的非公平性。金融市场中，由于信息不完全、不对称和非流转性，以及经济实力的差别，各金融市场主体之间可能存在事实上的不公平，这是监管者应当注意并着力解决的。银行业务中，银行机构拥有雄厚的资金、深远的影响和严密的组织体系，因而可能比银行业金融服务消费者具备更优越的地位，而金融服务消费者很可能处于相对弱势地位，这在发生服务消费纠纷时反映得更明

---

① 例如，中国《行政许可法》第5条规定，任何行政许可申请人，凡符合法定条件、标准的，均有依法取得行政许可的平等权利，行政机关不得歧视。该法第4章又规定了一系列程序，保证这一原则的切实执行和实现。

② 参见姜明安：《行政法基本原则》，载《湖南社会科学》2005年第2期。

显。证券业务中,投资者特别是中小投资者是交易活动中的弱势群体,市场时常被那些具有身份、信息和资金优势的参与者操纵,这不仅造成证券市场主体间实质上的不平等,而且会损害市场主体间原本平等的契约关系,使市场自愿原则变得毫无意义。为了避免出现这些明显的非公平性现象,需要监管者通过规则制定、规则执行和争议解决等环节予以解决,例如投资者因内幕交易、操纵市场等行为而受到损害时,严格追究违法行为人的行政责任、刑事责任与民事责任,对投资者遭受的损失予以等量补偿。

3. 最后也是最重要的,监管者应当着力促进机会公平。金融监管法治中,一个重要的内容即是,金融监管者通过监管法律促进市场公平,尤其是金融市场主体的机会公平,即创造一个公平竞争的金融市场环境。这一内容要求,监管法律与监管者必须让每一个适格的主体均有进入市场的机会,每一个参与市场交易的当事人在事实上都享有同等的获利的机会,当然,也包括每一个金融市场主体都承担相应的市场风险。如果参与机会不均等,由此引起了获利机会不均等和收入分配的差距,那就是对金融监管法律的公平原则的违背。需要指出的是,中国金融市场建设虽初具成效,但仍然存在突出问题。例如,中国证券市场建立以来,长期存在国有股、法人股、社会公众股人为分割的情况,股权分置使得非流通股在证券市场中一股独大,而且不必担心被收购、退市等市场规律惩罚,这种“同股不同权”事实上造成了主体参与证券市场机会的不平等,在本质上是与公平原则不相符的。[①]

① 参见周友苏:《新证券法论》,法律出版社2007年版,第122页。

四、监管公正原则

在人类思想史上，就社会公正而言，能够提供范式研究的大概有四种理论。其一为古典自由主义的公正观。该学说的渊源来自洛克的天赋人权学说，此后亚当·斯密和哈耶克做了较大发展。在自由主义者看来，任何改变个人偏好的行为都是对人的自由的践踏，每个人的偏好不同，也就不可能达成有关“公正”的共识，真正的社会公正只能是由法治所规定的正义。其二为平均主义的公正观。该观点主张，每一个人在权利、财产、机会、教育、收入各方面都均等。学者们认为，平等主义公正观建于以下两个假设的基础上：(1)每一个人的偏好是相同的；(2)每一个人的能力是相等的。平均主义的公正观在中国有深厚的历史渊源，“等贵贱，均贫富”是对平均主义的最好写照。由于平均主义公正观的两个前提假设均不正确，该学说已经被人们淘汰出局。其三为功利主义的公正观。边沁的功利主义有两个基本点：(1)最大限度的幸福原则，即最大多数人的最大幸福是判断事物正确与否的标准。(2)自我偏好原则，即指人们的偏好各有不同，人们行为的目的都是使自己的当前利益最大化。在功利主义公正观眼里，如果一种行为的结果至少与那些任意选择的行为的结果一样好，那么这种行为就是正当的，因而，这种主张容易忽略了少数人的利益，在今天看来，那种忽略人们利益的社会很难说实现了社会公正。其四为现代通识的公正观。该理论由罗尔斯提出，其关于正义的两条原则实质上是回答了社会公正问题。第一原则为平等的自由原则。人们的自由和权利包括选择权和有资格担任公职的权利，以及言论和集会的自由、良心自由和思想自由、个人自由及保障财产的权利、不受任意拘捕的自由和不被任意剥夺财产的自由等，这些自由一律平等，因为正义社会中公民拥有相同的基本权利。第二原则是差别原则。这一原则主张适当限制实际上存在的不平等、社会制度中的不平等，要以有利于最不利人的最大利益为宗旨和限度。[①]

在金融监管中，公正原则可做以下理解：(1)监管者依法办事，不偏私。依照法律进行监管，既是监管合法性原则的要求，也是监管公正原则的要求。法律要义在于，规范对象上具有抽象性和普遍性。法律不是确定某一个人的特殊利益，不是针对某一个人或某几个人的，而是针对抽象的不确定的人们整体。监管者如果不能做到依法办事，如果加入情感等不确定因素，就没有一视同仁，就可能徇私枉法，当然就会导致不公正。(2)平等对待被监管者，不歧视。监管者实施监管，无论采取何种监管措施，或是实施何种性质的监管行为，均须平等对待被监管者和其他相关主体，不会因人们的身份、民族、种族、性别、宗教信仰等方面的差异而给予不同待遇。例如，在金融市场准入监管中，监管者只能就进入市场的资本、技术等条件做出要求，对申请进入金融市场者，只要具备相应条件，就应当许可，而不得歧视。(3)合理考虑相关因素，不专断。合理地考虑相关因素，是指监管者必须考虑规则条件、政策要求、公正准则、相对人情况，以及行为可能产生的正面或负面效果等。监管者不专断，意指监管者不是任意地、武断地做出决定或实施行为，而是考虑应予考虑的相关因素，凭借事实、证据和法律做出判断。例如，监管确定金融市场价格时，必须考虑到相应产品与国计民生的相关程度、消费者的承受能力、生产者的利润空间和扩大生产能力、市场的波动情况等相关因素，听取消费者和生产者的

---

① 参见姚洋：《自由公正与制度变迁》，河南人民出版社 2002 年版，第 279 页。

意见,并遵循社会公正的一般准则。

就规范角度而言,金融监管还承担着恢复正义的功能。现代民主社会里,政府垄断着对非正义行为的惩罚,任何个人包括受非正义行为伤害的当事者本人,都无权实施直接的惩罚。现代市场经济金融发展中,对消费者而言极易产生的不公正结果——如垄断市场、价格歧视、破坏环境等,金融市场自身无力解决,也不能由消费者自行实施武力报复,消费者所能做到的,充其量只能是退出金融市场。然而,金融业服务在现代社会已成为人们的必需品。这些必需品市场,消费者是不能退出的。在消费者注定处于弱势地位的情况下,政府就应为社会提供消除不公正与不正义现象的示范。一个社会之所以能够合作,与该社会合作各方的权利义务处于一种大致平等的关系相关。失去了这种大致平等的权利义务关系,社会合作的基础也就丧失殆尽。因此,金融监管的出发点和归宿都是使已经失去的公正恢复到一种相对的公正,或者是预防社会产生严重的不公正。

金融监管法律的行业性原则[①]

金融监管中,部分法律原则反映了金融监管的本质属性和客观规律,构成了相对于行政法律基本原则不同的金融监管专属性,因而是金融监管的特有原则。这些特有原则,整体上合乎行政法律精神,而又与之存在较大差异。具体包括促进市场竞争原则、内部控制和外部规制相结合原则。

一、促进市场竞争原则

市场是人类最伟大的发明之一,其之所以伟大,在于它有利于生产要素的合理流动而实现资源的优化配置,有利于技术创新与推广,能够调节国民收入的初次分配,阻止非效率收入之形成。市场的这些功能,均是通过市场要素中的竞争机制来实现的。“竞争是获致繁荣和保证繁荣最有效的手段。只有竞争能使作为消费者的人们从经济发展中受到实惠。它保证随生产力的提高而与之俱来的种种利益,终于归人们享受。”[②]经济学家亚当·斯密对竞争推崇备至,他认为:第一,竞争对推动劳动要素和调节资本要素合理配置具有重要作用。劳

---

① 根据2012年系列研究整理。

② [德]路德维希·艾哈德:《来自竞争的繁荣》,祝世康等译,商务印书馆1983年版,第11页。

动者供给的多少,“自会导致雇主间的竞争”,[①]引起工资的涨落,使劳动力在部门和企业间合理流动。竞争可以激发劳动要素的能量,鼓励劳动者掌握熟练技巧和提高劳动能力,相反如果停止竞争,则“技能和发明才能也将无发挥之余地”。[②] 竞争对资本和资源要素的调节通过资本家对利润的追逐发挥作用。资本家对利润的追逐,引导资本流向利润最大的部门,“他们相互竞争,自然倾向于减低这一行业利润”,[③]最终导致利润符合自然率而趋向利害均等,达到社会资源的合理配置。第二,竞争可以调节供需关系,使社会供需平衡。在竞争条件下,单个生产者“不但需要时刻留心注意需求情况的变动,而且需要时刻留心注意竞争情况或需求所从满足的情况的大得多、频繁得多的变动;巧妙运用手腕和正确的判断力,使各色货物的数量,都能适应需求、供给和竞争各方面的变动情况。”[④]第三,竞争可以激发人们的主观努力,“如果竞争是自由的,个人相互排挤,那么相互的竞争,便会迫使每个人都努力把自己的工作弄得相当正确。”[⑤]因此,亚当·斯密主张竞争,认为“一种事业若对社会有益,就应当任其自由,广其竞争。竞争越自由,越普遍,那事业亦越有利于社会”。[⑥]

但是竞争不是万能的。早在1844年,一位名叫朱尔斯·迪普特(Jules Dupuit)的桥梁和公路稽查官在定量测量公共设施对社会带来的福利时发现,能够对不同的顾客制定不同价格的垄断者最终会选择能使社会福利最大化的产出。他的结论是,某些经济部门由一个追求

---

① [英]亚当·斯密:《国民财富的性质和原因的研究》,郭达力等译,商务印书馆1972年版,第62页。
② 同上书,第135页。
③ 同上书,第201页。
④ 同上书,第315页。
⑤ 同上书,第319页。
⑥ 同上书,第303页。

利润最大化的企业垄断经营比多个企业经营更有效。[①] 这些部门主要是指那些自然垄断产业，由于这些产业经常是提供生活必需的产品或服务的产业，而顾客需要获得稳定的可靠的供应。同时这些产业又是典型的规模经济，需要有庞大的固定成本的投入，并且这些固定成本一旦投入后很难再转作它用，因之这些固定成本又被经济学称为“沉淀成本”。对于这样的产业必须有为数众多的客户，否则企业没有盈利不能生存下去。例如，城市供水业、天然气供应业、铁路运输业、电信业、银行业等产业。由于这类产业有沉淀成本的存在，在这些产业中进行完全竞争，会造成资源和机会的浪费。因此，对于这类产品或服务，在一个地区由一家或极少数家企业来经营和供给是适当的，更有利于降低成本，增加消费者福利。

但是，由一家或极少数家企业垄断经营又会扼杀竞争活力。因此，政府在对自然垄断产业进行监管时，必须在规模经济和竞争活力这对冤家间权衡。权衡的结果应当是：通过监管实现规模经济和竞争活力的兼容，即有效竞争。经济学学者研究指出，有效竞争的标准包括市场结构标准、企业行为标准和经济绩效标准三个方面，分别为：[②] 其一，市场结构标准：(1)不存在人为的对产业进入和退出的资源流动壁垒；(2)市场上存在各自严格独立但达到最小经济规模的、符合最优进入数目的企业单位；(3)在动态期内，应该有不为零的企业出生率和死亡率；(4)应有一部分企业从小到大的明显发育生长机制和过程；(5)市场上存在足够数目的买者，每一个买者都不足以形成买方垄断；(6)不存在政府对市场的行政性保护；(7)市场上存在对产品

① 参见王俊豪：《政府规制经济学导论》，商务印书馆2001年版，第69页。

② 参见曾建海：《试论有效竞争》，载《北京师范大学学报》(社科版)1999年第6期。

质量改进的价格敏感性。其二,企业行为标准:(1)除了价格竞争,非价格竞争特别是追求产品的奇异性成为市场竞争的主要手段;(2)不存在厂商之间共同对付消费者的勾结行为;(3)不存在损害消费者利益的厂商定价行为和销售中的欺诈行为;(4)大、中、小企业之间通过分级下包和专业化协作,形成分层竞争的产业组织结构。其三,经济绩效标准:(1)产品产量和质量随消费者的需求变化而变化;(2)市场能够为主动引进新的生产方法与新的商品的创新者提供相应的报酬;(3)各个厂商的生产过程是有效率的,不存在持续性的生产能力过剩现象;(4)不存在销售活动中的资源浪费。

政府监管遵循有效竞争原则,就是在制定监管政策、实施监管措施时,以上述标准为指导,努力实现市场的有效竞争。目前,中国在这些自然垄断产业中存在的主要问题是行政性垄断,是竞争不足,而不是过量竞争。针对这种情况,对政府监管行为进行法律调控时,应当将行政性垄断作为首先的和重要的问题加以考虑。金融业具有自然垄断行业的一些特点,但又有不同于自然垄断行业的一些特点。例如,以银行业为例,长期以来银行业在一个地区要获得一定的业务量,必须具有一定规模量的营业网点,这些营业网点的建设类似于自然垄断行业的"基础建设"。这些营业网点便成为银行业的"沉淀成本"。尤其在中国,银行业的主要业务还是在存贷业务,靠网点数量取胜的银行竞争策略深得人心。中国的银行业实行严格的市场准入制度,实质上是一个行政性垄断行业。但是,对银行业进行监管又不仅仅是,甚至监管的目的根本就不是在避免这些沉淀成本的损失,而是在于维护银行系统的安全,避免出现金融秩序的混乱,在于维护广大储户和投资者的利益。银行业的过度竞争,后果不仅是导致几家银行的倒闭，更重要的后果是可能导致金融危机。因此，限制过度竞争对银行业来说很重要。限制竞争又会带来竞争效率损失的负面后果。平衡二者的关系后，我们提倡有效竞争。形成有效竞争就成为金融监管的特有原则之一。

二、内部控制与外部监管相结合原则

内部控制是金融机构的一种自我管理行为，一种自律行为，常被简称为内控。何谓金融机构的内部控制，世界各国没有统一的定义。国际内部审计师协会认为，内部控制是管理层为完成既定的目标而采取的方法和措施；美国会计师协会认为，内部控制是管理层在业务营运过程中为保证资金安全，检查会计数据是否真实、准确，是否遵守按既定政策和预定目标而采取的方法和手段；英国银行界认为，内部控制是管理层为有序、有效地开展业务而建立起来的各种控制机制，用以确保贯彻管理政策，确保资产或各种记录的完整与准确；新加坡银行界认为，内部控制是管理层为了把错误和虚假降到最低，并有效地进行监控而建立的对业务经营活动的检查和相互制约机制。综上所述，我们可以将内部控制概括为：金融机构为完成既定的工作目标和防范风险，对其各职能部门及其工作人员从事的业务活动进行风险控制、制度管理和相互制约的方法、措施和程序的总称。①

所谓外部监管，指的是来自金融机构以外的监管，主要是指国家设立的金融监管机关依法行使行政权力对金融机构和金融活动实施监督和约束，促使金融机构依法稳健运行的一系列行为的总称。毫无疑问，监管对于金融及其发展而言是极其重要的，但是，仅有强悍、高

① 参见刘崇明：《金融监管热点问题研究》，中国金融出版社 2002 年版，第 77 页。

效的外部规制还不能从根本上消除银行的风险性,还不足以保护存款人和广大投资者的利益。金融业特别是银行业机构庞大,人员众多,紧紧依靠外部监管,还不足以防范金融风险。而且,在内部控制不严密时,往往在巨大损失已经发生时,才可能被银行管理层所知晓。例如,日本大和银行纽约分行的井口俊英成功做成3万次交易,11年间事情居然没有暴露,最终造成大和银行11亿美元的巨额损失。在内部控制严密的银行里这样的事几乎不可能发生,促使人们重视银行内部控制的经典案例,还有英国巴林银行倒闭案。内部控制实质上是金融机构对业务活动中所面临的各类风险进行超前性的控制、管理和防范的自律行为。它对于打击经济犯罪、防范金融风险、强化金融机构内部管理、提高金融机构经营效益具有重要作用。同时,内部控制也是金融业安全保障体系的微观基础,没有完善的内部控制制度,外部监管也会遇到很多困难,特别是对于非现场监管而言。因此,有人甚至说"内部控制制度是金融业安全稳健运行的微观基础和保障'内核'",[①]"银行的内部监控制度的合法有效是监管当局有效监管的前提"。[②]

监督金融机构建立和完善内部控制制度是金融监管的重要组成部分。金融监管部门应当遵循内部控制和外部监管相结合的原则,充分发挥内部控制制度的功能,而不只是片面地强调加大监管力度、单方面强调外部力量。从中国目前的情况看,金融机构出现的违规经营现象严重,这与金融机构自身的内部控制制度不完善有重要关系。我们必须在继续加强金融外部监管的同时,发挥内部控制的作用,才能

---

① 檀景顺:《金融监管理论与实践》,辽宁大学出版社2001年版,第220页。

② 闵晋:《对银行内部控制制度的稽核》,载《金融法苑》(电子版)第31期。

实现金融规制的目的。在当前条件下,金融监管部门应当督促各金融机构建立和完善内部控制制度,如授信的内部控制、资金业务的内部控制、存款及柜台业务的内部控制、中间业务的内部控制、会计的内部控制、计算机信息系统的内部控制、内部控制的监督与纠正等。当然,金融监管部门必须尊重金融机构内部控制活动。金融监管机构应当意识到,监管机构永远不能完全替代金融机构建立并控制一套内部控制制度的运行,同时金融监管机构还应当意识到金融监管离不开一套有效地内部控制制度。因而监管机构应当尊重金融机构的一些自主活动,只要它们在法律规定的范围内活动,应当承认这是它们的自由、权利。此外,这项原则还要求金融监管部门必须履行好监管职能。强调内部控制的重要性,并不意味着否定金融监管的重要性。二者的重要性可以并存,而不是非此即彼。

第二章　金融监管的法治路径

金融监管的法治化[①]

法治是人类文明进步的标志，不同的民族和国家在不同背景下感受法治价值，追求共同的法治目标，同时也在寻求着不同的法治发展道路。作为人类文明中经典的理论和实践，法治寓意深远且魅力无限，但长期以来，又因承载过多的政治意愿和社会情感而混杂难辨，甚而时常招致曲解与误会。即便是对于标榜因肇源法治而尤具法治传统的西方世界而言，情况亦是如此。康奈尔大学教授罗伯特·萨默斯(Bobert S. Summers)就曾颇有见地地指出："法治在世界上的进程并不确定，而且即使是在普遍实行法治的地区也发生倒退，一个主要的解释是人们并未完全了解实行法治的先决条件及其所促进的价值观念。任何理想在社会中是否能够实现，取决于其在概念化时的忠实程度……"[②]

因此人们有理由相信，在探索当今法治问题，以黑格尔视角考察法治的源流与要义，[③]是一项智识久远且无以回避的研究举措。论及

---

① 根据 2012 年研究成果整理。

② [美]巴里·海格(Barry M. Hager)：《法治：决策者概念指南》，曼斯菲尔德太平洋事务中心译，中国政法大学出版社 2005 年版，第 3 页。

③ 对法治含义的理解，伯尔曼(Harold Berman)也主张应该上升到更高的历史视域，应该通过对政治、社会和法律制度的历史研究来把握。See Harold J. Berman, "Toward an Integrative Jurisprudence: Politics, Morality, History", 76 *California Law Review*, 1989, pp. 779, 787.

金融监管法治,问题显然还应该得到深化。金融监管法治既是法治之于金融监管领域的具体化,也是法治语境之于金融监管实践的真实映照。人们倾向认为,法治分析语境(analytical context)不仅来自传统意义上的理论与实践之间,[①]也来自现代意义上的国别之间与层级之间。行业化与地域性等具体层面的法治研究,其前提往往是法治语境的区分与法治语义的界定。我们必须从纷繁复杂的法治语境中提炼出借以融合金融监管的法治精华,从金融经济发展规律出发树立金融监管的法治理想,进而确立中国金融监管法治的理念、原则与制度。

从世界范围来看,金融与法治似乎产生于同一历史时期,其后是二者的有意无意地亲近、结合进而共同发展;而金融监管产生于 19 世纪最后 10 年,其诞生与法律如影相随、交相映照。

一、法治思想演变及其精义

古希腊是西方文化的源头,不仅是西方政治制度的发源地,亦是西方政治思想的发祥地。作为西方政治思想的核心之一,法治思想无疑肇源于古希腊,它孕育于古希腊人崇尚正义与法律的观念之中,而萌芽于古希腊政治哲人的经典著述之内。早在公元前 12 世纪迈锡尼王朝行将崩溃的荷马时代,《荷马史诗》(Homer's Epics)不仅已经开始使用秩序、正义和法的概念,而且也已经初步确立了正义与法的关系。[②] 其后,古希腊的诗歌和其他文学作品中,以神话形式表达的正义

---

① 西方有学者认为,法治的分析语境(analytical context)出自思想和实践这两个不同的来源。法律实践家和法官总是站在法治对话的前沿,他们的实践则为理论家所解释。尽管法治有着丰富的难以割断的实践历史,但理论家所做的将它理论化的尝试却常常是杂乱无章的。See Guri Ademi, *Legal Intimations: Michael Oakeshott and the Rule of Law*, Winscosin Law Review, 1993, p. 845.

② 参见[古希腊]荷马:《荷马史诗》,陈中梅译,国际文化出版公司 2006 年版。

与法的统治的理想得以显现。[①] 公元前8世纪古希腊进入城邦时代后，城邦的诞生开阔了法律的领地，丰富了人们的法治思想，古希腊人依赖正义和法律来建立社会秩序的愿望成为现实。他们的立法、守法与政治实践中，开始注入了朴素而可贵的法治精神。斯巴达人开始借助“神谕”率先为城邦立法，[②]并依法建立了贵族民主政体。雅典人开始树立法律的权威，并建立他们认为能够体现正义和平等的法律秩序。在希腊人朴素的法治实践中，政治哲人开始初步探讨法治的要义。赫拉克利特（Heraclitus，公元前540～前480年）和德谟克里特（Democritus，公元前460～前370年）提出，法律不但应当具备至上的权威，而且应当获得普遍的遵从。柏拉图（Plato，公元前427～前347年）由最初主张的哲学家治国和“贤人之治”，最终而转向推崇法律之治与“法律的统治”。[③] 作为这些思想的继承和发展，亚里士多德（Aristotle，公元前384～前322年）提出了较为系统的法治学说，他提出了“法治应当优于一人之治”的论断；指出法治的两大基本要素在于法律的至上权威与法律本身的优良；进而阐明了良法的形式标准和

---

① 例如，赫西俄德的长诗《神谱》和《工作与时日》中，提出正义是宙斯的最高法则，也是人类福祉的源泉。参见[美]特伦斯·欧文：《古典思想》，覃方明译，辽宁教育出版社1998年版，第43页。

② 根据西多德的说法，莱克格斯系斯巴达王Charilaus的叔父及监护人，从特尔菲Adana神殿接奉敕谕。不少学者认为这种敕谕就是莱克格斯法律的本身，也有学者认为这是他所提议的法律经由神意的认可。很显然，当时的一些立法者认为，如果要改变若干习惯，或者建立新习惯，最妥善的方法是将其建议托诸神旨。参见[美]威尔·杜兰：《世界文明史》（上卷），幼狮文化公司译，东方出版社1999年版，第102～103页。

③ 民主政体利用法律处死了柏拉图极为尊重的老师苏格拉底，可能使他对法律不怀好感，在《理想国》（*The Republic*）中，他表达了对贤人之治的向往，哲学王治国是他心目中最理想的国家模式。参见柏拉图：《理想国》，商务印书馆1986年版，第177～227页。后来，柏拉图试图在西西里建立理想国家失败，且被卖为奴隶险被处死。这些惨痛经历使他转向对法律之治的推崇，其见解现于《法律篇》（*The Laws*）中。不过，他所说的法律之治的国家，仍被他称为次好国家，他以为贤人之治的国家仍为上好。参见王人博、陈燎原：《法治论》，山东人民出版社2001年版，第7页。

实质标准,以及通向法治的可能路径。[①] 尽管这些法治学说是简单而朴质的,但无损于其足以影响后世法治的理论光辉,甚而还构成了现代法治理想的最初渊源。

罗马是希腊的征服者,但它又是希腊文明当然包括法治文明的阐释者、传播者和推进者。罗马对希腊法治思想的传承,初期亦限定于政治思想或政治实践领域,而且政治人物的贡献尤为突出。在罗马初期,包括西塞罗(Marcus Tullius Cicero,公元前106~前43年)在内的许多政治思想家认为,自然法或曰人神共属的理性构成了法律统治的正当性基础;良法是“恶的改造者和善的促进者”;法律是政治社会(市民联合体)的纽带、灵魂和支柱。更为难得的是,他们当时还提出了“权力服从法律”和“官员服从法律”等项类似于现今尚备受重视的“依法行政”的命题。[②] 在这些政治与法治思想之下,罗马建立了包括元老院、公民大会和执政官在内的共和制政体,创造了深远的影响到后世民主共和制度的政治与法治文明。罗马帝国建立以后,大权独揽的执政官和后来的罗马皇帝消除了政治法治传统中的民主与良法成分,而保留了崇尚法制和服从法律的法治因子。当时的统治者也强调,罗马的法律和武力是弘扬帝国风范的两大法宝,提出“皇帝的威严光荣不但依靠兵器,而且必须用法律来巩固和推介”。[③] 这种极权化的法制推行过程,虽然破坏甚至摧毁了古老共和国的法治文明,但又使共和国的法治文明得以残存并艰难曲折地传承下去。整个罗马时代,政治哲学衰落之时,法学却获得了勃兴的机会。罗马法学家从法律规

---

① 亚里士多德认为良法的实质标准是理性、正义与追求善。参见[古希腊]亚里士多德:《政治学》,吴寿彭译,商务印书馆1997年版,第148页、第169页、第312~350页;[古希腊]亚里士多德:《尼各马科伦理学》,苗力田译,中国社会科学出版社1999年版,第1页、第96~97页。

② [古罗马]西塞罗:《国家篇法律篇》,沈叔平、苏力译,商务印书馆1999年版,第150~182页。

③ [古罗马]查士丁尼:《法学总论》,张企泰译,商务印书馆1989年版,序言。

则本身描述法的理念、含义和社会功能,初步提出了法律权利这一后世通用的核心法律概念,进而从自然法之中衍生出自由平等的观念与原则。这些早期的法治精神和法治原则,连同共和时代的法治思想,成为近代欧洲共和主义、自由主义和民主主义三大法治思想的理论来源。因而人们常说,罗马法学家传承和发展了古代的法治(平等、权利和程序)文明,罗马法不愧为欧洲文化史上最伟大的精神力量之一。①

欧洲进入所谓黑暗的中世纪后,法治思想仍得以在日耳曼人的蒙昧精神和基督教迷信主义的夹缝中生长。如果说古希腊罗马是一个法治思想主宰的时代,那么中世纪则是一个神治思想垄断的时代,并且人治思想和法治思想都共同寄生在神治思想之下。在罗马帝国的废墟上,日耳曼人摒弃了前人相对完善的法律制度和尚法精神,却出人意料地保留了前代并不起眼的基督教及其教会。日耳曼人野蛮与残暴的统治之下,人民生活痛苦而精神迷茫,这使更宽广范围内的人们归依基督教成为可能,基督教及其教会得以显露门庭且日渐壮大。早期的几个世纪里,教士和神学家们带头从残存的罗马法精神中寻求对法律及其正义的支持,中世纪中期,教士和神学家们已经在神学的理论体系中大肆宣扬法律及其正义的思想,自 11 世纪以后,随着教会法日趋完善,教会开始系统地阐释教会法理论,并从神学的角度提出了法律正义和法律权威的主张。在与世俗权力争雄的过程中,教会提出并强调了国王服从法律的理念。在二元权力格局与权力对峙过程中,法律的地位被凸显出来。作为权力斗争的妥协,教皇与国王同时抬出了一个最高的统治者——法律。尽管对法律与法治的含义还存

---

① 参见[美]乔治·霍兰·萨拜因等:《政治学说史》(上册),盛葵阳等译,商务印书馆 1986 年版,第 208 页。

在出入甚至是根本分歧，但两大统治力量均同意通过法律制度系统地实现他们的统治主张。[1] 这种法律至上与法律统治的信念的确立，无论如何应该说是中世纪留给后人的为数不多的文明遗产。[2] 综观中世纪，正如美国学者约翰·麦·赞恩所言："黑暗的中世纪摧毁了罗马法的殿堂，法律的严明在战乱中丧失，世俗的法律被愚蠢的宗教裁判所代替，秩序井然的诉讼程序被封建割据的领主随意践踏，但人们寻求法律和正义的努力却始终没有停止。"[3]

欧洲文艺复兴运动，使罗马法与人文主义法学适时兴起。作为近代政治思想家的中坚分子，胡克（Richard Hooker，1553～1600 年）和斯宾诺莎（Benedictde Spinoza，1632～1677 年）在古典法治思想复兴的基础上，开始了近代法治思想的早期探索。胡克以神学家的视角解读理性，并以理性为依据证明法治的正当性与必然性，提出理性是人间万物的本质，服从理性就要服从理性的法律；倘若能服从理性的法律，也就是服从社会公意；法律之治取代一人之治，乃是历史的必然。斯宾诺莎则以一个世俗政治哲学家的眼光审视理性，从人的理性出发推演出民主政权与法治的优越性。认为服从法律固然是公民的天职，而国家与统治者服从法律较之前者显然没有不同。就法治条件上而言，民主是法治的前提；而就法治价值而言，自由才是一切政治与法治的终极目的。这一神一俗法治观的阐释，无疑发出了近代欧洲法治主义的理论先声。

---

① 参见[美]哈罗德·J. 伯尔曼：《法律与革命——西方法律传统的形成》，贺卫方等译，中国大百科全书出版社 1993 年版，第 114 页、第 356 页。

② 作为这一时期公认的基督教思想集大成者与经验派神学家，托马斯·阿奎那（Thomas Aquinas，1225～1274 年）极力把亚里士多德政治思想与基督教神学结合起来，发展了神学法治。阿奎那的神学法治理论虽然成就斐然，但因其浓厚的神学属性而一度归于沉寂。参见托马斯·阿奎那：《阿奎那政治著作选》，马清槐译，商务印书馆 1997 年版，第 105～118 页。

③ 汪太贤：《西方法治主义的源与流》，法律出版社 2001 年版，第 167 页。

近代欧洲法治主义的真正崛起,得益于接踵而至的启蒙运动,尤其是声名卓著的启蒙思想家的理论建树。[①] 詹姆士·哈林顿(James Harrington,1611～1677年)、约翰·洛克(John Locke,1632～1704年)、查理·路易·孟德斯鸠(Charles de Secondat, Baron de Montesquieu,1689～1755年)和让－雅克·卢梭(Jean-JacquesRousseau,1712～1778年)等分别开创了归属不同主义阵营的法治学说。哈林顿以人民主权为思想基础,开创了共和主义法治学说。在他的政治与法治蓝图——《大洋国》(*The Commonwealth of Oceana*)中,议会民主的共和制度是一种理想的人类建制。他一如激情的诗人般宣称,共和国是法律的王国,而不是人的王国。他目力所及之处发现,共和国的要害在于法治政府的建立。他进而勾勒出法治政府的现实形态:政府权力居于法律之下且遵循“均势”分配的原则;饱含平等价值的法律(如土地法)及其制度的创制;视人民或曰社会大众为政府基础与力量源泉。[②] 洛克和孟德斯鸠以社会契约论为理论基础,建立了自由主义的法治理论。洛克是近代自由主义和法治主义的奠基人,在重要著作《政府论》(下篇)(*Second Treaties of Civil Government*)中,他以人的自由权利为逻辑起点与最终归属,论证了自然状态(State of Nature)中的自由与权利向社会的自由与权利转变过程,论述了国家和政府产生的民主基础与法治条件,描绘了以立法权为中心且二元分立的政府权力结构,进而提出了政府权力的正当性来源在于社会契约和权力界限止于法律的法

---

① 康德在其1784年发表的一篇著名文章《什么是启蒙》(*What is Enlightenment?*)中,对启蒙下了一个传颂至今的定义:启蒙就是“敢知”(dare to know)。参见约翰·麦克里兰:《西方政治思想史》,彭淮栋译,海南出版社2003年版,第338页。

② 参见[英]詹姆士·哈林顿:《大洋国》,商务印书馆1963年版,第26～45页、第76～103页、第178～204页。

治命题。[①] 孟德斯鸠亦以自由主义作为其法治学说基础,在政治学与法学名著《论法的精神》(*Spirit of the Law*)中,他从价值、体制与制度诸层面考证了自由何以实现这一洛克没有解决好的法治难题,他分析了自由与法治较之于专制、君主、共和三类政体的关系,认为专制政体绝缘于自由与法治,君主政体与共和政体能够有条件地实现自由与法治。基于自由与法治的实现条件,他提出了立法、行政、司法三权分立制衡的权力法治学说,并独到地认识到自然地理、人文环境、风俗习惯等因素亦是影响自由与法治的重要条件。[②] 卢梭以人民主权理论为基础,创造了民主主义法治理论。卢梭的理论把自由、平等、民主与法治结合起来,构建出他心中理想的法治共和国模式。在最重要的《论社会不平等的起源》(*Discourse on the Origins of Inequality*)和《社会契约论》(*The Social Contract*)两部著作中,他批判了社会现实中的种种不平等弊端,认为社会制度使人们招致了不平等的奴役,消除人类不平等必须依靠具有合法权利基础的政治与法治,而政治权力的合法性基础在于公共意志(亦即人民公意)而非个人意志,他设计出一套使人们免受个人意志支配的法治方案——体现公意的法律统治。[③]

在启蒙思想家的生前身后,到处是被他们感染甚而重大影响的人或世界。哈林顿的权力"均势"说影响到后来政治法治思想家的分权制衡理论,他的共和理想不容于英国而显于欧陆与北美,他的多党制有利于法治实现的论点至今仍引发人们的深刻思考。洛克的议会民主分权理论直接影响到孟德斯鸠的民主分权制衡学说的形成;他的自由

① 参见[英]约翰·洛克:《政府论》(上、下篇),赵伯英译,陕西人民出版社 2004 年版,第 133 ~ 186 页。

② 参见[法]孟德斯鸠:《论法的精神》(上册),张雁深译,商务印书馆 1997 年版,第 6 ~ 27 页、第 154 ~ 187 页。

③ [法]孟德斯鸠:《论法的精神》(下册),张雁深译,商务印书馆 1997 年版,第 139 ~ 194 页、第 322 页。

与法治思想深刻影响了《独立宣言》(*The Declaration of Independence*)、《人权宣言》(*The Declaration of the Rights of Man*)和美国宪法的创制;他的财产权理论也漂洋过海,首显于美国的财产权立法;他的宗教宽容的劝说,使得政治与宗教逐渐分离,而又使宗教自由得到保护。孟德斯鸠的三权分立制衡学说,来源于哈林顿与洛克而脱胎于二者,最终影响了美国开国元勋关于政府模式的政治选择。卢梭的民主法治激情也融入《人权宣言》和法国宪法,还直接影响了雅各宾派专政的理论与实践,虽然后者常常构成人们诟病极端式民主法治的一段史实。

深受而不限于欧洲法治主义影响,近代北美的法治主义思想于《独立宣言》和美国宪法等充满人类理性和智慧的法律文献中彰明较著,并在潘恩、杰斐逊和汉密尔顿熠熠生辉的传世杰作中得以弘扬和传播。潘恩以人权宪法为最高原则的法治学说应该说是独具神韵,他把包含自由和平等的人权作为其法治学说的逻辑起点与核心概念,认为人民通过契约方式组成的政府,政府必须以保护天赋人权为第一要义,政府保护人权的程度系于宪法这一政治圣经一身。宪法应该先于政府,而非政府先于宪法,从宪法是人民控制政府根本规则的原理中,他推论出法治政府的若干要素:立宪政府不能拥有改变自身的权力,政府不能参与宪法的形成或修改,政府不能更改或违反宪法中的任何条款,人民有权对政府和宪法原则予以公开讨论,法治政府必须实行共和政体。杰斐逊的一生洋溢着对自由平等追求的热情,他推动了美国 1791 年的《权利法案》(*Bill of Rights*)的形成和通过,他的民主共和国方案存在以下三个理想化标准:[①]一是人民对政府的控制;二是政府体现并执行人民的意志;三是政府保障人权,他据此标准设计的民主

① 参见王人博、陈燎原:《法治论》,山东人民出版社 2001 年版,第 58 页。

共和国模式为以普选为基础的代议制政府、权力分立的政府架构和联邦制法律主义的综合体。汉密尔顿是联邦主义的主要代表，其法治思想集中于《联邦党人文集》（*Federalist Papers*）一书，他主张建立强而有力的联邦政府，以保障社会发展所必需的安全和秩序；他主张建立共和制而非君主制政体，虽然他欣赏英国的君主立宪制；他主张分权制衡的政府权力结构；他主张上述要素均以宪法法律为基础，以宪法法律的至上权威为保障。[①] 近代美国杰出的政治法治成就来源于近代欧洲而超越近代欧洲，其法治主义的生命光辉，因美国稳定而成熟的宪政体制而闻名于世。

自古希腊至20世纪初的2700年间，西方法治源流毕现。从古典法治到近代法治的演变过程中，人们可以发现法治文明进化的几点特质：一是法治与政治的融合发展。法治首先出现在政治家的视野中，或者宣示于政治学尤其是政治哲学家的著述里。西塞罗、杰斐逊、麦迪逊和汉密尔顿等本身就是冠冕于当世的政治家。柏拉图、亚里士多德、洛克、哈林顿、孟德斯鸠和卢梭等均是历史上公认的伟大的政治思想家。二是法治的重心在于政府及其权力规制。古典法治重视依法而治和法律的正义性，近代法治强调政府权力来源的正当性与权力控制。二者均着意于政府组织形式即整体安排，均主张政府及其权力服从法律的统治，均赞同运用法律保护社会成员的基本权利。三是法治的基础系于自由主义。法治从朴素而古老的政治文明实践中走来，经过了神学的自然法理念的浸染，最终由洛克等自由主义思想家发扬光大。在法治落脚之处上虽然存在具体政体模式方面的君宪与共和的

---

① 参见［美］汉密尔顿、杰伊、麦迪逊：《联邦党人文集》，程逢如等译，商务印书馆1997年版，第101～105页、第127～132页、第198～212页。

选择动议,而究其实质仍不过是自由主义基础上的政治法治分歧而已。四是法治的最大成就在于近代宪政国家的建立。近代法治因其浓郁的政治属性,催生了人类历史上最大的法治成就——宪政。13世纪至18世纪初期,英国通过一系列宪法性法案,建立了没有成文宪法而独具特色的宪政制度。1787年美国通过联邦宪法,成为世界上第一个以成文宪法为基础的宪政国家。此后经年,法、德、日等国亦相继建立了符合民族特点和基本国情的宪政体制。

整个20世纪,随着工业化文明和经济金融的发展,各国政府管理的事项日益增加,出现了政府行政职能扩大的倾向,法治含义也随之扩展。由于实践中宪政国家的根本格局尘埃落定,由于理论上政治与行政二分化的形成,由于政府行政"疆域"不断拓展,[①]法治也相应出现了三种不同的语境含义:一是沿袭近代以来的宪政法治也即宪政。宪法是关涉人类共同体整体秩序的政治法,宪法的法治化或曰政治的法治化,就是人所乐道的宪政,这是当今法治研究者业已达成的共识。在西方发达国家的典范性作用下,世界各未能完全实现宪政的国家或多或少均在做出思考和应对,这是宪政话语在今天仍生机勃发的现实缘由。二是现代以来的行政法治或曰监管法治。由于先有行政国家的出现后有监管国家的崛起,特别是20世纪30年代美国加大政府干预范围、广设独立监管机构以后,为了限制行政权力和监管权力,规范政府行政和政府监管,行政法治和监管法治成为法治的主题。法治语境中,依法行政(监管)、合理行政(监管)、程序正当、公民参与和权力救济等原则和精神得以彰显。三是国际范围内的法治语义同构。偏重政府法治也即行政(监管)法治研究的前提下,美英和欧陆行政法

① 参见姜明安:《行政法与行政诉讼法》,北京大学出版社、高等教育出版社2005年版,第6页。

学家形成了较丰富的政府行政(监管)法治研究成果,连同东亚法学家的本土研究,国际法学家开始了法治语义的融合与同构。[①] 1959年,国际法学家发表《德里宣言》,确定了权利保障、规范行政、程序正当、司法独立四个基本的法治原则,对各国现今的政府法治形成久远的理论辐射。

二、金融与法治的历史渊源考察

金融是现代汉语才出现的概念,成书于1716年的《康熙字典》中尚不存在"金融"这个词。"金"字与"融"字何时在汉语中组合形成一个规定词汇的时间,笔者没有考证。近代化之后的日语中,出现了金融一词并沿用至今,我们大致可以判断金融这个汉语词汇,与众多的法律词汇一样,可能是从日语引入现代汉语的。如果做思想史研究的人,考证一番金融概念出现与变迁的过程,也许是件挺有意思的工作。金融,从最朴素的意义上讲就是资金的融通,包括资金从供给方向需求方转移的所有活动。在汉语环境中,资金融通就是金融这一概念的核心含义。[②] 在英语世界中,Finance一词的含义似乎要复杂得多。英

---

① 中国有学者从法制模式的角度对法治做出梳理:在西方,法治首先表现为大陆模式与英美模式。在英美法系国家中,法治是表示法的支配(rule of law),而在大陆法系国家中法治是表示法治主义(Rechtssteat)或依法行政的原理。同一个法系国家中具体的法治发展又呈现出不同的特点。例如,英国法治发展模式是英国历史长期演进的产物,普通法成为法治发展的存在形式,抛弃了普通法这种形式也就失去了法治发展的固有价值。而美国的法治发展模式是沿着"宪法法治"的道路而形成的,这是美国不同于英国和法国的重要方面。大陆法系的法治国家又分为形式的法治国家(formeller Rechtssteat)与实质的法治国家(Materiale Rechtssteat)。前者把法治国家的本质结构理解为保障个人自由的制度、形态与技术,后者强调合法性与正当性、法或法律本身要符合社会正义要求。实质法治国家的目标是尊重人的尊严与平等的原则,不仅要依法统治,而且要形成符合正义要求的法律制度与法的社会效果。当然,同时我们应该看到,第二次世界大战后这两种法治模式基本实现了实质意义上的趋同。这种趋势是法治原理在社会生活中得到普遍适用而产生的结果,是一种自然发展的结果。从逻辑上讲,这种趋同只是"基本"上的,并没有消除不同模式之间存在的所有界限。参见韩大元:《东亚发展的历史与理念》,法律出版社2000年版,第26页。

② 1936年《辞源》称,金融为资金融通的形态;1979年《辞源》称,金融为货币资金的融通。

文 Finance 一词作为名词使用时，有金融、财政、资金等含义；同时，Finance 也可作为动词使用，意为资金投入，为……提供资金。在学术领域，英语 Finance 还是“金融学”学科的标准用语，按照英语世界中权威经济学百科全书《新帕尔格雷夫经济学大辞典》，Finance（金融学）是经济学的一个分支，金融学的中心领域是资本市场的运营、资金资产的供给与定价。

在我国法律法规中，金融一词得到广泛使用是改革开放之后。在我国法律法规语境中，将银行、证券、保险等所有金融行业活动都视为金融活动。同时，政府的资金获得与使用的行为比较明确地使用财政、不使用金融这个概念。只有政府资金的运转进入了市场领域，财政与金融才发生混淆。在英语国家法律用语中，与我国金融一词外延比较契合的概念应该是 financial services。1999 年美国《金融服务现代化法》（Financial Services Modernization Act）将金融服务（financial services）定义为：银行、证券、保险、储蓄协会、住宅贷款协会以及证券承销和经纪人等所有中介服务。总之，现代金融的核心含义是货币的供给与信用，包括以证券化并可交易为特征的投资，以及资金划付、货币汇兑、商业保险、期货及期权定价等所有交易行为。

金融最早是从市场经济中产生，从中西方金融演进的历史看，无论东方的中国还是西方世界，金融需要解决的核心问题都与政府权力及法律问题密切相关。自然状态下的经济活动在几千年前的史前时代就酝酿出了作为交换工具的等价物，是货币的原始形态。直到古代甚至中世纪，在国家权力加以规范之前，原始形态的货币具有区域性和临时性特点的交易手段存在，只有政府权威介入后，货币才从市场交易工具提升为标准的货币本位。货币本位的形成是进入现代经济的基本前提。因此,金融与法律密不可分,健康可持续的金融活动的产生、发展与维持需要适当的法治环境加以维系。

考古研究发现,人类最早于距今6000年前后在西亚中部的美索不达米亚地区进入文明社会。在现今底格里斯河与幼发拉底河领域出土了距今最早完整的成文法法典——《汉谟拉比法典》大约颁行于公元前1776年。《汉谟拉比法典》已经有了比较成熟的关于白银和谷物借贷利息的规定,还有一些关于债务偿还与实务租赁等方面的条文。其实,在考古出土的一些比《汉谟拉比法典》更早的黏土、陶土以及石碑符号和文字上,已可窥见古代苏美尔人进行借贷、租赁甚至集合多人财物一起投资某一经营的记录。可见,最早出现的萌芽形态的金融活动,与现存最早的法典显示出紧密的联系。

可考证的中国古代最早金融活动同样与国家政权与法律密切相关。《周礼·地官·泉府》记载:"泉府掌以市之征布、敛市之不售、货之滞于民用者。"记述了西周时期,政府部门中就存在承担类似与财政和国家银行的部门,掌管集市上的税收,收购市上滞销的商品用于将来销售,管理人民对财物的借贷与利息。当然,关于《周礼》的真实成书时间,史家历有争论。但至少证明,古代人们传闻的历史是,早在周代萌芽状态的金融活动就与政府管理发生了密切联系。1975年12月在湖北云梦睡虎地出土的《金布律》虽然在考古与法律史上尚存在众多的争论,但不可否认的是,在云梦睡虎地墓主人去世的公元217年(秦始皇三十年)之前,秦王国已具备了相当完备的有关货币的规格、比价、流通、储存以及税收等方面的立法。①

在公元前20世纪的古巴比伦神庙和公元前6世纪的古希腊神

① 程维荣:《有关秦汉〈金布律〉的若干问题》,载《兰州大学学报》(社会科学版)第38卷第4期。

庙,都出现过神庙保管货币、借贷货币并收取利息的情形。但作为专门性质从事金融业务的专门机构,最早可能到公元前 5 世纪之后的古希腊时期才产生的,从诸多存世的文字典籍中,我们可以看到随着古希腊城邦市场经济展开,交易繁荣催生了复杂的经济活动,出现了专门从事信贷业务的富商、甚至还有类似银行的商业机构。古希腊社会已形成了反映与维系这些金融活动的法律规则,但后世人们铭记的更多的是古希腊人在经济金融方面的思想。正如恩格斯所述,在商品生产、贸易、货币、生息资本等领域,“就希腊人有时涉猎这一领域来说,他们也和在其他一切领域一样,表现出同样的天才和创见。所以他们的见解就历史地成为现代科学的理论的出发点。”[①]柏拉图、亚里士多德等经典大家所提出的经济金融观点与理论,成为古代西方金融规则的重要指导。

在亚历山大征服之前,古希腊众多的城邦始终保持了各自的独特性。其中,无论从地域还是影响力来说,在众多城邦中最具重要性的雅典和斯巴达为代表的城邦,可考的法律制度主要是关于城邦政治生活的规则,包括城邦市民权利、兵制、陪审法庭、议事会和公民大会制度等。但古希腊在经济金融领域的法律遗产并非无足轻重。早期古希腊城邦,在没有法律制度制约的环境下,借贷活动与债务关系自发发展呈现出十分野蛮的状态,许多城邦市民因债务失去了人身自由与公民权利。这种恶性借贷与债务达到了足以摧毁城邦社会的危险程度。奠定了古希腊法律之治、决定性地完善了希腊城邦制度的梭伦改革,首先加以规范的重要领域就是借贷与债务。公元前 594 年,梭伦

---

① ［德］恩格斯:《反杜林论》,载中共中央马克思恩格斯列宁斯大林著作编译局:《马克思恩格斯全集》(第 20 卷),人民出版社 1995 年版,第 573 页。

被推选为雅典首席执行官。梭伦就任后第一项重大改革就是发布“解负令”，拔出立在债务人份地上的记债碑，作为债务抵押品的土地无偿归还原主，禁止将债务人变卖为奴的人身奴役。梭伦立法的根本原则是承认私有财产，允许土地的转让和分割，这使得人们放手创办企业，推动了经济活动。[①]

古代西方、中世纪、近代乃至现代法律史上影响最为重大、最为深刻的是古罗马的罗马法。公元前753年罗马城建立后，先后有7个“王”执政统治了200多年，史称“王政时代”。公元前510年，最后一个“王”因执政暴虐贵族和平民推翻，罗马进入共和时期。公元前5世界中叶罗马贵族与平民斗争的加剧，公元前454年，罗马元老院被迫承认公民大会制定法典的决议，成立法典编纂委员会(十人立法委员会)，派人赴希腊考察法制，至公元前451年制定法律十表，第二年又补充二表，这就是著名的《十二铜表法》。这些法律条文后经森都里亚大会(百人团大会)批准，公布于罗马广场，是古罗马第一部成文法典。公元前390年，高卢人入侵，铜表被毁，原文散佚，仅可从其他古代著作中见其梗概。《十二铜表法》除汇集早先存在的习惯法，其划时代的意义在于以公开、成文的形式公布法律规则。在具体条文中体现了法制原则，以及对土地占有、债权、家庭、继承、刑罚和诉讼等方面的规定。19世纪英国历史法学派创始人梅因曾评论说，世界上最著名的一个法律学制度就是从《十二铜表法》开始的，“罗马法历史的开始到结束，他的释义者一贯地在其用语中暗示着，他们制度的实体是建筑于《十二铜表法》”[②]古罗马共和时代中期开始，罗马法学家的活

① 顾准：《希腊城邦制度》，载顾准：《顾准文集》，贵州人民出版社1994年版，第171页。

② [英]梅因：《古代法》，沈景一译，商务印书馆1959年版，第1页。

动日益加强，他们从事阐述法律原理、答复法律疑难、代写法律文书、指导当事人参加诉讼和总结司法裁判等工作，进而总结工作经验著书立说。古罗马从意大利半岛台伯河畔的小城邦逐步发展成为地跨欧亚非三大洲的庞大帝国，其社会与经济变化之剧烈与复杂自不待言。正是罗马法学家通过他们的工作，使古罗马的法律能够适应社会不断发展的需要。罗马法学家的理论、解释和著书成了古罗马法律的重要组成部分。进入帝国时代后，罗马皇帝曾颁布引证法，用立法形式，正式确认法学家的学说具有法律效力，司法审判机构在实践中应当遵照执行。在法学空前繁荣的环境下，个别法学家首先自发汇编包括皇帝敕令在内的法律汇编。后来，帝国皇帝开始组织法律汇编并以法典形式颁行。公元 526 年，东罗马皇帝查士丁尼启动的法律汇编工作规模最为庞大，先后编出《查士丁尼法典》、《法学总论》（亦称《法学阶梯》）、《学说汇纂》和《新律》四部汇编。前三部汇编大约在公元 533 年完成。公元 565 年，查士丁尼皇帝去世。之后，法学家又将查士丁尼皇帝从公元 535 ~ 565 年将颁布的法令汇编为《新律》。这四部法律汇编，在当时均具有法律效力，后世被称为《国法大全》（又译《民法大全》《罗马法大全》）。《国法大全》体系严整、规模浩大，从内容来说，既有理论性的法学专著，又有成体系的法律、决议、法令，是世界文明史上一部非常突出的完备的成文法典。《国法大全》的面世标志着罗马法达到最完备阶段，是古代罗马法发展的最高峰。在罗马法中形成了现在通行于世的法律学科的主要逻辑框架、哲学体系、基本原则、主要概念甚至很多部门法学概念。

从法律形式上看，罗马法形成了公法与私法的划分，形成了成文法与不成文法的分类；根据法律适用的人身份不同，形成了市民法、万民法和自然法的分野;根据法律产生的不同,分列了由立法机构制定、由官方颁布的市民法,与不经立法机构而是由管辖诉讼的裁判官审批实践产生的裁判官法。

罗马法尤其是后世通称民法的罗马私法,形成了十分精密严谨的法律体系。整个罗马私法分人法、物法与诉讼法三部分。

人法是关于人的权利能力、行为能力,人的法律地位,各种权利的取得与丧失,以及婚姻家庭方面的法律。在人法部分的权利主体,抽象出了自然人与法人。自然人按照人格权分自由人与奴隶。自由人分罗马公民、拉丁人、外国人。法人分社团法人与财团法人。

物法由物权、继承和债法三部分组成。罗马法上的物基本上是指具有金钱价值的东西,按照不同的法律理论视角分为要式转移物和略式转移物、有体物与物体、动产与不同产。作为权利人直接行使于物上的权利,物权分为:所有权、役权(地役权、人役权)、地上权、永佃权、担保物权(信托、典质、抵押)等。继承分法定继承、遗属继承;规定了继承顺序;遗属发生效力的要件等。对比物权与继承,债法在理论抽象程度更高,罗马法中并未抽象出债权的概念,《国法大全》给出定义是:“债是依国法使得他人为一定给付的法锁”,债的双方当事人(债权人和债务人)之间具有法律约束的关系,债权人有权要求债务人为一定行为或不为一定行为,债的标的是给付、债权人对给付标的物不能直接行使权利而只能要求给付,债受法律的保护。债发生的原因分契约与不法行为(私犯),此外,不能列入契约与私犯的“其他复杂原因”还包括监护、共有、海损、无因管理和不当得利等。古罗马共和之前时期,契约的划分主要分要式契约与略式契约,共和后期商品交换发达后主要分为要物契约、口头契约、文书契约和合意契约。

诉讼法，将诉讼分为公诉与私诉。原始的诉讼形式是法定诉讼，罗马开始扩张之后，发展成为程式诉讼，帝国后期则形式特别诉讼唯一一种通行的诉讼制度。现代诉讼中绝大多数重要的诉讼原理与要素，在罗马诉讼法中均已经产生。

古罗马的货币经济活动同样在古代社会达到过最为辉煌的顶峰。现代金融许多重大问题的雏形，在古罗马历史上已出现。古罗马从一个小小的城邦发展成为地跨欧亚非三大洲的帝国，是罗马军团不断征战兼并的结果。公元前509年罗马人废除王制、进入共和时代，当初由于贵族势力相对薄弱、不足以控制国家，国事指望得到平民的认同方能成行。在战争延绵不断的环境下，罗马的生死存亡有赖市民效命充当战士加以维系，因此，市民获得了较大的权利。因此，在最早的《十二铜表法》中虽也存在对无力偿债的债务人可变卖为奴、甚至任由债权人杀戮的规定，但同时也出现了有利于平民的禁止高利贷方面的规定，借贷、担保等初级的金融活动广泛地发生着。共和时代的罗马，财富主要来源于战争征服与掠夺，商贸活动并不突出，但进入奥古斯都帝制时代，疆域巨大的国家业已形成，商业活动日益繁荣，古罗马时期治理下的人口甚至达到了一亿两千万人。[①] 金币和银币被广泛使用，货币借贷商或称银行家的人在帝国广阔的疆域内部开展借贷活动。在和平、世俗而富裕的时代，又有完备法律、严谨的司法，借贷活动相当平稳，借贷活动的规模相当广泛。罗马的税收机构甚至将税收与借贷结合起来，从这点来说，罗马帝制时代甚至出现了“国家控股的银行”。就金币、银币以及其他货币直接提供兑换活动的中介服务也很繁荣。

---

① [英]爱德华·吉本：《罗马帝国衰亡史》（上卷），黄宜思、黄雨石译，商务印书馆1997年版，第41页。

航海贷款、船舶抵押、保险雏形的共同海损等古代地中海航海事务中的金融活动与古罗马法有一些联系,但航海有关的金融活动还受海商法管辖。海商法肯定受到罗马法的一些影响,但海商法有独立的渊源与传统,这就是罗德法(Lex Rhodia)。公元前3世纪,地中海罗德岛航海人编纂了《罗德海法》。此后大约200年的时期中,《罗德海法》作为海事习惯法在地中海诸多航海发达的岛屿、港口流行开来。

理性与经验、思辨与务实在罗马法中和谐共存,同期,古罗马的经贸与金融活动也达到古代世界。罗马法是古代世界内容最丰富、逻辑最严密、体系最完善的法律体系,是法律制度发展历史上一座巍峨的丰碑,后世文明发展从罗马法继承了一份宝贵的遗产。

西罗马帝国至东罗马帝国灭亡的近1000年时期,被后世称为中世纪。中世纪时期,东罗马帝国虽有过彪炳史册的高光时刻,比如集罗马法之大成的《国法大全》就是东罗马帝国皇帝查士丁尼一手组织编纂的。但在包括古罗马发迹的意大利在内的欧洲大部,在整个中世纪不同民族为主体的国家崛起,王国之间战争不断。中世纪早期灭亡西罗马帝国的日耳曼人相继建立了一批“蛮族国家”,入侵与人口迁移动荡不已,人口减少,城镇毁坏。公元1000年前后的中世纪中期,随着技术进步,农业发展,贸易有所恢复,人口大大增加。中世纪晚期,饥荒、瘟疫、战争又使欧洲加入了一个悲惨时期。中世纪欧洲各王国,他们的法律建立在各自习惯法基础上,程度不同地吸取了罗马法因素。诞生于罗马帝国的罗马天主教宗教法,在罗马皇帝宣布基督教为罗马帝国国教后,获得独立地位并在中世纪发展起来。在欧洲破碎、割据为不同的王国后,宗教法作为一种代表西方世界统一的法律在中世纪中期取得强势地位。

宗教法与世俗的金融活动缺乏亲和气氛，在债权法领域，教会就反对“重利”行为，禁止一切利用金钱借贷获取暴利的行为。但是，从另一个方面来讲，中世纪时期教会实际上充当了古希腊罗马文化的保护者那样，教会法中承袭了许多罗马法因素，比如，有关财产权、契约以及诉讼制度等方面的规定。在天主教宗教法中，对于宣誓要履行的债权，不管在世俗法院是否认定该契约有效，只要宣过誓、契约就必须履行。当然，在中世纪的欧洲，罗马法、日耳曼习惯法三者始终是并存的。

中世纪欧洲经济活动的主流是庄园自然经济，突出或频繁的金融活动发生在中世纪中后期兴起城市。西罗马帝国毁灭后，一些古罗马的城市只是衰败，但并未消失；另外还有一些新的市镇产生出来。中世纪中期，欧洲经济恢复社会稳定的时代，大致是在 11 世纪前后，在西欧，尤其是意大利，一系列城市陆续繁荣起来。突出的特点是众多的手工业者离开了农业庄园，聚集到城市从事生产，同期，贸易恢复并繁荣起来。1494 年，意大利教士卢卡·帕乔利（Luca Pacioli）在热那亚公布了复式记账方法，因此被认为是现代会计之父。帕乔利是在威尼斯呆了 6 年并研究了威尼斯商业簿记之后，在他的《算术、几何、比及比例概要》这部数学著作中记述了复式记账的簿记方法。复式记账是沿用至今，仍是现今信贷业务的基础记账方式。

中世纪城市中早期的放贷人是从一般贸易商发展出来的，在很长的时期，这些从事放贷活动的商人同时本身也是贸易商。12 世纪至 13 世纪还出现了一些货币兑换商人。最早的兑换商和放贷人专业化后银行家就产生了，他们往往是一些财力雄厚家族的掌舵人，他们的放贷的大客户是国王与贵族。这些家族很多能够兴旺数代人，有名的有美第奇、佩鲁齐、富格尔及韦尔瑟等家族。

西欧城市商贸及金融活动逐步繁荣的时期，也是罗马法“复兴”开始的时期。据说，1136 年德意志皇帝罗退尔二世在南意大利战争中攻陷阿马尔非城，战利品中发现《学说汇纂》原稿，竟然是查士丁尼皇帝本人使用过的抄本。退尔二世将之送给自己的同盟城市——比萨。由此引起了意大利学者研究罗马法的浓厚兴趣，最早是在 1158 年由德意志皇帝授予特许状成立了现代意义上第一所的大学——波伦亚大学——专门就只有法律，后来有陆续成立的那不勒斯大学、热那亚大学和罗马大学也主要是研究罗马法，经过近三个世纪对罗马法的热忱研究，结合业已成熟的法律改革运动，罗马法复兴热潮兴起。

罗马法复兴运动起步于意大利，很快扩展到西欧各国。12 世纪法国学生不断到波伦亚大学学习，归国后研究宣传。13 世纪至 14 世纪，法国图卢兹大学、巴黎大学和奥尔良大学都仿照波伦亚大学设立并研究罗马法。16 世纪之后，法国在罗马法研究领域超过意大利，取得全欧洲的领导地位。德国与法国一样，成立了布拉格大学、维也纳大学、海德堡大学和科隆大学主要教授并研究罗马法。德意志皇帝及诸侯政府吸收这些大学毕业的法学博士到司法及行政机构任职，一律给予贵族身份。1495 年，德意志皇帝正式宣布罗马法为帝国普遍适用的法律。

罗马法复兴不仅对经济金融影响重大，而且还直接影响与助推了民族国家、资产阶级及资本主义经济体系以及现代法律体系的诞生。1804 年颁布的《法国民法典》即赫赫有名的《拿破仑法典》就是以查士丁尼《国法大全》中的《法学总论》（法学阶梯）为蓝本起草拟写的；而 1900 年《德国民法典》则更多地接受了《学说汇纂》的影响。

现代意义上的金融是从中央银行确立发端的。中央银行从产生时间看,最早的是瑞典央行,这家银行成立于 1656 年,运作了 8 家因为坏账倒闭,1668 年瑞典国会授权对其重组,是瑞典王国唯一的银行、发行瑞典唯一纸币的银行。其发行纸币的根据国王的特许状,代价是必须借钱给瑞典政府;但是,在纸币持有人提出要求的情况下,瑞典央行仍然承担着用金币赎回所发行纸币的义务。1720 年,因瑞典政府未能偿付贷款,瑞典央行又陷入了危机,存款人纷纷要求把纸币兑换成硬通货,而瑞典央行根本没有足量的金币或黄金赎回。紧急情况下,瑞典颁布法令,规定瑞典银行的纸币是法定货币,用政府权力来维护与硬通货相同的支付能力。

在光荣革命之前,英国王室多次有想方设法向富人家族借款的记录。而且,当时英国皇家有还金库造币局,富人会把金银存在那里,以待黄金铸造成金币后,取回属于自己的金币。英国王室的劣迹之一是曾拒绝兑付人们存在那里的金币。光荣革命之后,英国王室与议会达成妥协,议会发布《权利宣言》,英国王室的女婿、威廉三世与玛丽二世共同执政,英国开启了君主立宪之下的议会民主道路。此时,英国和法国已经开战,国王征税的任意权利被《权利宣言》以法律形式否定了,军费来源只能依赖融资。但政府发现已无法从商人和银行家那里借到必需的钱,英王威廉甚至给出了年息 30% 的高利率仍然借不到钱。来自苏格兰的伦敦富商帕特森纠集了伦敦城一些商人、与国王和议会三方商定成立一家银行来给政府贷款。1964 年,英国议会通过法案,英格兰银行成立。英格兰银行作为一家股份制银行,发行 120 万英镑的股份。这些股票推出之后 11 天被伦敦的商人抢购一空。筹集到的这 120 万英镑,全部借贷给英国王,当然,英国只给英格兰银行

8%的年息。作为回报,英格兰银行得到了一份特许状,规定英格兰银行享有包括印钞权在内的一些特权。为满足不断升级的英法之间战争的需要,17世纪末期,英国政府迫使英格兰银行停止对所发行钞票兑换黄金的承诺。隔断或迟滞钞票与黄金的联系,加之以法律维护的发钞地位,开启了英格兰银行"发行的银行"的地位。而这个地位主要不是经济实力,而是法律与政府权力的结果。一位剧作家出身的议员在议会演讲中,将英格兰银行比作是"一位上了年纪又不幸与人同流合污的妇人",这个比喻被报纸漫画渲染而广为人知,由此,英格兰银行获得了流传至今的"老妇人"这个绰号。直到18世纪中期,英格兰银行作为一般银行的身份还未改变,但是英格兰银行本是为政府融资而产生的,而且,英格兰银行为政府服务确是做得相当出色,在很大程度上支撑了大英帝国连续战争的资金需要。当时,英格兰银行的账户分为政府账户与一般商业性质账户,但从业务量与发挥的作用来说,英格兰银行表现得更像是"政府的银行"。

但直到20世纪英国在法律上明确做出规定之前,英格兰银行并非排他性的发钞行。在18世纪至19世纪,在英国,除了英格兰银行之外,还有其他许多可以发行自家钞票的银行。由于缺乏足够的制约,19世纪英国发生过多次银行危机。比较严重的有1825年和1837年危机,这两次银行危机中,存在严重的过度放贷问题。在1837年的危机中,英格兰银行对问题银行采取了救助行动,充当了商业银行"最后贷款人"的角色。银行危机引发了议会行动,在货币学派思想的影响下,1844年《银行特许法》出台。该法律对银行钞票发行做出严格规定,赋予英格兰银行在钞票发行方面优越于其他银行的特权,明确英格兰银行发行的钞票是法定货币。其他已在发行钞票的银行,以后不得增大发行量;发钞银行若被其他银行兼并,其发钞特权自动散失并移交给英格兰银行。未发行钞票的银行,以后不得发行钞票。该法律为英格兰银行垄断钞票发行打下了基础。1844 年《银行特许法》还规定英格兰银行内部分为银行部和发行部,两个部门分别记账。发行部专司钞票发行。银行部则逐步将对一般企业的商业信贷业务让给其他银行,自己主要开展对其他银行的信贷及清算业务,由此,英格兰银行开始承担起维护英国货币市场和资本市场运转以及对其他商业银行进行监管的职责。可以讲,1844 年《银行特许法》加速了英格兰银行推出商业银行业务、向政府的银行和银行的银行转变的进程。

英格兰银行垄断钞票发行权力的进程,受到了其他发钞银行的顽强抵抗,他们与英格兰银行展开激烈的竞争,但英格兰银行有政府支持,这些发钞银行最后都败北放弃了钞票发行。1921 年,英国最后一家发钞的私人银行(福克斯 · 福勒银行)宣布不再发行钞票。1928 年,英国国会通过《货币与钞票法》,在法律上明确规定英格兰银行为英格兰和威尔士地区有权发行钞票的唯一机构。与遵循历史传统的英国普通法传统一脉相承,苏格兰银行和北爱尔兰银行仍然保留了他们在历史发展中获得的钞票发行权,但是,苏格兰银行和北爱尔兰银行发钞规模极小,发钞地域范围被限制在各自所属的苏格兰和北爱尔兰两地,而且,在 1707 年英格兰与苏格兰合并成为“大不列颠王国”,1800 年与北爱尔兰合并成为“大不列颠和北爱尔兰联合王国”之后,两银行发钞所获得的利润必须上缴英国国库,其发钞仅保留了象征而无影响英国经济的实际意义。

英格兰银行成立之前,英国国库已设有造币局铸造金币,同时,英国的金匠也铸造自己的金币、甚至签发可以兑换黄金的票据。英格兰银行发行钞票,最初以黄金做发钞保证,钞票单位英镑也打上了黄金储备的烙印。在1821年正式采用金本位,英镑作为英国的标准货币单位,每1英镑含7.32238克纯金。后来随着钞票发行量越来越大,黄金数量有限,英格兰银行逐步放弃了黄金做储备的传统做法,而是逐步以政府债券和其他证券代替黄金作为钞票发行的储备与根据。1914年,第一次世界大战爆发,西方各主要国家经济岌岌可危,为避免黄金流出,英国放弃金本位制度,金币停止流通,英格兰银行也停止钞票与黄金的兑换。1925年,英国又开启了金块本位,但到1931年世界经济大危机爆发,英国的金块本位制度又被迫取消,英格兰银行发行的英镑成了不可与黄金兑换的信用货币。到20世纪初叶,英镑一直是资本主义世界最重要的国际支付手段和储备货币,第一次世界大战后,英镑的国际储备货币地位趋于衰落,逐渐被美元所取代。1946年《英格兰银行法》完成了英格兰银行的国有化,规定了英格兰银行对其他银行的监管权力,同时也终止了英格兰银行作为私人银行名义上的独立性,使英格兰银行成为英国国家机器的一个组成部分,专司货币政策及银行监管。

美国第一位诺贝尔经济学奖得主保罗·萨缪尔森在其风行天下的《经济学》教科书中称,“迄今为止,人类有三项最伟大发明,火、轮子、中央银行”。现代金融活动表现出超乎古代与近代的活力与韧性,中央银行发挥了中枢作用。英格兰银行作为现代中央银行的鼻祖,被其他国家和地区学习借鉴。那什么是中央银行呢?英格兰银行从17世纪一路走来,并没有一套完整的中央银行的原则,它遵循的原理与原则虽然有种种政治考量,但从历史发展考察我们有信心确认,使中央银行成为现实的最主要根据是法律制度。

近代西方的金融发展,于法治方面分野两大法系。大陆法系条件下,法德两国创造了民法典和商法、破产法等附属法律。确定了的法律规则基本上满足了金融发展的需要,在财产所有权保护、债权债务关系的调整、合同行为的规范和金融机构的破产等方面提供了完善的法制条件。英美法系条件下,英美两国最先形成的宪政制度限制了特权向金融的侵袭,具有浓郁的自由主义气息的财产权规则和判例法有利于促进金融业竞争与繁荣,更重要的是在英美法系规范之下,一切有利于金融创新的行为均因秉持正义理性的判例法的宽容而获得保护,因而使英美诸国的金融创新水平一直高居世界前列。现代金融情势下,金融业平等主体关系的法律调整已相对成熟,这一时期突出的特点是政府对金融予以干预和监督的法制日益完备,金融监管法制转向法治化运行的趋势日益明显。无论是何种法系模式,各国政府均根据本土背景和金融发展规律不断调整干预金融的范围和力度,而每一轮金融改革或金融体制变迁,均以特定法案或法律的颁行为先导,法律已深深地融入了现代金融发展中。

金融法治的历史成就,主要体现为能够以法律调整不同的金融业主体的关系,保障同时代的金融稳定与繁荣,并最终推动金融合乎规律的不断发展。就金融法律关系的主体而言,也是由少至多、由简单到复杂的历史演进过程。金融发展之初,金融主体无非是从事金融活动的双方行为主体,其后是金融机构的增多和金融义务的扩展,到现代已发展为多类金融法律关系主体。现代金融条件下,金融法律关系主体已包括以下四种基本类型:一是金融企业也即履行金融义务的主要金融机构,具体包括商业银行、信托公司、保险公司、证券公司和其他金融企业;二是参与金融活动的自然人、法人和其他单位;三是金融业自律管理组织,具体包括金融自律组织、金融交易所(亦可经营业务)和金融清算机构等;四是各类履行金融监管职能的金融监管机构,包括金融宏观调控机构和金融独立监管机构等。与这四类金融主体活动相对应的是,金融法律关系亦可分为四种基本类型:一是金融企业之间和金融企业与参与金融活动的自然人、法人和其他单位之间的法律关系,主要是合同或曰契约关系;二是金融自律管理主体与金融企业之间的关系,也主要表现为合同或曰契约关系;三是各类金融活动主体因严重违法而受到国家司法权作用所形成的关系,主要表现在金融犯罪及其惩治领域;四是金融监管主体与被监管者之间的关系,主要表现为政府公权与民间私权的关系。这四类金融法律关系中,前两种属于平等主体之间的民事关系,在金融早中期即已获得了较好的法制调整,近现代金融发展中愈加表现出法制成熟且呈现法治化态势。第三种属于典型的公法调整关系,这一金融法律关系在金融发展各时期均得到了不同程度的规范,其规范效果主要取决于整体上的国家法治传统和法治水平,尤其与国家司法制度关涉紧密。第四种也即当代最重要的金融法律关系,虽然尚存在不同看法,但是人们大致同意将其划归为公法调整范畴。由于一方面国家法治的实现程度决定金融监管的法治水平,另一方面金融监管法治水平也逆向影响国家法治的实现,因而对于经济转型国家而言,将法治精义融入金融监管中,推动金融监管法制向法治化迈进,是一项有利于促进金融乃至经济政治长足发展的必然选择。

三、中国金融史的典型案例:宋元明清纸币发行与通货膨胀

通货膨胀是以纸币作为法定货币的社会经济活动中经常产生的

问题,无论是在封建社会经济体系中,还是在现代计划经济[①]或者市场经济体制中都会出现。因此,对于通货膨胀问题的分析研究,重要的不是讨论通货膨胀是否可以避免,而是在于如何结合通货膨胀产生时的特定社会经济活动背景,找出导致通货膨胀产生的纸币体系中存在的问题,使得流通中的货币数量和社会生产、交换与消费所需要的货币数量保持基本匹配,从根本上将通货膨胀控制在社会可以接受或者说对社会危害最小的范围之内,避免通货膨胀演变成为间接剥夺社会公众财富的手段。就这一点而言,我们不妨以史为鉴,以纸币的产生与发展作为脉络,从历史的维度探究中国宋元明清时代通货膨胀现象,找出通货膨胀与纸币发行和国家财政之间的关联,为分析今天的通货膨胀现象确立一个历史参照系,以裨益于今天我们对通货膨胀问题本质和本性的分析认识。

(一)宋朝的纸币发行与通货膨胀

1. 北宋时期

北宋的交子是中国也是世界上最早的纸币。[②] 宋仁宗天圣元年(公元1023年),政府设立了益州交子务,开始正式发行官方交子。[③]北宋最初对于交子的发行确立了一系列的规则。交子采取分界发行的办法,每界到期时,用新发行的交子替换旧发行的交子。每界交子发行以125万6千3百40缗为限,[④]并以铁钱作为钞本。[⑤]

但是,这些规范交子发行,稳定交子发行量的规则并没有能够维

① 陈云:《目前财政经济的情况和克服困难的若干方法》(一九六二年二月二十六日),《陈云文选》第三卷。

② 《宋史·薛田传》"民间以铁钱重,私为券以便交易,谓之'交子',而富家专之,数致争讼。"

③ 《宋史·食货志下三》"转运使薛田、张若谷请置益州交子务,以榷其出入,私造者禁之。仁宗从其议。"

④ 《宋史·食货志下三》"界以百二十五万六千三百四十缗为额。"(元)马端临:《文献通考》卷九《钱币考二》"天圣以来,界以百二十五万六千三百四十缗为额"。

⑤ 《宋史·食货志下三》"大凡旧岁造一界,备本钱三十六万缗,新旧相因。"

持太长时间。首先是交子分界发行规则被破坏,交子开始新旧两界并行,发行量倍增。神宗熙宁年间,交子第二十二界即将到期,由于已经安排了诸多财政支出事项,以新交子回收旧交子会导致财政困难,宋朝官方于是增造第二十五界交子一百二十五万。从此,便有了交子两界并行。[①]

其次是交子每界的发行定额屡屡被突破,交子发行数量不断增加。宋仁宗天圣年间确定每界交子发行以 125 万余缗为限。但据《宋史》的记载,宋哲宗绍圣年间,每界交子增发的数量少的有几十万缗,多的已达数百万缗,远远超出了天圣年间确立的发行限额。由于缺乏发行额度的控制,最后交子的发行量居然变成没有一定之数。[②] 宋徽宗崇、观年间更甚,崇宁元年在每届定额之外增造 200 万缗,崇宁二年增造 1143 万缗,崇宁四年增造 570 万缗,大观元年增造 554 万缗。[③] 由于交子发行量太多,宋徽宗改交子为钱引之后,居然不肯兑换旧有交子。[④]

最后是放弃交子发行需要发钞储备的要求,发行无钞本的交子(钱引)。[⑤] 交子的发行原需备有金属货币作为"钞本",依惯例每造一界交子(钱引)需准备铁钱三十六万缗作为钞本。到了宋徽宗大观年间,造钱引已经完全不需要有金属货币作为钞本。失去了钞本的制约之后,交子的发行数量急剧增加,较之于天圣年间的发行定额超出了

① 《宋史·食货志下三》"五年,交子二十二界将易,而后界给用已多,诏更造二十五界者百二十五万,以偿二十三界之数,交子有两界自此始。"

② 《宋史·食货志下三》"绍圣以后,界率增造,以给陕西沿边籴买及募兵之用,少者数十万缗,多者或至数百万缗;而成都之用,又请印造,故每岁书放亦无定数。"

③ (宋)李心传:《建炎以来朝野杂记》卷十六《四川钱引》。

④ (宋)李心传:《建炎以来朝野杂记》卷十六《四川钱引》"大观元年夏,改交子为钱引,旧交子皆毋得兑"。

⑤ 宋徽宗大观元年(1107 年)把交子务改为钱引务,交子改称为钱引。

二十倍之多。[①]

北宋交子发行规则未能持久的根本原因就在于北宋财政开支浩繁，政府需要仰赖发行交子（钱引）以弥补财政之需。据史料载：北宋外患连连，边事不断，由于军事形势严峻导致军费等财政开支十分浩大。在财政入不敷出的情况下，北宋政府遂采取了增发纸币的做法。如前所述，宋神宗时期交子并界发行是因为财政已预支交子发行所得。至于宋哲宗绍圣年间大幅增造交子，则是为了陕西边境招募军队和购买军粮。[②] 宋徽宗大观年间滥印钱引，也是要为湟、廓、西宁等西部边境的军事行动筹措军费。[③]

由于交子（钱引）发行量的不断扩大，交子（钱引）的购买力自然不断下降。这一方面直接反映在纸币与金属货币的比值上，钱引一缗原本应相当于一千个铁钱，大观年间滥发钱引的结果就是最后"引一缗当钱十数"，即钱引一缗实际上只能相当于十几个铁钱；另一方面也反映在新旧交子的兑换比例上。大观年间，四川新旧交子到了届满兑换之时，新交子与旧交子的兑换比例是一比四，这等于直接宣布旧交子贬值四分之三。[④]

2. 南宋时期

南宋由于大幅国土沦丧，铜、锡等铸钱所需金属短缺，而商品经济

---

① 《宋史·食货志下三》"大凡旧岁造一界，备本钱三十六万缗，新旧相因。大观中，不蓄本钱而增造无艺，至引一缗当钱十数"。"大观元年，诏改四川交子务为钱引务。自用兵取湟、廓、西宁，藉其法以助边费，较天圣一界逾二十倍，而价愈损。"

② 《宋史·食货志下三》"绍圣以后，界率增造，以给陕西沿边籴买及募兵之用，少者数十万缗，多者或至数百万缗。"

③ 《宋史·食货志下三》"大观元年……自用兵取湟、廓、西宁，藉其法以助边费，较天圣一界逾二十倍，而价愈损。"（宋）李心传：《建炎以来朝野杂记》卷十六《四川钱引》"崇、观年间，陕西用兵，增印至二千四百三十万缗。"

④ 《宋史·食货志下三》"及更界年，新交子一当旧者四，故更张之。"

又十分发达,货币需求量大,因此纸币成了主要的流通货币。[①] 南宋的货币发行规则承袭自北宋,但与北宋一样,南宋同样无法遵循本朝的货币发行规则,最终也走上了增印纸币的道路。

南宋的纸币有多种,不同地区有不同纸币。以通行于大部分地区的“会子”为例,南宋一朝会子的发行量不断膨胀。宋孝宗乾道四年(1168 年)确定每界会子的发行限度为 1000 万贯。[②] 这已经是北宋仁宗天圣年间所定的交子发行限额的八倍。然而到了宋宁宗庆元元年(1195 年),又将发行限额进一步提高到了 3000 万贯。[③] 宋宁宗开禧二年(1206 年),南宋政府发动北伐,又以大量发行纸币来充作军费,会子的发行额急剧增加,发行量达到了一亿四千余万贯。宋宁宗嘉定二年(1209 年),十一界会子除已收换外,尚有一千三百六十万余贯流通在外,十二界、十三界会子除烧毁外尚有一亿二百余万贯。[④] 宋理宗绍定年间,山东战事再起,会子发行量达到二亿九千余万贯。[⑤] 宋理宗绍定五年(1232 年),两界会子的数额已经达到三亿二千九百余万贯。[⑥]

再看通行于四川地区的钱引。由于北宋宋徽宗大观年间钱引增印无数,导致钱引大为贬值。北宋不得不于大观三年重申钱引印数以天圣年间的限额金额为准,从而逐步恢复钱引的币值。南宋之初,宋高宗建炎二年(1128 年),四川守将靳博文以军需不继为名,自行增印

---

① 彭信威:《中国货币史》,上海人民出版社 1958 年版,第 317 页。

② 《宋史·食货志下三》“四年……三年立为一界,界以一千万贯为额,随界造新换旧。”

③ 《宋史·食货志下三》“庆元元年,诏会子界以三千万为额。”

④ 《宋史·食货志下三》“嘉定二年,以三界会子数多,称提无策,会十一界除已收换,尚有一千三百六十万余贯,十二界、十三界除烧毁尚有一万二百余万贯。”

⑤ 《宋史·王迈传》“开禧兵兴,增至一亿四千万矣。绍定有事山东,增至二亿九千万矣。”

⑥ 《宋史·食货志下三》“绍定五年,两界会子已及三亿二千九百余万。”

钱引 62 万缗。[①] 建炎三年（1129 年），四川守将张浚增印 100 万缗。其后四川的军事主帅也相继自行增印钱引。[②] 虽然绍兴七年（1137 年），宋高宗曾下诏四川不得泛印钱引。但是由于边备空虚，四川钱引泛印如故。[③] 绍兴十年（1140 年），因为军费短缺，朝廷下令增印 500 万缗。绍兴十三年（1143 年）增印 400 万缗。绍兴三十年（1160 年），烽火再起，钱引增印 170 万缗。第二年又增印 100 万缗。[④] 至绍兴末，四川钱引累积已达四千一百四十七万余贯，而所贮铁钱仅及七十万贯。[⑤]

从南宋会子和钱引发行的历史可以清楚看出，南宋增发纸币的根本原因在于朝廷财政支出刚性需求，特别是军费开支巨靡。对此，南宋时人已是洞若观火，宋高宗时的大臣李迨就指出，“自来遇岁计有阙，即添支钱引补助。绍兴四年，添印五百七十六万道。五年，添印二百万道。六年，添印六百万道。”[⑥]宋宁宗时的大臣王迈也明确指出“国贫楮多，弊始于兵。”[⑦]

纸币发行量的膨胀随之而来的就是纸币贬值。会子币值在乾道四年（1168 年）一贯还能合铜钱 770 文，咸淳三年、四年（1267 ~ 1268 年）为 75 文，已跌到不足 1/10。嘉定二年，宋朝兑换十一界、十二界、十三界会子的时候，更是强行按新旧会子一比二的比例进行兑换。[⑧]

---

① （宋）李心传：《建炎以来朝野杂记》卷十六《四川钱引》。

② （宋）李心传：《建炎以来系年要录》卷二十九。

③ （宋）李心传：《建炎以来朝野杂记》卷十六《四川钱引》。

④ 同上。

⑤ 《宋史・食货志下三》；（元）马端临：《文献通考》卷九《钱币考二》。

⑥ 《宋史・李迨传》。

⑦ 《宋史・王迈传》。

⑧ 《宋史・食货志下三》“以旧会之二，易新会之一。”

民间形容纸币之轻,称为“使到十八九,纸钱飞上天”。[①] 在此情况下,会子在日常生活与交易中逐渐不被认可。所谓“民愈不售,郡县科配,民皆闭门牢避,行旅持券终日有不获一钱一物者”。[②] 嘉熙三年(1259 年)大臣李韶概括说:“楮券日轻,民生流离,物价踊贵,遂至事无可为。”[③]

通观两宋的纸币发行,可用“自坏钞法”四个字来加以形容。宋代的交子(钱引)发行,貌似很有章法,既有发行限额,又有发行界别,还有金属货币作为发钞储备。然而由于军费等财政开支庞大(宋代财政中,军费之用在平时即要占到一半以上,而到了战争年代就高达十之七八甚至更多[④]),两宋政府最终都放弃了自己设定的发钞规则,采取了滥发纸币此一下策,结果造成了严重的通货膨胀。

(二)元朝的纸币发行与通货膨胀

元代货币以纸币为主。[⑤] 元代货币计有中统钞、至元钞、至大银钞、至正钞四种。其中,中统钞和至元钞是元朝主要的通行货币。[⑥]

有赖于《元史》的记载,后人可以清楚地知道元朝大部分年份的

---

① 《宋史·五行四》。

② 《宋史·黄畴若传》。

③ 《宋史·李韶传》。

④ 汪圣铎:《两宋财政史》(上册),中华书局 1995 年版,第 395 页。

⑤ 《元史·食货志一》“元之交钞、宝钞虽皆以钱为文,而钱则弗之铸也”;《明史·食货志五》“元世始终用钞,钱几废矣。”

⑥ 《元史·食货志一》“而中统、至元二钞,终元之世,盖常行焉。”

印钞数目。[①] 从中可以看出，总体而言，元朝货币发行数量呈逐步上升的态势，元初十余年，元中期和元末十余年都出现了急剧攀升的情况。至元十三年，元入主中原，中统钞的发行数量开始突破百万。此后几年，中统钞的发行量一直在百万锭左右。但到了至元二十二年，也就是中统钞成为全国货币不到十年，中统钞的年发行量就已经翻了一番，达到了二百万锭之多。至元二十三年的发行量略超二十二年。到

① 元代历年印钞数(单位:锭):中统元年(1260 年)中统钞 73,352;中统二年中统钞 39,139;中统三年中统钞 80,000;中统四年(1263 年)中统钞 74,000。至元元年(1264 年)中统钞 89,280;至元二年中统钞 116,280;至元三年中统钞 77,252;至元四年中统钞 109,488;至元五年中统钞 29,880;至元六年中统钞 22,896;至元七年中统钞 96,768;12;至元八年中统钞 47,000;至元九年中统钞 86,256;至元十年中统钞 110,192;至元十一年中统钞 247,440;至元十二年中统钞 398,194;至元十三年中统钞 1,419,665;至元十四年中统钞 1,021,645;至元十五年中统钞 1,023,400;至元十六年中统钞 788,320;至元十七年中统钞 1,135,800;至元十八年中统钞 1,094,800;至元十九年中统钞 969,444;至元二十年中统钞 610,620;至元二十一年中统钞 629,904;至元二十二年中统钞 2,043,080;至元二十三年中统钞 2,181,600;至元二十四年(1287 年)中统钞 83,200,至元钞 1,001,017;至元二十五年至元钞 921,612;至元二十六年至元钞 1,780,093;至元二十七年至元钞 500,250;至元二十八年至元钞 500,000;至元二十九年至元钞 500,000;至元三十年至元钞 260,000;至元三十一年(1294 年)至元钞 193,760。元贞元年(1295 年)至元钞 310,000;元贞二年(1296 年)至元钞 400,000。大德元年(1297 年)至元钞 400,000;大德二年至元钞 299,910;大德三年至元钞 900,075;大德四年至元钞 600,000;大德五年至元钞 500,000;大德六年至元钞 2,000,000;大德七年至元钞 1,500,000;大德八年至元钞 500,000;大德九年至元钞 500,000;大德十年至元钞 1,000,000;大德十一年(1307 年)至元钞 1,000,000。至大元年(1308 年)至元钞 1,000,000;至大二年至元钞 1,000,000;至大三年至大银钞 1,450,368;至大四年(1311 年)至元钞 2,150,000,中统钞 150,000。皇庆元年(1312 年)至元钞 2,222,336,中统钞 100,000;皇庆二年(1313 年)至元钞 2,000,000,中统钞 200,000。延祐元年(1314 年)至元钞 2,000,000,中统钞 100,000;延祐二年至元钞 1,000,000,中统钞 100,000;延祐三年至元钞 400,000,中统钞 100,000;延祐四年至元钞 480,000,中统钞 100,000;延祐五年至元钞 400,000,中统钞 100,000;延祐六年至元钞 1,480,000,中统钞 100,000;延祐七年(公元 1320 年)至元钞 1,480,000,中统钞 100,000。至治元年(公元 1321 年)至元钞 1,000,000,中统钞 50,000;至治二年至元钞 800,000,中统钞 50,000;至治三年(公元 1323 年)至元钞 750,000,中统钞 50,000。泰定元年(公元 1324 年)至元钞 600,000,中统钞 150,000;泰定二年至元钞 400,000,中统钞 100,000;泰定三年至元钞 400,000,中统钞 100,000;泰定四年(1327 年)至元钞 400,000,中统钞 100,000。天历元年(1328 年)至元钞 310,920,中统钞 35,000;天历二年(1329 年)至元钞 1,192,000,中统钞 40,000。至顺元年(1330 年)至元钞 450,000,中统钞 50,000;至顺二年至元钞 890,050,中统钞 5000;至顺三年(1332 年)至元钞 996,000,中统钞 4000。(后)至元三年(1337 年)至元钞 1,500,000;(后)至元四年(1338 年)至元钞 1,200,000。至正元年(1341 年)至元钞 990,000,中统钞 10,000;至正十二年(1352 年)至正钞 1,900,000,至元钞 100,000;至正十三年(1353 年)至正钞 1,900,000,至元钞 100,000;至正十六年(1356 年)至正钞 6,000,000。其中,中统元年至天历二年的数字见《元史・食货志一》,至顺元年数字见《元史・文宗本纪二》,至顺二年数字见《元史・文宗本纪四》,至顺三年数字见《元史・文宗本纪五》,至元三年、至元四年数字见《元史・顺帝本纪二》,至正元年数字见《元史・顺帝本纪三》,至正十二年数字见《元史・顺帝本纪五》,至正十三年数字见《元史・顺帝本纪六》,至正十六年数字见《元史・顺帝本纪七》。另外,至元六年、至正二年未印钞,分别见《元史・顺帝本纪二》《元史・顺帝本纪三》。

了至元二十四年，开始发行至元钞。至元钞当年的发行量虽然只有一百万左右，但由于至元钞与中统钞的比价是一比五，[①]实际上货币发行量已经又翻了一番还多。至元二十六年，至元钞发行量甚至高达 178 万有余，差一点又翻了一番。

此后几年至元钞发行量下降并保持了十年左右的稳定期，每年发行额大体在五十万左右，其间大德三年至元钞发行量摸高接近百万。到了大德六年，至元钞发行量首次突破二百万大关。至大三年，发行至大银钞，虽然发行量只有 145 万有余，但由于至大银钞与至元钞的比例为一比五，因此换算作至元钞的发行量已超过七百万锭之巨，接近于至元年间至元钞最高年发行量的四倍，若按中统钞计算的话，则已经是中统钞最初年发行量的数十倍。其后至大银钞被废，但从至大四年到至正元年共有二十五年发钞数量有历史记载，其间至元钞发行量在百万以上的有十一年，并有四年在二百万以上。

元末顺帝至正年间的印钞数目尚不完全清楚，但从已有信息看，至元钞发行数量基本上都在百万左右。从至正十年起开始发行至正钞。至正十二年、十三年的至正钞的发行数量都在一百九十万以上，由于至正钞与至元钞为一比二的比例，[②]当年的货币发行量按至元钞计算接近四百万。至正十三年以后的发钞数量根据史书的记载，则是“每日印造，不可数计”，[③]可见其发行量之大。

正因为货币发行量失控，元朝政府不得不屡屡整顿“钞法”，实行币制改革。元朝只有九十余年，却曾三度改革币制。元世祖中统元年

---

① 《元史 · 食货志一》“二十四年，遂改造至元钞，自二贯至五文，凡十有一等，与中统钞通行。每一贯文当中统钞五贯文。”

② 《元史 · 顺帝本纪五》。

③ 《元史 · 食货志一》。

(1260年)开始发行中统钞,到了至元二十四年(1287年),由于"交钞行之既久,物重钞轻",[①]于是进行币制改革,发行至元钞。元武宗至大年间,"武宗复以物重钞轻,改造至大银钞"。[②] 元顺帝至正十年,又以"钞法偏虚"为名,[③]改革币制发行至正钞。每一次币制改革,都是新币币值远高于旧币。至元钞的币值五倍于中统钞,至大银钞又五倍于至元钞,至正钞两倍于至元钞。[④] 因此每一次发行新币,事实上都等于承认旧币的大幅贬值和物价飞涨。[⑤]

元朝政府大肆滥印纸币并非因为经济生活所需而是由于政府财政捉襟见肘。元初世祖至元年间,连年征伐。除了征讨南宋之外,元初还大举征讨日本。从至元十一年到至元二十三年,元朝投入大量人力、财力用于建造海船,整军备战。远征日本虽徒劳无功,但却需要元政府通过增发货币来筹措庞大的军费。[⑥]

元成宗时期,大德二年,丞相完泽就对成宗说,元政府的年收入计有"金一万九千两,银六万两,钞三百六十万锭",但财政仍是入不敷出,需要借用至元钞二十万锭。[⑦] 也就是说需要采取增发货币的方式来应对财政赤字。元成宗大德三年,中书省又奏明,每年政府的财政支出浩大,而财政收入居然不足支出的一半,剩余不足部分只能依靠增发货币。中书省虽然自知这会导致币制动荡,但是在沉重财政支出

---

① 《元史·食货志一》。
② 《元史·食货志一》。
③ 《元史·食货志五》。
④ 《元史·食货志一》"大抵至元钞五倍于中统,至大钞又五倍于至元。"
⑤ 《元史·食货志一》。
⑥ 彭信威:《中国货币史》,上海人民出版社1958年版,第400页。
⑦ 《元史·食货志一》。

压力之下，似并无其他良方。[①] 大德六年、七年，由于云南战事，至元钞的发行量一下子达到了两百万之巨。大德年间被史书称为元朝大治的时候，因当时政府尚知道节制用费而得以留下美名。[②] 然而，所谓的大治年代尚且如此，其他年景的情况可想而知。

元武宗时，至大元年中书省又奏明，由于皇帝犒赏无数，支出繁多，乃至财政空虚，因此虽然知道依靠增发货币会自坏钞法，但仍然需请增发货币数百万锭，以敷急需。[③]

元宁宗至顺二年，大臣陈思谦指出，元政府至顺年间的财政支出较之于元世祖至元三十年前，已经增加数十倍，至顺年间的财政经费缺口高达二百三十九万余锭。[④]

到了元末，义军群起，军储供给急剧膨胀，加上皇帝赏赐犒劳开支无度，自然更是需要依靠增发货币来填补财政窟窿。[⑤] 元顺帝至正十五年，元政府忙于到处镇压人民起义，军费开支紧张，元顺帝直接要求户部在至正十六年印造至正钞六百万锭供给军需。[⑥] 至正十七年，中书省以陕西军事吃紧，军费开支紧迫，而陕西离大多路途遥远，因此便在当地设立机构直接印钞，以助军需。[⑦]

纸币发行量激升的后果自然就是币值大贬，物价飞涨。元顺帝至

---

① 《元史・成宗本纪三》"比年公帑所费，动辄巨万，岁入之数，不支半岁，自余皆借及钞支。臣恐理财失宜，钞法亦坏"。

② 《元史・食货志一》"世称元之治以至元、大德为首者，盖以此。"

③ 《元史・武宗本纪一》"陛下登极以来，锡赏诸王，恤军力，赈百姓，及殊恩泛赐，帑藏空竭，豫卖盐引。今和林、甘肃、大同、隆兴、两都军粮，诸所营缮，及一切供亿，合用钞八百二十余万锭。往者或遇匮急，奏支钞本。臣等固知钞法非轻，曷敢辄动，然计无所出，今乞权支钞本七百一十余万锭，以周急用，不急之费姑后之。"

④ 《元史・陈思谦传》"户部赐田，诸怯薛支请，海青狮豹肉食，及局院工粮，好事布施，一切泛支，以至元三十年以前较之，动增数十倍。宜节无益不急之费，以备军国之用，苟能三分损一以惠民，夫岂小哉！"

⑤ 《元史・食货志一》。

⑥ 《元史・顺帝本纪五》"以诸郡军储供饷繁浩，命户部印造明年钞本六百万锭给之"。

⑦ 《元史・顺帝本纪八》"中书省臣奏以陕西军旅事剧务殷，去京师道远，供费艰难，请就陕西印造宝钞为便，遂分户部宝钞库等官，置局印造"。

正十年改革币制的诏书中就不得不承认“历岁滋久,钞法偏虚,物价腾踊,奸伪日萌,民用匮乏。”[①]至正币制改革之后,物价腾跃,上涨幅度超过十倍。根据《元史》的记载,在大都,钞十锭竟然买不到一斗粟。在各地,人们又回到了物物交换的原始阶段,政府所发行的钞票已然失去了交易中介的功能,人人避之唯恐不及。[②]

概而言之,元代的发钞史可以说是一部“权宜嬗变”的历史。元代只有短短九十年历史,却三度变动币制。每一次变动币制都是因为旧币发行量过多,通货膨胀十分严重,于是试图通过改革币制减少名义上的货币发行量,但是单纯改革币制而不及其他显然管不住货币发行的笼头,随之而来的就是下一轮货币过量发行。由此,元代也就陷入通胀和币制改革的循环之中。究其根底,在于缺乏规范的货币发行机制,货币发行完全服从于政府财政的需求,演变成为应付财政困难的权宜之计。事已至此,就注定只能走上通胀的不归路。

（三）明朝的纸币发行与通货膨胀

明朝初年在货币制度上实行纸币制度,禁止使用金银,只许向政府换纸钞。洪武七年(1374 年),明太祖设立宝钞提举司。翌年,开始发行“大明宝钞”。[③] 虽然关于大明宝钞的发行数量缺乏相关的记载,但通过对大明宝钞币值的考察,也就可以相应地加以推断。

以宝钞与铜钱的比值看,洪武八年(1375 年)钞 1 贯值钱 1000 文,洪武二十六年(1393 年)值 160 文左右,洪武三十年(1397 年)只值 71 文,到永乐中期只值得十几文,宣德年间值钱 10 文;正统年间已

① 《元史 · 食货志五》。

② 《元史 · 食货志五》。

③ 《明史 · 食货志五》“七年,帝乃设宝钞提举司。明年始诏中书省造大明宝钞,命民间通行。……禁民间不得以金银物货交易,违者罪之。”

是10文以下。景泰、成化年间或为2文,或为4文。到了弘治元年(1488年)值钱1文,宝钞已经贬值1000倍。到了万历四十六年(1618年)仅值钱0.1文,贬值更是高达10,000倍。[①]

宝钞通胀如此,贬值如斯,其发行量之大可想而知。由是,人们对宝钞自然是避之唯恐不及。实际上弘治以后,官方和民间大都使用银两和铜钱,不再用宝钞了。[②] 大明宝钞已名存实亡。

明代的纸币通胀在洪武、永乐年间最为明显,币值从1000文一路下降到十来文,原因就在于洪武、永乐年间政府军事、营建等财政开支十分浩繁,政府需要依靠印发纸币来维系财政开支。[③] 根据《明史》的记载,洪武年间军事行动经年不止。大规模军事行动如洪武初年西征敦煌、北征沙漠,洪武十年征吐蕃,十一年讨西番,十四年伐北元,同年至十六年征云南,二十年征纳哈出,同年北伐沙漠,二十三年、二十四年、二十五年大举出兵塞外。至于盗贼起事、部族反叛、倭寇袭扰等相对较小规模的军事行动,从洪武八年到三十一年基本上无年无战。永乐年间,明成祖一方面继续征讨北元,亲自督师五次北征漠北;另一方面迁都北京,大兴土木,营建新都城所需巨靡。到了正统年间,又有土木堡之变,钞价更是一落千丈。最终到了弘治年间,虽有大明宝钞一贯却已不值铜钱一文。

---

① 关于钞钱比值的数字见诸《明史》《续文献通考》《明实录》,如《明史·食货志五》记载说"时两浙、江西、闽、广民重钱轻钞,有以钱百六十文折钞一贯者,由是物价翔贵,而钞法益坏不行",本处引彭信威所著《中国货币史》中"大明宝钞价格表",上海人民出版社1958年版,第465页。另外,关于成化年间的宝钞价值,根据《明史·食货志五》中的记载,已经不值一文,所谓"是时钞一贯不能直钱一文"。彭信威在《中国货币史》中根据《明会典》以及《明史》的其他记载则为2-4文,本文从之。

② 《明史·食货志五》"钞法自弘、正间废"。《明史·刑法志一》"宣德时,申交易用银之禁,冀通钞法。至弘治而钞竟不可用,遂开准钞折银之例。"

③ 彭信威:《中国货币史》,上海人民出版社1958年版,第461页;项怀诚主编,陈光炎编著:《中国财政通史·明代卷》,中国财政经济出版社2006年版,第109页。

明朝大明宝钞发行的最大特点就在于没有发行准则。大明宝钞的发行与宋代交子、会子，元代的中统钞等纸币不一样，大明宝钞既不设定发行限额，也无任何准备金之说。相反，明太祖以为凭借一己之力就可以随心所欲地发行宝钞，解决财政之困，因此不是控制宝钞发行量，维持宝钞的购买力，而是粗暴地禁止民间使用金银等金属货币，甚至以追究刑事责任相威胁。可惜，历史证明缺乏发行规则约束而单纯依靠政治权力支撑的货币是不能长久的。弘治之后，宝钞事实上已经被废弃，白银成为中国的主要货币。可悲的是，帝国末期崇祯帝对此仍一无所知，误以为可以依靠权力推行货币补救财政之困。崇祯末年，有大臣提出印制纸币以解决财政困难，崇祯帝深以为然，立即设立了印钞机构，日夜督造，无奈民间却无人响应。大臣蒋德璟即指出，“百姓虽愚，谁肯以一金买一纸”。[①]

（四）清朝的纸币通胀与财政

清朝入关之初曾在顺治八年（1651 年）开始短暂地发行过纸币，但随着清廷逐步镇压了各地抗清力量，大规模军事行动大致停止，很快就停止了纸币发行。[②] 清朝吸取前代发行纸币导致通货膨胀的教训，在以后的近二百年中坚持不发行纸币。[③]

清廷第二次发行纸币是在咸丰年间。太平天国起义发生后，军费激增，军需河饷就要耗费两千多万两，而国库枯竭。[④] 咸丰三年，太平军攻克南京，军事形势严峻。咸丰帝上谕军机大臣时明确指出“军兴三载，糜饷已致二千九百六十三万余两……现在部库存仅存正项待支

① 《明史·蒋德璟传》。

② 《清史稿·食货志五》“钞尝行于顺治八年，岁造十二万八千有奇。十年而罢。”

③ 彭信威：《中国货币史》，上海人民出版社 1958 年版，第 556 页。

④ 《清史稿·食货志五》“是时银亏钱匮重，而军需河饷糜帑二千数百万，筹国计者，率以行官票请。”

银二十七万七千余两，七月应发兵饷尚多不敷出……”[①]为了筹措资金，经过商议，最后清廷决定于咸丰三年（1853 年）开始发行“户部官票”和“大清宝钞”两种纸币。[②]

咸丰三年二月，官票发行一百万两，宝钞一百万串。四年七月，宝钞增至六百万串。咸丰年间共计发行了 27,113,038 串，增加了 20 倍。官票的情况也好不到哪里，咸丰三年到咸丰十一年共计发行了 9,781,200 两，增加了将近 10 倍。[③]

官票、宝钞发行量不断增加，与此同时清政府当局只顾发行，不管回收，币值自然不断下降。按官制，银票一两相当于制钱二千，宝钞二千相当于银一两。但在北京，咸丰四年四月，宝钞一千就只能兑得制钱七八百文。[④] 官票一两只能值制钱八九百文，而钞一千就只能值制钱四五百文。[⑤] 在河南，咸丰五年，宝钞一千只值制钱四百文。[⑥] 在山东济宁，宝钞在咸丰六年（1856 年）开始推行时，每千尚可以兑换制钱六七百文，次年就只剩下二百文，第三年已然变成废纸一张。[⑦]

清代本来以金属货币作为主要货币，咸丰年间发行纸币的动因完全是为了挽救财政。因此，清代纸币发行从一开始就走的是一条邪路。与明朝一样，清帝国的统治者也以为凭借政治权力就可以发行纸

---

① 《谕军机大臣等》（咸丰三年六月己丑），《咸丰朝东华录》卷二十四。

② 《清史稿·食货志五》。

③ 彭泽益：《十九世纪后期的中国财政与经济》，人民出版社 1983 年版，第 115 页。另外，李瑚：《太平天国革命时期清政府的滥发通货问题》（载《中国钱币》1983 年第 2 期。）提到的数字为宝钞五千余万串，官票一千余万两，由于李文未注明所持数字之所出，故以彭文数字为准。

④ 《京畿道监察御史王荣地奏》（咸丰四年四月二十二日），《清代钞档》。转引自张国辉：《晚清财政与咸丰朝通货膨胀》，载《近代史研究》1999 年第 3 期。

⑤ 《云南监察御史李鹤年奏》（咸丰四年四月二十二日），《清代钞档》。转引自张国辉：《晚清财政与咸丰朝通货膨胀》，载《近代史研究》1999 年第 3 期。

⑥ 《清实录·咸丰朝实录》卷一百七十七，“现在票银一两，宝钞一千，均止易制钱四五百文”。

⑦ 山东济宁事见《河东河道总督李钧奏》（咸丰六年十二月初七日），《清代钞档》。转引自张国辉：《晚清财政与咸丰朝通货膨胀》，载《近代史研究》1999 年第 3 期。

币。为了推行官票与宝钞，咸丰帝曾三番五次地下诏斥责不肯接纳票钞的官员，认为是不肖官员未能全力执行政策导致票钞未能全面流通，因此要求各省务必推行票钞，并设定具体的工作时限和要求，同时表示要严惩阳奉阴违的官员。[①]

但是，货币自有其运行规律，即使是皇权也奈何不得。完全出于填补财政窟窿发行纸币最终必然导致通胀。票、钞大幅贬值的戏剧性效果就是，官府在征纳税收之时，居然都不肯接受自己发行的纸币。[②] 甚至于河道官员申请朝廷下拨经费之时，也不得不要求少拨钞票而多拨实银。[③] 到了咸丰十年，当初支持发行官票的惠亲王绵愉也上奏，痛陈官票、宝钞的弊端。清廷不得不正式停止发行官票与宝钞。

（五）结论

抚史沉思，宋元明清纸币发行与通货膨胀之间的关系，清晰地揭示出了我国古代通货膨胀形成和发展的两个规律：一是在国家控制纸

---

① 《清实录·咸丰朝实录》卷一百三十七"谕军机大臣等、有人奏、地丁搭收钞票、请严定章程、以杜侵欺一摺。……现行宝钞章程。裕国实以便民。岂容不肖州县、从中渔利。著贾桢、李钧、严饬大兴、宛平二县、及所属各州县。于徵收地丁钱粮。务遵奏定章程、搭收钞票。毋得骫法取巧。渔利病民。并著贾桢、李钧、严饬各属、遍行出示晓谕。并密查各州县。如有前项情弊。即行严参惩办。以儆官邪。"；卷一百七十九，"谕内阁、户部奏、统筹节用事宜。并请饬各省、实行钞法钱法各等语。现值度支匮乏。军饷浩繁。开源节流。两无善策。自推行钞法，添铸大钱以来，京城官号所存宝钞，及户工两局、铁钱局所铸当十当五大钱，均已日见流通，藉资周转。而各直省于叠奉部文后，总未实力奉行。……总由不肖官吏，有意延搁，非畏难苟安，即意图中饱。而督抚藩司，视为具文，听其玩误，于应设官号，因循不办，以致宝钞大钱仍形壅滞。州县官徵银解钞。转得从中渔利。下无以取信于民。安能中外流通。推行无碍耶。著各省督抚。按照该部摺内所议。勒限三个月。将应立官号。一律开设。并将官号章程。于接到部文一月内。先行奏报。其附近京城各州县。应搭收当十大钱。著直隶总督出示晓谕。务与制钱一律完交。傥有强分轩轾。勒措不收之官吏。由该督据实严参。藩司不行揭报。亦即一体参办。此外各省。并著照直隶办理。至州县收钞不力。应如何严定处分。行钞有效。应如何优与奖叙。并著吏部详议具奏。其余摺内所议各条。均著照所请"；《清实录·咸丰朝实录》卷二百一十八"朕闻直隶州县征收钱粮……嗣后如敢仍前疲玩，不收宝钞大钱，勒令交银，或经民间呈控，或有人参奏，定将该州县照枉法例从重治罪。"

② 《清实录·咸丰朝实录》卷一百七十七，"又谕，李钧奏，河南州县征收钱粮，不收票钞"，《清实录·咸丰朝实录》卷二百一十八"朕闻直隶州县征收钱粮……嗣后如敢仍前疲玩，不收宝钞大钱，勒令交银，或经民间呈控，或有人参奏，定将该州县照枉法例从重治罪。"

③ 《清实录·咸丰朝实录》卷二百五十六："谕内阁，前因李钧奏，宝钞现无出路，河工经费请全拨实银一摺。"

币发行的制度安排下，只要当局开支浩繁、财力紧张，就难免无视或者破坏既定的货币发行规则，饮鸩止渴、滥发纸币；二是滥伐纸币产生的恶性通货膨胀或可解一时之渴，暂时缓解政府财政压力，但其对社会经济总体发展和长远发展的危害，最终反而会使政府财政陷入恶性循环，并从根本上使人们对纸币本位货币体系产生怀疑和摒弃。

在现代经济条件下，尽管货币的发行和流通已经不可与宋元明清时代同日而语，货币供给受到经济发展、市场需求、流动性构成和货币自身流通速度等诸多因素的影响，但毋庸置疑货币发行与财政之间仍有着紧密关系，这不仅因为公共部门的开支在现代经济体中仍占据重要地位，还因为货币发行权仍操之于政府之手，当政府财力窘迫，或有其他强烈政治意愿之时，仍有十足动力动用货币发行权以解燃眉之需，转嫁公共治理成本。就此而言，历史经验可以给我们三点启迪：一是政府为了短期需要通过大量发行货币的方式获得财政资源，恶性通货膨胀就在所难免，无论存在多少种解释，恶性通货膨胀的本质仍然离不开滥发货币；二是通过发行货币和通货膨胀为政府财政和支出带来的短期好处，要远远小于社会解决通货膨胀需要支出的成本和代价，也要远远小于政府自身未来需要支出的纠错成本，是一种“杀鸡取卵”式的不经济策略；三是避免滥发货币导致恶性通货膨胀的根本，在于建立规范而稳定的货币发行机制，通过法制强化货币发行和供给约束，使政府自身无法或无力打破既定的货币发行规则，最大限度地避免政府的短期行为和财政冲动，切断包括财政在内的各类利益力量对货币发行的不当干扰，防止货币发行沦为政治需要的权宜之计，最终酿成流动性泛滥的局面。

四、金融监管法治的美国实践

以1863年美国通过法案设立专门监管机构为标志，人类历史上严格意义的金融监管制度得以建立，此后百余年来，和美国金融监管大致相似，世界各发达国家的金融监管经历着全面监管（Regulation）到放松监管（Deregulation）再到重新监管（Reregulation）的演变过程。[①]每一次金融监管改革浪潮，都有监管机构的设立或撤并；每一次监管理念和原则的变化，都有监管权责的重新归集和行使；每一次金融创新和具体领域的金融发展，都是对金融监管体制和监管能力的挑战，这些变化与发展过程中，法律的作用明显奏效，而金融监管的法治化运行更是意义重大。

在西方金融监管发展过程中，政府法治精神得到了较好的体现：

一是机构与职权法定。美国1863年建立现代意义的金融监管制度时，国会首先通过了《国民货币法》，同时根据法案成立了专门监管机构货币监理署，法案授予货币监理署对国民银行的监管权。作为应对19世纪最后20年发生的5次金融危机的需要，美国政府决定改革金融监管体制，国会于1913年通过《联邦储备法》，同时组建联邦储备体系与联邦储备委员会，授予联储制定货币政策和监管银行的职责职权。[②] 英国的金融监管也是如此，1844年议会通过《比尔条例》初步赋予英格兰银行以中央银行职能，后来通过了《1979年银行法》正式授予英格兰银行对金融系统进行监管。法、德、日等国均通过了中央银行法或者专门监管法律，明确中央银行或者独立监管机构的金融监管

---

① 参见丁邦开：《金融监管学原理》，北京大学出版社2004年版，第4页。

② 参见陈元：《美国银行监管》，中国金融出版社1998年版，第3～10页。

职权。

二是金融改革的立法为先导。20世纪30年代,美国开始罗斯福新政,加大对经济金融的干预,作为法制先导条件,国会首先通过了国民复兴法、证券法、证券交易法、银行法和国民放款法等法律。20世纪80年代至90年代初的金融改革,也是以通过《1982年存款机构法》《1987年银行业平等竞争法》《1989年金融机构改革、复兴和实施法》等四部法律为标志的。"二战"后,日本进行金融改革,以《1948年证券交易法》颁行确立了分业监管体制。1992年日本放松监管,即以通过金融制度改革法案为保障。2002年德国进行金融改革,颁布了《金融监管一体化法案》,授权成立金融管理局,对银行、证券、保险业予以统一监管。新西兰、法国和一些斯堪地那维亚国家的金融改革,也莫不是以法律为先导或提供法律确认。

三是金融监管权力的法律控制。出于对金融监管权力膨胀的警惕,20世纪40年代开始,美国政府监管日益招致人们的质疑,要求控制政府监管权的呼声强烈起来,1946年国会通过了《联邦行政程序法》,对包括金融监管权在内的所有政府监管与行政活动予以过程化控制,规范监管自由裁量权、保障被监管者和相对人的程序权利。美国独特的司法审查制度也能动地为被监管者提供法律救济,例如,1970年通过涉及金融监管的材料服务公司诉坎普案,[①]最高法院还确定了双层结构标准(two-tier test)的起诉资格。英国金融服务局(Financial Services Authority,FSA)成立后,为了确保监管者正确使用监管权力和全面履行监管职责,国家专门成立了金融服务和市场特别法庭(Financial Services and Market Tribunal),这一金融监管制约机构

① 参见王名扬:《美国行政法》,中国法制出版社2003年版,第624页。

于2001年12月1日与FSA同时开始运作,以公开审理方式为主(因涉密可不公开)审理FSA与被监管者之间的争讼。

四是金融监管透明度要求。金融监管透明度于国外一般称监管公开,它含有两个方面的意思:一是社会成员可以通过了解权(the right to know)知悉监管者的档案资料和其他信息;二是金融监管者主动将不涉及国家秘密的监管信息向社会成员公开。美国在行政与监管公开方面一直是率先立法,在一定程度上对其他国家起了示范作用。其重要的可据以提高金融监管透明度的法律包括1966年的《情报自由法》(*Freedom of Information Act*)、1976年的《阳光下的政府法》(*Federal Government in the Sunshine Act*)、1972年《联邦咨询委员会法》(*The Federal Advisory Committee Act*)、1974年的《联邦隐私权法》(*The Federal Privacy Act*)等。出于对1989年《公务秘密法》不受欢迎压力的回应,在《公民宪章》新文化影响下,英国1993年公布了《政府信息行动手册》(*Code of Practice on Government Information*)白皮书,确立了要求政府行政与监管部门公开政务信息的一般规则。[①] 这些内容为行政与监管公开的法律和文件的颁行,无疑有利于提高金融监管的透明度。

金融监管的发展过程,也是法制健全和法治精神发生作用的过程。金融监管之于法治,具有严密契合的应然性与实然性。世界各国金融监管法治,只有水平高下之分,没有绝无仅有之说。由于诸多历史与现实原因,发达国家的金融监管法治无疑是卓有成就的,对发展中国家而言,着力推进金融监管法治化的任务尤为紧迫。

---

① 参见[美]卡罗尔·哈洛、理查德·罗林斯:《法律与行政》,杨伟东等译,商务印书馆2004年版,第835~841页。

中国金融监管法律变革[①]

银行业在中国金融乃至经济整体中的重要性无可比拟，不断改进银行法律体系，对于防范区域性金融风险和系统性金融风险意义重大。

一、银行监管的理论依据和法治化

银行监管的理论依据是干预主义。监管是政府作用于市场的行为，银行监管的理论依据在于政府与金融市场的关系，是放任或者干预？自由主义学说和干预主义学说是对银行监管曾做过最为经典和简单解释。自由主义基于市场理性（“看不见的手”）、完全信息、有效市场等假说，认为市场的自我调节能实现帕累托最优，金融监管必要性其实很低。英国经济学家、新自由主义代表人物哈耶克甚至认为金融监管是不必要的，连中央银行都可以撤销，应当实行“自由银行制度”，他主张市场本质上是一种私人经济，只要听任市场机制充分发挥作用，经济财富就会合理分配和使用。20 世纪 30 年代以前，自由主义学说受到了空前的推崇。

1929 ~ 1933 年，整个资本主义世界爆发了严重的经济危机。此次

① 2015 年 8 月在北京大学的授课稿。

危机完全暴露了自由放任市场经济的弊端，实际上宣告了自由竞争资本主义时代的结束，推崇政府干预的凯恩斯主义一举上升为主流经济学说。凯恩斯基于三个基本心理规律（边际消费倾向递减规律、[①]资本边际效率递减[②]和流动性偏好[③]）认为，市场条件下经济具有内在不稳定性，即市场存在缺陷，回应市场缺陷的办法就是采用政府的“看得见的手”对抗市场“看不见的手”。

20世纪70年代，西方国家经济陷入“滞涨”[④]困境，凯恩斯主义失灵，以弗里德曼为代表的新自由主义经济学说逐渐兴起。新自由主义经济学的核心假设是“经济人假设”，即经济人行为的目的是个人效用最大化。在此基础上，经济运行存在一般均衡定理：在个体自利行为下，“看不见的手”自动实现市场均衡。具体到金融市场上则是有效市场假说：资本市场完全和正确地反映了所有与决定证券价格有关的信息。新自由主义经济学的一个流派——供给学派，其很多主张被里根政府所采纳，在西方社会和经济学界产生了广泛的影响。供给学派与凯恩斯学派重视需求不同，认为在供给和需求的关系上，供给是居于首要、决定的地位，否定凯恩斯需求决定供给的理论和需求管理政策。在政府与市场的关系上，温和供给学派的代表人物费尔德斯坦

---

① 边际消费倾向递减规律，凯恩斯写道：“无论从先验的人性看，或从经验中之具体事实看，有一个基本的心理法则，我们可以确信不移。一般而言，当所得增加时，人们将增加消费，但消费之增加，不若其所得增加之甚。”

② 所谓资本边际效率递减规律是指人们预期从投资中获得的利润率（预期利润率）将因增添的资产设备成本提高和生产出来的资本数量的扩大而趋于下降。

③ 流动性偏好，又称灵活偏好，灵活偏好规律是指人们愿意保持更多的货币，而不愿意保持其他的资本形态的心理法规。凯恩斯认为，灵活偏好是对消费不足和投资不足的反映，主要由以下动机决定：（1）交易不足，指为了日常生活的方便所产生的持有货币的愿望；（2）谨慎动机，指应付各种不测所产生的持有现金的愿望；（3）投机动机，指由于利息率的前途不确定，人们愿意持有现金寻找更好的获利机会。

④ 所谓“滞胀”（stagflation）是停滞膨胀的简称，由经济停滞（stagnation）和通货膨胀（inflation）两个单词拼接而成，用以描述美国等西方发达国家于20世纪70年代出现的经济停滞与通货膨胀同进并存的新现象。

认为要靠资本积累和市场刺激而不是政府干预来减轻市场弊端，国家干预不仅会破坏市场经济的自动调节机制，而且往往由于干预不当而损害经济中的供给力量。凯恩斯主义盛行时倡导的金融监管也变成了经济发展的绊脚石。

尽管凯恩斯创立的干预主义宏观经济学在20世纪70年代以后地位有所下降，但由于次贷危机引起的2008年国际金融危机却为其提供了最好的实证依据，凯恩斯主义成为现在西方国家制定政策的现实选择。2005年5月，面对金融衍生品泛滥、要求美联储介入次贷监管的舆论，时任美联储主席的格林斯潘认为，金融市场自我监管比政府监管更为有效，坚决反对政府加强金融监管。2008年10月23日，格林斯潘在美国国会就金融危机作证时，不得不承认当初"假设那些自利的银行等机构，有意愿也有能力保护其投资者、银行的资产以及银行的生存"而反对监管金融衍生品的做法存在"部分错误"，承认缺乏监管的自由市场存在缺陷。[①] 干预主义的合理性被重新认识，其影响力最近几年在各国政府和学术界迅速扩大。干预主义为银行监管理论提供了支撑。

银行监管是政府行使行政权力的表现，其效力和权威来源于政府依法行政。十八届四中全会提出要全面推进依法治国，银行监管作为依法行政的重要内容，亦应纳入法治化进程。

就现阶段而言，中国实现银行业监管的法治化有以下两项关键因素：

---

① 参见中国社科院"国际金融危机与经济学理论反思"课题组：《国际金融危机与凯恩斯主义》，载《经济研究》2009年第11期。

1. 银行监管需要实现良法善治

法治以良法为前提。良法的标准也体现在法治的内涵中。如英国法治思想的集大成者洛克认为,法治的核心在于限制权力以达到善治的目的;孟德斯鸠在《论法的精神》中提出追求自由、主张法治的理论,认为法治体现在对自由的追求,而自由在国家权力不被滥用时才存在;霍布斯认为良法是为人民利益所需。在法治的大背景下,良法的判断标准为:一是限制公权力行使;二是保护私人利益不受侵犯。具体到监管领域,根据干预主义理论,政府应对银行业进行监管以应对市场缺陷,但干预的限度如何,需要法律进行限定。银行监管领域的良法,则应是合理界定监管机构干预程度的法律。

20 世纪 60 年代后期,芝加哥大学经济学家加利·贝克用严格经济学方式推导了最优法律和最优阻吓作用的条件,他的基本推论是:当法律设计到最优,由法庭来执行是最优的制度,而不需要任何监管机构来进行执法。科斯定律实际上也阐述了上述相同的结论,即如果没有交易成本,则只需要法庭来帮助执行合同,而不需要其他监管机构。当然他们的前提条件除了法律制定得非常完备、交易成本为零以外,还需要法庭是完全中立的。2000 年,伦敦政治经济学院副教授许成钢和美国哥伦比亚大学法学院教授皮斯托提出了法律不完备性理论并不断进行完善以论证监管机构的必要性。法律不完备性理论对于我们判断监管领域的良法具有一定的借鉴意义:

(1)法律内在是不完备的,监管机构进行执法是必需的。不完备法律理论认为,“法律是内在不完备的。既然法律通常被设计为要长期适用大量的对象,并且要涵盖大量迥然不同的案件,那么它必然是不完备的。只有当社会经济或技术变革的过程静止时,法律才可能完备。在后农业社会,这显然是不切合实际的幻想”。监管机构是必需的,但其仅需在法律不完备时产生。因此,监管领域的良法,应当明确监管职能是对现有法律的细化和补充。

(2)对监管机关所采取的制度约束,或者对监管者执法的授权,应不同于立法者和法庭。法庭的职能被设计为中立裁判者,是被动的。而监管机关则应被设计为主动执法者,只要监管机关发现预期损害程度足够高的行为,就可以开展立法和执法程序以准确及时的回应所观察到的社会或技术变革。因此,监管领域的良法应强调监管机关的灵活性。当然,这种灵活性的前提是监管者的管辖权限界定的足够准确,这是干预主义所要解决的问题。

(3)监管本身是有成本的,监管的成本被设定为由被监管者承担。从经济学角度来说,监管所带来的成本应不低于社会福利。监管的直接成本包括各种必需的资金,比如雇佣成本、运营成本等;监管的间接成本包括市场参与者不得不服从监管而产生的成本,监管者执法不足或者过度时产生的社会成本,监管失灵或者监管犯错的成本等。监管介入与否,应在成本与收益层面进行考量。法律不完备理论提出标准化和预期损害的程度两项因素作为监管介入的判断标准。标准化是指应对损害行为及结果进行确定描述以便监管机构能够及时有效开展主动式执法。预期损害程度是指,在行为预期损害程度较低的时候,事后监管(事后立法或者诉讼)是可以容忍的,只有在预期损害程度较高时才需要监管机构的主动式执法。基于上述论述,监管领域的良法亦应采纳标准化和预期损害程度对监管介入进行规定。

2. 银行监管实现法治化是一个长期的过程

法治并不仅是法律制度的构建和完善,更应当是一种文化,甚至是信仰。极端者如萨维尼甚至认为法律并不是理性的产物，而是存在于特定的“民族精神”中。他认为：“一切法律均缘起于行为方式，在行为方式中，用习常使用但并非十分准确的语言来说，习惯法渐次形成，就是说法律首先产生于习俗和人民的信仰，其次乃假手于法学家。”

中国的法治进程，并不是建立在传统的基础上，而是外源式的发展模式。这种模式导致的结果是我们建立的法律体系只能停留在制度层面，法治并没有深入人心，难以形成法治文化。因此，我们建立法治，不仅仅在于建立、完善法律规则，更在于培育法治文化，这将是一个长期的过程。总体而言，银行监管实现法治，需要在以下两个方面进行长期的努力：

(1)对外吸收优秀的法律规则，与国际标准接轨。银行监管主要涉及政府与金融市场的关系，属于技术性范畴，基本不涉及风俗习惯。中国借鉴西方发达国家成熟的监管法制，一般只存在发展阶段的区别而基本不涉及文化的差异。实际上，近年来，中国银行监管已经在向国际标准看齐，目前已经全面执行《巴塞尔协议Ⅱ》，正在向《巴塞尔协议Ⅲ》的标准过渡。

(2)对内培育法治文化。十八届四中全会提出“坚持依法治国、依法执政、依法行政共同推进，坚持法治国家、法治政府、法治社会一体建设”的“两个三位一体”的思想，其中的核心环节即是政府。培育法治文化，首先在于政府依法行政，监管机关依法监管。

二、全球银行业监管变革及趋势

(一)银行监管的基本逻辑和主流导向

国际通行银行监管规则的制定与普通法律的制定有所不同，主要体现为长期监管经验的总结归纳,很少有预设的规则,几乎不存在顶层设计,具有十分明显的“危机导向”的特征。巴塞尔监管规则就是一系列多年累积而成的经验规则,并且每一次危机之后,都会补充和调整一些规则。

在2008年国际金融危机以前,国际银行监管的目标可以概括为四个字:“微观审慎”,即设定一系列的监管规则,以确保银行不会倒闭,其关注点主要在于银行自身的安全,对经济整体和公共利益关注较少。当时甚至有许多学者认为:所谓的银行监管规则,其实质是为保护集团利益的,如美国学者巴茨就认为:“无论做出怎样的判断,金融监管的改革都由私人利益推动的”。

金融危机以后,国际银行监管的目标和具体制度都发生了较大的变化,主要体现在四个方面:

一是监管目标从“微观审慎”转向了“宏观审慎”。金融危机再一次证明了金融风险的传导效应,现代经济的核心就是金融,金融的主体又是银行,银行出现系统性风险之后,如果得不到及时的控制,危及的将是整个经济体。这个道理已经得到反复印证。

所以,银行监管不能局限于单个的银行自身,而应放眼于宏观经济,以前的“微观审慎”调整为“宏观审慎”,确保不能发生系统性风险,防止危机的传导和蔓延更为重要。最近欧元区国家对希腊危机的处理,以及中国2008年的“救市”都体现了这样的思想。

二是重视流动性问题。资金融通是经济的“血液”,银行监管就是要确保实体经济能够保持足够的流动性。金融危机以前,银行监管对流动性问题重视不够,这被认为是导致危机发生的原因之一。所以,近年来国际金融体制改革的目标之一就是加强流动性监管,《巴塞尔协议Ⅲ》的一个重要改进就是引入了两个新的流动性监管指标,即“流动性覆盖率”和“净稳定融资比率”。中国2011年一度出现的“钱荒”就是流动性不足的表现。例如,银行破产的标准是“资不抵债”?还是“流动性丧失”,也与流动性直接相关。

三是解决逆周期问题。法律不存在周期性,但经济和金融是存在周期性的。中国银行业从股改上市以来,经历了十几年的黄金时代,现在随着经济增速的下降,经营压力逐步加大,有些资产质量较差的银行处境会越来越艰难,这就是周期效应。银行监管既要确保顺周期时不发生风险,也要确保逆周期时同样不发生大的风险。为此,《巴塞尔协议Ⅲ》专门提出了逆周期资本的要求,这也是国际金融监管体制的最新成果之一。

四是加强对金融消费者的保护。众所周知,金融危机之后,困扰美国大小银行的一个突出问题就是官司缠身,这些官司主要是监管部门以银行侵害消费者权益为由进行处罚,美国、欧洲的银行为此付出了巨大的成本,仅美国的前六大银行就为此付出了1000多亿美元的法律费用,中国银行也发生过类似的问题。

美国在金融危机之后加强了对金融消费者的保护,成立了个人金融消费者保护局,专职承担消费者和投资人的保护职责,制定了一些新的法规。中国在前两年“一行三会”都成立了金融消费者保护局,四大银行总行也设立了消费者保护机构。可以说,加强保护金融消费者在全世界都是一个大趋势。

(二)国际银行监管体制的变迁与趋势

银行监管体制的本质是监管权力的配置结构问题,也即政府将监管权授予哪些机构来行使?以及授权的方式是什么等。从银行监管的历史沿革来看,历来有混业监管和分业监管之争,不同体制下的法律架构完全不同。但随着现代银行体系和银行产品的日趋复杂,现行国际银行监管体制已不能简单地用“分业”和“混业”来概括。主流模式包括以下三种:

1. 美国的多头伞型监管模式

美国1999年之前的金融监管体系实行分业监管,体现了分权制衡的思想,采取按不同类别的金融机构分别立法、分别监管的体制。1999年《金融服务现代化法》实行后,美国的银行业监管开始向混业监管模式转变,但美国的模式比较复杂,涉及联邦政府、州政府多个层次,又涉及美联储、财政部、存款保险公司、消费者保护局等多个联邦机构。既有混业的特点,监管职能又分散到多个机构和多个层次,所以,许多学者将美国的这种监管体制概括为——多头伞型监管模式。

金融危机后,银行监管的分权与制衡理念因为影响法律实施的效率而逐渐失宠,一体化的模式正在成为趋势。美国的金融改革法案明确提出成立金融稳定委员会,负责统一监管标准、协调监管冲突、处理监管争端、监测和识别所有金融机构与市场的系统性风险,并向美联储等机构提出警示。与此同时,美联储被打造成为“超级监管者”,集中统一承担监管者的职责。一体化模式的优势在于可以实现监管目标与监管要求的一致性,也能够降低监管成本、合理配置监管资源,同时还能消除监管空白、减少监管竞次、实现国际合作,控制监管规避等。

2. 统一监管模式

英国于1997年将其中央银行即英格兰银行的监管职能分离出

来,并将原来的九个金融监管机构合并成立了一个综合性的金融监管机构,即金融服务管理局,由其统一负责对各个领域的金融活动进行监管,开创了"统一监管模式"。金融危机之后,英国于 2009 年 2 月公布了《2009 年银行法》,设立专门的金融稳定理事会,同时赋予英格兰银行宏观审慎监管职责,在该行内部成立了一个金融政策委员会(FPC),专门负责监视整体经济的宏观动态和可能威胁稳定的金融问题,还成立了消费者保护和市场管理局(CPMA),承担消费者保护职能等。韩国、日本等国的模式与英国类似。

3. 双峰监管模式

另外一种具有代表性的模式是"双峰金融监管模式",澳大利亚是这种模式的代表性国家,这种体制下,银行监管由两个并行的监管机关共同完成,一个负责维护金融市场的安全和保护金融消费者的利益;另一个则负责对所有金融机构进行审慎性监管。

金融危机之后,金融消费者权益保护的问题得到各国重视,纷纷设立专门的消费者权益保护机构,双峰模式的优势得到了广泛的认可。

三、中国银行业监管的历史沿革及发展趋势

(一)中国银行监管法治历程

从银行监管法制的角度,大致可分为以下几个阶段:

第一阶段是 1978 年至 1983 年,有银行无监管阶段。这个时期,人民银行集中央银行和商业银行于一身,银行的经营与管理混合在一起,并不存在真正意义上的银行监管。

第二阶段是 1984 年至 1994 年,双层管理阶段。1984 年四大专业

银行成立,人民银行不再开展经营活动,主要承担中央银行职能和金融监管职责,银行的经营与监管正式分离,银行业进入双层管理时期。标志性的法律是:1986 年国务院发布的《银行管理暂行条例》,这部法律第一次明确了"监管"的概念。但这个时期并不存在商业银行,四大专业银行对金融市场也承担一部分监管职能。

第三阶段是 1995 年至 2002 年,合规性监管阶段。1995 年颁布《中国人民银行法》和《商业银行法》,第一次明确了监管主体和被监管主体;商业银行转变为单纯的监管对象。

1995 年、1998 年《保险法》和《证券法》相继出台;同一时期,证券、保险业的监管也相继从人民银行分离出去,由证监会和保监会行使,中国银行业分业监管的架构逐步明确。但这一阶段的监管内容主要是合规性手段,偏重对商业银行的行政性管理和控制。

第四阶段是 2003 年至今,审慎性监管阶段。2003 年通过了《中华人民共和国银行业监督管理法》,2003 年 4 月银行业监管机构正式挂牌运作,标志着中国金融业形成了"三驾马车"式垂直的分业监管体制。同时,国家对《商业银行法》进行了较大修改,以风险控制为本的审慎监管理念得以确立。这期间的监管成绩包括:

首先,初步建立了以资本监管为基础的银行业审慎监管框架。制定了资本监管和风险监管的审慎监管法规,明确资本充足率、资产质量、信用风险、市场风险等审慎监管指标。

其次,从加强公司治理机制、内部控制、合规风险管理等方面进一步健全了银行业监管法律框架。

最后,推动工、农、中、建、交五家国有商业银行完成股份制改革,转变成彻底的商业银行。

2008 年国际金融危机以后，中国顺应国际最新监管改革趋势，结合自身实际，积极构建宏观审慎与微观审慎相结合的监管体系，进一步深化银行业监管体制改革。十八届三中全会《中共中央关于全面深化改革若干重大问题的决定》又明确提出："落实金融监管改革措施和稳健标准，完善监管协调机制，界定中央和地方金融监管职责和风险处置责任。建立存款保险制度，完善金融机构市场化退出机制。"这期间，配套出台了《商业银行资本管理办法》《存款保险条例》等重要法规，四大银行都已开始实施巴塞尔委员会颁布的"新资本协议"，设置了专门的金融消费者权益保护机构。中国银行业的监管已经完全与国际最新理念和机制实现接轨。

（二）分业监管和机构监管仍然是中国银行业的主要监管模式

1. 严格的分业监管体制

分业监管是指：按不同类别的金融机构分别立法、分别监管的体制。无论从法律制度上，还是从监管机构的设置上来看，中国"一行三会"的设置是最典型的分业监管体制。证券业的基本法是《证券法》；保险业的基本法是《保险法》；银行业的基本法有三个：《人民银行法》《银行业监督管理法》和《商业银行法》。三大金融监管机构各司其职，对各自领域里的机构和行为实施有效监管。

2. 机构监管的特征比较明显

机构监管是指由不同的监管机构或部门对各个金融机构实施差别化监管。与之相对的是功能监管，即依据金融体系的功能和产品的属性来划分监管职责，并实施监管。二者的主要区别在于监管的对象是金融机构还是那些承载金融功能的产品和行为。

新加坡是首个实行功能监管的国家，美国《金融服务现代化法》

也明确提出了功能监管的原则,但其问题在于监管者之间职责划分不清晰,易形成重叠和冲突,所以,美国在监管实践中并没有真正落实功能监管,其“多头伞形监管”也是在机构监管的模式之上发展起来的。

中国一直坚持严格的机构监管,不同性质的金融机构分别由不同的监管部门来监管,甚至对同一性质的金融机构,在监管部门内部也由不同的司局来监管。

机构监管有两大缺陷:一是对不同机构之间的工作协调要求较高。这在中国银行监管制度中也有所体现。为了解决这个问题,2013年,国务院在《关于同意建立金融监管协调部际联席会议制度的批复》中明确:建立由人民银行牵头的“金融监管协调部际联席会议制度”,专司金融协调职能。二是监管规避行为较多发生。许多金融机构利用监管规则漏洞,以金融创新的名义从事规避监管的行为,这个问题在中国银行业也很突出。

3. 中国银行监管具有后发优势

中国金融市场化程度低,真正现代意义上的银行监督体制 21 世纪初才开始建立。某种程度上这是中国避开最近两次金融危机(包括 1997 年亚洲金融危机和 2008 年国际金融危机)的原因之一,也使中国的银行监管体制获得了“后发优势”。

中国银行监管充分利用后发优势,目前已经全面执行《巴塞尔协议Ⅱ》,正在向《巴塞尔协议Ⅲ》的标准过渡。在这个过程中,我们不断吸取国际先进经验,调整完善原有的监管制度体系,要求正常条件下系统重要性银行和非系统重要性银行的资本充足率分别不低于 11.5% 和 10.5%;将信用风险和市场风险纳入商业银行资本监管措施之中,实施《巴塞尔协议Ⅱ》之后还要纳入操作风险等。这些标准处在国际领先的地位,比西方有些国家的要求还高。而且中国目前"一行三会","分业监管、注重协调"的体制也被证明是兼顾效率与公平的一种体制。这些都是充分利用后发优势的结果。

(三)中国银行业未来的趋势将是:分业监管、混业经营

按照现行监管法律的规定,中国银行业实施分业监管、分业经营的体制。《商业银行法》规定银行有三大功能:吸收存款、发放贷款和从事结算业务。禁止银行从事投资、信托、证券、保险等业务。

但在实践中,银行的实际业务范围已经超越了法律的限制,主要表现在以下三个方面:

一是银行的创新产品,已经突破了传统的业务范围。比如银行理财产品的性质更接近于信托,因为银行从客户那里拿到投资后,多数都是以自己的名义对外投放的,实际上扮演的是信托人的角色。理财业务是银行近年来蓬勃发展的一项业务,在当前股市巨幅震荡的情况下,银行理财将更能显现出其优势。但正是这样一种重要的业务品种,在法理上与现行法律的要求是有冲突的。这说明严格的分业经营体制已经不适应市场需求。

二是中国大型银行基本上已经转换为综合性的金融控股公司。四大银行旗下都有信托公司、金融租赁公司、保险公司、基金公司,甚至期货公司和证券公司。所以,从银行集团的整体来看,其业务范围早已涉及所有的金融领域。此外,像中信、光大这样的金融集团同样如此。《商业银行法》的限制和规定已经明显滞后。

三是银行走出去是一个大趋势,建行的各类境外分支机构已经超过一百余家,在拓展境外业务的过程中,必然面临与外国商业银行的竞争,国外银行多数具备金融综合经营的资格和能力,比如德国就实

行最典型的"全能银行制度",中国如果继续执行严格分业的监管限制,那么中国的银行在产品、渠道、创新能力等方面都将会处于劣势。

所以,随着银行业市场化程度的逐步提升,以及监管体制的不断完善,扩大银行的经营范围,实行混业经营将是一个大的趋势。中国银行业的未来方向是——"分业监管、混业经营"的体制。

四、《商业银行法》和《银行业监督管理法》的修改

(一)修改的必要性

《商业银行法》自1995年颁行,2003年做过一次大的修改;《银行业监督管理法》2003年颁行,2006年做过一次小的修改。迄今为止,10年左右的时间,两部法律未动过大手术。但这10年是中国银行业发展最快,国际金融监管体制变化最大的10年,银行业日新月异,创新产品层出不穷,中国原来国有独资的商业银行全都变成了股份制的上市公司,相关法律却一直未进行修改,已经严重滞后。

(二)关于《商业银行法》的修改建议

《商业银行法》的修改已经纳入十二届全国人大常委会立法规划,法律最终将如何修改,现在还没有定论,但需要修改的内容至少应当涉及以下方面:

1. 商业银行原来的定义已经不够准确

现行《商业银行法》第2条规定:"本法所称的商业银行是指依照本法和《中华人民共和国公司法》设立的吸收公众存款、发放贷款、办理结算等业务的企业法人。"在这个定义中,支付结算被视为银行专营的主要功能之一,但随着第三方支付的兴起,银行的这项功能已经大为削弱。尤其是年轻人已经更习惯于使用支付宝、财付通之类的第三

方支付工具,人民银行于2010年颁发了《非金融机构支付服务管理办法》,对第三方支付公司实行市场准入和牌照管理,所以,支付结算已经不再是银行专营的业务。

另外,银行的金融衍生业务在逐步扩大。比如,资产证券化就是一种衍生业务,资产证券化是提升金融资产流动性和处置银行不良资产的重要手段,发展前景越来越广阔,也将会成为银行的主要利润来源之一。又如,掉期业务,随着人民币国际化的推进,汇率风险越来越大,银行的掉期业务必将大幅发展。所以,衍生业务比结算业务更能反映银行的内在属性。

此外,这些年,银行自身一直在拓展网络金融业务,互联网公司也在不断创新银行业务,新的银行业务形态不断涌现。银行的定义中也应涵盖网络金融等方面的内容。

总之,既然银行的业务类型和传统功能都发生了变化,对银行这样的金融机构也就有必要进行重新定义,至少要给银行一个能够反映时代特征的定义。

2. 修改现行法律,允许银行适度混业和实行综合化经营

现行《商业银行法》第43条规定:"商业银行在中华人民共和国境内不得从事信托投资和证券经营业务,不得向非自用不动产投资或者向非银行金融机构和企业投资,但国家另有规定的除外。"由此可见,现行法律采用了严格分业经营的立法原则。

但是,如前所述,现行法律早已被突破:一是经过国务院批准,四大银行已经投资成立了多个非银行金融机构,如信托、保险、基金、期货、租赁、养老金等公司,下一步可能还要成立证券公司;二是商业银行通过产品创新的渠道,从事了大量的准信托业务。所以,允许商业

银行从事综合化经营，势在必行。

国际上，商业银行综合化经营的模式主要有三种：

一是德国的全能银行模式。这种模式下银行与其他金融机构之间没有严格的分工，银行既经营存贷款业务，也经营证券、保险等业务，甚至还可以持有非金融企业的股权。

二是美国的金融控股公司模式。这种模式下，商业银行不能直接从事投行业务，但可以通过设立控股公司的途径来从事投行等其他金融业务。美国1999年《金融服务现代化法案》规定：允许设立金融控股公司，控股公司的子公司不仅可以经营银行业务，还可以从事证券及保险业务，但各个子公司之间要实施风险隔离，建立防火墙。

三是英国的银行母公司模式。此种模式下，母公司都是商业银行，本身就是经营型的机构，还可以通过收购兼并证券、保险公司的途径进入其他金融领域，但银行不得投资公司类企业的股权。

我们目前银行综合化经营的模式有点类似英国，采取由银行母公司控股其他金融机构的方式，最终达到适度混业经营的效果。

在监管制度体系层面，虽然《商业银行法》尚未修改，但规章层次已经不断突破。2007年银行业监管机构出台《金融租赁公司管理办法》，允许银行设立金融租赁公司；2009年银行业监管机构出台《商业银行投资保险公司股权试点管理办法》，允许商业银行投资保险公司等。可以说，通过修改法律，扩大银行经营范围，已经万事俱备。

3. 现行监管指标体系有待进一步完善

对商业银行实施监管的主要手段之一就是“指标监管”，包括合规性指标和审慎性指标，总体趋势是合规性指标越来越少，审慎性指标越来越重要。在现行法律中，主要有四大指标：一是资本充足率；二是存贷比；三是流动性指标；四是贷款集中度指标。这四个指标都已经过时，金融危机之后，银行业监管机构通过制定新规章，都已经设定了新的指标，只是法律未修改而已。

一是存贷比指标很快就要取消。2015 年 6 月 24 日，国务院会议通过了《商业银行法修正案草案》，这个草案主要解决了一个问题，就是取消“存贷比”，也就是商业银行贷款余额与存款余额之比不得超过 75% 的规定。

二是资本充足率已经有新的规定。金融危机后，国际银行监管机构推出了《巴塞尔协议Ⅲ》，现在又在陆续出台一些新规则，被称为巴塞尔协议 3.5。银行业监管机构 2013 年出台的《商业银行资本管理办法》充分吸收了国际新规，增加了许多新的内容：核心一级资本充足率提高到 5%，增加了 2.5% 的储备资本的要求；还新增了杠杆率的监管要求等。

三是流动性指标已经出台新的制度。银行业监管机构 2014 年颁布《商业银行流动性风险管理办法》，对流动性覆盖率和流动性比例作出了新的规定，并且实现了与国际最新规则的接轨。

4. 建立完善的信息披露制度体系

银行亟待建立完善的信息披露制度体系。理由有三：一是商业银行通过股改上市，已经成为公众性公司，必须严格履行信息披露义务；二是商业银行的经营状况涉及广大存款人的利益，无论是国有银行还是股份制中小银行，都是金融风险防控的关键环节，必须建立高度透明的信息披露制度；三是中国金融市场化的进程正在稳步推进，国家对银行隐性托底的市场规则将逐步退出，原有的银行主要向国家负责，向主管部门报告关键信息的制度已经过时。

《商业银行法》出台时，局限于当时的市场环境，对信息披露问题几乎没有规定。2002 年，人民银行出台《商业银行信息披露暂行办法》，第一次对这个问题进行了系统的规定。2007 年银行业监管机构发布《商业银行信息披露办法》，对原有规定进行优化。另如，《公司法》、证监会发布的《上市公司信息披露管理办法》等，也适用于上市银行。

鉴于此，《商业银行法》作为银行业的基本法，应当尽快设置“信息披露”的章节，对信息的重大问题和主要方面作出规定，至少应当包括以下内容：

一是商业银行信息披露的基本原则。包括真实、完整、准确、及时等。

二是信息披露的范围。包括财务信息、风险状况、公司治理情况、重大事项等。

三是信息披露的对象。包括存款人、投资人、利益相关者及社会公众等。

四是信息披露的监管和责任。包括监管要求、处罚权的归属、处罚标准等。

五是信息披露的程序。包括定期报告程序与临时报告程序等。

5. 银行的市场退出及立法建议

在社会融资模式转型的大潮中，必然会有一些经营不善的银行出现问题。中国在 20 世纪末的时候，曾经出现银行破产的先例，这些年银行破产的例子反而少了，最近几年又出现了“刚性兑付”的现象，金融风险的分散转移路径不通畅，长此以往，必然影响金融市场化的进程。

中国现行《商业银行法》第七章规定了“接管与终止”两种形式,中国2006年《企业破产法》明确规定金融机构可以破产。2015年5月1日《存款保险条例》生效,存款保险制度是银行破产的前置条件,下一步就是《银行破产条例》的出台。这里面还有许多问题需要研究,比如破产的目标到底是清偿债务,还是保障金融安全?又如银行的破产界限如何设定?资本充足率能否作为破产标准?银行破产程序怎样启动,监管部门申请还是银行自己申请等。

从国际通行做法来看,德国法律规定银行的退出方式包括解散、接管、破产和重整等。

英国法律规定的方式包括主动清盘、转让、关闭、破产等。其他国家也大同小异。

金融危机后,二十国集团框架下的全球金融稳定理事会(FSB)对于系统重要性银行的处置提出了一系列的要求,要求各成员国应当通过立法确立一个金融机构退出市场的处置框架,框架内容包括:

一是稳定方案:即金融机构实施退出时,其原有业务的继续经营问题。

二是清算方案:主要是债务的清偿问题。

三是处置当局:主要是负责处理银行破产的主管机构。

四是标准与条件:即在什么样的情况下,对银行启动处置程序。

五是恢复与处置计划:亦称为“生前遗嘱”,要求银行在正常经营状态下,必须编制退出与处置方案,并为此做好准备。中国主要商业银行目前都在按要求编制这样的“计划”。

金融稳定理事会的这些框架建议,为各国银行的退出制度提供了一个很好的立法模板。

(三)关于《银行业监督管理法》的修改建议

目前,《银行业监督管理法》的修改工作进度比《商业银行法》相对落后,也没那么急迫。我认为,应该从以下方面进行修订:

1. 增加保护金融消费者方面的监管职能。保护金融消费者是市场的需求,也是金融危机带来的深刻教训之一,世界各国都在加大对金融消费者的监管倾斜,中国监管部门在这方面也已经做了很多工作,唯一的不足就是立法严重滞后。

2. 明确分业监管为主、综合监管为辅的体制。中国分业监管的体制行之有效,应当坚持,但银行混业经营的大趋势已经无可回避,这就出现了一个新问题,即监管者与被监管对象之间如何做到全覆盖,不留下监管真空。

要想解决这个问题,就应当明确分业为主、综合为辅的监管体制。不仅银行业监管机构要监管银行,证监会和保监会在各自职责范围内也要承担对银行的监管职能,《银行业监督管理法》中要加上这方面的内容,给各个监督部门授权,提供充分的法律依据。

3. 进一步明确监管部门在银行退出市场过程中的职责。[①] 金融危

---

① 《企业破产法》关于商业银行破产的条文第134条规定:商业银行、证券公司、保险公司等金融机构有本法第二条规定情形的,国务院金融监督管理机构可以向人民法院提出对该金融机构进行重整或者破产清算的申请。国务院金融监督管理机构依法对出现重大经营风险的金融机构采取接管、托管等措施的,可以向人民法院申请中止以该金融机构为被告或者被执行人的民事诉讼程序或者执行程序。金融机构实施破产的,国务院可以依据本法和其他有关法律的规定制定实施办法。《商业银行法》关于商业银行破产的条文第64条规定:商业银行、证券公司、保险公司等金融机构有本法第二条规定情形的,国务院金融监督管理机构可以向人民法院提出对该金融机构进行重整或者破产清算的申请。国务院金融监督管理机构依法对出现重大经营风险的金融机构采取接管、托管等措施的,可以向人民法院申请中止以该金融机构为被告或者被执行人的民事诉讼程序或者执行程序。《存款保险条例》关于商业银行破产的条文第19条规定:有下列情形之一的,存款人有权要求存款保险基金管理机构在本条例规定的限额内,使用存款保险基金偿付存款人的被保险存款:(一)存款保险基金管理机构担任投保机构的接管组织;(二)存款保险基金管理机构实施被撤销投保机构的清算;(三)人民法院裁定受理对投保机构的破产申请;(四)经国务院批准的其他情形。存款保险基金管理机构应当依照本条例的规定,在前款规定情形发生之日起7个工作日内足额偿付存款。

机过程中,西方大批银行破产,实践证明,银行破产必须由监管部门进行主导,才能有效保护存款人利益,并且促使整个破产过程平稳有序,最大限度地控制风险的传导。

应当在银行监管法律中明确由监管部门发起银行的破产程序,并且担任破产管理人的角色。除破产外,银行的接管、终止、重整等过程中,监管部门的职责也应进一步细化。

4. 增加对新型金融,尤其是互联网金融的监管内容。互联网金融最近几年蓬勃发展,已经成为传统金融形式的有机补充,而且,最近银行业监管机构又批准成立了两家没有物理网点的网络银行。这是对传统金融的挑战和突破,同时也对银行监管提出了新的要求,《银行业监督管理法》在当初制定时显然不会考虑这些问题,但现在已经无可回避。

但是,到底应当如何监管网络金融以及其他新兴的金融形式,全世界都还在摸索,成熟的做法估计要几年以后才会出现。2015 年7 月18 日,人民银行牵头的十部委发布了互联网金融的"基本法":《关于促进互联网金融健康发展的指导意见》,对互联网金融设定了行为边界,哪些是可以做的,哪些是不可以做的。下一步,有些原则性的东西应当吸收到《银行业监督管理法》中去。

(四)关于将《商业银行法》与《银行业监督管理法》合并为《银行法》的设想

1. 合并的必要性

首先,银行的监管与经营不是两个事物,而是一个事物的两个方面,应当由一部法律来调整。《商业银行法》里有很多内容调整的也是监管问题,实质上也是一部"银行监管法"。

其次,《银行业监督管理法》出台的背景是:“一行三会”的体制形成之初,银行业监管机构需要解决本机构的法律依据问题,从而明确自身职能,与人民银行划清各自的职责范围,可以说是特定历史时期的产物。而现在已经不存在这些问题。

最后,从国际实践来看,很少有《商业银行法》与《监管法》两法并立的体制。比如美国主要就是《金融服务现代化法》,德国就叫《银行法》。中国的保险和证券领域也不存在“二法并立”案的格局,都是一部基本法,分别是《保险法》和《证券法》。

2. 合并方案

首先是利用法律修改的契机,将两部法律进行整合,起草制定统一的《银行法》,原有的两部法律不再施行。

其次是抓住机遇,落实“依法治国”的总体要求,对银行法律体系进行一次梳理。以《银行法》为纲,针对监管、银行风险、银行产品、银行破产等分项,分别出台条例、规章、指引,形成完善的银行业规范体系。

最后是结合市场实际和国际监管趋势,考虑在适当的时候制定《金融消费者保护法》,以加强对消费者的倾斜保护,有针对性地规范银行的经营行为。

五、银行监管的新挑战

(一)银行业监管的新动向

银行业监管面临许多新问题和新挑战,因为银行业市场每天都在发生变化,主要体现在四个方面:一是互联网金融;二是民营银行的设立;三是银行的混合所有制改革;四是利率市场和其他金融深化改革的问题。

（二）互联网金融

互联网金融的种类：互联网金融是最近两年来，金融市场上最热闹的话题，包括互联网支付、网络借贷、股权众筹融资、互联网基金销售、互联网保险、互联网信托等几类代表性产品。

互联网金融的实质：互联网金融是一种创新，但并不是一种新的金融类型，它的创新之处主要在于互联网技术在金融领域的运用，是传统金融加上了“互联网”这种新的渠道，而不是一种新的金融法律关系。

互联网金融的“监管规避”特征明显：从金融创新的历史来看，但凡创新，必然与突破监管有关，互联网金融的本质同样是借助互联网的手段对现行监管的规避，是互联网渠道与金融监管的灰色区域相结合的产物。比如余额宝实际上就是代销基金，但却规避了基金销售市场上通行的监管限制。

互联网金融监管机制的完善：人民银行牵头的十部委发布《关于促进互联网金融健康发展的指导意见》，虽不是严格意义上的法律，但却是目前互联网的“基本法”。这份意见解决了互联网金融的监管依据问题，对市场上现存的互联网金融业务类别进行了区分，并且明确了监管部门和监管责任，根据产品的金融属性，分别将监管权授予了“一行三会”。意见还给互联网金融设定了行为边界，规定了哪些是合规的，哪些是不合规的等。这个文件意义重大，必将有助于金融市场的规范化，也有助于金融机构间的公平竞争。

但互联网金融领域里的问题还很多，比如实名制问题，最近新成立的网络银行不设物理网点，无法对存款人进行实名验证，在催生“人脸识别技术”的同时,也对现行监管规定带来了挑战,这是银行法律需要完善的方向之一。

(三)民营银行和银行的混合所有制改革

1. 对市场的影响较大,但对现行监管体制的影响较小

民营银行牌照的放开和银行的混合所有制改革,这两个问题对现行银行监管制度的冲击并不大,因为我们现存的银行有许多本来就是混合所有制,比如四大银行都曾有过外资股东,本来就是混合所有制。也有民营资本的银行,如民生银行。

民营银行和混合所有制改革的目的主要在于:一是为市场增加活力,丰富金融机构的所有制形式;二是利用银行牌照的吸引力将民间资本转移到金融市场上来,是“盘活存量”的一种有效手段。因此,随着民营银行和银行股权结构中的民营成分日益增多,银行业市场将面临重组和利益重新分配的问题,竞争也将更加激烈。

2. 银行实施混合所有制改革的主要法律问题

有些国有大银行已经开始研究混合所有制改革方面的问题,随着这项工作的推进,法律问题将会逐步浮现。

一是社会资本注入银行之后,私营股东的利益如何保护,事实上,只有从法律上明确了私人资本的收益预期之后,混合所有制才会更有吸引力。

二是银行的国有股占比下降之后,公司治理结构如何优化的问题。2015 年 6 月初,中央深改组通过了一份文件《关于在深化国有企业改革中坚持党的领导加强党的建设的若干意见》,这份文件强调要明确党组织在公司治理结构中的法律地位。党组织与股东会、董事会之间的关系如何界定?对于银行及所有公司法人来说,都是个

新事物。

银行实行混合所有制改革的过程中，一方面要引入社会资本，另一方面要强化党组织公司治理的职能角色，这将是一个十分复杂的法律课题。

六、银行监管的法治化进程

今后一段时期，银行业监管法治进程主要是：一是《商业银行法》《银监法》《信托法》的修订工作；二是政策性银行、理财业务、信托公司和金融资产管理公司、融资性担保公司等领域法规层级的完善和提升；三是银行破产风险处置、普惠金融、利率管理等重点领域法律空白的填补工作；四是做好内外资金融机构、各种所有制金融机构、同质同类金融业务法规的一致性工作。

金融业的市场化与法治化[①]

中国改革开放至今，我们在与外国朋友打交道时，听到了很多赞扬，也有不同的议论，但有些基本事实可能是改变不了的，这就是，社会主流意见都承认，中国已经走到世界舞台中心，所以中国问题不得不引起全世界的关注。

1875 年光绪元年，晚清重臣李鸿章在给光绪皇帝的奏折《因台湾事变筹画海防折》中称，“一国生事，数国构煽，实为数千年来未有之变局”，当时中国社会正面临一场巨大变革。今天，学术界还有社会方方面面也都在讨论中国社会正面临着一个亘古以来最复杂的、最不确定的变局。一百多年前的变局中，中国人民积贫积弱，我们等来的是国际赔款、丧权辱国。今天，作为世界最大出境旅游客源国，中国每年出境旅游总人数已经突破 1.3 亿人次，走出国门，我们听到的是哪个商场、哪些商品又被中国人买光了。当然，中国改革开放以后，也出现了各种矛盾与问题，对此也有不少批评和意见。但无论是赞扬还是批评，现在的变局已经与一百多年前大不相同了。

我从事金融行业二十多年，想以一个金融改革、金融发展参与者和见证人身份谈谈对中国金融改革发展一些重大问题的体会和

① 2018 年 10 月 28 日海南“改革开放的中国与世界”暨第 84 次中国改革论坛参会稿。

感悟。

1978 年以前中国金融是大一统的银行体制。如果说有银行的话,那就只有一家银行,中国人民银行。1978 年中国的银行资产 1835 亿元,2017 年年底中国银行资产 260 万亿元,按照不太科学的算法,简单算下,数字上大概翻了 1400 倍。2018 年上半年中国商业银行的资本充足率是 13.5%,实现利润 1 万亿元以上,现在平均资产利润率 1.03%,平均资本利润率 13.7%,不良贷款率 1.86%。这在全球的大银行当中比较,中国银行业不仅体量巨大,总体还算稳健经营,因为我们没有出现过区域性的、系统性的风险。当然,没经过风险检验,这也是我们面临的问题之一。

对于中国金融业改革开放几十年来的成就,大家的看法不太一样,当然有不一样的看法可能也是符合辩证法的。中国有句古诗叫“横看成岭侧成峰,远近高低各不同”。每个人都可以基于自己的思想观念、文化积累以及利益诉求等因素来评价一个问题。但我认为,中国金融业 40 年来改革的方向、前进的路径是基本正确的,其中最核心的一条就是我们一直坚持市场化和法治化的基本方向,这也是我们几十年来的基本经验。

习近平总书记在 2017 年全国金融工作会议上明确指出,市场导向是做好金融工作的重要原则,要处理好政府和市场关系,发挥市场在金融资源配置中的决定性作用。中国金融业过去推进的一系列重大改革举措,从确立商业银行市场主体地位,到推动股改上市,完善法人治理机构,到利率市场化,放松信贷管控,引入外资金融机构,放宽股份制银行和民营银行准入限制等,一步步发展,无不是将原来唯一由政府独占的金融资源配置权稳步、有序地向市场让渡,这就是中国金融改革市场化的过程。经过40年的发展,中国金融业总体上“有形之手”介入的范围和比例大大减少,在资源配置领域“无形之手”更多地接管并发挥主要作用;而政府管理则集中在宏观调控、金融监管、金融稳定和消费者保护等方面。

但自发的市场活动并不能衍生出大规模的社会分工和协作,也很难维持住。正如2008年国际金融危机以后,卸任美联储主席格林斯潘终于走下神坛。他在接受美国国会听证时承认,自己原先持有的两条假设是不完全正确的——“人都是理性的”和“自由市场能解决所有问题”。但其实人并非都是理性的,市场也是存在缺陷的。格林斯潘表示,正因为相信了这两条假设,结果没有处理好美国之前发生的很多小危机,最终导致后来发生这次金融危机。实际上,市场活动的高效运行,需要有效的原则、规则和规范加以支撑。不同时代和不同经济体的实践都可以证明,只有现代法治制度才能支撑并维系健康繁荣的市场。那么,怎么看待过去40年来中国金融业法治化的进程及其作用?我认为,通过这么多年的努力,中国在立法层面已经建立起了从宪法到法律、行政法规、部门规章等一整套法律体系。在金融银行领域,这套法律体系以银行监管法律为核心,覆盖了银行主体、经营、监管等方方面面,涵盖了立法、执法和司法等各个层次,这是一个有里程碑意义的进步。虽然大家对法律之后的金融创新还有不同的看法,甚至有意见,但是目前中国的金融法律体系整体上从无到有,已经能够基本适应现代经济发展的要求了。同时也要看到,这套法律体系并非最近几年才创造的,而是基于我们传统的文化观念,并借鉴和吸收了发达国家和地区先进的法律制度和金融理念,一步一步建立起来的。在中国的传统文化里,著名思想家管子曾说:“法者,天下之程式也,万事之仪表也”。法律作为市场经济的制度规范和行为准则,为市场交易提供了可以执行的程式和仪表,决定了市场竞争的基本格局和发展空间。当然,并不是所有的法律规范都能够在任何时候、任何场合发挥维护和促进市场健康发展的作用。正如古希腊哲学家亚里士多德所言,“法律就是秩序,有好的法律才有好的秩序”,中国金融业所取得的巨大成就中,一定蕴含着大量的值得充分肯定和坚持的法律制度。而一段时间以来、截至当前中国银行业发展中存在的一些问题和矛盾,也反映出我们相关的法律和制度需要与时俱进,进一步修订、改进和完善其功能。

对于当前中国金融发展的市场化、法治化水平,大家可能会有不同的认识。我认为,总体上还是只能叫“大而广”,客观上讲,这固然跟中国当前经济发展阶段相一致,但与中国建立现代化经济体系的发展目标却有不少差距。此外,环顾周遭,在国家主权、政治制度、经济制度等方面我们还面临很多挑战,在金融与法治方面我有一些体会,跟大家分享。

一是金融开放与国际化。习近平总书记 2018 年 4 月在海南博鳌亚洲论坛年会开幕式演讲时就强调,要加大金融服务业开放力度。现在我们的银行在国内外经营得好不一定是真的好,国际同行在经营管理方面的经验和技术仍值得我们学习,还需要我们的银行更多在“引进来、走出去”的动态过程中直接参与全球化的竞争,逐步建立并夯实与中国经济体量相匹配的市场地位。这是在地理空间上更大范围、更深层次的市场化,也更加需要有效的法律制度支撑。

二是防控风险与高质量发展。当前中国金融领域体量已经很庞大,像大型飞机一样,更大往往也意味着腾挪的空间更广,相对也更加稳定；但另外，毋庸讳言，中国金融业在区域、行业、产品、周期等方面的结构失衡问题仍然十分突出，一些痼疾迟滞不消的惯性很强。在经济周期波动叠加内外部因素影响下，就可能诱发较大的市场震荡。最近一个月，股市的表现可见一斑。对此，如何在有效管控风险的前提下，实现金融业更加协调、更加开放、更加高质量的发展将是我们面临的重大挑战。

三是科技进步与金融创新。科技与创新往往是一把“双刃剑”，既会带来经济结构和产业模式的转型变革，从而为经济发展带来更好的机遇，又可能会对传统的市场体系和法治规范带来更大的冲击和挑战，譬如互联网金融，实质跨业经营的资管行业，去中心化的区块链技术等。其中，如何捕捉机遇，管控风险，非常考验我们中国人的智慧，特别是考验我们中国金融人、法律人的智慧。

尽管面对这些挑战，中国过去40年的经验已经证明，并将继续证明，改革开放要坚持市场化和法治化的基本方向不动摇，不断推动中国金融体系迈向更高质量的发展阶段。

一方面，我们要坚定不移地按照市场化的方向推进金融体制机制改革，处理好政府与市场的关系，在更广泛的领域内逐步、有序地放开不合理的限制，充分发挥市场在资源配置中的决定性作用，更加重视产权、特别是知识产权的保护，更多地引导、推动市场通过自发调节来建立适当的秩序，同时更好地发挥政府作用，进一步加强和改善政府宏观调控的方式方法，提高“有形之手”和“无形之手”共同发力的协同性、有效性，尽量减少“左右互搏”的发生，最终达到并行不悖、相得益彰的状态。

另一方面，要加强金融改革的法治化建设，通过法治建设进一步理顺并明确政府和市场方方面面的关系和规则。现代法治的基本内涵包括“法律之治”和“良法之治”两个层面,这就要求中国金融体系不但要有齐备的法律制度作为规范引导,也要求相关法律制度是明确的、合理的、透明的、可信赖的,等等。我们要从立法、执法和司法三个层面发力,关注法律制度的覆盖面、合理性、有效性,让法律规则在整个金融体系运行中顺畅自如,最终建立一套既符合中国国情、又引领国际规范的中国特色金融法治体系。

金融监管的法治文化[①]

媒体的朋友希望我写一篇谈银行监管文化的文章，我想了许久，认为没有一个自己比较确定的思路，可以言之凿凿地说服大家。因为银行监管是银行监管者依据法律的授权制定规则和执行规则的活动，如果引入文化范畴来谈银行监管，便使得银行监管这一确定称谓染上了文化一词的模糊性。从我掌握的历史文献看，有关法律与道德相互关系的论述汗牛充栋，也比较清晰，而法律与文化关系的研究至今还有必要坚持讨论，尤其专门的银行监管法律与文化的关系更是如此。

如何是好呢？从我的专业背景和承担职责角度，结合时下的中国社会对道德、法律和文化问题的关注，以及道德、法律和文化对于中国社会转型的极端重要性等多个方面，紧扣现代银行监管主题，先将我能想到的文化与法律关系作为一个问题摆出来，并不先对文化下定义，仅仅从文化与法律相互关系的维度，试图寻找一个支撑点，并重点强调银行监管文化的"从哪里来"和"到哪里去"的方向性问题，表达贵在参与之意愿，抑或提供一个供人讨论的命题，还望大家批评。

我们知道，文化的定义很多，不可能有一个令所有学科都满意的统一概念。从大处着眼，文化是一个整体、一种综合现象，其所界定的

① 本文发表于《中国金融家》2012 年第 4 期。

是人与自然的边界,是人类为使自己适应自然并改善生活方式所创造的物质财富和精神财富的总和。一般来说,文化又是人类一种有序化的努力,法律是其中的重要成果之一。文治教化,讲的是通过规训与习得,为一个共同体确立秩序,让其生存空间变得可以管理、可以预测。从这个角度说,文化涵盖的是各种社会控制机制,包括法律、权力、道德、风俗、习惯等运行机制生成规范,同时通过制裁、命令、良知、声誉和惯性来执行规范。我们常说法治社会是现代文明的重要标志,就是因为法律清楚明晰,规定权力边界,让个体免于来自私人权力和政府权力的压制性统治。毫无疑问,法律是人类社会最伟大的发明之一。但是,法律只是确定最低限度的行为准则,代替不了人们对内心安宁和睦邻亲友爱的追求,也无法取代权力在追求群体幸福中的重要作用。因此,法律必然与其他社会控制机制共生于一个文化系统,当然,后者可能强化法律的效力,也可能弱化甚至抵消法律的效应。

文化还长久处于或快或慢的变迁中,法律分享着时代精神、承载着文化使命。历史或被遗忘,或是沉淀下来累积为文化。文化的更新与传承往往是这样:一个曾经勇敢的智识或实践冒险,演变成无意识的惯例重复;一个令人厌恶的异端邪说或者一个令人耳目一新的奇思异想,演变成令人乏味的正统观念。法律在这个过程中,担负着确认、强化和传播的功能。对此,中国古代有较多记载,如孟子曾经感慨他活着的年代"天下之言不归杨,则归墨",可见当时杨、墨之学风靡一时引领文化潮流。孟子虽有千万人吾往矣的气魄,其学仍不免被当时认为"迂远而阔于事情"。但随着社会经济政治的变化,特别是独尊儒术、引礼入法以后,儒学成为后续一千多年中华文明的道统与正宗,而墨学式微、杨朱之学几近消逝。进入近代,中国社会又面临着向西方现代文明的转型。综观一百多年的革新与变法,无不高举自由民主、公平正义的时代大旗。法律打着文化的烙印,也推动着文化车轮滚滚向前。

诚然,文化侧重的是不同群体的差异,法律移植是文化交流、对话与融合的高级形式。不同文化之间,可以触知的是器物,可以感知的是主体的思想观念、话语体系、行事风格和精神面貌,可以阅知的是文字,其中最直观的是制度文本。不同文化的交流学习从日常衣食住行——如赵武灵王的胡服骑射、今天的西装革履,到人们的理念信仰——如宗教传播。在传统农业社会,不同文化的交流是低频的、偶然的。在信息化和全球化的今天,不同文化的交流是经常的、即时的,部分领域甚至出现趋同的趋势。法律移植是将别国社会制度的重要方面在本国传播与定型,是文化借鉴与融合的重要推动力量。

最后,也是最需要强调的是文化代表一种反思和自觉,法律面对文化,既是受动的,也是能动的。“不识庐山真面目,只缘身在此山中”。文化很多时候是以下意识的方式发挥作用的。因此,我们需要发现自身的文化。当接触到不同的文化时,人的反思和自省功能容易调动起来,能够更为确切地感受到自身文化的存在。很多情况下不夸张地讲,不了解他者的文化,就无从了解自身的文化。自法律观之,一定历史时期的文化,限定了立法者和执法者的认知水平,划定了立法者和执法者的作为边界。另外,相比于道德、习惯,法律是一支活跃的力量,所以历朝历代的自我革新往往以“变法”为手段。通过对比、反省,我们可以清醒地认识到面临的约束和局限,充分利用各种有利因素,克服惰性,移风易俗,积极主动以法律的理性,去纠正文化中落后和不合时宜的成分,自觉、有意识地推动文化进步。

银行监管作为一种公共行政，根据现代法治行政原理，理应受法律控制。所以银行监管文化本质上应当是一种法治文化。但是，这种法治文化不是在真空之中，而是扎根于监管者立法执法以外因素的普遍联系中。厘清这种联系对监管者立法执法的影响，有助于我们理解银行监管文化“从哪里来”，有助于我们通过法治变革解决银行监管文化“到哪里去”的问题。在这种普遍联系中，有些联系是遥远而间接的，有些联系则是直接甚至有决定性的。

关于银行监管文化“从哪里来”的问题，我们可以从行政传统和银行传统两个方面进行一些探讨。

先说行政传统。银行监管与其他行政机关一道分享着许多共通的价值，如行政管理体制改革提出的“行为规范、运转协调、公正透明、廉洁高效”，也与其他行政机关一样要贯彻落实建设法治政府关于制度建设、科学民主决策、公正文明执法、政务公开、监督与问责，以及防化社会矛盾等方面的工作部署。这些对克服长期以来行政文化中通过发文件、关门开会修改法律、回避责任的顽疾，促进一个负责任、高效率和可信赖的银行监管的形成，具有重要的积极作用。除了上述现代行政的普适价值和对一般规律的反映外，中国现阶段经济社会的特点也会深刻影响行政系统。现阶段的基本国情决定了发展是解决所有问题的关键和总钥匙，折射到行政系统，表现为各级政府及组成部门强烈的发展冲动。具体到银行监管，我们的监管者可能比我们的外国同行，更多强调银行的发展壮大，以及金融对实体经济的扶持力度。

再说银行传统。银行与银行监管者处于持续的博弈互动过程中，银行的经营特点影响和决定着银行监管的基本方面。具体来说，银行高负债、高风险的特点，决定了以风险为本的银行监管理念。宏观上，监管者通过分析国内外经济金融形势做出前瞻性预判，通过逆周期调节等措施来平滑经济的周期性对银行资产安全性的影响；微观上，银行监管者通过对银行机构规制，确保其公司治理和内部控制可以有效控制风险。对银行从事包括创新业务在内的各类业务活动，监管者多是针对其面临的信用、市场、操作和流动性风险等主要风险，依法运用专业技术和手段，去识别、测量、缓释和控制。对银行机构的行为规范，不再仅仅依据规定有权利义务的立法语言，而是借助监管指标，对银行组织和行为进行多层次、分区间的控制。对经济全球化和银行的跨国经营，更多是银行监管的国际交流与合作。应该承认，我们银行监管的理念和手段在短期内实现跨越式发展，在很大程度上得益于对发达国家监管经验的吸收和转化，而且，受金融全球化和后危机时代国际金融监管合作加强的影响，这种吸收转化变得更为频密。

上述银行传统对银行监管文化的影响是直观和显现的，除此之外，还存在一种幽远、隐秘但并非不重要的影响，这就是银行与政府的关系。综观近百余年中国银行业的发展，如何界定银行与政府的职责边界，至今仍是我们必须面对的重大战略问题。太平天国后期，票号因清政府实行“觅商汇兑”政策而发展至鼎盛，又因对政府业务的过分倚重，随着清政府的倒台而衰败至消亡。中国古代从来不乏商业实践和商业文化，但是官本位的一元体制，政府的集权与抑商，对民间财富集中的敏感，以及产权保护的不发达，使得富有的非统治阶级不能享有真正的安全。权贵资本横行，普通的商人把钻营附庸政治权力，作为自己存身发展的门径。当前大小银行不约而同地选择做大做强做上市的背后，我们看到历史上商人们对官商文化的膜拜，对超速成长的渴望，以及隐藏于内心的不安全感，或多或少、若隐若现地影响着我们的银行家们。中国银行业发展经历了20世纪30年代以后南京国民政府的金融垄断。新中国成立以后，取消商业信用、集中信用于国家银行的高度集中银行体制后，即使是20世纪80年代以后出现的民营资本占据主导地位的银行，仍然脱胎于、成长于一个大一统的政治文化、一个国家信用大包大揽无所不在的母体中，它们以及整个社会都认为国家信用在为其提供隐形担保。20世纪90年代中后期以后，“经营城市”的理念席卷全国，地方政府利用土地有偿使用和转让制度，在相对短的时间内改进了城市的基础设施和跨区域的交通运输网络，政府投资成为国民经济保持高速增长的重要引擎。这一过程的实现有赖银行的参与，银行也在参与的过程中迅速扩大了自身的资产规模。

在厘清了我们的银行监管文化从哪里来以后，接下来的问题是，在这种基础和起点上银行监管文化应当向何处去，或者说应当确立怎样的银行监管法治目标来推动银行监管文化建设。我提出一些概念供大家讨论。

安全稳健理念：银行体系的安全和稳健是监管者实施监管活动的首要关键，尤其是在全球化的语境下，监管者应该时刻具有忧患意识，绝对不可有所懈怠。监管者应该坚守风险底线，通过更加缜密制度安排、先进技术手段，更加准确地识别、分析和判断风险，尤其具有区域性和系统性特征的风险，并及时有效进行处置。安全稳健理念如何深入人心，有效抵制银行业发展过程中“效率”“发展”等观念可能引发的偏差，是我们建设良好银行监管文化的关键所在。

诚实守信原则：监管者的信用，实际上是政府的信用，它是社会信用的基石，尤其是对银行业的健康稳健运行，监管者在建设诚信环境的作为，影响力不可估量。一方面，监管者通过有效的制度安排，对监管权力运行进行监督和制约，保证被监管对象的合法权利与合理预期；另一方面，通过有效行使监管权力，惩罚银行业市场的失信行为，树立和强化银行监管者的监管权威，提升公众对银行业信心，推动银行业的诚信文化建设。

市场经济导向：银行是独立的经营主体；政府可以依据《公司法》《证券法》的规定向银行注资，行使相应的股东权利；监管者基于银行组织的公共性和外部性，为维护存款人和公共利益，要求银行建立规范的公司治理结构和内控机制，制定审慎经营规则，是银行业安全稳健的制度性保障，也是市场经济条件下外部监管者的基本职责。中国银行业未来的可持续健康发展，取决于进一步的市场化改革，银行监管文化建设也应该服从和服务于这一目标。

社会责任明确：一般说来民众相信，低成本地吸收公众资金和掌握信贷资源的配置权力的银行体系，可以大大拓展人们的融资渠道，使人们的商业才能得到发挥，促进经济自由，提升社会整体福利。社会成员对银行在履行社会责任方面的基本要求，是不断提升服务水准、融通资金和管理财富。面对社会经济发展以及日趋强化的资源环境约束，如何引导银行机构树立绿色、低碳、新能源开发、中小企业融资、科技创新等发展理念，回应和满足社会公众预期，并实现自身发展方式的转变，银行监管者应该大有作为。

以上，或许会被认为是无人不知的陈词滥调，但是，这正是本文最想表达的观点，因为文化具有基础性和根本性特质，一些先进的文化信念可以持之以恒，一百年甚至几百年都要坚守。我们可以认为我们明白真理，但未必能够做到或者做得比较好。写在这里，我又想起孔子的一句话,“郁郁乎文哉!”,这是孔子用来解释他“从周”原因的一个经典语言,这对于我们今天正在从事的大文化建设何等重要啊!回想我们党的历史,延安时期,艾思奇的《大众哲学》、冼星海的《黄河大合唱》和聂耳的《义勇军进行曲》等,一大批脍炙人口的艺术作品所表现的文化信念,对我党夺取政权,建立新中国,产生了无法估量的重要作用。直到今天,毋庸置疑的是,只有先进优秀的文化才能产生一种向心力。无论社会形态如何,也无论意识形态怎样,文化确实是一种软实力,事关“赢得”与“失去”。回应时代需求,符合时代发展方向的银行监管文化,必将赢得银行的尊重、金融消费者的认可和监管员工的认同。这也是银行监管者应当不懈努力的方向。

金融监管者的忧患意识[①]

近几年,中国银行业资产规模飞速增长,盈利和税收的数字令全球咋舌,与此同时,有关银行业风险隐患的质疑也不绝于耳。是否是太平盛世？如果没有那么乐观,那么,我们应该如何正确处置,作为银行监管者,即使我们都持乐观判断,也应谨记“安不忘危,盛必虑衰”的古训,时时居安思危,常怀忧患之心,也是我们应当具备的一种情怀。

按照传统的理念,银行业是一个特殊的行业,其特殊之处就在于它高度依赖信用,而银行的信用既不是与生俱来,也不是依靠自我标榜出来。对于银行而言,实力才是信用。银行吸收存款,产生了银行与存款人之间的债权债务关系,银行必须有能力保证存款到期时连本带息归还存款人。投资者到银行购买理财产品,银行与投资者之间形成了委托—代理关系,银行必须有能力为客户财富保值增值。消费者到银行是为了获得金融服务,银行必须有能力提供各类满足客户不同需求的产品和服务。只有当银行有充分的实力可以保障存款的安全,可以妥善管理客户财富,可以提供便捷金融服务时,银行才能获得客户和市场的认同,也才真正有了信用。

---

① 本文发表于《中国金融家》2011 年第 8 期。

同时,我们必须注意,信用既是银行最宝贵的资产,同时是银行最脆弱的生命线。在依赖信用的基础上,银行业形成了高度负债的运营模式,发挥着期限、流动性转换功能,但这也就意味着银行业在本质上是一个经营风险的行业。银行必须拥有强大的风险管理能力,包括完整的风险管理框架和体系,完善的风险管理政策、程序与技术,有效识别、计量、监测和控制风险的能力。只有具备风险管理能力的银行才有实力保住信用,持续发挥金融中介功能。如果失去风险管理的能力,也就意味着自身信用的沦丧。

因此,凭借信用经营风险是银行业的本质,对信用的高度依赖,对风险的高度敏感,决定了银行业必须时刻注意提高自身实力,殚精竭虑防范自身信用被复杂多变的市场环境所削弱。作为这样一个必须依靠信用支撑的特殊而又脆弱行业的监管者,增强忧患意识既是监管者的立场所系,也是其职责所在。

反思中国银行业的发展历程,不同的发展阶段都有值得吸收的经验。改革开放以来,在管制经济到市场经济的转轨过程中,银行业体制机制上有了很大的变化,在行业和机构改革上有了许多新的突破,在财务指标上也实现了华丽转身。但实事求是地讲,中国银行业目前还没有完成转型,在发展的道路上还有很多困难和挑战,切不可掉以轻心。

一是经济发展方式转变势必带来银行业的深刻调整。中国经济将由过去的高度依赖出口和投资的发展方式转向出口和内需平衡发展,投资与消费共同驱动的发展方式。在此过程中,产业结构调整的步伐会不断加快,高耗能、高污染以及产能过剩的行业和企业生存空间日渐狭小,以新能源、新材料、高端装备制造业等为代表的新兴产业和技术创新型企业成长空间广阔。与此同时，城市化脚步会不断加快，工业化与城镇化交织融合，区域发展进一步优化。在这种大环境下，银行业的发展战略、客户群体、业务重点等都必须随之进行深刻调整，以充分适应经济发展方式的深刻变化。

二是直接融资快速发展产生的影响日渐深化。银行业资产规模扩张迅猛的势头，没有改变金融资源高度集中在银行业的状况，但是与此同时也要看到金融脱媒的现象正在逐步加剧。从 2011 年第一季度公布的数据来看，人民币贷款虽然仍占社会融资总量的半壁江山，但债券等直接融资工具发展迅猛，直接融资占社会融资总量的比重快速提升。这就要求银行业要积极探索适应新形势的业务发展策略，要学会从做“大买卖”到做“小买卖”，即从以往主要服务于大企业、大客户转向积极服务于中小企业、中小客户，要学会从专注于对公业务到积极发展对私业务，在保持公司业务优势的同时注重发展零售业务，要学会从以传统的资产负债业务为主到提供多层次组合金融产品的转变，在提供存贷款支付结算等基本产品的同时，提供投资顾问、理财服务等多层次的金融服务。

三是汇率改革和利率市场化的挑战不容小觑。目前，利率、汇率这两个最重要的资金价格在中国仍然存在较大程度的管制，银行业的收入在很大程度上还依赖于利差，这固然保障了银行业能保持一个较高且稳定的利润水平，免于受市场价格剧烈波动的影响，但是在另一方面，却也捆住了银行的手脚，导致银行难以充分发挥风险管理的特长，业务创新的积极性和主动性都有所不足。从这个角度看，还不能说我们的银行就是完全市场环境下的商业银行。“十二五”规划已经明确提出，要稳步推进利率市场化改革，完善以市场供求为基础的有管理的浮动汇率制度,逐步实现人民币资本项目可兑换。在这种环境下,银行业正在逐步失去收入保护的管制屏障,势必要求银行业寻找新的利润增长点,切实提高自身应对市场价格波动的风险管理能力。

在这么一个变动不居的环境下,银行业既要逐步适应市场化的经济环境,融入国际金融体系,参与国内外的金融竞争,与此同时,又要注意防范金融风险,保障自身维持足够的信用,对于监管者和业界而言,都是一个不小的挑战。

1997 年以来,亚洲金融危机和 2008 年全球金融危机没有对中国银行业形成直接冲击,但是,金融危机对中国银行业的影响确实不容乐观,我们的金融开放、发展理念、金融创新和规制建设等,都不同程度地发生变化。银行业监管者的忧患意识不仅仅是一种内心状态,而且应当实际体现在银行业监管实践中,贯穿于银行业监管的全过程。

首先,就行业环境而言,中国银行业仍然是一个处在转型过程中尚未完全市场化的行业,是一个面临转变发展方式挑战的行业。监管者不能满足于行业发展所取得的成就和地位,不能只看行业的优势、前景,而要更多地关注行业存在的缺陷和面临的风险。我们要清醒地看到,银行业在很大程度上还是依靠政策保护下的利差,靠不太规范的收费,靠没有把握的创新来赢得高盈利的。许多银行业机构还热衷于多设机构,做大规模,追逐大客户,依然处在外延粗放扩张的发展轨道之上。这样的营利和发展模式自然都是脆弱的。

同时,有效银行监管的外部条件也不一定总是友好的。银行业需要面对经济周期波动,面对宏观经济政策调整,面对全球和国内经济格局的变化,行业发展基础并非十分牢固。一些制约银行业科学发展的体制机制环境还没有根本性改变。现实生活中,经济发展方式的转变需要一个长期的过程，对出口的依赖可能在相当长一段时期内还会继续存在，对投资的过度偏好在许多地方和行业依然没有减弱，产业结构调整不可能一蹴而就，新兴战略产业的培育也尚需时日。部分地方、行业和企业财务管理粗放，盲目决策，盲目投资的现象依然存在。这些都会给银行业改进自身风险管理带来相当大的困扰。

其次，银行业监管政策目标是不是都是有效的？是否都能达成？是不是能真正反映行业现状和风险特点？会不会与实际情况发生偏离？这是监管者应当认真反思的课题。如果我们的政策目标从一开始就发生了偏差，那么监管行为和结果必然也是扭曲的。

例如，信贷资产的五级分类，这是了解和监控信贷资产质量的基本途径。相较于以往的四级分类、五级分类自然更准确地反映了信贷资产质量。但是由于缺乏必要的监督与核查，分类的结果仍然无法完全取信于监管者，取信于外界。银行的信贷资产可能质量是很好的，但是外人不相信，抑或信贷资产的质量可能并不好，但是我们自己却浑然不知。

再如，推进依法监管，这是我们国家推行依法行政，建设法治政府总体目标的有机组成部分。围绕着依法监管这个目标，我们做了大量的工作，如建立了法律运行机制，梳理了银行业监管立法的工作程序；再如，确立了有关监管法规的法律审查机制，努力保障所制定的监管规章、规范性文件的合法性与协调性；又如，建立了派出机构规范性文件的备案审查制度，加强对各派出机构所制定的规范性文件的审查，力图保障银行业监管法制的统一性。但是这些措施能不能真正发挥作用，都还有待实践的检验。

最后，此轮全球金融危机过后，国际金融监管改革方兴未艾，相继推出了一系列监管改革措施,包括确立微观审慎和宏观审慎相结合的金融监管新模式,调整和完善对于资本充足率的要求,大幅提高资本监管要求,加强对流动性的监测与控制,建立全球一致的流动性监管量化标准,引入动态拨备的概念,提高对系统重要性银行的监管要求,加大对金融消费者的保护力度等。

这些新的监管规则的推出,在弥补监管漏洞,增强监管针对性的同时,也将对商业银行经营模式、银行体系稳健性乃至宏观经济运行产生深远影响。在近期内也会给银行业带来了不小的现实压力,直接影响商业银行的经营成本与盈利空间。对于这些规则在中国的落地情况,及其对中国银行业的影响需要予以高度的关注和有效引导,避免监管标准变动对行业发展和经济发展可能造成的负面冲击。

此外,中国银行业目前的业务创新方式和手段,主要都是学习外国的结果。无论是资产证券化,还是利率、汇率、信用风险等金融衍生产品,还是电子银行等服务手段创新,基本上都是引进外国的产品和经验。与此相类似,我们所使用的监管政策工具多半也都是从国外学来的。例如,我们正在引入的关于杠杆率的监管要求,引进流动性覆盖率、净稳定融资比例等流动性监测的新指标,引进动态拨备等监管工具。这些监管工具,特别是一些新型的监管工具,在国际上也还有一些争论,并没有完全稳定下来,尚存在一些变数。因此,对于这些监管政策工具能否有效实现监管目标,还有待观察。与此同时,这些引进的工具是否适应中国本土情况,包括能不能反映出国内银行业的风险特点,适不适合国内银行业目前的发展阶段,符不符合国内银行业目前人才积累、数据积累状况等,都还需要在实践中作出审慎的评估。监管者对于自己的监管工具与监管能力不能盲目乐观,过分自信。

展望银行业的未来,如何在科学发展中当好先行军,服务好发展方式转变,是一篇需要审慎构思、小心填充的大文章。在这一探索的过程中,既要看到银行业蓬勃发展的一面,但也不能因此而沾沾自喜,故步自封,更重要的是监管者要始终保持忧患意识,增强危机感,这样才能以“如临深渊,如履薄冰”的谨慎精神,兢兢业业,坚决守住风险底线,推动银行业发展更上一层楼。

第三章　金融监管权力的法治基础

金融监管权力的法律规范[①]

金融监管的核心问题在于权力及其行使。一切金融监管活动,无论是决策与执行,还是仲裁与救济,均是通过监管权力的运行予以实现的。人们可以想象,如果监管者缺乏应有的权力,则金融监管的有效性无从谈起;如果监管者滥用手中的权力,则监管公权的正当性必然消损甚或散失。因此,赋予金融监管者权力与规范其权力行为,一直是理论家与实践者的关注的重点。人们对金融监管权力的研究,不但着力于其来源与表象、结构与特点等基本范畴,而且聚焦于其范围界限与有效监管等重要命题。长期以来的研究经验表明,人们往往愿意提炼这些理论与现实中的权力问题,并将它们纳入公法的理论视野与分析框架。

金融监管权力属于典型的政府公共权力。从发生学与哲学、政治、法律角度分析,它既有权力、公权、监管权的一般特点,又有根植于金融发展和金融监管实践的品质与属性。这种一般性与特殊性的结合,分明地反映于权力来源于权力形态诸层面。

(一)金融监管权力的法理概说

对金融监管权力的一般法理阐释,必须还原于对权力、监管权力

---

① 根据 2011 年 10 月研究手稿整理。

与金融监管权力三个紧密关联的概念的界说。

1. 权力。权力一词对应英文 power。该英文词直接源自法语 pouvior，而契源于拉丁文 potestas 或 potentia。后两个拉丁词汇在罗马人的语境里，意指能力，均来源于动词 platere（能够），其中，potestas 意指人们通过协同一致的联系和行为所获取的特殊能力，带有明显的政治色彩；potentia 是指人或物影响他人或他物的力量或能力，具有较强的哲学含义。我国古代的文献典籍中，没有权力一词。东汉的《说文解字》对"權"字作了解释：名词义项一为黄花木，二为秤砣；动词义项主要指权衡或衡量。作为法学与政治学的核心词甚或是原生词，权力一词在我国出现于西学东渐之时。1864 年，美国传教士丁韪良在翻译惠顿的《万国公法》时，为寻找对应词，创用了权力一词，意指行为之能力。《现代汉语词典》将权力释义为，政治上的强制力或职责范围内的支配力量。诚如英国哲人罗素（Bertrand Russell，1870 ~ 1972 年）所言，权力是社会学的基本概念，其重要性犹如能量概念之于物理学。而且对于政治、法律诸学科而言，权力概念也是地位凸显。但是，如何对其予以界定呢？人们公认是十分困难的。研究者只能通过纷纭众说，从广博的权力理论中大致做出如下归纳：

一是人类意志说。这一界说将权力视为人类孜孜以求的基本动机或意志目标。代表性学者包括霍布斯（Hobbes）、尼采（Nietzsche）、福柯（Foucault）、威廉·詹姆士（William James）和亨利·伯克森（Henri Bergson）等。霍布斯将权力定义为个人"获得任何未来明显利益的当前手段"。尼采将他的"权力意志"等同于生命力或保存和增强有机体活力及其对环境控制的冲动。他们的权力研究方法均是从包罗万象的人类动机开始，提出了人类毫无例外地谋求统治他人，将自己的意志强加于他人的论断。这种权力界说偏重于哲学和心理学知识的利用,从人性善恶之本源寻求权力踪迹,具有一定的规范意义,但其严重倾向主观的努力和缺乏实证精神的局限也是有目共睹的。

二是社会强制说。这一界定将权力等同于强制、武力或武力威胁。此类观点的学者包括马克斯·韦伯(Max Weber)、J. 马里顿和约尔等,他们的著述大抵强调权力的强制属性。韦伯对权力的经典定义为,一个人或若干人在社会行为中实现自己意志的机会——为此,甚至不顾参与该行为的其他人的抵抗。马里顿把权力看作一定主体拥有的强迫一定客体服从的支配力量。约尔则断言,权力就是下达命令的权利和强迫他人服从的力量。这些定义方法指明了权力的社会本质与强制属性,无疑具有可观的现实价值,但是,它明显缩小了权力的内涵与外延,也许是研究者刻意避免将权力问题泛化的产物。

三是有益影响说。此论以丹尼斯·朗(Dennis H. Wrong)为代表。丹氏在修正罗素定义的基础上,将权力界定为某些人对他人产生预期效果的能力。他认为,任何权力都具有五大特征:有意性、有效性、潜在性、单向性或非对称性以及预期效果性等,其中,有意性问题最为关键,它与影响概念发生紧密关联。强调权力的本质是有意影响,意在突出权力应被限定为“有意识的人类目的这样一个短视和有限的效果范围内”这既是研究者对社会强制说过窄定义的纠偏,也是对人类意志说定义较宽的补正,因而具有一定的理论价值。但是,人们仍很在意,有意影响说界定权力问题时,缺乏对权力的社会现实性关注与政治法律属性——当然,这与身为社会哲学家的论者的研究视域不无关系。

四是阶级统治论。此说是西方社会学与政治学者对马克思及所谓“后马克思主义者”关于权力问题所涉观点的标签化。马克思主义者认为，权力是统治阶级的意志，是统治阶级实现阶级意志，维护阶级利益的工具。在一些西方学者看来，这一界说糅合了韦伯式的权力内涵，借鉴了葛兰西（Gramsci）的霸权概念，将权力视为最一般、最普遍的社会生活特征，将权力界说的重心设定为集体权力的差别，聚焦于人类共同体之间，或者社会阶层之间的权力分配不均，存在权力简化主义或泛权力主义倾向。J. C. 默奎尔（J. C. Merquior）曾放言：“过于广泛的权力概念相当于在深度上和特征上等量的损失。”劳伦斯·斯通（Lawrence Stone）则说道：“将一切社会生活简化为权力问题，就使得它（权力）几乎不可能具有优良的智力、道德和体质特征。”

洞悉权力概念，要求人们超越哲学、社会、政治诸学科的研究视域之囿，从更通阔的场景中识别权力。从规范意义论，人们大抵同意将权力划分为三个层次：一是个人权力，即从最广义的角度描述权力，认为权力是一个人对另一个人的支配力量，是支配者为某种利益利用某种资源对被支配者实行价值控制的一种特殊社会力量。二是集体权力，即从较广泛的角度界述权力，认为权力是政治、经济、文化、社会生活中一定人们共同体之间相互作用、影响或定位，如国家权力、政府权力、公共权力等。三是职责权力，即公共机构角度突出权力特征，认为社会生活中一些规范而稳定的机构或组织为履行职责而拥有决策权、执行权和处置权等。这些权力形态的划定，是人们对现实条件下各种权力情形的大致归类，不可避免地表现出一定程度的粗浅或简陋，但是，这种权力划分方式却反映了人们面对纷繁复杂的权力现象，进行理论提炼的智识努力。

其实，作为法学理论中的一个基础范畴，权力于法理学意义上的重要性也是不言而喻的。法理学中的权力定义，代表性的可见于美国权威的《布莱克法律词典》，该词典提出了四种权力定义：①权力是做某事的权利、职权、能力或权能（faulty）；②权力是被授权者合法进行某行为的职权（authority）；③权力是法律关系中一方以一定作为或不作为改变某种关系的能力；④权力是指为了自身利益或他人利益处理动产与不动产，或赋予某人处理他人利益的自由或职权。这些权力界说内容，基本上涵盖了公法与私法这两种不同法律体系所具有的权力意义。对此，法律学者还引申出这样一系列的权力法理意义：①权力之所以表现出力量，不是因为它足够强大，而是由于它本身源自法律；②行使权力的主体一旦被确定为合法，即可以对这种权力主体做出非法性排除；③如果对法定的既定权力提出挑战，势必招致承担法律责任等不利后果。

2. 监管权力。研究监管权力，就必须先考察如下几种权力形态：一是公共权力，也即公共组织为了实现公共利益的目标与价值而对一定社会对象施加的控制与影响力。二是国家权力，也即民族国家人格化以后基于主权而具备或采用的对外抵御侵犯对内稳定秩序的能力或力量。三是政府权力，通常有广狭义之分，广义的政府权力是政府基于其职能而拥有的宪法上的系列职权体系的总和，主要表现为立法、司法、外交、军事诸权；狭义的政府权力即行政权。

上述三种权力形态中，公共权力是一个新近兴起的学术范畴，是社会科学理论界为研究公域之治问题而确立发展起来的学术概念，它具有极广泛的内涵与外延，既包括国家权力、政府权力、行政权力、监管权力等所谓典型的体制内之权力，也涵盖建制严谨的公共组织之外的其他被授权组织、非政府组织和其他社会自治组织等拥有之权力。

国家权力是一个经典的政治学概念它具有公权力所固有的公共性、群体性和社会性,尤其具有民族性与历史性特征,而且,它通常是抽象的,需要由一定的载体形态予以现实化、具体化。政府权力是一个政治、法律、社会诸学科共同重视的学术范畴,它强调的是公共权力的具体结构及其运行状况,具有现实化与具体化特征,通常成为国家权力的有效载体之一。

在政府权力理论中,人们往往愿意更重视狭义政府权力,也即行政权。何谓行政权呢?学界公认的定义是,行政权是国家行政机关执行法律、管理行政事务的权力。从历史视角考察,行政权是一个不断发展的概念。传统上,行政权融合于政治权或统治权中,在政治学大家们的经典著述里,占据了一席之位。后来的历史发展中,行政权从政治权或曰统治权中独立出来。这种独立的理论化过程,主要是通过两个著名理论创新完成的:一是权力分立的理论创新,有代表性的是孟德斯鸠的三权分立理论。在近代民族国家形成过程中,国家的行政权主要表现为外交、军事和国内安全、秩序等领域,与此相适应,孟氏界说了行政权,认为它即是"有关国际法事项的权力,即媾和或宣战、派遣或接受使节,维护公共安全、防御侵略的权力等。"二是政治与行政分化理论创新,有影响的如威尔逊、古德诺的政治与行政二分法(dichotomy of politics and administration)。基于对近代西方民主宪政的观察,威氏认为,三权分立理论缺乏现实层面的说服力,国家权力主要掌握在决定政治的议会和执行政治的行政部门手中,全部国家权力大致可划分为政治权力与行政权力。作为二分法理论的发展,古氏则将前者的理论系统化,认为政治是国家意志的表现,行政是国家意志的执行;政治权是民意机构的决策权力,行政权是行政部门执行决策的事项、措施、处置等权力。

行政权本质上是一种执法权。传统上,西方诸国奉行自然法的国家理论,以自然法理论为政府权力的正当性基石,认为只有代表普遍民意的代议机构的立法,才能真正地直接地反映国民的意志。因此,代议机构被认为具有至高无上的法权地位,而政府只能依法行政与依法治理。行政权法定的法治理想,就是通过代议机构或代表机关的立法活动来实现的,在政府实践中,各国均通过宪法和政府组织法等法律设定行政权。例如,美国《宪法》第 2 条规定,行政权属于总统,总统具有组阁政府、任命官员、缔结条约、统帅军队等权力。又如,我国现行《宪法》第 89 条规定,以及国务院组织法等,规定了国务院及其各部委办署与直属机构的各项行政权力。

随着经济与社会的发展,随着政府职能的拓展,随着行政权力的演变,监管权力从传统行政权力中脱胎出来且独立成型。

近代以来的经济与社会发展中,世界各国都面临着一个共同的重大问题,即如何处理好政府与市场的关系。西方社会的传统时期,各国大抵信奉经济上的自由放任主义,崇尚自由竞争,主张由市场这一无形之手调节经济,认为政府作为一种“必要的恶”(necessary evil),管得越少越好;最小的政府也即最好的政府。工业革命时期,美国开始尝试建立监管制度,以破除日益严重化的市场垄断,1887 年 ICC 的成立即是典型标志。西方社会的工业革命,特别是 20 世纪 30 年代周期性的经济金融危机,打破了自由市场的理想神话。在此背景下,美国开始了著名的“罗斯福新政”,建立了系列监管机构,由政府行使专门的监管权力,对银行、证券、保险、期货、劳工、农业和工业等领域予以强力干预。20 世纪六七十年代,进入后工业化时代的美国,进而开始重视解决不断涌现的大量的社会性问题,由此广设监管机构,力图适用监管权力对劳工、质量、安全、健康等领域予以规范。政府监管机构及其权力的运行,使美国从所谓消极的夜警国家(the night-watchman state)变为积极的监管型国家(the regulatory state)。

英国的情况似乎称得上耐人寻味。也许是当时强大的社会主义国家的感召,也许是对个人主义的纠偏转向集体主义的推崇,为应对自由市场出现的一系列问题,英国于20世纪40年代开始推行国有化运动,将钢铁、煤炭、煤气、自来水等公用事业国有化,但国有化并未取得预期的效果,相反,效率低下和腐败盛行与之俱来。20世纪70年代开始,英国在撒切尔夫人等政治家的领导下,推行了将国有企业民营化改革,在美国政府监管经验的基础上,建立了系列监管机构,行使监管权力,对民航、电信、电力、天然气等产业予以监管与规制。此后10余年,欧陆诸国借鉴美英政府监管经验,纷纷建立基本适应国情的各类监管制度。由此,出现了学者们为之侧目的所谓“监管型国家在欧洲崛起”的政府现象。

中国和俄罗斯等国家走向政府监管之路,又是另外一番天地。改革开放以前的中国与苏联,实行的是全能主义政府模式,政府在经济生活中居于绝对主导地位,迷信计划而否定市场。20世纪90年代开始,俄罗斯经历政治阵痛之后,全面转向市场经济,也相继成立了若干监管机构,对金融、公用事业、基础设施等领域进行政府监管。其他的人们通识的所谓转型国家,也大多从传统的计划经济或威权政治的模式解脱出来,渐而或多或少地构建了旨在走向市场经济的相关制度。可以认为,在全球范围内,监管型国家已蔚然而成气候。

需要明确的是,监管型国家的理论图景表明,学界对政府监管的认识和表述也经历了一个发展的过程。在早期的行政学理论中，学者们研究了20世纪美英诸国的政府职能之后认为，政府职能的扩张造成了行政国家（administrative state）的兴起，而行政国家的兴起造成了大政府（big government）时代的来临。同样，早期的公法学家尤其是行政法学家理论中，研究者也是将那一时期的政府现象称为行政国家。其中，突出的事实是，美国独立管制机构的权力被称为“第四种权力”，限制这类权力的法律被称为行政法（administrative law）——这可能也是行政法的学科由来。其实，无论是行政学还是行政法理论，其行政权、行政国与行政法的理论标签，均是用于对政府监管、监管机构、监管权力与监管法律的理论归纳与总结，换而言之，现今大量行政学与公法学文献中，绝大部分行政国与行政权的理论表述，均是指向监管国与监管权。

上述政府监管及其理论的发展演进，昭示着监管权力及其理论的独立成型。为了克服市场缺陷，为了解决市场失灵，政府需要运用公共权力干预市场；为了发展市场经济，为了促进市场竞争，政府需要运用监管权力规范市场。监管权力催生于自由市场神化破灭的理论背景，产生于政府应对市场失灵的现实需求，而发展成型于政府与市场关系合理化的制度构建调整之中。监管权力以监管机构为组织载体，以监管法律为运行依据，以特定行业与交易行为为作用对象，成为现代公权中一种价值彰显而功效独特的权力形态。

3. 金融监管权力。一般而言，市场经济需要一个多层次的监管体系。现代监管理论认为，政府监管与非政府监管（社会监管与自律监管）是相互配合、补充与倚重的关系。发挥非政府监管的作用，将有助于减轻政府负荷，促进市场稳健。而且，随着市场的充分发展和社会自治水平的提高,非政府监管将日显重要。因此,当前学界倾向于从更广泛的范围内研究监管问题,即聚焦政府监管的同时,也重视非政府监管。然而,政府监管和非政府监管毕竟大不相同。二者在权力来源、形态、依据和运行方式上存在较大的差异,尤其是转型国家中,行业组织不够健全,市民社会不够成熟,企业自律不够严谨,较之政府监管而言,非政府监管的理论与实践还有相当局限性。基于这样的现状,学者们常常愿意将主要的研究精力置于政府监管之上。

依据 OECD 的监管文献,政府监管大抵分为三类:经济性监管、社会性监管和行政性监管。这种政府监管的划分方式,在现今条件下获得了大多数研究者的同意。相应地,人们有理由认为,政府监管权力也可划分为经济性监管权力、社会性监管权力和行政性监管权力诸类别。其中,经济性监管权力意指政府监管机构干预企业行为、介入市场运行、制定市场标准、防范市场风险、促进市场稳健的法定权力;社会性监管权力意指政府监管机构规范安全、环境、质量、健康等社会领域事项的法定权力;至于行政性监管权力,则主要指政府能力建设与内部治理方面的法定权力。显而易见,金融监管权力应当归属政府经济性监管权力范畴。针对行业、产业、公用事业和基础设施建设等事项的经济性监管权力中,金融监管权力占有相当重要的结构性地位。

诚如 Levine 所言,人们(公共利益学派)既能假设金融市场存在重大的市场缺陷,又理所当然地认为监管者有动力(incentive)也有能力克服市场失灵,由此推出金融监管的制度性方法——授予金融监管者足够的权力,以保证金融系统的安全性与稳定性。事实上,20世纪的绝大部分时间里,许多国家的金融监管当局均被授予了广泛的监管权力。无论是银行业合规监管(compliance-oriented)与审慎

(prudential)监管,还是证券业集中监管与自律监管,拥有强大的法定权力的监管者的作用与地位不可替代。打造独立而负责的金融监管者,并使他们依法有效的行使监管权力,是防范金融风险、规范金融竞争、促进金融创新、提高金融效率和保护金融市场主体合法权益的前提条件。

(二)金融监管权力的来源

几乎所有研究政府权力的文献,均惯于用一定篇幅来讨论理论前提:政府权力的来源问题。而通过浩繁的文献资料,方可大致清理政府权力来源的理论脉络。研究者一般倾向认为,作为经典而常态化的公共权力,政府权力来源于国家权力的现实化过程,这就需要溯及国家权力的来源理论。国家权力源自何处呢?经由长期的理论探索,研究者大致形成了以下几种来源理论:

1. 神创论。这是古代社会通行的权力来源理论,该理论认为,国家权力来自一个外在于人的超验实体——神,神具有超越于人类的智识和能量,创造了自然界和人类社会,自然与社会中的一切事物之源泉。神在东方主要是天帝,其人间代表是天子;在西方主要是上帝,人间万物皆为上帝的子民。神创论是一切古代社会政治法律设施来源正当性的理论基础,就理论生命力而言,如同古代社会一样存在历史局限性。

2. 暴力论。此论曾经是传统社会颇为流行的权力来源理论,该理论提出,国家权力来源于暴力、抢夺和征服,而非源自社会内部发展的现实结果。该论的哲学元点是人性本恶主义,现实表现为社会怀疑主义,是现代西方政府主义的理论基础。其代表人物有杜林等,杜林曾公开宣称暴力是政治权力的本原。该论有利于破除迷信,有利于保障公民权利,但不利于社会稳定和民主社会实践,其理论局限性显而易见。

3. 契约论。该理论认为,人类最初生活在没有国家、政府、公权与法律的"自然状态"之下,后来的社会发展中,为了应对恶劣的自然环境,为了化解恃强凌弱与以众欺寡的危害,为了实现自保共存甚或是永久康宁,人们彼此联合起来达成契约或合意:组织社会共同体——政府,国家权力与政府权力由此产生。该论注重权力对象的价值,强调公共权力的有限性,是人们研究公共权力正当性问题的理论渊源。

4. 经济决定论。这一理论将国家、政治、权力等现象视为经济发展的产物,认为国家权力不是先验存在的,而是随着经济与社会发展到一定阶段、伴随阶级斗争而产生和表现出来的。这种权力来源理论指出,国家权力直接来源于私有制、阶级和阶级斗争;附带来源于一般公共权力所共有的社会属性;而二者最终决定于经济及发展,是故国家权力与政府权力均来源于经济及其发展。

当代学者们讨论政府权力的来源,主要是基于如下两种语义:一是权力来源的发生学意义,旨在讨论政府权力的社会性与历史性根源,解答政府权力何以来到人间,又怎样适用于人间等问题,属于社会哲学范畴。二是政府权力的具体来源语义,意在分析政府权力的具体依据和产生途径,以及政府权力的正当性行使等问题,属于社会学领域或政治学与法学领域。结合上述理论方法,透过复杂的人类权力现象,人们有理由认为,金融监管权力来源问题宜从以下层面来界述:一是从政治哲学视角来看,金融监管权力来源于人民权利;二是从行政学视角来看,金融监管权力来源于政府职能;三是从法学视角来看,金融监管权力来源于法律规则。

1. 本质来源：人民权利。政府权力在本质属性上源自人民权利，这主要是政治哲学上提出的核心命题。这一命题的理论载体，即是人所共知的社会契约理论（social contract theory）；这一命题蕴含在社会契约理论之中，无论其发展演变如何而保持恒定。社会契约理论的最初萌发，可追溯至古希腊罗马时代，与格老修斯、伊壁鸠鲁、柏拉图、亚里士多德等理论家的推崇不无关系。经历了中世纪的漫漫长夜，在神学与世俗政治哲学的反复交锋中，饱含权利精义的社会契约理论没有沉沦，反而勃发出革命性的理论生机。近现代以后，在霍布斯、洛克、卢梭和罗尔斯等思想家的推动下，社会契约理论进一步从私室走向公庭，从理论走向实践——成为近现代政府及其权力来源的基础理论。

认为政府及其权力来源于契约或合意，其理论元点是自然状态（state of nature）。在自然状态之下，没有公共组织与公共权力，没有政府与政府权力，唯有个人及其自由平等的自然权利。随着生产的发展，随着人类理性的进化，为了克服人人自危的局限，实现自保共存的愿望，寻求普遍意义的安宁与幸福，人们必须达成社会契约或合意：交出自己手中之剑，组织超越于自身的人类共同体——政府，政府及其权力由此产生。在各种世俗的社会契约理论中，也许理论视角与重心各异，但无一例外的是，均承认政府及其权力的派生性与工具性，均强调人类合意或契约对政府及其权力的本源性与目的性。社会契约与合意的理论阐释，不是（也不能要求）如同实验科学般的精密与实证，但作为一种理论推演，其结论让人信服，其价值令人崇尚，其智识无损理论光芒。

承认政府及其权力来源于契约或合意,其逻辑起点在于人民权利。诚然,人们可以从理论上推演出各种社会契约理论,即强调政府及其权力来自社会成员的一致契约或合意,但是人们也更有可能质疑:社会成员何以达成一致契约或合意?这就涉及了人们权利问题。正是人民拥有自然权利或天赋权利,才能有限地交出权利,或说交出部分权利;才能从事契约行为,或说商讨并达成合意;才能将权力让渡和个人合意行为付诸社会实践。因此,从逻辑元点上论,无论是神学意义上,还是世俗语境中,承认社会契约或合意理论,都是承认了人类合意对政府及其权力的来源性;而承认人类合意对政府及其权力的来源性,即是承认了人民权利对政府及其权力的本源性。正是人民基于自身权利达成合意并实现合意,才成就了政府及其权力本身。

现代权力理论中,如前所述,金融监管权力是监管权力体系中的重要形态,而监管权力又是政府权力体系中的特殊形态。政府权力从本质上来源于人民权利,则监管权力亦从本质上来源于人民权利。金融监管权力本质上的人民权利性,也是不证自明的。道理还可进一步展开,从广义上的金融监管权力看,即便是一部分权力并非属于政府公权,而是属于社会性公权或自治性公权,这部分权力仍是本质来源于人民权利,只不过这种人民权利既有自然权利的哲学基础,又有法律上(如结社权与财产权)的具体依据,而归根结底,这种法定权利也是经由立法保障而源自人民权利。因此,就金融监管而言,不论视角如何,也不论理论怎样,权力来源问题一涉及本质,即指向普遍意义上的人民权利。

2. 间接来源:政府职能。政府职能是一个历久弥新的理论问题,主要属于行政学范畴。在今天的人们看来,所谓政府职能,即指政府履行职责所实现的社会功能。它与国家和政府等现象紧密关联，是国家、政府与公权等方面理论研究的题中之意。如同广义政府的划分，政府职能分为广狭义两类。研究金融监管权力的来源问题，主要涉及狭义上的政府职能，也即广义上的政府行政职能。那么，什么又是政府行政职能呢？学者们认为，行政职能在现代又称为公共行政职能，有些条件下直接被称为政府职能，它是指由狭义的政府，也即国家行政机关承担的国家职能，是有关政治主体依据规则和程序达成价值契合和利益平衡，由此赋予行政机关政治、经济、社会、文化等领域或各种任务之总称。

政府职能是一个广泛是一个广泛的概念，也是一个不断发展的范畴。世界范围内，由于宪政体制、历史习惯、文化传统和社会条件的差别，各国的行政职能也存在明显的差别；即便是同一国家或地区，在不同的历史时期和相关条件下，政府职能也呈现不同的表现形式与特征。因此，研究者愿意做出这样的判断：政府职能的规定性，客观上将随着社会发展而演变，主观上则将随着人们对国家或政府的再认识而变化。进一步而言，政府职能常常与国家的产生、行政的目的、政策的制定与制度的创新等联系紧密；在政府实践中，由于人类物质世界与精神世界不断向前发展，政府职能或大或小，或宽或窄，是不一而言的，但从整体上看，政府职能呈现出不断扩大放宽的发展趋势。

现代行政学理论认为，一般意义上，政府行政职能大体划分为以下六个方面：(1)维护(maintenance)职能，即维护国家法典和制度的职能。(2)保卫(protection)职能，即保卫国家和民族独立，保卫公民生命财产安全，保障公民权利不受非法侵害，维护社会秩序的职能。(3)扶助(assistance)职能，即扶助各界公民、公民团体、工商组织均衡发展,扶助弱者生存的职能。(4)监管(regulation)职能,即监管社会或市场主体,规范政府公权的职能。(5)服务(direct service)职能,即通过兴办各类公共事业、直接造福社会成员的职能。(6)发展(development)职能,即运用各种可能方式启发、诱导创新的意愿和积极性,促进社会发展的职能。这些职能表达,是学者们透过复杂的职能现象,对现代政府行政职能做出的大致归纳。而事实上,并非每一国家或地区的政府在任何历史时期均履行着这些职能,也并非每一国家或地区的政府总是同等权重地履行着这些职能;职能的配置与划定,总是历史与现实,普适与国情、经验与规范等多方结合与相互影响的产物。

我国现今的政府行政职能有了明确的界定。整体上,政府行政职能被表述为"宏观调控、市场监管、社会管理、公共服务"四个方面,分析这四个方面和整体职能,人们可以轻易发现,宏观调控与市场监管属于政府经济职能的范畴,分别体现了宏观上调控和微观上监管双层结合的职能特征;社会管理与公共服务属于政府社会职能范畴,分别体现的是一方面要加强管理而另一方面要优化服务的辩证化的职能特征。因而可以说,我国的狭义的政府职能即政府行政职能主要侧重经济与社会层面。至于广义的政府职能中的政治、立法、军事等职能,则做出了不同的主体归属。例如,政治职能主要属于执政党,立法职能主要属于代议机构,军事职能主要属于执政党领导下的军事机构。

为什么认为金融监管权力间接来源于政府职能,主要是政府行政职能?人们可以从两个方面来予以分析:(1)理论层面。金融监管权力与职责主要是一个法律尤其是公法概念,而金融监管职能属于政府职能的一种,主要是一个行政学概念。如同行政法理论必须根植于政治与行政理论一样,行政法学上的职责与权力理论也必须保持对政治与行政学上的政府职能的对应性。虽然政府职能也可以分解,由整体职能可分解为若干具体职能,但理论表述层面,职能显然比职责职权要概括而集约。因此,就理论素材而言,行政学对行政法具有来源性特征,相应地,行政职能尤其监管职能对监管职责职权亦具有来源性特征。(2)实践层面。从政府实践来看,政府职能扩张时,政府各部门的职责职权随之扩大;政府职能收缩时,政府各部门的职责职权相应缩小。而且,更重要的是,政府监管毕竟是政府过程中的决策项目,政府决定对某一行业或领域予以监管,则必定做出了扩张某一政府监管职能的决策,且将这一决策用命令或规定等,明确和运作。例如,我国的政府实践中,政府决定对金融领域予以监管,中央政府的决策布盟即先期做出的"定机构、定编制、定职能"的"三定规定",以较为概括的方式对监管机构的职能予以设定。政府行政层面的金融监管职能划定完毕后,再交由立法机构对金融监管的职责职权予以更为详尽的设定。

当然,在政府职能与政府权力的相互关系问题上,其理论上的认定是复杂的。在大多数场合下,人们愿意承认政府职能对政府权力的来源性与提契性,但在部分场景中,有不少研究者反而从政府法律上的职责职权方面,对政府职能做出了经验归纳。例如,有人认为,政府行政职能是由宪法和法律规定的各国家行政机关各种职责(职权)之总称;还有人提出,政府(集体行动)职能是指执行现行法律的那些活动,现行法律范围内的那些活动,以及改变法律本身和现行法律体系的那些活动。如此说来,上述观点似乎在强调法律上的职责和权力对政府职能具有来源性。其实,这样的政府职能表述也并无不妥,它是研究者从实然角度的一种实证归纳,是与应然角度的规范研究相互补充的。只不过,如前所述,从更普遍的意义上看,人们更愿意相信,政府职能在理论与实践两个层面均是职责职权的一个来源。

3. 直接来源:法律规则。政府权力必须符合宪法和法律规定,不得超越宪法和法律,这是现代法治国家始而惯之之做法。就此意义论,人们即可将宪法法律规则视为政府权力的直接来源。就广义政府而言,整体上的政府立法、行政、司法诸权均来源于宪法的明确设定,例如,美国《宪法》第1章第8节列举了联邦政府具有16项权力。而狭义的政府权力方面,其经济、社会、文化、教育等管理权力均来源于宪法和相关组织法,例如,我国《宪法》第89条和《国务院组织法》明确规定了中央政府的系列职权。政府各职能部门的职权,则主要来源于代议机构制定的法律或法案。一般而言,政府决定实施行业或事项管理,专门的法律法案设定,则立法者必须通过专门的行业或事项法律法案,设置行政或监管主体,设定这些主体的职权,明确相关法律责任。因此,现代政府权力直接来源于宪法法律规则,无法律则无职权,这是确定不疑的政府现象。

世界范围内,金融监管权力直接来源于法律规则,也是一个明确无误的事实。这种法律规则,主要是各国代议机构制定的法律法案。在美国,联储的监管权力主要来源于《联邦储备法》,证券交易委员会(SEC)的监管权力主要来源于1933年的《证券法》、1934年的《证券交易法》、1935年的《公用事业控股公司法》、1939年的《信托契约法》、1940年的《投资顾问法》、2002年的《萨班斯—奥克斯利法案》等。在英国,金融监管局(FSA)的监管权力主要源于《金融服务与市场法》。澳大利亚审慎监管局(APRA)的监管权力主要来源于《证券与投资委员会法》和《金融服务改革法案》。整个 OECD 国家,其金融监管者的职权无不来源于专门的法律法案。这种法律规则,在层级效力上也有特殊的情形。例如,1905 年瑞士以联邦宪法创建其国家银行,初步行使中央银行的职能,相应赋予其一定的金融监管权力。又如,由于次级立法的推行,金融监管者获取了一定的规则制定权,则其层级较低的权力主体,则有可能依据中央层级监管者制定的普遍性规则行使权力。

我国金融监管中,监管权力也直接来源于法律规则。这些法律规则从效力上看,主要体现为三个层级:一是国家法律。中央银行的监管权力来源于《人民银行法》和《商业银行法》,银行监管者的权力来源于《银行业监管法》和《商业银行法》,证券监管者的权力来源于《证券法》,保险监管者的权力来源于《保险法》。二是行政法规。例如,国务院制定的《金融违法行为处罚办法》《股票发行与交易管理暂行条例》《期货交易管理暂行条例》《储蓄管理条例》《外汇管理条例》等法规,分别授予了银行、证券、保险等监管者的系列职权。三是部门规章。金融监管者为了更好地实施法律法规,运用规则制定权创制新的监管规则,这些监管规则主要表现为部门规章形式,构成了监管者权力的又一个来源。例如,银行监管者近 5 年来,即发布了近 30 部监管规章,这些规章亦构成了银行监管的权力基础。

认为金融监管权力直接来源于法律规则,具有独特的法治含义,具体可做如下理解:一是契合职权法定的法治原则。现代法治的要素之一,在于规范政府权力,规范权力的要害在于各职能部门的职权经由法律设定,无法律则无行政,无法律则无职权行为。金融监管中,监管权力直接来源于法律规则,其实质即是监管职权设定,或者说是职权法定这一法治原则的显性反映。二是宣示了监管权力的有限性。政府权力来源于法律规则,印证了政府权力有限性这一法治命题。金融监管中,金融监管法律规则设定监管权力,大抵是列举加限制等立法模式,而列举是有限而并非不可穷尽的,限制则本身直接反映了有限,因而,金融监管权力来源于法律规则,实现了监管权力有限性这一法治要求。三是验证了监管权力的可控性。现代政府法治的核心在于控制政府权力,承认权力来源于法律规则的明确设定,即承认了政府权力是可控制的。金融监管中,法律规则控制监管权力,既可通过立法阶段进行,亦可通过执法与司法过程落到实处——因为明晰的法定权力是检验权力行为合法合理与否的可靠条件。

当然,上述所及的法律规则主要限止民族国家内之正式意义的法律规则,事实上,还有大量的非正式规则(informal rule)也在创制权力。这种非正式规则主要有两个方面:一是超国家层面的国际规则,如银行、证券、保险等国际组织制定的纲要、协定、指南、原则等;二是民族国家范围内的非政府组织规则,如金融领域的行业协会、中介组织和民间机构制定的章程、指引、规程、协议等。这些非正式规则创设的权力大抵分为两种:其一为公民之间的权力,主要表现为金融业消费者或市场参与主体的个人权利;其二为非政府性质的公共组织之权力,主要表现为金融行业自律权力,亦被称为广义金融监管权力的一种固有权力形态。金融监管实践中,非正式规则创制权力被视为底线(default)规则——法律规则设定权力之有益补充,共同促进了当代金融监管及其法治的发展。例如,人们在研究亚洲金融时,即发现以大量的非正式规则为基础的关系经济(relational economy),甚或是所谓裙带资本主义(crony capitalism)经济具有极强的生命力——某种程度而言,它们竟成为1997年亚洲金融风暴的重要舒缓因素。

(三)金融监管权力的表象

金融监管领域,监管权力必然以一定的形式表现出来,而金融监管理论中,监管权力也必然以一定方式来表述,这些表现或表述出来的权力形态,即构成了人们通常所称的权力表象。金融及其监管的现实发展中,这种权力表象主要集中在法律规则、国际规则和公法理论诸层面:

1. 法律规则层面的表述。这种法律规则上的权力表述,大抵集中于金融监管法律法案中的权力表述或表达方面,具体以三种方式体现出来:(1)金融监管职权。此种方式意指法律法案明确列举了金融监管者的职权,具有直接宣示权力的特征,例如,美国SEC的法定权力主要表述为:调查违法行为的权力;举行听证、和解和裁决的权力;执行法律的权力;提起诉讼的权力;发布禁令的权力;处罚违法行为的权力。又如,我国的央行法明确表述了央行的如下监管职权:检测金融市场运行权;金融检查监督权;要求金融机构报送资料数据权等。(2)金融监管职责。此种方式意在强调监管者的法定职责,具有表述隐含权力的特征。例如,德国的《联邦金融监管法》第1章即规定了BaFin的监管职责。又如,法国的AMF承担了金融业务、集体储蓄、市场设施、从业人员、中介机构等方面的监管职责。再如,我国的银行、证券、保险诸法均明确规定了监管者的具体职责。(3)金融监管手段或措施。运用此种表述方式,可能意在突出金融监管相对于一般行政管理的特殊性。例如,英国的FSA被赋予了针对整体消费者、金融监管服务业、具体金融机构或从业人员等方面的监管手段。又如,我国的银行监管法规定监管者可以采取以下监管措施：非现场检测、现场检查、高管谈话、责令信息披露、责令暂停业务、限制分红或资产转让、限制股东和高管权利、禁止高管出境、申请司法协助等。

上述权力表述的诸种方式，各有权力表象的特征与功能。表述为职权的方式，无疑具有直接宣示监管权力的功效，便于监管者掌握权力和接受权力监管，但是，可能存在张扬公共权力乃至引发权力滥用的局限。表述为职责的方式，能较好地表述塑造监管者这一责任主体的法律意识，符合现代政府发展中要求建立责任政府、责任行政与责任监管的法治理念，但也可能存在不便细化和准确理解、掌握与运用的局限。表述为手段或措施，则比较公允地表述了监管者权力的目的性，有助于监管权力的理解、掌握和运用，但也存在过于精细琐碎的表述局限。其实，法律规则对监管权力的表述，无论是以直接方式宣示，还是以职责、手段或措施等名义隐曲地表述，其最终目的均在与界定权力、规范权力和更好地运用权力。而任何一种孤立的方式表述权力，是不可能达到这些目的与功效的，因此，就立法层面论，人们似宜采用多种方式相结合的方式来表述权力。事实上，各国的金融立法实践中，直接单一地宣示权力的法律法案毕竟是少数；多数情况下，立法者往往接合职权、职责、措施、手段等方式综合表述监管权力——英国的《金融服务与市场法》与我国的《银行监管法》即是如此。当然，要不要就此做出模式化设计，在立法理论上是可以进一步讨论的。

2. 国际规则层面的表述。金融监管机构采取法定的监管措施、依法实施金融监管，其实质是金融监管权的行使。金融监管机构的权力究竟应包括哪些内容？有关金融监管的国际组织给出了具体的指引。

巴塞尔委员会发布了《有效银行监管的核心原则》等三份重要文

件,对监管机构的权力进行了详细的规定,对各国金融监管实践经验进行了总结,对各国监管机构权力的设计具有重要指导意义。在一国法治框架下,金融监管权必须来源于法律的明确规定。各国或者地区都通过相应的法律对金融监管权的内容及其行使作出具体规定。

3.学术理论层面的表述。政府管理理论认为,政府行政权力浩繁复杂,需要作出理论梳理与归集。通过对行政行为的识别与归类,研究者大致将政府行政权力划分以下三类:(1)行政命令权。命令权是指行政部门履行职责时发布具有强制力规定的权力。这种权力又可进一步分解为发布单纯命令权和规则命令权;前者是指针对特定事实而为的实施具体行为的权力,后者是针对特定事实而实施的发布具有普遍意义的抽象行为的权力。(2)行政处分权。处分权是指政府行政部门处分人员和处理政务的权力,也可分为两类:一是对内的权力,亦即行政部门处分内部事务和违法失职人员的权力;二是对外的权力,亦即行政部门处理外部具体行政事务或事项的权力。(3)行政裁量权。裁量权是指行政部门于其职责范围内,基于法理或事理对某些事件所行使的酌量处理的权力。这种裁量权大体也有两类之分:羁束裁量权,意指法律规则已刚性设定而无法变通灵活适用的权力;自由裁量权,意指因法律规则作出弹性规定而可以灵活掌握与行使的权力。

在行政法理论中,政府行政部门的权力形态也有较为成熟的理论表述。归纳起来,学界倾向认定如下行政权力形态:(1)行政立法权,即行政主体根据法律规则指定和发布法规与规章的权力,该权力可做出职权与授权、执行与创制、中央与地方等范畴的类别划分。(2)依申请的处理权,即行政主体依相对人申请方能实施的权力,此权的特征是无申请即无权力，具体包括行政许可权、行政给付权、行政奖励权、行政确认权与行政裁决权等。(3)依职责的处理权，即行政主体依据法定职责而行使的权力，此权的特征是无法律即无权力，拥有权力则不能放弃，具体包括行政规划权、行政命令权、行政征收权、行政处罚权、行政强制权等。(4)特殊行政权，即行政主体既无相对人申请也不一定有法定职责而是单纯基于特定行政目的而行使的权力，例如行政指导权、行政合同权与行政事实行为权等。

通过上文所列举的正式规则意义上的金融监管权力，研究者可轻易发现金融监管权力形态的多样性与复杂性。为了便于理论研究与制度创新，学者们对这些庞杂的金融监管权力进行了大体归集，具体可做以下归类：(1)规则制定权，即指除却国家专门立法机构的立法以外，而由金融监管者依据上位规则制定规章、规则和标准的权力。(2)金融许可权，即金融监管着拥有的对金融市场主体与业务活动予以准入监管的权力，通常以颁发金融许可证、资源证明和牌照等方式进行。(3)非现场监测权，即金融监管者为实现过程监管而拥有的获取金融市场主体与业务等方面的数据、信息与资料的权力，通常借助电子技术与科技平台予以实现。(4)现场检查权，即金融监管者拥有定期或不定期进驻金融市场主体的工作地点或相关场所进行调查或检查的权力，这是金融监管者最为直接的监管权力之一。(5)监管措施权，是指金融监管者为实现有效监管而采取暂时或即时性措施，以限制或控制金融市场主体人身、财产或业务活动的权力，这项权力在各国立法中体现出较大的差别性。(6)监管处罚权，即指金融监管者依法对违法而尚未构成犯罪的金融市场行为进行行政性制裁的权力，这是金融监管者最为核心的权力之一。上述诸类权力的划分，是学者们从金融监管与公法层面做出的聚焦监管权力的理论描述,也许还存在疏漏和浅陋之局限,但作为金融监管当代语境中的权力现象研究,其集约性和科学性还是相当明了的。

金融监管体制比较研究[①]

金融监管体系是一个国家或地区具有金融监管职能的机构组成的有机整体。一般包括金融机构、监管法律、监管内容和方法。金融监管体系是金融监管制度的组织形式,是金融监管得以有效运行的基础,其中,金融监管机构是金融监管体系的主要方面。金融监管体系直接影响金融经营、金融效益、金融质量和金融发展,故而其架构问题历来备受重视。

一、金融监管机构的设置依据

金融监管机构设置就理论而言,核心问题有二:一是机构设置的法律依据;二是机构的设置方式。具体可做以下分析:

1. 机构设置的法律依据。机构法定是现代国家必须遵循的法治原则,它要求设立政府机构必须严格依据法律法案进行。这既是将政府监管列入政府决策法治化具体议程的现实反映,又是保障监管机构权威和功效的有效举措。金融监管法治建设与发展中,机构法定原则历来为各国(地区)推崇、重视并有效遵循。放眼全球,金融监管机构设置依据有四种:一是通过专门的机构组织法律或法案设置,主要是

---

① 根据2011年2月研究手稿整理。

日本、韩国、印度、德国、加拿大、澳大利亚和中国台湾地区；二是依据特定的法律或法案设置，如美国、英国、俄罗斯、日本等；三是由政府行政命令规定设置，如印度尼西亚和俄罗斯等；四是由政府规范性文件（机构设置方案或规定）先期设立，再通过制定或修改法律予以确认，中国的银行、证券、保险监管机构的设立是这类情形的典型（见表3－1）。

表3－1　全球部分国家或地区金融监管机构设置依据①

国家或地区	机构名称	设置依据	依据出台时
日本	证券交易等监视委员会	《证券交易法》《内阁设置法》	1992年
	金融厅	《金融厅设立法》	1999年
韩国	金融监管委员会	《关于金融监管机构设置的法律》	1997年
	金融监督院	《关于金融监管机构设置的法律》	1997年
	证券期货委员会	《证券监管组织法》	1997年
印度	印度储备银行（RBI）	《1934年印度储备银行法》	1934年
	证券交易委员会	《1992年印度证券交易委员会法》	1992年
英国	金融服务局（FSA）	《2000年金融法》	2000年
法国	银行委员会（CB）	《1984年银行法》	1984年
	银行规章委员会（CRB）	《1984年银行法》	1984年
	信贷机构委员会（CEC）	《1984年银行法》	1984年
	金融市场管理局（AFM）	《金融安全法案》	2003年
德国	联邦金融监管委员会（BaFin）	《联邦金融监管委员会法》	2002年
美国	货币监理署（OCC）	《国民银行法》	1863年
	联邦储备系统（FRS）	《联邦储备法》	1913年

① 资料来源：史纪良主编：《银行监管比较研究》，中国金融出版社2005年版；尚福林主编：《证券市场监管体制比较研究》，中国金融出版社2006年版；李杨主编：《国际保险监管核心原则——理念、规则及中国实践》，经济管理出版社2006年版。本表系笔者根据上述文献的相关内容整理而成。

续表

国家或地区	机构名称	设置依据	依据出台时
美国	证券交易委员会(SEC)	《1934 年证券交易法》	1934 年
	联邦存款保险公司(FDIC)	《1933 年格拉斯—斯蒂格尔法》	1933 年
	联邦金融机构监察委员会	《金融机构管理和利率控制法》	1978 年
加拿大	加拿大存款保险公司(CDIC)	《加拿大存款保险公司法》	1967 年
	金融机构监督管理局(OSFI)	《金融机构监督管理局法》	1987 年
澳大利亚	储备银行(RBA)	《1959 年储备银行法案》	1959 年
	审慎监管局(APRA)	《1998 年审慎监管局法案》	1998 年
	证券与投资委员会(ASIC)	《2001 年证券与投资委员会法案》	2001 年
俄罗斯	俄罗斯银行	《俄罗斯联邦中央银行法》	1995 年
	金融监管局(2001 年前系金管会)	《联邦反洗钱法》	2001 年
	联邦金融市场委员会(FSFM)	第 314 号总统令	2004 年
中国台湾地区	金融监管委员会	“金融监管委员会组织法”	2003 年
中国	中国人民银行(PBC)	《中国人民银行法》	1995 年
	中国保监会(CIRC)	《中华人民共和国保险法》	1995 年
	中国证监会(CSRC)	《中华人民共和国证券法》	1999 年
	中国银行业监管机构(CBRC)	《中国银行业监督管理法》	2003 年

结合表 3－1 所列情况,考察金融监管机构的设置情形与依据,会发现存在一些突出特点:其一,各国金融监管中的机构设置大抵做到了“于法有据”,但这种“凭据”没有整齐划一的模式,各国往往会根据自身政治、经济、文化和法律传统与现状,选择相应的情形和依据。其

二，发达国家以及OECD中的发展中国家，由于经济发展水平较高，法治状态良好，其金融监管中的机构都是依据代议机构制定的法律法案进行设置，且这些法律法案多数是专门制定的机构组织法。其三，欠发达国家，尤其是转型时期国家，由于经济、政治、社会结构尚未定型，金融机构设置大都由政府行政命令、方案或政策性文件规定，有部分国家会再出台法律确认或确定，并呈现出向依据专门法律法案设置的趋势。其四，在法治状态有待改进的国家或地区，金融机构设置情形与依据更为复杂的，非但在不同国家有不同的模式，即便是在同一个国家或一个地区内，随着政治、经济、文化和法律等因素的变化发展，其机构设置的依据情形也会发生变化，有时还存在同一类型的不同机构依据不同规格的规则的现象。

2. 设置方式。监管理论研究文献表述了一个共识：1887年美国设立联邦州际贸易委员会（ICC）标志着现代政府监管的诞生。此后以降，各国政府开始重新勘定国家与社会、政府与市场之间的关系，以职能划分为重点重新构建政府治理体系。在这种背景下，美国首先成为监管型国家（the regulatory state），之后欧洲大陆与亚太的一些国家也跟随效仿。在监管型国家中，作为理论上常说的监管主体，即监管机构及其设立方式一直是学者们研究的重点，其中，经济性监管机构及其设立方式是研究的重中之重。根据OECD秘书处的调查与划分，其成员国的经济监管机构有四种设置方式：（1）内阁部（ministerial department）；（2）部门代理（ministerial agency）；（3）独立咨询机构（independent advisory body）；（4）独立监管机构（independent regulatory authority）。[①]

---

① 在有的国家，其金融机构还是依据宪法设置的，例如瑞士，其国家银行作为监管银行和证券市场最重要的金融监管机构，即是依据1905年宪法创设。参见尚福林：《证券市场监管体制比较研究》，中国金融出版社2006年版，第441页。

一些学者分析了上述监管机构的设置方式，不太认可独立咨询机构的监管机构地位，大抵认同其他方式。研究者通过比较监管机构与传统行政部门的关系，提出监管机构的三类设置方式：[①]（1）与传统行政部门合并型的监管机构。在这种设置方式下，政府当局并不严格区分宏观政策部门与微观监管机构，而是由传统行政部门统一行使宏观政策与微观监管职能，内部职能机构分别办理相应事务。（2）独立于传统行政部门的监管机构。这种设置方式下，监管机构不仅与宏观政策部门完全分离，而且独立于传统行政系统，美国早期建立的管理经济金融的各类独立管制（监管）委员会（IRCs）是这种设置方式的典型。（3）隶属于传统行政部门的监管机构。这种设置方式的实质在于，监管机构隶属于政府行政部门，由该行政部门负责，但通过法律赋予其很大的独立性，让其能在一定的范围内自行制定和执行监管政策、解决监管争议。

针对金融监管机构的设置模式，研究者考量金融监管的特殊性后，仍倾向于以传统行政部门为参照做出分类，具体可分为三种：一是设在传统行政部门之外。主要指在政府传统行政部门的外部，另设金融监管机构，并能够自成体系地开展工作。以向谁负责为标准，可分为三种情形：[②]向立法机构负责。例如，美国 1913 年成立的联邦储备系统（FRS）、1933 年成立的联邦存款保险公司（FDIC）、1934 年成立的证券交易委员会（SEC）等，均是独立于传统行政部门，直接向国会

---

① 不过，发达国家中也有用行政命令规定设立金融机构的情形，例如美国，其农业信贷局（Farm Credit Administration）即是依据 1933 年第 6084 号行政命令设立的。根据 Christopher G. Reddick, IRCs versus Dras: Budgetary Supprot for Econimic and Social Regulation（Public Budgeting & Finance, Winter/2003）和 Office of the Federal Register/ National Archives and Records Administration, The United State Government（2002/2003）。

② 在有的国家，其金融机构还是依据宪法设置的，例如瑞士，其国家银行作为监管银行和证券市场最重要的金融监管机构，即是依据 1905 年宪法创设。参见尚福林：《证券市场监管体制比较研究》，中国金融出版社 2006 年版，第 441 页。

负责。又如,法国 2003 年成立的金融监管局(AMF),也是独立于传统行政部门,直接向议会负责。[①] 向政府,即行政当局负责。主要是向狭义政府,即人们常说的行政当局负责。这类设置金融监管机构的情形较为普遍。例如,日本 1999 年设立的金融厅即直属内阁府,直接向内阁负责;韩国 1997 年设立的金融监管委员会即是直属政府行政当局的政府机构;德国 2002 年建立的金融监管委员会(BaFin)是直接向政府负责的政府机构(组成部门);俄罗斯的中央银行(俄罗斯银行)、金融监管局、联邦金融市场委员会、保险监管局也是对政府行政当局负责;中国的银行、证券、保险监管诸机构均为中央政府直属机构,直接对国务院负责。此外,我国台湾地区于 2003 年设立的“金融监管委员会”,亦是直接向行政院负责。行政部门负责。既区别于传统行政部门,又向传统行政部门负责。这种情形较为少见,典型是英国于 2003 年设立的金融服务局(FSA),它设在传统行政部门之外,却对行政部门英国财政部负责。二是设在传统行政部门之内。这主要指金融监管机构设在政府传统行政部门内部,但基本自成体系地开展监管活动。如印度尼西亚的证券市场监管委员会和商品期货监管委员会、法国的保险业监控委员会、西班牙的保险理事委员会和证券市场委员会、加拿大的银行总监察局和金融机构监督管理局等。三是与传统行政部门重合。这主要指赋予政府传统行政部门一些金融监管职能,使其能履行特定的金融监管权责,因而这类传统行政部门也可称为金融监管机构。例如,日本财务省和 2000 年之前的大藏省、我国台湾地区

---

① 不过,发达国家中也有用行政命令规定设立金融机构的情形,例如美国,其农业信贷局(Farm Credit Administration)即是依据 1933 年第 6084 号行政命令设立的。根据 Christopher G. Reddick, IRCs versus Dras: Budgetary Supprot for Econimic and Social Regulation (Public Budgeting & Finance, Winter/2003)和 Office of the Federal Register/ National Archives and Records Administration, The United State Government (2002/2003)。

2004 年 7 月之前的“财政部”、俄罗斯的财政部与中央银行(俄罗斯银行)、巴西的国家货币委员会、中国的中央银行(人民银行)等。部分国家或地区金融监管机构的设置方式具体见表 3 – 2。

从表 3 – 2 内容来看,世界范围内,金融监管机构的设置方式呈现如下特点:一是多数金融监管机构设立于传统行政部门之外,并直接对中央政府负责;一些金融监管机构设立于传统行政部门之内,直接对该行政部门负责;与传统行政部门重合的情形,主要是与财政部和央行等经济管理部门重合。二是由于各国经济、政治、社会、文化与法律传统存在差异,金融监管机构的设立呈现出多元化、多样化与国情化态势,并不是“一刀切”(one size fits all)的统一方式。三是随着一个国家或地区经济金融发展变化和政治、经济、法律制度的变迁,金融监管机构设立方式也需要适用这种变化与变迁而不断调整。

表 3 – 2 部分国家或地区金融机构设立方式[①]

<table>
<tr><th>具情
方式</th><th colspan="2">负责主体</th><th>设立时间</th><th>机构名称</th><th>国家或地区</th></tr>
<tr><td rowspan="7">设于传统行政部门之外</td><td rowspan="4">代议机构</td><td>国会</td><td>1913 年</td><td>联邦储备系统(FRS)</td><td>美国</td></tr>
<tr><td>国会</td><td>1933 年</td><td>联邦存款保险公司(FDIC)</td><td>美国</td></tr>
<tr><td>国会</td><td>1934 年</td><td>证券交易委员会(SEC)</td><td>美国</td></tr>
<tr><td>议会</td><td>2003 年</td><td>金融市场管理局(AMF)</td><td>法国</td></tr>
<tr><td rowspan="3">政府当局</td><td>内阁府</td><td>1999 年</td><td>金融厅</td><td>日本</td></tr>
<tr><td>总理府</td><td>1997 年</td><td>金融监管委员会</td><td>韩国</td></tr>
<tr><td>总理府</td><td>2002 年</td><td>金融监管委员会(BaFin)</td><td>德国</td></tr>
</table>

① 资料来源:史纪良主编:《银行监管比较研究》,中国金融出版社 2005 年版;尚福林主编:《证券市场监管体制比较研究》,中国金融出版社 2006 年版;李杨主编:《国际保险监管核心原则——理念、规则及中国实践》,经济管理出版社 2006 年版,本表系笔者根据上述文献的相关内容整理制定。

续表

<table>
<tr><th>具情
方式</th><th colspan="2">负责主体</th><th>设立时间</th><th>机构名称</th><th>国家或地区</th></tr>
<tr><td rowspan="15">设于传统行政部门之外</td><td rowspan="13">政府当局</td><td>联邦委员会</td><td>1997 年</td><td>联邦银行委员会(FBC)</td><td>瑞士</td></tr>
<tr><td>政府</td><td>2004 年</td><td>金融监管局</td><td>俄罗斯</td></tr>
<tr><td>政府</td><td>2004 年</td><td>金融市场委员会(ASIC)</td><td>俄罗斯</td></tr>
<tr><td>政府</td><td>1993 年</td><td>保险监管局</td><td>俄罗斯</td></tr>
<tr><td>政府</td><td>1964 年</td><td>国家货币委员会(CMN)</td><td>巴西</td></tr>
<tr><td>政府</td><td>1978 年</td><td>证券交易委员会(CVM)</td><td>巴西</td></tr>
<tr><td>政府</td><td>1998 年</td><td>审慎监管局(APPA)</td><td>澳大利亚</td></tr>
<tr><td>政府</td><td>2001 年</td><td>证券与投资委员会(ASIC)</td><td>澳大利亚</td></tr>
<tr><td>“行政院”</td><td>2003 年</td><td>“金融监管委员会”</td><td>中国台湾</td></tr>
<tr><td>特区政府</td><td>1989 年</td><td>证券期货事务监察委员会</td><td>中国香港</td></tr>
<tr><td>国务院</td><td>1998 年</td><td>中国保监会(CIRC)</td><td>中国</td></tr>
<tr><td>国务院</td><td>1999 年</td><td>中国证监会(CSRC)</td><td>中国</td></tr>
<tr><td>国务院</td><td>2003 年</td><td>中国银行业监管机构(CBRC)</td><td>中国</td></tr>
<tr><td rowspan="2">行政部门</td><td>财政部</td><td>2000 年</td><td>金融服务局(FSA)</td><td>英国</td></tr>
<tr><td>财政司</td><td>1993 年</td><td>金管局(HKMA)</td><td>中国香港</td></tr>
<tr><td rowspan="10">设于传统行政部门之内</td><td colspan="2">财政部</td><td>1990 年</td><td>证券市场监管委员会</td><td>印度尼西亚</td></tr>
<tr><td colspan="2">工贸部</td><td>1999 年</td><td>商品期货监管委员会</td><td>印度尼西亚</td></tr>
<tr><td colspan="2">经济财政工业部</td><td>1990 年</td><td>保险业监控委员会</td><td>法国</td></tr>
<tr><td colspan="2">经济与财政部</td><td>—</td><td>保险理事会(DGS)</td><td>西班牙</td></tr>
<tr><td colspan="2">经济与财政部</td><td>1988 年</td><td>证券市场委员会(CNMV)</td><td>西班牙</td></tr>
<tr><td colspan="2">财政部</td><td>2000 年</td><td>金融监管局</td><td>匈牙利</td></tr>
<tr><td colspan="2">财政部</td><td>1863 年</td><td>货币监理署(OCC)</td><td>美国</td></tr>
<tr><td colspan="2">财政部</td><td>1986 年</td><td>银行总监察局</td><td>加拿大</td></tr>
<tr><td colspan="2">财政部</td><td>1987 年</td><td>金融机构监督管理局</td><td>加拿大</td></tr>
<tr><td colspan="2">财政部</td><td>1966 年</td><td>私营保险监督局(SUSEP)</td><td>巴西</td></tr>
</table>

续表

方式＼具情	负责主体	设立时间	机构名称	国家或地区
与传统行政部门重合	内阁府	2000 年	财务省(2000 年前为大藏省)	日本
	中央政府	1991 年	财政部	俄罗斯
	中央政府	1995 年	俄罗斯银行	俄罗斯
	中央政府	1964 年	国家货币委员会	巴西
	国务院	1995 年	中国人民银行	中国

二、金融监管模式

模式一词指涉范围广泛,原意是指事物之间隐藏的侧重表现于形式层面的规律关系。[①] 金融监管模式是人们从纷繁复杂的金融行为、活动与现象中提炼出来的具有显著外在特征的内在规律关系。从不同的角度出发,研究者可以归纳出不同的金融监管模式关系;而无论何种金融监管模式关系,都影响甚或决定于金融监管机构的存在形态。

1. 多头监管与单一监管。从金融监管机构的设置数量上区分,可产生多头监管与单头监管这两类对立统一的监管模式。所谓机构的设置数量,主要是针对一个国家或地区的中央或最高政权而言的,当然也附带指向地方政权。多头监管模式意指一个国家或地区的中央

① 模式一般对应英文 model。现代汉语词典对模式一词的解释是:“某种事物的标准形式或使人可以照着做的标准样式。”参见:《现代汉语词典》,商务印书馆 2002 年增补本,第 894 页。英文词典对 model 的解释是:system used as a basis for a copy;pattern,see Oxford Advance Learner's English-Chinese Dictionary,Oxford University Press,Extend fourth edition,2002,p. 948。从上述英文释义可知,model 的含义有时等同于 pattern,二者常被译为模式。但是它们的运用场境是有着明显区别的。pattern 常用于自然科学理论中,意指解决某一类问题的方法论。人们将解决某类问题的方法总结归纳到理论高度,即是设定了某种模式。Alexander 对 pattern 的经典定义是:某个模式都描述了一个具体环境中不断出现的问题,然后描述了该问题的解决方案之核心。model 则常用于社会科学理论中,意指社会事物之间隐藏的规律关系,是以外在形式表现出来的人类经验的积累、抽象与升华。只要是一再重复出现的社会事物,人们就有理由认为存在某种模式。在政治学、管理学和法学理论中,model 常用来表述某种社会框架或制度标准。

或最高政权设置有两个或者两个以上的金融监管机构。在有的文献中,这种模式被称为多元监管模式或者分散监管模式。采用这种模式的国家或地区较多,例如美国、加拿大、澳大利亚和中国香港地区等。单一监管模式意指一个国家或地区的中央或最高政权只设置一个统一的金融监管机构。在有的学者看来,这种模式应被称为一元监管、统一监管与综合监管模式。采用这种模式的国家或地区亦不在少数,例如英国、新加坡和中国台湾地区等。

2. 分权监管与集权监管。从金融监管机构的设置层级上区分,可产生分权监管与集权监管这两类对立统一的监管模式。机构的设置层级主要决定于一个国家或地区的基本结构形式。[①] 在联邦制国家,中央与地方实行宪法之下的纵向分权治理模式(governance model)。相应地,其中央与地方各自设置了互不隶属且彼此独立的金融监管机构,由此产生了分权监管模式部分学者称为双线监管模式。采用这种模式的国家,典型的有美国与加拿大等。在单一制国家,则基本实行统一的中央集权治理模式。与此相适应,其中央层级上设置了相对独立的金融监管机构,地方层级上设置了相关派出机构,这就形成了所谓集权监管模式,部分学者称为单线监管模式或者一线监管模式。采用这种模式的国家,典型的如日本、韩国和中国等。

3. 分业监管与混业监管。从金融监管机构的作用对象上区分,可产生分业监管与混业监管这两类对立统一的监管模式。金融监管法治理论中,机构的作用对象主要是指金融监管客体或金融业务范围。从此意义上来区分,金融监管机构的设置方式各异,由此产生两类不

---

① 基于这种国家结构形式的纵向分权,中国有学者将由此产生的监管模式称为双线、单线监管模式。参见陈天本:《行政法对金融规制的调控——以银行规制为主要考察对象》,中国人民公安大学出版社 2007 年版,第 138～139 页;刘毅:《金融监管问题研究》,经济科学出版社 2006 年版,第 237 页。

同的监管模式。分业监管，是指根据不同的金融机构或金融业务等监管客体，分别设置不同的金融监管机构予以专业化监管的制度安排。这种定义方式在几乎所有的研究文献业中已达成共识。[①] 所谓混业监管，又称统一监管，是指一国于主权范围内设置一个统一的金融监管机构，将所有的金融监管客体视为统一整体，对所有金融机构、金融业务、金融产品或金融市场实施监管的制度安排。必须明确的是，分业监管与混业监管的形成根本上受制于金融经营方式，或者说金融经营方式明显对应于金融监管模式。分业经营对应于分业监管；混业经营对应于混业监管，二者彼此关联、互相作用且密不可分。

作为金融监管的制度基础，金融监管体制涵盖监管职责职权体系及其运行机制。金融监管体制的优劣直接影响金融经营、金融效益、金融质量和金融发展，故而其构架问题历来备受重视。金融监管中，特定的监管机构的设置方式，直接影响甚或决定了监管体制的形成；特定的监管体制的变革与型构，又总是直接反映或表现为一定监管机构的组织形态。由此说来，人们有理由认为，金融监管机构的设置模式构成了监管体制模式的构架基础。当然，法治理论上或政治决策中，金融监管作为整体上的政策项目，其设计与创制之初，即已讨论了监管体制及其机构设置问题，从此意义上论，金融监管体制的核心内容，是所有理论研究者和政策项目决策者涉及体制设计问题时所应当一并考虑的。不过，在大多数人看来，仍然有相当的理由从实践的角度出发，直观地界定二者之间的紧密关系——因为机构与体制本身具有极强的实践性。

---

① 参见杨春林：《商业银行有效监管》，人民法院出版社 2005 年版，第 34～35 页；马英娟：《政府监管机构研究》，北京大学出版社 2007 年版，第 122 页；尚福林：《证券市场监管体制比较研究》，中国金融出版社 2006 年版，第 406 页。

讨论金融监管机构与体制时,还应重视一个问题:人们应透过纷繁复杂的机构设置、变更终止现象与体制演化和变迁过程,发现机构变化与体制演进背后的深层动因,寻找蕴含于其中的一般规律。许多研究金融监管的人,都会感慨于世界各国金融发展之复杂,金融监管机构之众多,金融监管体制之多变。而且,在金融监管理论研究中,几乎每一位研究者都可能从自身的认知角度去归纳或解释金融监管机构设立方式与体制的结构模式,且在方式与模式方面得出的结论,往往不尽相同。由此,人们更应该立足于探求事物的本质与根源,从中发现金融监管机构与体制中的实质和要害问题。现代金融监管理论与实践发展中,人们大致认同如下机构变化与体制演进中内在规律:

其一,金融发展的客观要求决定机构变化与体制变迁。金融活动属于社会生产力,监管机构与监管体制属于生产关系。金融经营活动的状态决定监管机构的设立与监管体制的型构;监管机构与体制则又反过来对经济金融的进一步发展形成重大影响。20 世纪 30 年代以前,由于各国经济金融处于初步发展阶段,金融领域未开展和细化专业分工,没有必要对金融活动进行强力干预与广泛干预,这时的金融监管是粗线条与宽松式的。对应于此,各国的金融监管主体相对简单,大抵都是采用央行作为监管主体的统一监管模式。20 世纪 30 年代开始,世界范围内发生了大规模的经济金融危机,经济金融发展进入低谷,在凯恩斯主义的推动下,美国于 1933 年率先立法对银行、证券、保险诸业实行分业监管,并根据法律要求,广设监管机构,形成了多头分权这一世界上最为复杂的金融监管体制。之后,英国、意大利、日本、德国、韩国、法国等国家纷纷跟进,建立了多头分业监管体制。20 世纪 80 年代以来,由于经济发展,在新自由主义思潮的影响下,金融创新层出不穷,传统的分业监管已不能适应当时金融发展要求,基于时代背景的合理性与科学性降低。各国基于新自由主义理论和金融活动实践,开始反思金融监管的制度进路,进行放松管制与重塑监管的艰难尝试。各国主要通过两个途径来实现目标。一条途径是,保持机构分立与分业监管的基本格局,从监管方略上实行功能监管与目标(机构)监管,例如美国的伞形监管与澳大利亚的双峰监管(two peaks supervision)。[①] 另一条途径是,合并机构,建立单一、综合的金融监管机构,或者部分统一的专业监管机构,形成单头集权混业监管体制。当前,这种体制与模式得到了越来越多的国家或地区的认可,并采用。

其二,机构变化与体制变迁呈现周期性的辩证发展态势。考察金融监管机构设立与体制演进历史,容易发现,金融监管经历了三个发展阶段,单一机构混业监管属于初级阶段,多个机构的分业监管属于发展阶段,综合机构混业监管属于发达阶段。整个发展过程,既遵循了监管机构、体制与金融实体由低级向高级,由简单到复杂的演进轨迹,又体现了合久必分与分久必合的黑格尔式哲学规律。这种机构分合与体制变迁不是一种简单意义上的轮回或回归,而是一种典型的螺旋式上升与曲折性前进的发展。机构分拆合并与体制变革,有其特定的外在背景与内在规律,均指向特定的监管目标与监管价值,均维系或依赖于特定金融动因、制度环境与法律框架,是机构与体制层面上的自我肯定、否定、再否定之否定的制度升华。例如,这种机构与体制的变化发展,体现了相应的监管价值取向,即初级阶段追求金融效率价值,发展阶段注

---

① 一般认为,双峰监管理论是由金融创新研究中心的迈克尔·泰勒提出的,代表性的文献是 1995 年发表的 Twins Peals:A RegultoryStructure for the New Century。根据该理论,一国应当成立单一的审慎监管机构和单一业务金融监管机构。审慎监管机构应当运用审慎方法确保金融系统的健全、金融机构资本充足及控制风险;单一业务金融监管机构则应侧重于运用规则体系,规范金融服务和保护消费者权益。杨勇:《金融集团法律问题研究》,北京大学出版社 2004 年版,第 204 页。

重金融安全价值,发达阶段则安全与效率并重。又如,这种机构与体制的变化,还体现了不同的监管政策理念:初级阶段强调放松管制,发展阶段突出严格监管,发达阶段则意图实现放松监管为基础的有效监管。

其三,机构变化与体制变迁,均深受甚或决定于各国国情因素。金融监管中的机构设置和体制型构,均受到了各国的政治、经济、文化等国情因素的深层作用。政治方面,一个国家或地区的政治哲学与政治制度背景对于监管机构变化与体制变迁至关重要。自由主义指导之下,政府对经济金融的监管范围、方式、工具也均会呈现出与自由主义相应的表象形式。联邦制与单一制等国家结构形式的不同,又直接导致了分权监管与集权监管的模式区别。经济方面,一个国家或地区的经济金融创新能力与经济金融自由化程度,会对金融监管机构及体制产生直接作用力。经济金融的创新能力越强,自由化程度越高,市场竞争就会越激烈,交易形态也会相应越复杂,这时,就越需要进行模式改进与体制创新,从而提高金融监管的效益性、安全性与有效性。文化方面,一个国家或地区的文化传统,特别是行政文化传统,对该国采用什么样的监管模式与体制具有重大影响。例如,美国传统上警惕行政权力膨胀的行政文化,构成其独立监管机构设立的重要甚至是最初动因。① 又如,在集权统治历史悠久的国家,人们更倾向于建立政治(政府)主导的监管模式与监管体制。正因如此,当今的人们无论居于何种场合,均不厌其烦地提及,一国设计本国的监管模式与体制时,既要借鉴发达国家良好经验与成功做法,以融入全球经济金融一体化过程;又要根植于本国的政治经济、文化与社会环境,真正做到与具体国情相结合。

---

① 但后来的历史发展中,美国人又保持了防范独立监管机构权力膨胀的足够的警惕,这构成了美国发展行政法的最初动因,并为美国发达的行政法及其理论奠定了社会心理基础。参见王名扬:《美国行政法》,中国法制出版社 1995 年版,第 172 ~ 174 页。

金融监管法治效应条件分析[①]

西方社会的法治形成历史久远,这些国家的人较早体验到法治社会和福利国家的趣味。即便如此,法治走到今天西方社会仍然面临着一些现实的威胁,最明显的是国家失去法治的权威,以社会势力为中心转向将侵蚀传统法治的有效性。广大发展中国家的法治效果显然是形色各异,主要原因在于这些国家传统的威权政府的盛行,政治文化传统的差异性,以及经济基础不断受到巨大的人口增长的威胁。因此,无论是发达国家的法治发展,还是发展中国家的法治建设或重建,均不能漠视能够使法治产生效应的若干综合条件。这一原理对金融监管法治而言,亦能产生指导性的理论作用。在考察金融监管法治实行条件时,有必要切入整个国家法治的效应条件理论予以综合分析。

一、效应条件的提出

国家法治的效应条件(condition of efficiency),是指人们希望取得法治功效和社会效果所需要的基本条件的总合。功效和效率经常被经济学家用来衡量一个企业或市场主体的经营状况与经营业绩,在

---

① 根据2011年6月研究手稿整理。

与市场对手竞争中,希望取得最好的效果或结果。企业或市场主体的目标,或者是在使用特殊资源条件下的一般结果或效果,或者是在使用最少资源条件下的特殊结果或效果。而人们面临的问题是国家法治没有竞争对手,没有对立性参照系,因而适度、合理、全面、万能等用来形容企业或市场主体功效的词汇,对国家法治而言必须予以转换。人们也许对国家法治确定予以认可的效应或功绩,这些效应或功绩可以理解为促进和平、安全、自由、平等,即福利事业。而对于金融监管法治而言,法治的效应、效果也许应该被理解为促进金融安全、稳定的稳健性,促进金融竞争与金融创新的发展性,促进金融监管各方主体权力与权利的综合平衡。

西方有学者认为,良好的法治效应主要是指各参与法治运行的主体的职责是明确可靠的,是经得起检阅和评判的。换而言之,是指每个公民及其全体公众认为它是产生了效应和效益的,这种效应和效益应该是基于三个基本准则:一是立法机构致力于制定任何决策都必须是恰当和必要的;二是政府和监管者的各项公权行为都必须具有法律依据;三是市场主体和社会公众任何时候都能得到有力的法律保护。[①] 其中最关键的是,人们现在已形成了关涉法治效应条件的共识,认为欲使金融监管产生良好的法治效应,必须尊重合理利用相关前提条件。这些条件包括对法治理念、内容、原则的取舍;法治建设的文化、道德要求;公民崇尚和服从法律的精神与美德;国民产值、经济政策、经济要素等经济条件;社会分工、社会结构、社会信心、社会团体和大众传媒等社会条件;政治制度、和平外交、民主机制和专家治国等政治与组织条件。

---

① [德]约瑟夫·夏辛:《法治》,法律出版社对外合作分社译,法律出版社2005年版,第77页。

如此种种，在美国哈佛大学教授约瑟夫·奈看来，上述政治、经济、文化和社会等条件无非可以归结于一个国家的综合国力条件，也即软硬实力条件。约瑟夫·奈提出一个国家的综合国力，既包括由经济、科技、军事实力等所体现出来的硬实力，也包括以文化和价值观念、社会制度、发展模式、生活方式、意识形态等的吸引力所体现出来的软实力。[①] 软实力主要包括：一是文化，对其他国家和人民具有吸引力的文化；二是价值观，特别是这个国家在国内外努力实践的价值观；三是外交，但这些外交政策需被认为合法且具有道德权威。硬实力是传统的国家追求；软实力更有持久的渗透力。世界各国的金融监管法治状况并不平衡，其中一个主要的原因是，发达国家具备了相对有利的软硬实力条件，因而法治状况较好；而广大发展中国家还必须创造和充分利用一些不太具备的，而又堪为根本的国家软硬实力条件。

二、产生效应的软实力

文化是一种传统、语言和历史现象，是文化使一定地域、一定时期的人们凝聚成国家或社会共同体。教育和科学是推动文化发展的两种基本方式，其重要性在现代国家中尤为突出。实践已经表明，法治需要高级正规的教育制度作支撑，这种教育不仅能培训社会成员的就业技能，而且还能够唤起社会成员的思想解放，建立其社会自信与社会忠诚，传输使彼此关联紧密的现代信息，提供社会成员自我判断和自我发展的思辨能力。故而人们常说，文盲是法治的敌人。人人均可

---

① 美国著名学者约瑟夫·奈于 2004 年出版了《软实力：世界政治中的制胜之道》一书，在该书中，他既不看好也不强调中国的软实力，而且认为同美国相比，中国的软实力微不足道。但短短一年时间后，他觉得中国软实力正迅速增强。载 http://news. xinhuanet. com/world/2006 －06/04/content_4643278. htm，2007 年 6 月 1 日访问。

自由平等地接受正规教育与高级教育对法治而言极为重要。[①] 培养科学自由的精神，方能够产生宽容、拥护多数的观念和改善政府和监管者的“疑虑文化”（culture of doubt）。大学具有为国家培养政治领导人和高级监管者的功能，只有在科学自由的气氛下，才能够培养出敢于负责、具有相当水准的政府精英与监管精英；科学自由氛围下的大学，对广大公民的培训和教育，亦可免于让科学操纵在少数人手里而沦为假话连篇之工具的危险。总而言之，一个民族或国家的文化代表了一个民族或国家的外在形象和内在精神，即便是已经建立了具有透明度、执法严谨、办事合理的相关制度，仍不能取代足以使一个民族或国家智力无穷、生机勃勃的良好文化，因为，良好文化是一切已经、正在和将要建立或发展有关价值观、具体法治目标和机制运行原则等法治社会赖以成功的基本条件。

金融监管法治的效应和实现程度还取决于社会道德、公民意识和大众传媒等社会条件。社会道德涉及法治建设层面的主要是指公民和统治者都必须遵守各自的行为规范。在有些理论家看来，服从法律和奉行公益事业的社会观念既是一种法治要求，也是一种社会道德。从长远的观点看，国家法治与金融监管法治均要求社会成员具备确定不移的道德情操，这些道德情操既感召普通的社会成员，也约束政治领导人和高级监管者。这些社会道德一度被有些理论家格言化，例如尊重他人的政治信仰；唾弃极端的意识形态；容纳不同见解和懂得最

---

① 在谈及布尔什维克（Bolsheviks）政权时，Pipes 和 Hendley 说道，该政权已经继承了一个拥有一千万农民的帝国，而这些农民没有受到任何关于土地产权观念以及法律稳定性（Firmness）的一般教育。在人们的记忆里，即便是赫鲁晓夫时代，“我们是法律的主宰”等法律工具性应用的观念盛行，法律被有意无意地忽视，或者被公然地违反或抵制，电话审判和以行政手段解决经济纠纷造成了不计其数的程序性混乱。所有这些都是导致形成法治的荒芜之地的主要原因。See Pipes, Richard. 1991. The Russian Revolution. New York: Vintage Books; See Hendley, Kathryn. 1996. Trying to Make Law Matter: Legal Reform and Labor Law in the Soviet Union. Ann Arbor: University of Michigan Press.

终妥协；忠于大多数人决定的事项；并且，无保留地接受法治原则与制度。这种法治层面的公民美德既是公民从事社会实践的经验性要求，也是他们调节或解决法治问题能力的意志保障。根据马克斯·韦伯的名言，一个国家是否会繁荣昌盛取决于一个国家的指令能否得到贯彻，或这个国家的公民是否具备服从法律和政府指令的公民精神，这种服从精神主要来自公民对国家的忠诚和对政府的信任。在专政体制下，公民也许迫于当权者的各种手段而服从法律和政府指令，但这不是发自公民内心信念的服从精神定然不会长久。在民主体制下，公民的服从精神来源于政治的强大感召，其自觉性和能动性相对突出，正如有学者所言，如果公民需要完成国家的某些任务，他们必须怀着一定的热情去接受，只有当他们对国家法治的原则、结构、机制既熟悉又满意的情况下，他们才会乐意去这样做。国家法治不能建立在公民心灵不安的沙土上。[①] 在现代均衡社会中，社会成员的相互认可的感情主要靠大众传媒来培养，舆论和图文的影响是人们通信交流的最重要工具。在法治条件下，没有受到信息交流和通信影响的公众舆论是难以想象的。由于社会存在多样性和复杂性等矛盾关系，大众传媒不但要善于鼓励和反映多数人意见，而且也应该鼓励和反映社会成员的不同意见，必须防止媒体的权力过于集中和垄断，又必须让媒体产生作用而增强法治国家的透明度，这在具有专制传统的国家尤为重要。

为使国家法治产生效应和得到发展，必须重视最为根本的政治体制问题。德国公法学家乌尔里希·卡本有一项研究，他认为这一政治体制必须包括两个层面的内容：一是国家必须能够完成或符合涉及和

① ［德］约瑟夫·夏辛：《法治》，法律出版社对外合作分社译，法律出版社2005年版，第82～83页。

平与安全职能的要求;二是人民必须对政治决策(political decisions)具有发言权。法治效应的前提是政府能够稳定而有效地开展执政活动,每个公民都享有最基本的安全权利,如果政府不能使这个权利行之有效,它就失去了要求公民服从的资格;如果政府无法应对极端分子、恐怖分子、个人或集团的暴力,那么政府就不再具有合法性。而人民对政治决策的发言权,主要取决于国家的民主建制。在民主制度下,无法回避的是政府或政党必须承担一个重要的责任,即保障公民具有知情权、参与权和政策建议权,这就要求政府或政党排除一些冲击性、诱导性和明显复杂的政治程序和政府机制。此外,考虑法治的成功程度取决于有效的政府管理,而有效的政府管理又必须依靠决策者的知识和判断,其资格和信息获取与分析能力至关重要,这必然会导致专家治国(expertocracy)现象。人民必须通过立法使民主权利发挥作用,将部分国家工作让位于反映他们任命意愿的各类专家,同时又必须考虑到各类专家机构独立于政府体制之外的优势与缺陷,尤其应当重视防范那些始终存在的实际知识被某种利益所利用的危险。

国家软实力的确是我国面对的一个大问题,也是我国金融监管法治产生效应和得以发展的重要条件。当前我国已经认识到了其重要性,领导人和民间社会均对国家软实力问题保持相当关注。执政党领袖和国家领导人多次发表看法,要求将国家软实力建设提升到国家发展的战略高度。2006 年以后,国家领导人曾提出,“提升国家软实力,是摆在我们面前的一个重大现实课题”,加强网络文化建设和管理,有利于增强我国的软实力等,国家领导人已经敏感地意识到了提升软实力对中国的重要性。总之,无论对国家法治而言,还是关涉金融监管法治,我国的软实力条件至关重要;而相对于国家整体实力,国家软实力还有相当的建设必要和上升空间。

三、产生效应的硬实力

按照软硬实力理论,国家硬实力主要包括一个国家的经济发展、科学技术和军事力量等。对应到国家法治和金融监管法治,对法治效应和法治效果影响最大的无非是国家经济条件;而军事和科技条件虽然也很重要,但由于它们的专业性和隐秘性,难以为一般公众所知晓,故而,人们所讨论的法治效应之硬实力条件主要集中于经济领域。法治的经济效应条件主要体现在三个方面:一是基本经济制度;二是基本经济政策;三是经济发展状况。

近代以来采用的基本经济制度中,具体表现为两种形式,即计划经济与市场经济。在计划经济条件下,势必产生与之相适应的高度集权化的上层建筑,而集权是现代法治的天敌,通常与法治各不相容,因此,一个国家采用计划经济还是市场经济模式,直接影响法治程度甚至是法治成败,虽然,法治反过来对经济模式的选择亦可能产生反作用,但是这种反作用势必是微弱的和微不足道的。在自由主义思想家哈耶克的法眼里,人们应该固守这样一种意识,即计划经济与作为自由社会必然产物的法治在根本上是相矛盾的,他的意见自然有待于进一步得到验证,但不可否认的是,他的这种批评和相关的经济制度观念,已为那些原东欧与苏联国家负责经济改革的精英们所熟知和接受。在东欧和苏联国家的社会转型进程中,一个重要的问题是为了寻求法治而进行了与之相适应的经济体制上的根本变革。[1] 基本经济制度中的产权、契约和经济权利等基本制度均关系国家法治,它们的原则和制度需要经济法律来巩固和推行,它们先天的规律性形态决定了后天的法律形式,这种联系称为经济制度决定法治状态的制度纽带。

在现代经济理论中,经济不但包含了资本、劳动力、供应和生产等要素,还包括被现代各国所通称的社会市场经济的秩序体系,以及各类市场主体的行为与行动。解决经济问题是任何社会都在进行的过程,因为社会成员拥有大量的经济需求,为了满足这种需求,就需要提供合适的商品、服务和经济便利。为了避免经济运行混乱状态,赖以指导经济运行的规则、标准和体制的经济政策极不可缺少,而这些经济政策就必然包括在社会市场经济的秩序政策原理。根据阿尔玛克的经济理论,经济政策的指导思想应确定为,"……在经济竞争的基础上,在市场经济的保护下,建立自由主动权和社会进步的混合体。"[2]为了建立以竞争为基础的经济环境,国家必须考虑采用相对宽松的政策手段来保障市场竞争和经济增长,因为任何形式的以行政命令为导向的经济将削弱个体经济的活力,且其导致的腐败即使是使用非常严厉的刑法也无法防止。出于对货币价值的深刻认识,许多理论家主张应将货币政策列为国家宏观经济政策的重点,他们认为国家的货币价值应该得到可靠的货币政策的保障,任何操纵和导致不信任的货币质量的货币政策只会鼓励黑市、腐败和欺诈;任何可被觉察的通货风险,都将使公民对政府失去信心,从而使国家失去法治运行中本可采用的相

---

① Balcerowicz, Leszek. 1995. Socialism, Capitalism, Transformation, Budapest: Central European University Press.

② E. C. S. Wade (ed.) in his editorial Introduction to Dicey, Introduction to the Law of the Constitution, 10th ed., London 1960, c.

关防范措施。①

国家法治包括金融监管法治的发展,还必须借助相关的物质条件,而这种物质条件显然取决于国家经济发展状况,从较长的历史时期来看,经济发达的国家财力充足和物质充盈,而能够运用经济发展成果构建必要的法治机构、人员、装备和提供必要的经费,因而,这一条件成为推动法治发展的有利因素。而发展中国家,可能由于经济落后,无法提供建立基本法治秩序的经济条件,更重要的是这些国家还有可能难以维持国家安全和稳定。根据政治学学者所做的调查,一个安全的、民主的法治国家,其国民生产总值必须达至人均6000美元以上,否则既不能维持国家安全和社会稳定,也不能预防危机和化解冲突。② 当然,对这一数字,人们也许尚存争议,但对问题的基本前提应该没有疑问。这个问题的基本前提是,在市场经济条件下,通过保护竞争和尊重产权、契约以及经济权利的经济政策,国家的经济增长水平和财政状况应该为国家法治的良好效应创造条件。

20世纪80年代开始,我国经济体制逐渐由计划经济向市场经济转轨,当前已基本建立了公有制与多种所有制经济共同发展的市场经济体制。经济制度改革已取得初步成效,还将继续向前推进,这已成为全社会的共识。经济基础决定上层建筑,我国现今的经济制度有利于国家法治尤其是金融监管法治的建立和发展。在未来时期,我国必须尽快适应市场经济体制的需要,培育新的法治观念,建构和完善市场经济基础之上的法治原则、法律体系、法律制度和法治机制,实现国家法治与市场经济的互动发展。

---

① [德]约瑟夫·夏辛:《法治》,法律出版社对外合作分社译,法律出版社2005年版,第85页。

② 同上书,第86页。

金融监管法治再定位[①]

金融监管法治的理论与实践中,金融监管机构的地位十分重要。依中外经济金融学者通论,作为为实现特定经济金融目标而对金融活动施加影响的组织、职能与机制的集合体,金融监管体制的要素来源至少包括:一是由谁监管,要害在于明确监管机构;二是对谁监管,重心在于确定被监管对象;三是如何监管,也即怎样运用各种为实现监管目标而采用的方式、方法和手段。[②] 其中,金融监管机构的法治进路,即为建设金融监管法治的核心所在。而前提是,学者们需要通过复杂的学理现象,聚焦研究机构、监管机构、金融监管机构等一般理论概念,特别是注意结合当代政府监管法律原理,做出相关法理解说。

一、对机构的学理考察

正如许多学者感叹的,如同考察监管一样,要想对监管机构做出内涵清晰与外延明确的定义,是十分困难的。但是,学者们透过纷杂的理论述说,仍可归纳出一些旨在界定金融监管机构的理论见解。机

---

① 本文系2012年所作的一系列研究成果的集成。

② 就一般意义上的体制而言,西方学者将体制(system)视为受规律性作用而表现出来的观念、行为或事物的集合;中国学界通常将体制定义为关于国家机关、企业和事业单位机构设置和管理权限划分的制度。参见[美]莫里斯·博恩斯坦:《比较经济体制》,中国财政经济出版社1988年版,第6页;辞海编辑委员会编:《辞海》,辞书出版社1980年版,第228页。

构一词常对应英文 agencies,在美英诸国应用广泛。其具体运用场景有二:

一是用以指代所有的行政组织。在美国,联邦行政程序法即做出规定,agencies 是指除立法、司法、军事和特定层级政府之外的所有行政组织或行政机构。[①] 学者们据此将其描述为:"通过规则制定、规则执行和争议裁决,完成行政任务,且影响私人权利的,除了法院和议会以外的政府组织。"[②]agencies 的名称繁多,具体有部(department)、署(administration)、局(bureau)、处(service)、机关(agency)、委员会(commission or board)等。按性质不同分类,agencies 可分为监管机构(regulatory agencies)、非监管机构(non—regulatory agencies)与顾问委员或者幕僚性机构(advisory and staff agencies)等。Agencies 的名称与分类的繁复性,可从美国的官方文献中得到很好的说明。例如,美国联邦行政法典(the Code of Federal Regulations)即列举了 30 余类共计 200 余种不同性质与名称的政府组织。

二是用以指代政府正规部门之外的政府组织。在一些西方学者看来,agencies 是指承担政府职能而又通常处于政府部门框架(the normal departmentalframework)之外的多种组织的总称。[③] 与这一观点相吻合,2002 年欧盟委员会(EU Commission)即将欧盟(EU)的

---

① 《美国联邦行政程序法》第 551 条规定,agencies 指美国的任一政府机构,而不论其是否隶属于或接受另一机关的审查,但不包括:(1)国会;(2)法院;(3)美国领地或属地政府;(4)哥伦比亚特区政府;除本篇第 552 条另有规定的外,也不包括:(5)为解决争端而由当事人代表或由当事人组织的代表所组成的机关;(6)军事法庭及军事委员会;(7)战时战区的军事机关或占领区内的军事机关;(8)执行美国联邦法典第 12 篇第 1738、1739、1743、1744 条所规定任务的机构,执行第 41 篇第 2 章所定任务的机构,或执行第 50 篇第 1622 条、第 1884 条、第 1891 条、第 1902 条、第 1641 条(b)(2)前段附款所定任务的机构。

② Thomas W. Dunfee and Frank F. Gibson, *Legal Aspects of Government Regulation of Business*, John Wiley & Sons, 1984, p. 56.

③ See Giandomenico Majone, *The Credibility Crisis of Community Regulation*, J. COMMON MKT. STUD., Vol. 38, 2000, p. 290.

agencies 分为执行机构(the executive agencies)和监管机构(the regulatory agencies)两类,其中,执行机构是指承担特定管理性任务的机构,如欧盟重建机构(European Agency for Reconstruction),曾被授权管理欧盟支持科索沃重建项目;监管机构是指需要通过制定规则而对特定行业予以监督管理的机构,如欧洲银行监管委员会(Committee of European Banking Supervisors)即被赋予向欧盟提供银行政策建议和促进欧盟区银行监管与监管合作的职责。[①] 与欧盟委员会界述不同的是,意大利学者 G. 马佐尼(Giandomenico Majone)将 agencies 划分为三类:决策机构(the decision making agencies),即有权制定规则或虽无权制定规则却能影响最后决定的机构;执行机构(the executive agencies),即承担纯管理任务(purely managerial tasks)、观察角色(observatory roles)或协作任务(mission of co—operation)的机构;监管机构(the regulatory agencies),即根据政治决策或立法指令制定并实施监管措施以实现决策或立法要求的机构。

在中国,早期的政治与法律研究中,学者们赋予了机构这一概念以特定的理论意义。当机构与国家联用时,即为国家机构(state organ),用以表示国家立法、行政、司法与军事机关体系的总称。当机构与政府联用时,即为政府机构,具体又分为广义与狭义两种:广义的政府机构大抵等同于国家机构;而狭义的政府机构又称为行政机构。考察行政机构的含义,就要先论及行政机关。在中国公法理论中,行政机关是指依据宪法或行政组织法设置的行使国家行政职能的国家机关,它具有行政性、命令性、责任性、主动性、直接性与广泛性等特

---

① See Damien Geradin, *The Development of European Regulatory Agencies: What the EU Should Learn from American Experience*, COLUM. J. EUR. L., Vol. 11, 2004 - 2005, pp. 23 - 24.

征;而行政机构是行政机关的构成单位,它一般不能独立对外行使职能,不能独立对外享有公法意义上的权利与义务关系。[1] 近年来,机构与机关的概念使用有所变化,从学者们的研究文献到官方的正式文件中,二者的使用与区别已远不及过去严格——很多时候人们将它们等同起来了。当然,大多数情况下,人们还是愿意坚持对它们做出一些区别,例如,将行政部门称为行政机关,将其内设部门称为内设机构;而将新近成立的各类监管委员会称为监管机构,并将其内设部门称为内设机构,将其派出组织称为派出机构。

二、对监管机构的学理解读

人们对监管机构(regulatory agencies)的界说,经历了三个发展过程:首先,不少学者采用描述特征和列举名称的方式界定监管机构。20 世纪 50 年代中期,美国学者马弗·博恩斯坦(Marver Bernstein)提出,监管机构是指联邦通信委员会(FCC)、联邦贸易委员会(FTC)、证券交易委员会(SEC)、民用航空局(CAB)和其他一些由简写字母代表的机构(alphabet soup agencies)。[2] 20 世纪 60 年代初期,曾任美国国务卿的罗杰·希尔斯曼(Roger Hilsman)认为,为了监督和管理某些特定活动——通常是经济活动而建立起来的区别于传统行政官僚机构的各类管理委员会,即为拥有控告、追诉和处罚职权的准立法、准司法性质的监管机构。[3] 同一时期,英国政治学学者维尔(M. J. C. Vile)界说道,监管机构是一种设在政府部门之内而又不属于行政部

① 北京大学法学百科全书编委会:《北京大学法学百科全书》(宪法学与行政法学),北京大学出版社 1999 年版,第 577 页。

② See Marver H. Bernstein, *Regulatory Business by Independent Commission*, Princeton University Press, 1955, p. 2.

③ [美]希尔斯曼:《美国是如何治理的?》,曹大鹏译,商务印书馆 1986 年版,第 205 ~ 206 页。

门的依法拥有广泛职权的重要组织,它同总统和国会有着非常复杂的正式与非正式关系。[①] 这些描述性定义,形象地揭示了监管机构的部分特征,对界定早期的独立管制委员会(the independent regulatory commissions)具有理论意义。

其后,学术界开始尝试从本质属性上界说监管机构。20 世纪 70 年代开始,随着发达国家的工业化进程,美英诸国进入后工业化时代。人们对健康、安全和环境的诉求大幅增加,一系列旨在加强产品质量、劳工安全、生活环境和消费者权益保障的政府活动得以展开,学者们所称的社会性监管开始大量出现。这时,先期针对独立管制委员会这些偏重经济性的监管机构而做出的特征描述性界说,已渐渐失去了其科学性,人们转向从偏重本质属性层面界定监管机构了。美国不少研究者提出,监管机构就是指制定标准,针对私人经济活动课以限制或给予利益,并通过准司法的行政程序执行所定标准的机关。还有一些学者认为,监管机构是根据国会法案设立,置身于联邦正规部门之外,旨在实施管理和控制私人行为或财产的特殊政府机构。[②] 这两种定义指出了监管机构的法定化、要素化与功效化属性,具备了把握监管机构本质的条件。但是,二者将监管机构的作用对象限于私人活动或经济活动,是不太恰当的。事实上,监管机构的对象范围包括经济性领域、也包括社会性领域;既包括私人活动,也包括公共部门活动;既包括公私部门的财产,也包括公私部门的行为。

后来,人们终结合本质与特征对监管机构予以完整定义。在现时的学者们看来,监管机构的特殊性可集中表述为:其一,监管机构通常

① See M. J. C. Vile, *Politics in the United States*, NewYork: The Penguin Press, 1970, pp. 197 - 198.

② See Federal Regulation Directory, Congressional Quarterly, Inc., 1994, pp. 427 - 443.

依据特定法律与法案设立,享有法定的对经济与社会领域予以监督管理的职责与职权;其二,监管机构主要是政府行政组织,但在特定情况下,也表现为非政府组织形态;其三,监管机构有别于官僚科层制组织,较之传统行政部门,具有或多或少的独立性;其四,监管机构的权能主要表现为依法设定标准、制定规则、执行标准与规则、归集与实施措施,以及追究责任与裁决争议;其五,监管机构的作用范围包括涵盖经济性与社会性等领域的一切市场主体的财产、行为与相关事项。据此,人们有理由认为,监管机构即指依法设立而通过制定、执行与运用规则对市场主体活动及事项予以监督性管理的具有相对独立性的机关、机构或组织。

三、金融监管机构的界述梳理

理论上界定金融监管机构(financial regulatory agencies),也并非一件容易的事情。透过繁多的学术文献与官方文件,人们倾向于从如下几个方面对其予以界述:

其一,从金融监管机构的外在形态上做归纳。金融监管机构常对应英文 financial regulatory agencies,这在研究文献和法律文本中表现充分。[①]一些国际金融监管组织的重要文件对此有不同的称谓:巴塞尔银行监管委员会(BCBS)在《有效银行监管核心原则》(*Core Principles for Effective Banking Supervision*)中将其表述为 supervisors;国际证监会(IOSCO)在《证券监管目标和原则》中将其表述为

---

① 在一些英文文献中,加拿大金融监管机构还被表述为 national regulators, See Irina Dashkova, 2004。Securities Regulation in Canada: Rules-based versus Principles-based Approach, A Thesis for the Degree of Master of Laws, Graduate Department of Law of Toronto University. 有时,美国金融监管机构还被学者们表述为 regulators at all of the federal agencies, see Kenneth D. Lewis, Regulatory Reform for the American People, Executive Speeches, April/May 2003, EBSCO Publishing。

supervisors 或 regulatory authority；国际保险监管者协会（IAIS）在《保险监管核心原则》（*Insurance Core Principles*）中将其表述为 supervisors 或 supervisory authority。[①] 在中国金融监管实践中，金融监管机构有时又被表述为金融监管主体、金融监管当局和金融监管者等。应当知道，金融监管机构这一概念是对众多监管主体名称与现象的一种抽象与归纳。在实践中，金融监管机构可以作为各类监管组织的综合，也可以分述为银行、证券、保险、期货等各种类别的监管机构。而且，各国各地区的金融监管机构的具体名称也各具形态，例如英国的 FSA、美国的 SEC、德国的 BaFin 和中国的银行、证券、保险诸监管委员会等。

其二，从金融监管机构的内在本质上予以界说。现代金融监管中，监管机构是依据特定金融监管法律法案设立且通过制定、执行规则和仲裁、解决争议而对金融市场主体的活动和相关事项予以规制的组织。如此一来，人们可进一步挖掘金融监管机构的本质属性，具体表现为以下层次：一是金融监管机构大都依法律法案设立，符合现代公法理论所推崇的机构法定的法治精神；二是金融监管机构具有法定的规则制定、规则运用和争议裁决等项权能；三是金融监管机构的作用对象与范围集中于金融市场中一切主体的财产、行为与相关事项；四是金融监管机构为实现特定监管目标可以采取特定的监管措施、手段与方法；五是金融监管机构异于传统行政部门而具有特定的独立性与问责性要求；六是金融监管机构的设立、变更和终止影响甚至决定一定的金融监管模式与体制——或者说，是金融监管模式与体制变迁

① BCBS：Core Principles for Effective Banking Supervision；IOSCO：The Objectives and Principles of Securities Regulation of IOSCO；IAIS：International Association of Insurance Supervisors.

的主要标志。

此外,金融监管机构还具有一些监管框架层面的理论特征。从特定国家或地区的整个监管体系角度考察,金融监管机构表现出两大突出特点:一是金融监管机构属于经济性监管组织范畴。人们通常认为,现代监管包括经济性监管与社会性监管两种。[①] 相应地,监管主体也可分为经济性监管机构与社会性监管机构。经济性监管机构的设立初衷在于,规制市场主体的财产、行为和活动,优化市场资源配置,解决市场失灵等突出问题。相形之下,金融监管机构是经济性监管组织体系中的一种典型组织形态。其设立目的在于防范金融风险、促进金融稳健、规范金融市场主体的行为和相关事项。当然,金融监管机构的作用范围是有限的。经济金融发展中,宏观调控和微观监管之间,应该做出相对明晰之区别。二是金融监管机构主要属于政府监管组织范畴,特定时空条件下可以是非政府监管组织形态。现代金融监管多属政府监管,金融监管机构也多属政府监管机构。随着金融市场深入发展,为进一步促进市场竞争,适应市场自治与自律需要,除政府监管以外,社会组织监督和市场自律监督等非政府监管必将获得充分发展。可以预言,金融及其监管发展的未来时期,政府性监管机构与社会监督组织、行业协会组织、企业自律组织等非政府监管组织将同等重要、彼此共存和竞相发展——美国的 FRS 和英国的 FSA 的组织形态即是很好的明证。[②]

---

① 关于监管机构的类别,还有不同的划分方式。OECD 提出,现代监管由经济性监管、社会性监管和行政性监管三部分组成。参见马英娟:《政府监管机构研究》,北京大学出版社 2007 年版,第 27 页。弗洛伦丝 · A. 黑夫兰(Florence A. Heffron)认为,现代监管包括经济性监管、社会性监管和辅助性监管(subsidiary regulation)。See Florenc A. Heffron, *The Administrative Regulatory Process*, Longman, 1983, pp. 349 – 358.

② 美国的 FRS 和英国的 FSA 的非政府属性参见本章第二部分。

第四章　房地产金融化的反思

二十年中国房地产调控[①]

房地产在中国经济中的角色不仅仅是一个产业或行业,作为政府与企业最重要的抵押品和个人最重要的投资品,无论是银行信贷还是金融市场产品,在相当规模上都与之相关,金融地产化既是中国房地产发展的历史,也是中国金融演变的一个重要侧影,又是金融改革与治理必须面对的一个重要问题。选择这一问题进行专题探讨,可以管中窥豹,从产业发展的角度观察和思考金融规制问题。

中国房地产的货币化和市场化始于 1998 年,20 年来房地产产业一直保持高速增长,但高增长并非都意味着高质量的发展。房价高企、结构失衡,房地产对金融资源的大量占用,既对社会民生形成了不小的消极影响,也在不断加剧金融领域的风险。对症下药,首先需要厘清其走过的路径和成因。

“他山之石,可以攻玉”,在分析中国房地产金融化问题脉络的同时,可以对照德国房地产金融发展的历程及其经验,探讨房地产金融化的其他可能。

结合中外房地产金融化的不同路径和效果分析,回顾中国房地产的规制和管理体系,可以发现,20 年来中国房地产的调控有喜有忧,

---

① 根据 2017 年系列研究成果。

有经验,也有不少教训,总体上还没有摆脱“波动、调控、再波动、再调控”的循环,相关的规制和治理体系总体上还有待完善,否则也就难以解决金融地产化的问题。

解决金融地产化问题从源头上来说,需要分而“置”之,即满足居民居住需求不能只依靠住房买卖市场,还需要大力发展住房租赁市场。无论在理论上还是在实践中,不少国家的经验都证明,住房买卖市场和租赁市场之间存在替代效应,中国如何建立有效的“租买选择机制”,是稳定住房市场,解决金融地产化问题的一个重要方向。

商业银行在引导和推动住房租赁市场培育和发展方向上,承担着重要角色。建设银行通过建设由住房租赁监管服务、企业租赁服务管理、政府公共住房服务、住房租赁服务共享、住房租赁检测等构成的综合平台,正在探索一套住房租赁服务的“一揽子”解决方案,也在此分享给大家。

一、1998~2002年:住房制度改革与培育新的经济增长点

1998年以前,中国实行“统一管理,统一分配,以租养房”的公有住房实物分配制度。1998年全国停止住房实物分配,实行住房分配货币化、住房供给商品化、社会化改革,房地产进入市场化发展的历史新时期。

20年来,中国房地产调控政策,大致可分为六个时期:一是1998~2002年,住房制度改革,将房地产作为新的经济增长点着力培育,确立房地产为国民经济支柱产业,房价低位平稳增长。二是2003~2008年上半年,房价快速上涨成为社会关注焦点,房地产投资过热,紧缩性宏观调控加强。三是2008年下半年到2009年,房地产调控政策由

“控制”转向“救市”。“四万亿”出台，房地产金融政策极度宽松，财税大力支持等，2009 年房价出现暴涨，全国房价涨幅超过 20%，上海房价涨幅接近 60%。四是 2010 ~ 2013 年，房地产调控政策趋于严厉，房地产过热发展势头得到抑制，房价趋于平稳增长，“恐慌性”购房回落。五是 2014 ~ 2016 年 3 月，经济下行压力加大，房地产库存严重。房地产调控政策转向宽松，再次“救市”。深圳、北京、上海等一线城市房价大涨，2015 年，深圳房价涨超 40%，北京、上海房价涨超 20%，带动全国房价上涨。六是 2016 年 4 月至 2017 年，房地产调控政策全面收紧，因城施策去库存加强。房屋成交量回落，房价趋于平稳。

（一）调控政策背景（鼓励政策）

一是 1997 年亚洲金融危机爆发，对中国出口、利用外资等经济金融领域产生影响；二是国内经济出现通货紧缩。为刺激消费，拉动内需，摆脱经济低潮，政府将房地产作为新的经济增长点着力培育，大力支持促进房地产市场发展。

（二）主要调控政策

一是改革住房分配制度。停止住房实物分配，实行住房分配货币化；发展住房金融，培育和规范住房交易市场。

二是加大保障房建设。“建立和完善以经济适用住房为主的住房供应体系”；“廉租住房可以从腾退的旧公有住房中调剂解决，也可以由政府或单位出资兴建”。

三是实行财税优惠政策。对个人购买并居住超过一年的普通住宅，销售时免征营业税；个人购买自用普通住宅，暂减半征收契税；对居民个人拥有普通住宅，在其转让时暂免征收土地增值税；对出售自有住房并拟在现住房出售后一年内按市场价重新购房的纳税人，其出售现住房所应缴纳的个人所得税,视其重新购房的价值可全部或部分予以免税。

四是金融支持。支持住房建设和消费,央行多次下调基准利率。"1999 年各商业银行对住房消费贷款和汽车消费贷款的投入要高于 1998 年的投入比例","个人住房贷款可扩大到借款人自用的各类型住房贷款";"在严格防范信贷风险的基础上,各行可根据情况掌握条件,对购买住房、汽车的贷款的比例可以按不高于全部价款的 80% 掌握"。

(三)调控政策效果

一是住房建设快速扩大(见表 4-1)。2002 年全国城镇房屋竣工面积达 93,018.27 万平方米,与 1998 年的 70,133.13 万平方米相比增长了 32.63%。同时,商品房竣工面积增长更为迅速,1998 年全国商品房竣工面积 17,566.60 万平方米,2002 年达 34,975.75 万平方米,增长 99.10%。商品房竣工面积占城镇房屋竣工面积的比例也由 1998 年的 25.05% 上升到 2002 年的 37.60%。商品房建设的快速发展带动了房地产开发投资额的迅速增加,2002 年,全国房地产开发投资额为 7790.92 亿元,与 2000 年相比增加了 56.32%。

表 4-1　1998~2002 年全国房地产建设情况[①]　　单位:万平方米

指标 \ 年份	1998	1999	2000	2001	2002
商品房竣工面积	17,566.60	21,410.83	25,104.86	29,867.36	34,975.75
城镇房屋竣工面积	70,133.13	79,646.07	80,507.92	85,278.88	93,018.27
占比(%)	25.05	26.88	31.18	35.02	37.60

① 资料来源:国家统计局。

二是城镇居民的住房消费观念改变,加快了住房商品化进程,房地产市场规模迅速扩大。1998 年,全国商品住宅销售面积 10,827.10 万平方米,2002 年则达 23,702.31 万平方米,增长了 1.19 倍;1998 年商品住宅销售额 2006.87 亿元,2002 年达到 4957.85 亿元,增长了 1.47 倍(见表 4－2)。个人购房的迅速发展也带动了个人住房信贷的快速发展。四大国有商业银行个人住房贷款余额从 1998 年开始都经历了快速增长过程。到 2002 年 11 月,全国商业性和公积金个人住房贷款余额合计已达 8464 亿元,是 1998 年的 12.63 倍。

表 4－2　1998～2002 年全国商品住宅销售面积和销售额①

指标＼年份	1998	1999	2000	2001	2002
商品住宅销售面积(万平方米)	10,827.10	12,997.87	16,570.28	19,938.75	23,702.31
商品住宅销售额(亿元)	2006.87	2413.73	3228.60	4021.15	4957.85

三是城市人均住宅建筑面积快速增长。1998 年,中国城市人均住宅建筑面积为 18.66 平方米,2002 年的这一指标值为 22.79 平方米,增长了 22.13%。

二、2003～2008 年上半年:紧缩性宏观调控

(一)调控政策背景(抑制政策)

一是房价快速上涨成为社会关注焦点,2004 年、2005 年,全国商品房平均销售价格同比上涨幅度都超过 15%,2005 年,北京房价上涨幅度甚至超过 30%(见图 4－2、图 4－3),远远超过居民收入增速;二

① 资料来源:国家统计局。

是房地产投资快速增长，出现过热现象，2003 年、2004 年、2007 年，全国房地产投资增速都达到 30% 左右（见图 4－1），为抑制房地产投资过热，稳定房价，房地产调控加强。

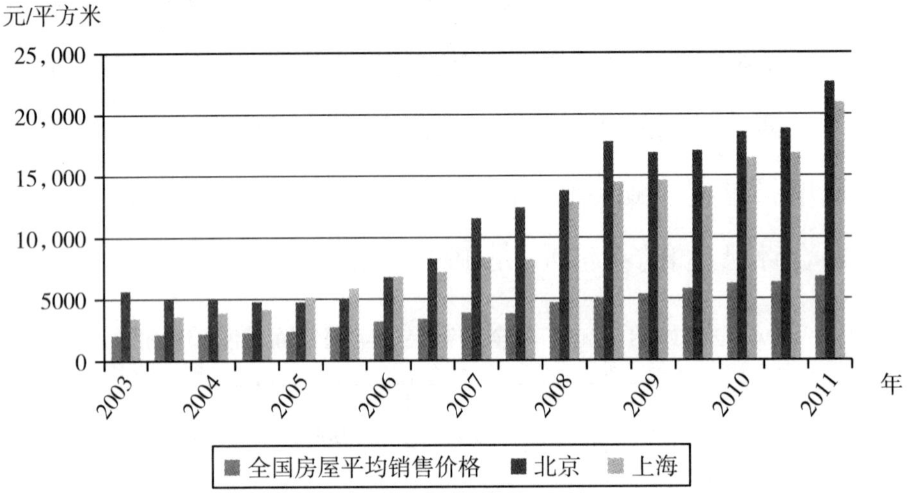

图 4－1　全国商品房平均销售价格[①]

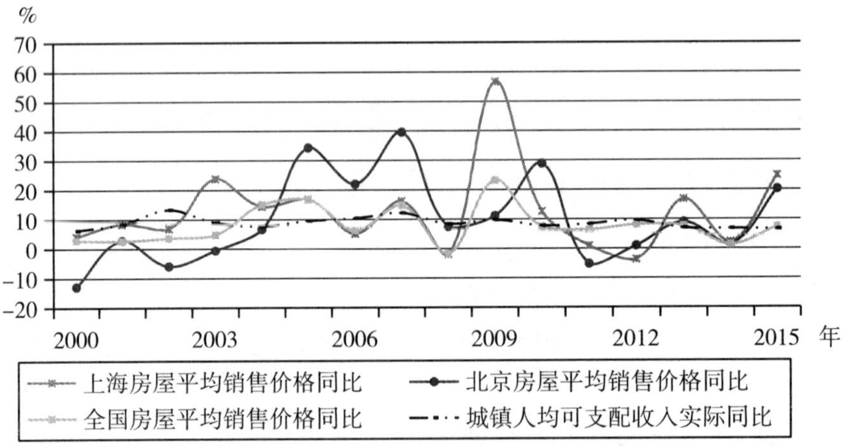

图 4－2　全国商品房平均销售价格同比[②]

① 资料来源：国家统计局。

② 资料来源：国家统计局。

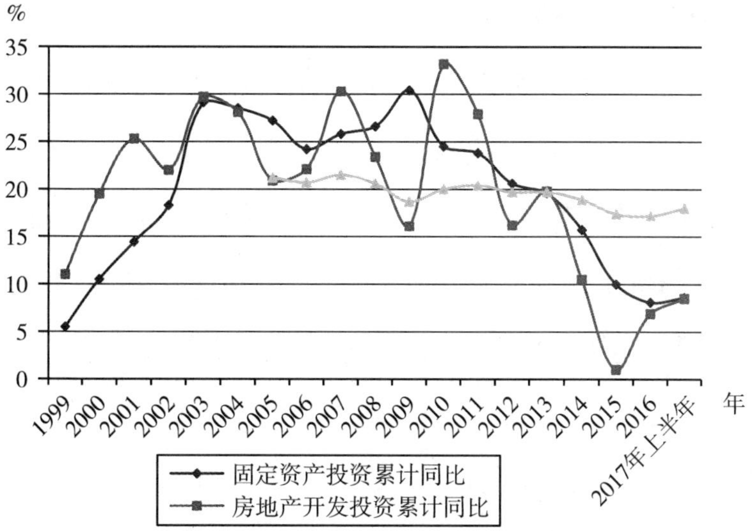

图4-3　房地产开发投资增长状况①

(二)主要调控政策

本轮宏观调控的特点:政策数量多、力度大、密度高。可分为控制房地产投资过快增长、稳定住房价格两个阶段。

第一阶段:2003~2004年:控制房地产投资过快增长。

一是建立健全土地调控政策。2004年3月,原国土资源部、监察部发出《关于继续开展经营性土地使用权招标拍卖挂牌出让情况执法监察工作的通知》,要求各地"在2004年8月31日前将历史遗留问题界定并处理完毕。8月31日后,不得再以历史遗留问题为由采用协议方式出让经营性土地使用权"。此举被业内称为"8·31大限"。

二是加强信贷管理。2004年8月,中国银行业监管机构发布《商业银行房地产贷款风险管理指引》,对土地储备贷款、房地产开发贷款、个人住房贷款、商业用房贷款等四类房地产贷款的风险管理作了详细规范,并规定商业银行对申请贷款的房地产开发企业,应要求其

① 资料来源:国家统计局。

开发项目资本金比例不低于35%。

三是限定经济适用房。“经济适用住房要严格控制在中小套型,中套住房面积控制在80平方米左右,小套住房面积控制在60平方米左右”;“经济适用住房在取得房屋所有权证和土地使用证一定年限后,方可按市场价上市出售;出售时,应当按照届时同地段普通商品住房与经济适用住房差价的一定比例向政府交纳收益”。

第二阶段:2005~2006年:稳定住房价格。

一是“国八条”与“新国八条”政策。2005年国务院先后发布新旧“国八条”等,要求稳定房价。

二是“90/70”政策。加强土地供应,缩短土地开发周期。限制高档住房开发,增加普通商品房、经济适用房、廉租房供应,2006年出台“90/70”政策(套型在90平方米以下的住宅比率必须达到开发面积的70%)。

三是货币信贷政策收紧。多次上调基准利率和法定存款准备金率,实行差别信贷政策。2007年规定以家庭为单位,二套房贷首付不得低于40%,利率不得低于基准利率1.1倍。

四是税收政策和外资限购令。通过税收政策、外资限购令等遏制投资、投机性需求。

五是进一步规范和清晰房地产权益。2007年《物权法》、2008年《土地登记办法》出台实施,房地产权益进一步清晰。

(三)调控政策效果

一是房地产开发投资过热的势头基本得到控制。房地产投资、房地产贷款增长趋于放缓。

二是房价上涨速度趋缓。但上涨速度仍然较快,并未给快速上涨的楼市以实质性的遏制,房地产销售量与销售价格齐升现象仍较突出，商品房待售面积2006年、2007年同比负增长。

三是城市人均住宅建筑面积显著增长。从2013年至2018年增长30%左右（见图4－4）。

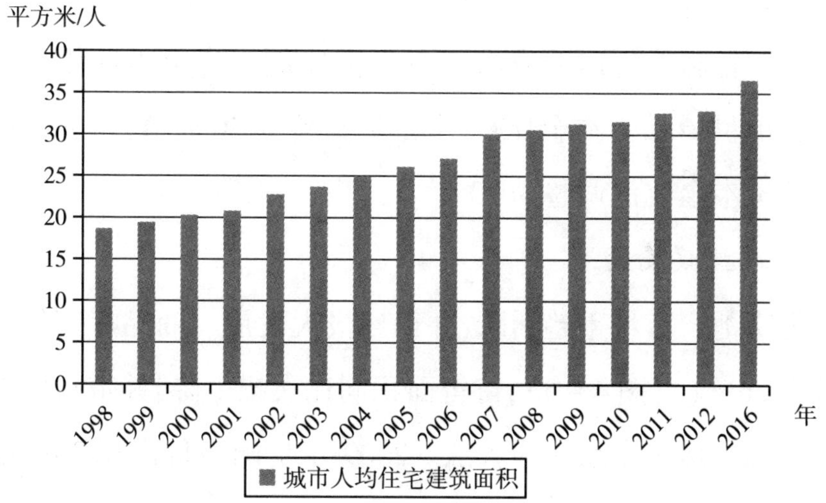

图4－4　城市人均住宅建筑面积①

三、2008年下半年～2009年：调控政策向"救市"转变

（一）调控政策背景（鼓励政策）

前一轮调控初见成效，国际金融危机爆发，合力作用导致房地产市场显著下行。2008年，房价出现明显下跌，房地产投资同比下降7个百分点，商品房销售面积同比下降20%，待售面积同比增长38%。为稳增长、促就业，房地产调控风向转变，政策由"控制"转向"救市"。

（二）主要调控政策

一是加大金融支持。"四万亿"政策出台，货币政策由紧转为宽松，多次下调基准利率、法定存款准备金利率，对个人购房降税（个人

① 资料来源：国家统计局。

首次购买 90 平方米以下普通住房，契税下调到 1%，免征印花税和土地增值税，个人住房转让营业税由 5 年免征改为满 2 年免征）、降贷款利率（7 折优惠）、降首付比例（最低 20%）。

二是地方政府可自主出台救市政策。包括购房落户等。

三是大幅降低住房开发项目资本金比例。将保障性住房和普通商品住房项目最低资本金比例由 35% 调整为 20%，其他房地产开发项目最低资本金比例调整为 30%。

（三）调控政策效果

一是房地产市场重趋活跃，并得到极大发展。商品房销售面积同比增长 43.6%（见图 4－5），待售面积同比大幅下降，并带动房地产投资上涨。二是房价由跌转为大涨。2009 年全国房价出现 20% 以上幅度的大涨。

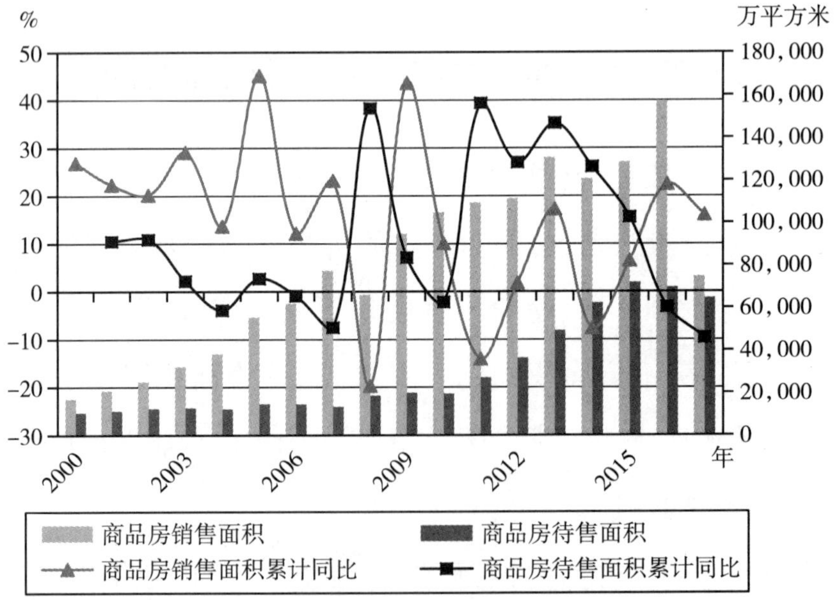

图 4－5　商品房销售和待售面积状况①

① 资料来源：国家统计局。

四、2010～2013年：房地产调控政策趋于严厉

(一)调控政策背景(抑制政策)

2009年下半年开始，房价快速上涨，投资、投机盛行，产业及股市资金大量转向房地产市场，地王频现，严重影响到房地产市场平稳发展和居民的生活。

(二)主要调控政策

一是不断强化差别化住房信贷政策。2010年规定对贷款购买第二套住房的家庭，贷款首付不得低于50%，贷款利率不得低于基准利率的1.1倍，停止发放第三套及以上住房贷款；2011年规定对贷款购买第二套住房的家庭，贷款首付比例不低于60%，贷款利率不低于基准利率的1.1倍，第三套及以上住房不得发放贷款。

二是实行限购政策。2011年国务院发布“国八条”，北京、上海等房价上涨过快城市，规定以家庭为单位，对已有1套住房限购1套，拥有2套及以上住房者暂禁购房，2011年全国限购城市达到50多座。

三是加强财税调控。个人住房转让营业税征收免时限由2年恢复到5年，2011年，上海、重庆正式实施房产税，深圳也成为全国第三个房地产税试点城市，2012年将对个人住房征收房地产税作为房地产领域长效机制建设的重要组成部分。

四是加大保障性住房建设和供应。2011年规定保障性住房等用地不低于住房用地供应总量的70%。

(三)调控政策效果

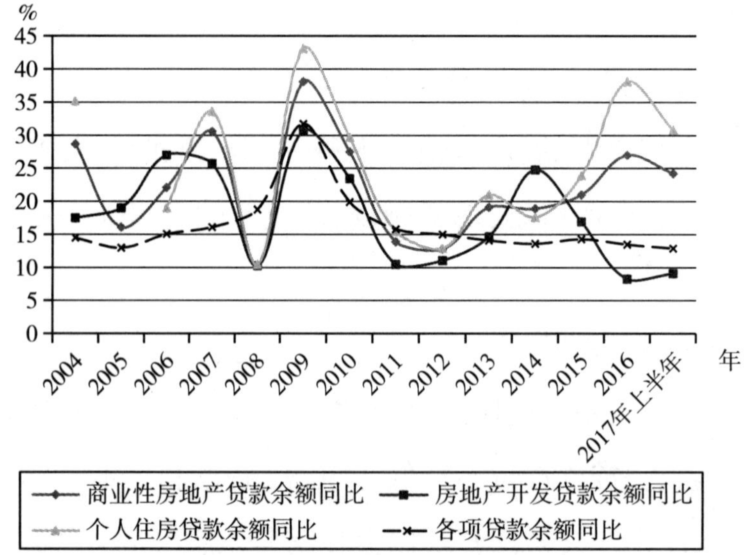

图4－6　房地产业贷款增长状况①

房地产过热发展势头得到抑制，房价、房地产开发投资趋于平稳增长(见图4－6、图4－7)，2010～2013年，房价年均涨幅在8%以下，商品房销售面积增速大幅回落，“恐慌性”购房得到有效遏制。

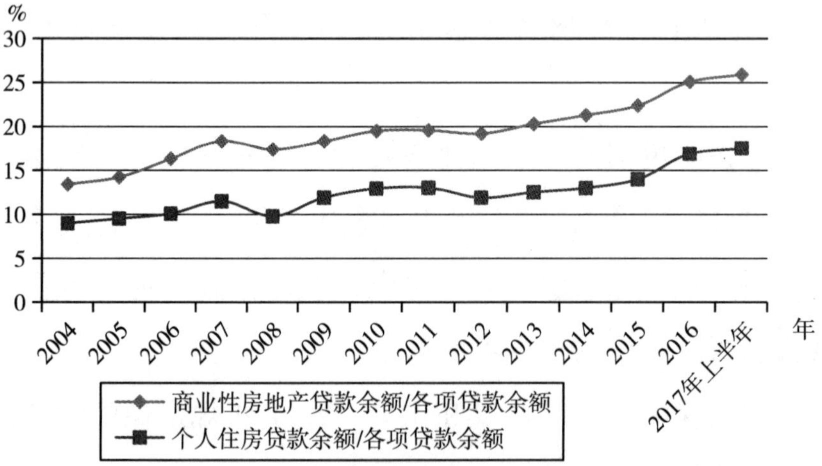

图4－7　房地产业贷款占各项贷款余额比例②

① 资料来源：中国人民银行。

② 资料来源：中国人民银行。

五、2014～2016 年 3 月：调控政策全面转向宽松

（一）调控政策背景（鼓励政策）

2014 年以来经济下行压力加大，2013 年第三季度后，GDP 增幅逐季下滑，截至 2014 年第三季度已跌至 7.1% 阶段性底点；2015 年后工业领域通缩加深，工业企业利润大幅下滑，增幅转负，经营困难增多；2014 年以来商品房销售面积月度同比转负，且下降幅度持续加大，至 2015 年 2 月达到谷底；去库存政策效果不明显，2014 年后商品房待售面积累计同比在 2013 年创峰值后，仍在高速增长，商品房库存积压严重。为顶住经济下滑压力，重启房地产市场，2014～2016 年 3 月，中国房地产市场调控政策全面转向宽松。

（二）主要调控政策

自 2014 年 3 月开始，除一线城市外，41 个城市松绑限购。同时，各地银行松绑限贷，增加购房补贴，调整税费收费政策，要求公积金降低首付等。但政策效应不是很明显，房地产市场仍较为低迷。

2014 年 9 月 30 日，《关于进一步做好住房金融服务工作的通知》"9·30 房贷新政"推出，显示政府救市决心。对首套房实行"认贷不认房"政策，并明确了银行贷款利率下限为七折，政策宽松力度较大，对拖住房市下滑态势作用较大，但各地房市出现分化发展态势。

2015 年 3 月 30 日再出"房贷新政"。《关于优化 2015 年住房及用地供应结构促进房地产市场平稳健康发展的通知》，赋予地方政府一定"因地制宜"的调控权限，引导一些房地产供应明显偏多或在建房地产用地规模过大的市县未开发房地产用地转型利用，允许房地产开发企业适当调整套型结构。《关于个人住房贷款政策有关问题的通

知》出台,各地根据具体情况可适度降低二套房首付比例,但不能越过央行10%底线。《关于调整个人住房转让营业税政策的通知》出台,适度下调了营业税率。

2015年9月30日,将不限购城市首套商品房最低首付款比例下调至25%,因城施策调控特点充分显现。

2016年2月2日,央行和银行业监管机构发布房贷松绑新政,超过150座城市出台"去库存"新政,包括降低首付、松绑住房公积金、减税、鼓励农民工进城买房等,2016年3月"两会"期间,房地产调控正式定调三四线城市因城施策去库存。

(三)调控政策效果

随着救市政策力度的逐步放松,住房需求端经历了从复苏到快速提升再到"井喷"的过程。

一是市场成交量出现报复性反弹。从市场成交面积看,2014年9月达到-8.6%阶段性底点,2014年10月开始上升,时滞为1个月,2015年2月再创-16.3%阶段性底点,2015年3月开始上升,直至6月房地产商品房销售面积累计同比转正。2016年后增幅高达30%以上,市场成交量出现报复性反弹。

二是房价一路走高。从房价变动看,70个大中城市新建住宅价格指数同比2015年4月触底后,逐月回升,直至2015年12月增幅转正。其中,一线城市政策反应时滞较短,2015年6月涨幅转正,二线城市11月转正,三线城市2016年4月才实现转正。不同类城市涨幅分化明显,同比涨幅差不断拉大。同时,二手住宅价格指数同比同样4月触底后,逐月回升,2015年11月涨幅转正,与新建住房走势大致相同。从月度环比来看,新建住房2015年5月止跌回升,随后房价一路走高,2016年8月、9月、10月三个月达到涨幅顶峰。二手房2015年4月止跌回升,但环比涨幅低于新建住房,在2016年9月涨幅达到顶峰。从政策反应时滞来看,价格变动要稍慢于成交量变动。

三是房地产投资和个人房贷出现“井喷”。2014～2015年两年政策放松后,2015年12月房地产开发投资月度累计同比增幅经逐月下滑后触底,随后进入上行周期,到2017年4月增幅达到顶峰;2015年第4季度末房地产开发贷款季度同比创26.05%峰值,随后逐季下滑;个人住房贷款余额2014年下半年触底后,逐季反弹,至2016年“9·30房贷新政”时季度同比高达34.94%。个人房贷出现“井喷”,市场呈现恐慌局面。

六、2016年9月至今:调控政策全面收紧

(一)调控政策背景(抑制政策)

2016年GDP增幅连续三个季度呈现平稳态势,下行压力有所缓解,尤其是2017年以来稳中向好态势显现出来;2016年9月工业领域通缩缓解,PPI月度涨幅转正,涨幅逐月走高,工业企业利润2016年2月增幅转正,年内平稳回升后,2017年大幅增长,经营形势良好;2016年以来,一线城市部分二线城市商品房价格涨幅过快,70个大中城市新建住宅价格指数升至10%以上,其中一线城市同比涨幅接近30%,月度环比涨幅持续高企,8月、9月两个月高达3.1%,房价飞涨,投机旺盛,市场恐慌情绪出现;与此同时,房地产市场结构进一步失衡,三四线城市去库存压力仍大。政府调控措施迅速从一线城市展开,随后逐步到二线城市,以及大城市圈部分三四线城市。

(二)主要调控政策

为坚决抑制房地产市场投机行为,真正落实“房子是用来住的,不

是用来炒的”发展定位,在 2016 年“9 · 30 房贷新政”基础上,2017 年春节过后房地产调控政策从紧再度加码,限购、限贷、限售等行政性调控措施不断升级,土地供应因城施策,调控面越来越大。

2016 年 9 月 30 日,北京市政府发布《关于促进本市房地产市场平稳健康发展的若干措施》,包括二套房首付提高至 50% 等,成为这次全国性调控的表率。之后,9 天内,天津、苏州、成都、合肥、广州、南京、深圳、济南、无锡、武汉等 21 个城市先后发布类似楼市调控政策。

2016 年 11 月以来,杭州、武汉和深圳等 10 多个城市在此前基础上进一步收紧楼市政策,进一步提高购房资格或贷款门槛。就连 3 月底已经抛出严苛新政的上海也在极度保密的状态下发布了调控 2.0 版,史无前例地执行“认房又认贷”。

2017 年 3 月 17 日,北京再次启动“3 · 17 新政”。恢复首套房“认房”又“认贷”制度,二套房首付款比例提高至 60% 和 80%,将非京籍家庭在京购房条件由原来“连续 5 年缴纳个人所得税”调整为“连续 60 个月缴纳个人所得税”,调高首套房贷款利率为不低于贷款基准利率的 0.95 倍,最长贷款年限缩短到 25 年。央行下发《做好信贷政策工作的意见》,加强对商业银行窗口指导,敦促其优化信贷结构、合理控制房贷比重和增速。房贷比可能成为 2017 年人民银行 MPA(宏观审慎评估体系)考核重要内容。

2017 年 4 月以来,楼市供给侧调控举措持续跟进,强化住宅用地供应“五类”调控目标管理。

随时间推移,多数三四线城市楼市调控升级,限购、限贷、限售成为常态。近来部分城市房地产调控政策再次升级,热点城市个人住房抵押贷款利率频现上浮,监管当局严禁“消费贷”资金进入楼市,住房投机炒作面临“釜底抽薪”。

（三）调控政策效果

从目前房地产政策调控最新政策走势来看，短期内应利用限购、限售、限贷政策对住宅投机炒作力量进行“围剿”，同时尽可能兼顾刚性和首次置业需求；中期内对住宅市场供求关系进行前瞻性调整，有效发挥利率政策对住宅投机炒作力量的抑制作用，引导房地产市场理性运行；长期应加快房地产税立法，各地正加快建立租赁市场，加快研究通过税收杠杆有力调节住宅供求关系，建立促进房地产市场健康运行的长效机制。从目前来看，调控成效不断显现出来。

一是去库存效果显著。商品房待售面积累计同比增幅快速下滑。2017 年 1～8 月商品房待售面积 62，352 万平方米，同比下降 22%。

二是房价走势回落。2017 年以来 70 个大中城市新建住宅价格指数当月同比逐月下降，8 月回落至 8.1%。二手住宅价格指数当月同比也在回落，2017 年 8 月降至 7%，环比涨幅逐月收窄。其中，一线城市连续 3 个月负增长，下降较快，二三线城市小幅回落。

三是成交量萎缩。2017 年 10 月 1～7 日，全国楼市成交出现了明显下调，热点 30 城市网签大幅下调，市场分化持续，一二线热点城市成交量创下 2014 年来的最低值，三四线城市成交也仅仅同比持平。2017 年国庆长假前 7 日，北京楼市合计签约 143 套，同比下跌 65%，是自 2009 年以来的历史最低值。

房地产金融化及其成因①

1998 年,中国取消了住房实物分配,转而实行住房分配货币化的新体制。从此,住房消费开始逐渐成为城市居民的消费热点,带动中国房地产业真正走向市场化。近 20 年,房地产在中国经济起飞中扮演了重要角色,大幅改善了城乡居民居住质量,拉动内需消费释放,促进了经济增长。但房地产业在发展过程中也存在严重问题,房地产风险已经备受各方关注。

一、房价过快上涨已成为最大的“灰犀牛”

(一)近 20 年,中国房价基本保持了持续上涨态势

以新建商品房平均销售价格看,1998 ~ 2017 年 6 月,除 2008 年外,全国房价持续增长。到 2016 年年末,全国商品房平均售价 7500 元/平方米,分别为 5 年、10 年、15 年前的 1.4 倍、2.2 倍和 3.4 倍。其中,2004 年、2007 年、2009 年涨幅最大,同比增速分别为 17.76%、14.8% 和 23.18%。从 2011 年至今看,除广州外,北京、上海、深圳三地,年均增速在两位以上(见表 4 - 3、表 4 - 4)。以 70 个大中城市新建住宅指数来看,自有统计数据的 2005 年来,144 个月中近八成月份

---

① 根据 2017 年系列研究整理。

同比增长,且月均涨幅达6.9%,且自2015年12月,连续19个月正增长,月均涨幅达7%。过去12年间,中国新建商品房成交价上涨了6.3倍,而对应的城镇居民可支配收入仅增长3.5倍。

表4-3 近年新建商品房价格增长情况[①] 单位:%

年份＼地区	全国	北京	上海	广州	深圳
2011	6.05	1.53	7.22	4.26	2.40
2012	8.37	3.31	-0.65	4.54	2.89
2013	7.73	28.33	15.63	27.59	24.73
2014	1.43	1.83	2.46	-4.53	0.42
2015	9.08	9.17	15.32	-2.35	38.65
2016	11.28	18.04	24.13	14.81	29.23
2017	5.87	13.63	11.54	5.13	19.21
平均值	7.12	10.37	10.69	7.39	16.39

表4-4 近年中国各省房价增速情况[②] 单位:%

东部地区		中部地区		西部地区	
省份	2008~2017年	省份	2008~2017年	省份	2008~2017年
北京	13.60	山西	10.70	陕西	10.10
天津	11.30	内蒙古	8.20	甘肃	10.40
河北	10.70	吉林	10.30	青海	9.40
辽宁	6.60	黑龙江	9.90	宁夏	8.40
山东	7.90	安徽	9.50	新疆	8.20
江苏	9.20	江西	11.50	四川	8.00
上海	13.00	河南	9.30	重庆	8.20
浙江	9.00	湖北	9.20	云南	9.50
福建	7.60	湖南	8.80	贵州	8.20
广东	6.90	—	—	西藏	10.40
广西	8.90	—	—	—	—
海南	11.60	—	—	—	—

① 资料来源:国家统计局。

② 资料来源:国家统计局。

(二)目前中国房价水平持续高位

用房价收入比考察,两条结论:一是全国平均房价水平已较高。用全国新建商品房平均价格计算,2016 年,中国整体房价收入比 7.84∶1,较 2013 年的 6.65∶1 提高了 18.9%(见表 4-5),也同时远高于目前国际公认的 4-6∶1。考虑中国正处于城市化加速进程中,GDP 增速也大大高于发达国家等原因及中国特殊国情,房价收入比可以更高一些,但房价整体水平与社会经济总体发展阶段比还是偏高。二是部分城市房价上涨过快,泡沫风险加剧。从表 4-5 看出,2010~2015 年,北京、上海、广州等地的房价收入比加速提升,到 2015 年年末三地的指标几乎比 2003 年翻了一倍,北京、上海更是超过了 20∶1;不仅高于全国平均水平,高于其他城市、地区,也明显高于东京、伦敦等国际性大城市。尽管各国情况不同,难以用一个统一标准衡量,但房价收入比快速提升,表明中国部分地区房价上涨速度过快,房地产市场的投机和泡沫成分在不断增大,泡沫风险在加速集聚。

家庭收入六七年买套房是个合理的年限,我们现在实际情况是,均价对均价,一线城市一般都在 20 年以上。纽约、伦敦市中心的房子也不便宜,但是按伦敦房子的均价,家庭户均收入 10 年以内也可以买到房。

表 4-5 房价收入比状况①

地区 年份	全国	50 个 大中城市	北京	上海	广州	深圳
2010	7.81	12.35	23.56	23.49	12.5	20.84
2011	7.47	11.9	22.25	23	12.31	20.15
2012	6.75	10.74	20.31	20.85	11.3	18.32
2013	6.65	10.28	19.81	20.06	12.22	19.41

① 资料来源:国家统计局,个人计算。

续表

地区 年份	全国	50个 大中城市	北京	上海	广州	深圳
2014	7.03	10.05	20.95	20.46	13.1	23.23
2015	7.21	9.15	19.6	20.06	11.44	24.95
2016	7.84	—	—	—	—	—

二、住房结构性失衡状况日趋明显

(一)供求总体平衡,但结构性供求矛盾凸显

一方面,近年来,中国人均居住面积、家庭住房自有率已达较高水平。2016年,中国居民人均住房建筑面积为40.8平方米,城镇居民人均住房建筑面积为36.6平方米(1998年为18.66平方米),农村居民人均住房建筑面积为45.8平方米(1998年为23.3平方米)。而同期,发达国家分别是美国67平方米、意大利43平方米、尼德兰40.8平方米、德国39.4平方米、英国35.4平方米、法国35.2平方米、韩国19.8平方米、日本19.6平方米。根据不同收入国家居住水平的划分标准:低收入国家人均住房建筑面积8平方米;中低收入国家该数字应为17.6平方米;中等收入国家为20.1平方米;中高收入国家为29.3平方米;高收入国家则为46.6平方米。由此看来,当前中国的人均住房面积已接近高收入国家的水平。

社科院《社会蓝皮书》显示,2016年,中国受访家庭住房自有率为95.4%,比2013年上升1.9个百分点。城镇居民家庭住房自有率为91.2%,①比2013年上升1.6个百分点。美国、日本、英国、法国的家

① 美国、欧盟均定期记录该指标数据,并作为宏观经济决策依据。其指标定义为:家庭住房自有率=样本中拥有住房的家庭数量/样本家庭总数,一个国家或地区的住房自有率越高,其租赁市场所占比重越低。

庭住房自有率保持在60%的水平,瑞士的住房自有率仅43.4%(见表4-6)。据研究,2014年中国城镇户均住房已经达到了1套。

表4-6　中国与主要国家家庭住房自有率①

年份	国家	家庭住房自有率(%)
2015	中国	95.4
2014	美国	63.0
2014	日本	61.9
2015	德国	51.9
2015	瑞士	43.4
2015	英国	63.5
2015	法国	64.1

(二)区域结构性矛盾突出,结构性过剩与结构性短缺并存

房地产市场区域差异化是由房地产商品的异质性造成的,是天然存在的。但受大城市化、逐利等因素作用,近年矛盾更加突出。例如,中国一二线城市房价上涨迅速,土地供不应求,房产开发量供不应求,但同时存在较高房屋空置率。腾讯与中国房地产报等机构联合发布的《2015年5月全国城市住房市场调查报告》显示,中国主要城市的住房空置率整体水平在22%~26%。目前一线城市空置率22%,二线城市24%,特别是三四线城市因过去住宅建设得比较多,存在较大库存。

(三)住房供应结构问题仍较为突出

一是住房供应主要以卖房为主,租赁不足。近年,中国房地产市场,每年十几亿平方米,作为租用的,不到10%,90%以上的商品房都

① 资料来源:各国统计年鉴、美联储经济研究数据库、欧盟统计局、TradingEconomics数据库。

是买卖。加之,租赁市场长期发育缓慢,导致庞大的存量房难以盘活,住房需求过度依赖新房市场。美国、欧洲,所有的商业性房屋中销售的占50%左右,租赁占50%。租赁有两类:第一类是房产商自己开发的房产租赁,第二类是小业主老百姓有很多套房,自己住一套,其他的租赁,这就形成了50%的租赁市场。新加坡接近80%都是公租房。二是住房供应主要以商品房为主,保障性住房不足。在住房保障方面,尽管近几年保障性住房建设进度有所加快,但目前覆盖面仍然较小,住房保障制度设计不完善、不合理,与广大群众的需求相比仍有很大差距。2009~2015年,全国保障性安居工程完工4155万套,粗略计算,不到全国家庭总数的1/10。德国,合作建造的住宅占新建住宅总数的30%以上。三是主要以升级改善多,中低夹心层住房不足。尽管中国一直鼓励建设适合普通家庭的中低价位、中小户型的普通商品房,但这类住房供给严重不足。供应结构不合理不仅直接影响了中低收入居民的购房需求,而且进一步加剧了房价上涨给普通居民带来的压力。

三、房地产风险的负面效应不断积累

(一)加剧结构失衡和宏观调控难度

近年中国房地产的快速发展,对经济增长产生了积极贡献。但房地产过度化、房价泡沫已对居民消费形成严重“挤出效应”,使得相关政策在平衡增长与促进民生之间冲突加大,增加调控难度。

2016年,中国城镇居民人均可支配收入中用于住房消费的支出占比达15.2%,2005年仅为5.6%,提高了近10个百分点,导致居民其他消费减少。同时,资金过度流向房地产,正在形成虹吸效应,造成资源扭曲配置，也对经济平稳健康发展、新常态下的经济结构调整、产业升级带来巨大冲击。近年，中国房贷比持续上升，如果算上房地产在银行表外、影子银行等融资，2016年，房地产总融资规模近50万亿元（据测算，2014年非传统信贷融资大致规模为30万亿元，2015年为36万亿元），占贷款总量45%，占GDP总量达68%。虽未达美国次贷危机时50%警戒值，但金融、资本脱实向虚的状况更加严峻。

据统计，2015年、2016年中国上市公司年利润不足1500万元的达300多家，上百家公司卖房求生。一个优秀的上市公司一年赚的利润，还不如在北上广深炒套房赚钱多的怪象，更是助长了投机心理，使许多企业和个人为了追求短期暴利而不愿投入较大财力、物力和人力去发展研发周期长、能够提高核心竞争力的高科技产品及其产业，吞噬企业家精神，打击创新创业热情，掏空未来中国经济增长的基础。

（二）加剧住房难等民生和社会问题

随着房价的持续增长，购房难，特别是中低收入家庭、夹心层购房难等，已成为最大的民生痛点和问题。加之，家庭购房杠杆率也在提高，居民偿债负担在进一步加重。2016年年底中国居民部门杠杆率水平为45%，分别是5年前、10年前的1.6倍和3倍。2016年，上海市一手商品房成交中，通过贷款置业的比例约95%，单笔一手房贷款平均金额254万元，分别比2014年和2015年单笔平均金额上升66%和17%，购房者对贷款的依赖性明显加大。从中国历年城镇居民购房负担比例情况看，2016～2017年上半年，城镇居民购房负担比例高达75%左右。1998年为4.17%，2009年为51.19%（见表4－7）。反映城镇居民家庭购房债务负担压力普遍较重。

表4－7　近年中国城镇居民购房负担率状况①

年份	当年度购房贷款总支出（亿元）	当年度城镇居民收支结余（亿元）	当年度购房负担率（%）	累计购房负担率（%）
1998	859	4548	18.9	4.1
1999	1210	5416	22.3	7.9
2000	1753	5885	29.8	11.9
2001	2353	7450	31.6	15.6
2002	3097	8395	36.9	19.3
2003	4177	10,271	40.7	23.1
2004	5557	12,154	45.7	27
2005	8738	14,334	61	32.8
2006	11,084	17,848	62.2	37.9
2007	15,626	22,968	68	43.4
2008	16,054	28,312	56.7	45.8
2009	24,303	31,669	76.7	51.1
2010	30,209	37,755	80	56
2011	35,794	45,266	79.1	59.9
2012	41,708	56,163	74.3	62.4
2013	51,736	58,343	88.7	66.4
2014	55,339	66,488	83.2	68.9
2015	63,901	75,597	84.5	71.1
2016	79,746	83,556	95.4	74.5
2017年6月	42,900	51,320	83.6	75.2

特别值得关注的是，部分城市偿付率甚至超过100%，这样的城市集中在北上广深四大一线城市，特别是北京和深圳，这样高的债务偿

① 根据国家统计局数据计算。

付比的部分原因可能是北京和深圳等城市的房地产市场的投机成分过重，将房价推高到居民无以承受的地步，终将影响城市化、产业发展。

(三)加剧金融领域潜在风险

近年中国房地产贷款在金融机构贷款总量占比不断提高(见表4-8)，杠杆风险积聚。截至2017年3月，中国金融机构房地产贷款余额达28.4万亿元，房地产贷款在金融机构贷款总量占比25.6%(2014年21.3%)，除工行外，其他三大行均超过30%的比例(建行33.4%。见表4-9)。其中，向房地产开发商的贷款以及住房按揭等两项贷款余额占总贷款的22.7%左右(2014年21.3%)。如果算上房地产在银行表外、影子银行等融资，2016年，房地产总融资规模近50万亿元(据测算，2014年非传统信贷融资大致规模为30万亿元，2015年为36万亿元)，占贷款总量45%，占GDP总量68%。

表4-8 历年中国房贷比情况[1]

年份	GDP(亿元)	贷款余额(亿元)	房地产贷款(亿元)	房贷占总量比(%)	房地产贷款占GDP比重(%)	个人购房贷款(亿元)	个贷占房贷比重(%)
2011	452,430	547,947	107,300	19.58	23.72	71,426	66.57
2012	487,976	629,910	121,100	19.22	24.82	81,000	66.89
2013	525,835	718,961	146,100	20.32	27.78	98,000	67.08
2014	564,194	816,770	173,700	21.27	30.79	115,200	66.32
2015	603,125	939,540	210,100	22.36	34.84	141,800	67.49
2016	735,149	1,066,040	266,800	25.03	36.29	191,400	71.74

房贷比的提升表明杠杆率在进一步提高，风险积聚。同时，因房

① 根据国家统计局数据计算。

地产贷款期限错配引发的流动性缺口在持续加速扩大。近3年测算，到2016年年底这个缺口余额已超过万亿元，占个人购房贷款余额的六成以上。还有，中国房地产抵押率也在提高。2016年年底，中国购房抵押率已达到50%，远高于5年前的20%左右，也已接近美国次贷危机爆发前两年约55%的水平。房地产金融化已经是一个我们必须面对的重大问题。

表4－9　近年建设银行房地产贷款情况[①]　　单位：百万元

年份	贷款总额（亿元）	房地产企业贷款（亿元）	个人购房贷款（亿元）	房地产贷款总额（亿元）	房贷比重（%）
2006	2,795,883	302,290	428,039	730,329	26.12
2007	3,183,229	317,780	527,888	845,668	26.57
2008	3,683,575	329,381	603,147	932,528	25.32
2009	4,692,947	358,651	852,531	1,211,182	25.81
2010	5,526,026	402,922	1,091,116	1,494,038	27.04
2011	6,496,411	425,900	1,312,974	1,738,874	26.77
2012	7,512,312	456,811	1,528,757	1,985,568	26.43
2013	8,590,057	500,428	1,880,219	2,380,647	27.71
2014	9,474,523	520,107	2,253,815	2,773,922	29.28
2015	10,485,140	449,334	2,773,895	3,223,229	30.74
2016	11,757,032	342,531	3,585,647	3,928,178	33.41

四、房地产风险的主要成因

（一）中国房地产定位出现偏离，放大了住房的投资属性，住房的消费属性没有得到充分彰显

房地产与其他商品相比，房地产具有与一般商品不同的特征：其

---

① 根据国家统计局数据计算。

一,房屋是建造在土地之上的,不能移动,具有地理位置的固定性;其二,由于地理位置的固定性引起房地产具有异质性和独特性,这就造成房地产的区域差别性;其三,房地产具有耐久性,使用寿命长,是耐用品;其四,由于一国土地有限,且很难再生,在政局稳定,经济社会不断发展,人们对土地需求日益扩大的前提下,土地具有保值增值的作用,导致房地产也因此具有保值增值作用。

住房始终是房地产重要的组成部分,应当承认,住房同时具有消费品与投资品的双重属性,但消费品应当是基本属性,而投资品应当是从属属性。因为从人类发展史来看,住房首先就是用来居住(消费)的,离开了居住(消费)属性,住房的投资属性就失去了前提条件。而且,住房作为居民的基本消费需求,从把人民利益放在做好一切工作的出发点和落脚点的执政党来说,又必须得到保障,因此,住房又具有保障属性,而这又进一步强化了住房的消费属性。

然而,中国过去很长一段时间以来,由于在理论和政策上没有厘清住房的属性和定位,因而对住房属性和定位经历了一段曲折的历程。改革开放后至1998年以前,住房基本上是作为消费品的,是用来居住的。1997年发生亚洲金融危机,对中国经济造成较大冲击,为了寻找新的经济增长点,将房地产投资作为拉动经济增长的重要领域,同时也为了改革住房分配体制,1998年6月,国务院发布《关于进一步深化城镇住房改革加快住房建设的通知》(国发〔1998〕23号),提出"1998年下半年开始停止住房实物分配,逐步实行住房分配货币化""发展住房金融,培育和规范住房交易市场",居民可以加杠杆用来购房,使得被压抑的居民住房需求不断得以释放,住房市场规模持续扩大,居民居住条件得到改善,2001年,城镇人均住房建筑面积达20.8

平方米。2002年以后,国家提出了住房进一步商品化的住房制度改革,在快速城镇化与工业化浪潮的强力推动下,大量农村人口、新毕业大学生涌入城市,城镇家庭收入快速增长,也催生了大量改善家庭原有居住条件的诉求,由此合力形成巨大的住房刚性需求,有财力的个人和企业开始进行住房投资和投机活动,住房的投资投机属性也开始为多数人所认识。

2003年8月,原建设部《关于促进房地产市场持续健康发展的通知》(18号文)将经济适用房由"住房供应主体"修改成"具有保障性质的政策性商品住房",确立了房地产为国民经济发展的支柱产业,使普通商品房成为市场的供应主体,可以随意买卖,没有任何限制。在这一阶段,大多数城镇居民家庭都拥有了一套以上商品住房,还有不少家庭开始拥有多套商品住房,一些所谓的矿老板、煤老板,甚至整个单元、整栋楼地购买住房,进行住房投资投机活动;很多进城务工农民家庭,也在其流出地县城或地级市购置了一套以上商品住房。到2016年,城镇人均住房建筑面积达36.6平方米。

这段时间,住房市场虽然得到了较大的发展,城镇居民住房条件得到很大改善,但也导致住房被视作投资投机炒作与赚钱牟利的工具,住房投资属性被不断放大。一些房地产商捂盘惜售,借机拉抬出售价格;企业包括一些国有企业不务正业,大量涉足房地产,在推升房价中大发横财;不少个人或投机者借助信贷杠杆结队"扫楼",囤积居奇并频繁高抛低吸,不断推升房价,导致一二线城市房价轮番上涨,房价居高不下,超过了相当一部分居民的承受能力,成为民生痛点。房价推升和赚钱效应又反过来吸引社会资本不断涌入房地产业,在一些需求不足的三线城市房地产业陷入库存积压的窘境。

尽管中间也出台了多轮房地产调控政策,但住房的属性定位问题始终未能明确,导致“房价上涨,调控,房价下跌,刺激;再上涨、再调控,再下跌”的恶性循环。这也就是说,中国过去对房地产偏重采取调控政策,而未进行更带有根本性的住房属性定位和长效性制度机制建设。

而从住房的居住属性来看,买房和租房无疑是居民住房的两大需求,不可偏废,一个健全的住房市场应由交易市场和租赁市场两部分组成,且呈一定规模比例均衡发展,通过租赁市场解决住房问题也是各国通行的做法。2016 年 12 月中旬,中央经济工作会议提出,要坚持“房子是用来住的,不是用来炒的”的定位,要求回归住房居住属性。2016 年 12 月 21 日,习近平总书记在中央财经领导小组第十四次会议上进一步指出,“要准确把握住房的居住属性”。在明确住房的居住定位以后,一切围绕住房的经济政策法律法规,就要一以贯之围绕住房的基本属性定位来设计并加以落实,综合运用金融、土地、财税、投资、立法等手段,加快研究建立符合国情、适应经济发展规律的基础性制度和长效机制,促进居民住房需求持续改善,同时使住房投资投机问题得到有效抑制,房地产业稳定健康发展。

(二)错把房地产行业作为支柱产业

房地产业对很多产业具有一定的前向和后向带动效应,能够带动其他产业发展,但同时又是基础产业,因为住房关系到千家万户,在温饱问题解决以后,是必须满足的基本消费需求,因而又是一个关系国计民生的产业,就像农业、轻纺工业一样,这就必然要求房地产平稳健康发展,房价保持平稳或至少上涨幅度不应过大。有些人过分夸大房地产业对经济的带动作用,误读了房地产业和建筑业的关系,实际上把建筑业对经济的拉动作用也放在房地产业里面了,房地产对经济的带动作用被大大地放大了。

中国房地产业畸形高速发展,已经导致产业结构恶化。

其一,恶化建材行业结构。房地产业虽然具有产业链较长、带动经济增长效果较为明显的特点,但其所带动的大多是劳动密集型或生产低附加值产品的行业,尤其是普通的建材行业,对高科技行业的带动作用并不明显。以钢铁行业为例,线材等低端钢铁产品需求对象主要是建筑业,对板材、型材需求较大的主要是汽车、家电、船舶、钢结构等行业。2003 年以来由于中国房地产热和大规模基础设施建设,对建材尤其是螺纹钢和线材等低端产品的需求快速上升,而热轧板卷、中板等较高端板材品种市场呈现明显的供大于求状况。反映在钢铁企业的生产上,转型为主产板材的大型钢铁企业大都在减产,而以生产线材为主的中小钢铁企业却在加速马力生产,大多数建筑钢材生产企业甚至连要关闭或已关闭的产能都重新开动起来。从这个角度看,房地产行业后向拉动是低端的线材钢铁产品,对建材行业结构的升级客观上产生了阻碍作用。与之相反的是,发展汽车、家电、船舶等为支柱产业,能带动钢铁产业结构的高级化进程。

其二,房地产业的短期效益较为显著,因此,许多企业和个人为了追求短期暴利而不愿投入较大财力、物力和人力去发展研发周期长、短期效益不明显而有利于企业长期发展、能够提高核心竞争力的高科技产品及其产业,助长其投机心理,吞噬企业家精神,打击创新创业热情,掏空未来中国经济增长的基础。一个几千万人的上市公司一年赚的利润,还不如在北上广深炒几套房赚的钱多。显然,过去中国将房地产业作为支柱产业不仅无助于中国产业结构的升级,而且会进一步造成资源的错配和产业结构的失衡,这也是后来中国钢铁、水泥、玻璃、铝材、煤炭等高能耗、高污染、高排放行业过剩产能产生的重要原因。2016年至今,由于房地产行业畸形高速发展,带动钢铁、水泥、铝材、煤炭等商品价格上涨,一些本来要关闭或退出的高能耗、高污染的散乱企业,看到有利可图,又死灰复燃了,这对去产能是十分不利的。

事实上,中国将房地产业列为支柱产业在理论逻辑和政策上是站不住脚的。

第一,一个国家的支柱产业必须具有技术外溢特征,外溢到其他产业,并带动其他产业发展。如大飞机、汽车制造业以及重型机床业技术一旦突破,可以产生对其他产业的巨大波及效应,又如新兴行业,如电子技术、信息技术以及生物工程等,一旦装备到传统产业,就能给传统行业注入新的活力。也就是说新兴行业的技术外溢性是非常明显的,其本身的突破能够带动其他相关领域以及行业的技术更新换代,从而刺激国民经济飞速发展。而房地产业的建造技术、规划技术等仅仅在业内应用,房地产行业的资产具有专用性,很难应用到其他行业,难以通过技术外溢带动其他产业实现产业升级。

第二,房地产业区域垄断性,造成开发商提高技术水平的动力不足。作为需要面临国际竞争的传统支柱产业,特别是像大飞机业、汽车业等,其产品需要出口到国外,要在国际竞争中获取竞争优势,需要更加精密的仪器以及更好的钢材,从而促进钢铁行业、基础行业的产品更新换代工作。但是房地产商品并不能发生位移和出口,商品房的难以位移性造成国际竞争性缺乏。商品房购买者仅仅是区域内的消费者,其产品并不能参与国际竞争甚至城际竞争。开发商利用较为低端的技术,在一个区域垄断性市场尚能生存,尚能分得超额利润,更加难以具有改进技术的动力。房地产业既不具有技术外溢效应，同时本身技术水平提高又举步维艰，是难以承担国民经济支柱产业的重任的。

第三，房地产业畸形高速发展，房价高涨，还会对其他产业和消费产生挤出效应。当大量资金投入房地产业，相反投入其他产业，尤其是投入制造业等实体经济的资金就少了。当前，实体经济融资难、融资贵就与此有关。当房价过高时，居民消费住房的代价就高，居民大部分收入用于住房消费，买房以后就成了所谓的“房奴”，不敢消费，不敢换工作，还导致居民在其他方面如家电、教育、旅游、汽车的消费减少。据测算，城镇居民购房负担率（当年购房总支出/当年收支结余），自2003年突破40.7%以后，至2017年上半年，其中虽有下降，但总体趋势是急剧上升，2016年达到95.4%的最高值。2003～2017年上半年城镇居民购房负担率分别为40.7%、45.7%、61%、62.1%、68%、56.7%、76.7%、80%、79.1%、74.3%、88.7%、83.2%、84.5%、95.4%、83.6%。城镇居民如此高的购房负担，在其他方面的消费支出自然就减少了。

第四，从国际经验看，迄今为止，世界经济史上只有凭着传统的制造业和新兴产业支撑和带动了大国现代化。发达国家在其工业化的过程中没有将房地产业作为支柱产业。在不同的经济发展阶段，体现为支柱产业的产业类别是不同的。从发达国家的产业结构演变的历程看，在工业化前期，农业、轻纺工业起到了支柱作用；在工业化中期，钢铁、电力、机械制造等产业起支柱作用；而在工业化后期，以汽车、家电为代表的耐用消费品和以电子技术、信息技术、航天、生物工程和新能源、新材料为代表的高新技术产业起支柱作用。历史上，美国曾经把建筑业作为支柱产业，但房地产业并没有成为支柱产业。

(三)房地产调控政策左右摇摆,缺乏前瞻性

2003年以后,政府把追求经济增长作为最主要目标,并把房地产业作为优先发展的支柱产业来拉动经济增长,导致房地产开发投资和住房按揭贷款迅速增长。随后,大量投资投机资金涌入房地产领域,房地产市场供销两旺,房价连年大幅攀升。面对日趋高升的房价,2005年5月国务院办公厅转发住建部等部门《关于做好稳定住房价格工作的意见》的通知("国八条"),加大对投机性和投资性购房等房地产交易行为的调控力度。2006年5月国务院办公厅转发住建部等部门《关于调整住房供应结构稳定住房价格的意见》的通知("国六条"),提出"90/70"比例;调整住房转让环节营业税,进一步抑制投机和投资性购房需求。2007年9月央行发出《中国银行业监督管理委员会关于加强商业性房地产信贷管理的通知》("二套房贷"政策),提高购买非首套住房的首付款比例和贷款利率,抑制住房需求增长。从2005年开启的房地产调控政策以来直到现在,政府并没有明确的调控目标,给人感觉是临时性的、短期性、随意性的措施,"头痛医头,脚痛医脚"。房价上涨过快,老百姓怨言多了,马上出台抑制房价的措施;房价下跌了,住房库存多了,马上出台刺激措施,总是陷于这样的恶性循环。有人戏称"每一次房价调控,都是为了下一次更好的上涨",这是以往房地产调控政策留给国人的直观感受。

具体来说,中国目前的房地产调控政策存在缺乏统一的调节机制,缺乏应急机制等问题。目前的调控多为临时政策性、行政性措施,变动频繁;政策间缺乏统一协调;很多措施不规范,随意性很强;管理混乱,制度与政策之间出现冲突和混淆;缺乏应急机制等。房地产调控机制,应该包括金融、税收、土地、保障等多种手段,而且各种政策之

间要保持一致和协调，针对不同的区域，要分类施策。但是，中国目前的调控政策存在调控机制不健全的问题，具体表现在：很多调控政策都是临时出台，事先没有经过扎实的研究分析，没有预案；对房地产企业信贷风险和融资以及购房者按揭监管不严；房地产税费种类繁多，缺乏房地产保有环节的税收；有很多临时性的行政措施。这样就会使居民没有稳定的预期，无所适从，存在很大焦虑感，调控达不到预期效果。

房地产金融化风险化解途径[①]

党的十九大和2018年4月的中央政治局会议都明确指出,做好经济工作,首先要全力打好“三大攻坚战”,其中,风险攻坚战又是三大攻坚战之首。客观来说,目前需要我们高度关注的风险领域较多,房地产、政府债务、影子银行、高杠杆、外汇市场等领域的一系列风险都需要防范和化解,但从“攻坚战”的角度来看,诸多风险中有主有次、有急有缓,作为一场战役,需要有明确的战略攻坚要点,需要有针对性的战术策略,还需要有敢于尝试和实施这些策略的主力部队。建行在这三个方面,都已经开始了一些积极探索。

一、将房地产风险作为风险攻坚战的重要战略要点

由于中国实行的是比较独特的房地产开发体系,房地产的金融化特征十分明显。与其他风险相比,房地产的风险不仅面广、量大,而且“牵一发动全身”。

在中国,房地产尤其是居民住房,不仅具有居住价值,而且衍生出了福利价值(如小孩上学)和投资价值,三种价值的合一,使房地产不仅是一种消费品,而且已经成为社会重要的投资品,在提供“住”的同

① 根据2018年研究成果整理。

时，自然也成为“炒”的对象。近十几年来，大量的资金涌入并沉淀在房地产市场之中，住房贷款在居民消费结构中的比重日益上升，二套房、三套房的比重也逐步攀升，房地产以及由此衍生出来的一系列金融工具，已经成为居民投资和社会金融资源配置的重要领域。但与此同时，房地产的内在真实投资价值在不断下降，房价收入比、空置率等指标居高不下。2016 年，深圳、北京、上海的房价收入比就已经超过 30 倍，并分别以 38.36%、33.32% 和 30.91% 位列全球各大城市房价收入比的第 1 位、第 5 位和第 6 位。中国主要城市的住房空置率整体水平在 22% ~26%，也比许多发达国家的住房空置率高一倍以上。

大量社会资金资源配置到了房地产市场，但房地产市场没有与之相适应的、科学合理的内生风险收益形成、管控和对冲机制，房地产在金融化的同时，又在不断违背着金融风险和收益相匹配的基本原则，使得房地产市场不得不依赖维持高房价，以保障社会资金资源的不断注入，维持其运行和发展。这种状况很容易使我们想起美国 2007 年的次贷危机，以及由此引发的 2008 年国际金融危机。

实际上，与美国相比，中国房地产的泛金融化和高估值对经济和社会的影响更复杂。房地产市场的变化不仅直接影响居民、企业和金融机构的资产负债表和资产质量，还将进一步诱发了地方政府和房地产企业对这种金融化的依赖。据统计，中国不少地方政府的财政收入 30% 以上来源于房地产，超过 50% 以上的地方政府也不少见。2018 年第一季度，中国房地产企业整体负债率近 80%，一些中小型房地产企业的负债率甚至超过 100%，有的高达 300%。

房地产市场的这些特性，已经使房地产风险成为多领域、多主体的风险交织点。防范和化解房地产风险，不仅事关经济转型和高质量发展,也关系到基本民生和社会的稳定;不仅事关实体经济,也在一定程度上左右着金融风险的发展演变;不仅事关金融资源的配置效率,也关系到地方政府、企业、银行和消费者的实际利益。可以说,房地产风险能否有效化解,将是风险攻坚战成败与否的关键标志之一。

二、在运动和发展中防范和化解房地产风险

防范和化解房地产风险,战术上可以采用“歼灭战”,也可以采用“运动战”。国际经验表明,当房地产风险已经累积到一定程度,“歼灭战”虽然可以在短时期内降低风险水平,但必然会引发金融危机,对社会经济和金融造成严重破坏。考虑到中国房地产风险具备的一些特殊性,“歼灭战”造成的后果,百姓受不了,企业受不了,银行受不了,国家也受不了。

因此,防范和化解房地产风险应坚持“增量改革”的思路,采用“运动战”的方式,在保持市场正常运转的情况下,按照疏堵结合、统筹兼顾的原则,一方面采取价格、土地等行政或要素控制手段“治标”,另一方面积极探索和发展新的市场模式,调整市场结构,从根本上培育新的房地产市场运行机制。

目前,防风险、调结构和培育新机制的一个重要方面,就是要按照市场原则,积极培育和发展住房租赁市场,积极探索住房租赁金融业务,切实改变房地产单一的市场结构和资金配置方式。

住房租赁市场与传统的房地产市场不同,它交易的标的是住房在某一时段的使用权和使用价值,而不是“产权”和投资价值,这可以在很大程度上弱化住房的金融属性,在解决居民“住”的需求时,不需要承担相应的金融压力和风险,进而促进居民资产负债表从“重型化”

向“轻型化”的转变,这是从根本上提高社会整体房地产风险承受能力的基础。

利用住房租赁市场,辅之以必要的政策举措,引导空置房进入市场,改善存量住房的风险收益特性,在提高存量住房市场风险承受能力的同时,有利于原有社会资金效益的提升和社会资源的充分利用。利用“疏”的方式解决城市土地利用率,也是对“堵”的方式有益的补充。

从人口结构和消费理念、消费模式的分层化趋势来看,住房租赁市场空间广阔,随着时间的推移,其对传统市场的稀释力度会越来越强,利用时间换取的空间也会越来越大,这会为化解其他风险提供有利条件。

作为增量改革的抓手,住房租赁市场不仅需要完善自身市场的建设,还需要用“新”的市场去影响和改造“旧”的市场,这就要求我们在培育和发展住房租赁市场时要具有全局的视野和系统的规划。一方面要按照市场化原则,建立以“租住权”为标的的租房租赁售买机制,构造市场交易的基础;另一方面,也需要用“看得见的手”建立与住房租赁市场发育阶段相适应的规制体系和调节机制,解决住房租赁市场交易主体的痛点,实现市场的良性发育。

三、建行对住房租赁和住房租赁金融的探索

国有商业银行是社会资金资源配置的主体,也是金融风险经营管理的主体,在风险攻坚战中也应成为化解风险的探路者和主力军。

2018 年,建设银行将推进住房租赁金融发展作为全行重点战略,以金融为抓手,发挥建设银行在住房领域传统的专业优势和资源优势,推动住房租赁市场的建设,积极探索利用新的模式、新的市场、新

的机制和新的生态化解房地产风险。

目前,建设银行与地方政府、知名房地产企业等市场主体签订了一系列合作协议,成立了专业化的建信住房服务公司,构建了“CCB建融家园”平台,探索了租赁存房模式等,具有开放性、社会化、平台型的住房租赁服务体系架构正在形成。

在这一体系中,建行始终坚持“市场的归市场,金融的归金融”,从起点避免住房租赁市场重蹈传统房地产市场的覆辙。一方面,建设银行坚持商业银行定位,致力于为市场各方提供项目获取(购买或租赁房源等)、开发建设(开发、改造、装修等)和日常运营等全周期的资金支持,建立多层次的融资体系,满足不同类型的融资需求。同时,全力争取成为新生态运营管理的核心金融机构、市场交易资金的托管机构,在吸收大量资金沉淀的同时,能够监督资金的来源和去向,提升风险防控能力。另一方面,建信住房服务公司定位于新生态的中介服务机构。其承接“存房”业务,为房主家庭提供专业化、个性化的财富管理服务和延伸服务。同时,研究开展租住权真实性核查、评级、定价业务等,科学、客观地提供租住权标准化合约的信誉等级,并进行动态监测,为市场交易平台的有效运行提供基础支撑。

未来,建设银行还将进一步履行国有大行的社会责任和担当,继续推进住房租赁市场生态建设。一是进一步探索住房租赁市场和商业银行金融业务有效结合的方式,建立可持续、有活力的住房租赁金融商业模式,促进住房租赁交易机制的良性运转和发展。二是积极研究住房租赁市场生态建设的制度与规则,配合相关部门提升对住房租赁市场的有效治理。三是建立有效的风险拨备和处置机制,及时化解相关风险,为后来的市场参与者提供可借鉴的经验和有利环境。

德国对金融地产化问题的规制[①]

纵观全球房地产发展历程,很少有国家可以保持房地产价格的长期稳定,德国却能“一枝独秀”。在1970年以来的48年间,德国房价总体波动不大,保持了房价的相对稳定,在历次金融危机中,德国房价也未大起大落,德国的房地产发展经验值得借鉴。

一、德国房价长期保持稳定,与经济发展形成良性互动

与其他国家相比,德国住房市场主要呈两大特点:一是实际住房价格长期保持稳定;二是房价可承受能力较强,房价收入比较低,并保持长期下降趋势。这两大特征使德国的住房市场和经济发展形成了长期的良性互动关系,未出现因房价波动和房价泡沫而引起经济较大波动和由此导致的经济或金融危机。

(一)实际住房价格长期保持稳定

1970年以来,德国房价总体波动不大,实际房价指数长期保持平稳。德国是世界公认的房地产市场运行平稳的榜样,尤其是近50年来,德国实际房价长期处于低水平区间。1970~2016年,德国名义房价指数从39.1%上涨到126.36%,增长了2.23倍,年均复合增速

① 根据2017年系列研究整理。

2.53%。如剔除物价因素影响,德国实际房价指数十分平稳,从1970年的114.02上升到2016年的118.2,仅上涨4.18点,基本在100~120的区间内波动。同时,在1998年亚洲金融危机、2008年全球金融危机、2010年欧债危机等重大国际金融危机期间,德国房价并未出现大的波动,而且在1994~2010年,德国名义房价指数保持的十分稳定,实际房价指数大幅下降(见图4-8)。

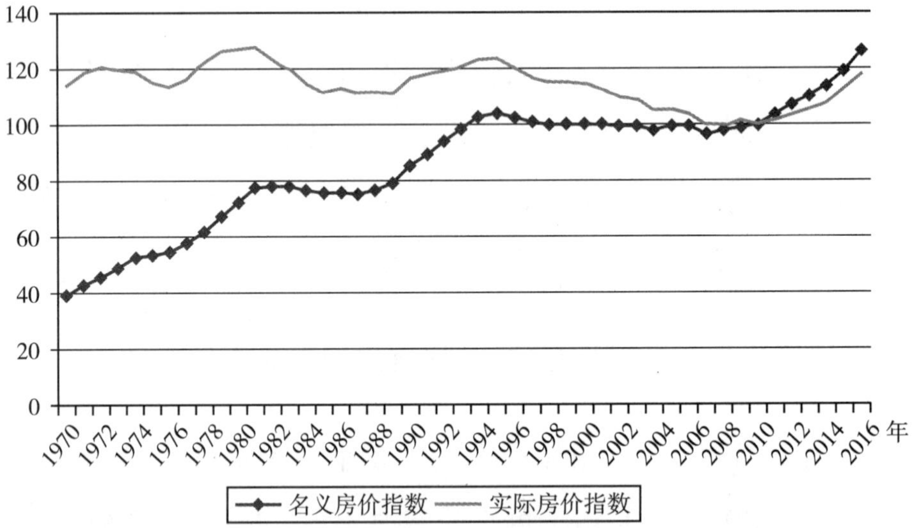

图4-8 1970~2016年德国房价指数比较(2010年=100)[①]

德国实际住房价格指数及波动幅度显著低于其他国家。横向比较看,同时期其他发达国家的实际房价指数[②]出现很大波动。1970~2016年,日本实际房价指数大致呈"鞍型曲线"趋势,1970~1991年为上升阶段,1992~2016年为下降阶段,2006年后趋于稳定。1970~2000年法国实际房价指数基本上在100~150的区间内波动,2001~2007年逐年攀升,2008年后趋于稳定(见图4-9)。

① 资料来源:OECD数据库。

② 为了方便横向比较,本文统一将1970年作为基期,并不会改变各国实际房价指数的变化趋势。

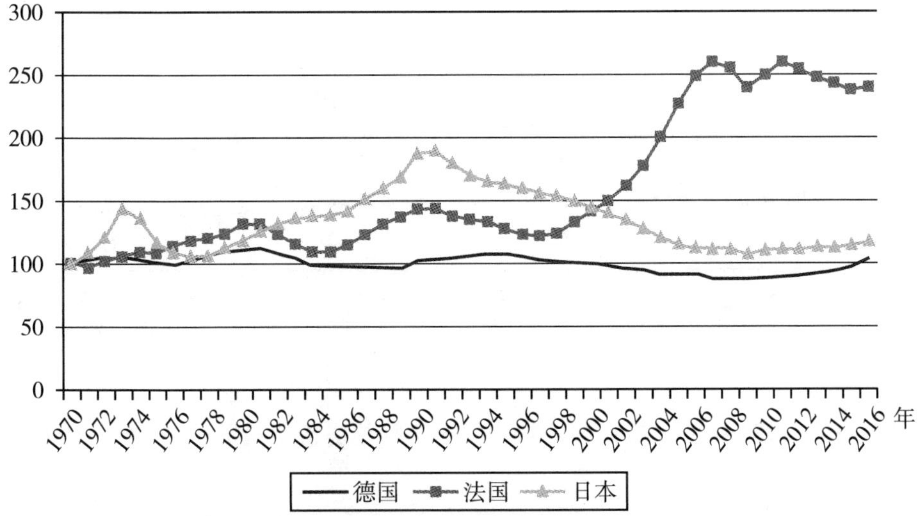

图 4－9　1970～2016 年德国、法国、日本实际住房价格指数(1970 年＝100)[①]

1970～2016 年,英国实际房价指数经历了较大波动,呈连续“弧形曲线”波动上升趋势,1970～1989 年为第一个弧形上升阶段,1990～2007 年为第二个弧形上升阶段,该阶段英国实际房价指数大幅攀升,2008～2016 年为第三个弧形波动阶段。美国实际房价指数总体呈缓慢上升趋势,其间略有波动,1970～2006 年为缓慢上升阶段,2007～2016 年呈“弧形”变化趋势(见图 4－10)。

① 资料来源:OECD 数据库。

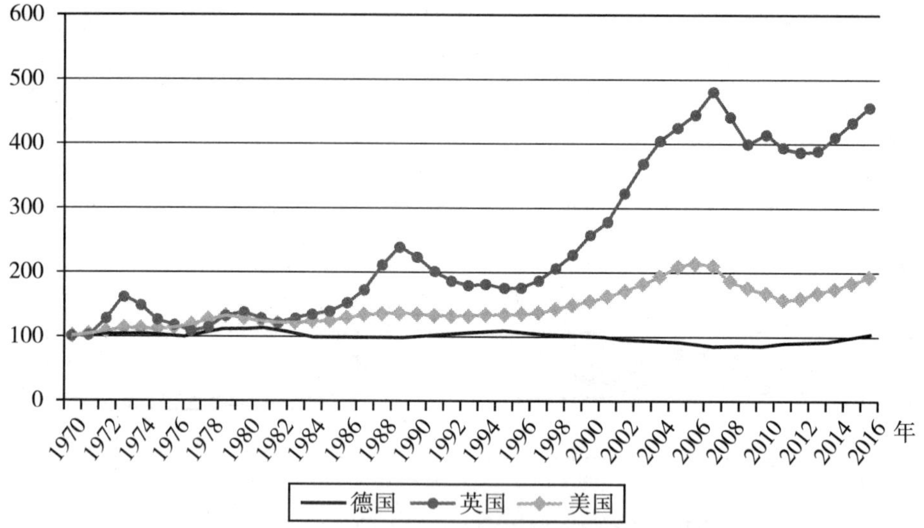

图 4-10 1970~2016 年德国、英国、美国实际住房价格指数(1970 年=100)①

（二）房价可承受能力强，房价收入比呈长期下降趋势

1970 年以来，德国房价并未随着人均国民可支配收入上涨而出现大幅上涨，德国房价收入比因此得以长期保持在较低水平。1970~2016 年，德国房价平均涨幅约为 3.73%，其中，1970~1992 年涨幅相对较快，年均涨幅 5.79%，1992 年后，房价涨幅持续回落并趋于平稳，2010 年后，德国房价呈现温和上涨趋势，年均涨幅不到 1.5%。同期，德国人均国民可支配收入却有大幅上涨，增长 6.87 倍，年均复合增速 4.59%，1970~1992 年均复合增速 6.93%，1993~2016 年均复合增速 2.55%。德国人均国民可支配收入增速快于房价增速，使得德国的整体房价水平处于居民合理支付能力范围内，德国房价收入比处于较低水平，并呈长期下降趋势（见图 4-11）。

国家层面横向比较看，德国房价收入比处于较低水平。2017 年 6 月数据显示，德国房价收入比为 7.82，即德国一个家庭需要 7.82 年就能买一

① 资料来源：OECD 数据库。

套房子，远低于中国 27.4、新加坡 22.18、韩国 14.28、日本 13.27、英国 11.1、法国 9.28，略高于澳大利亚 7.57、加拿大 6.36 和美国 3.12（见图 4－12）。

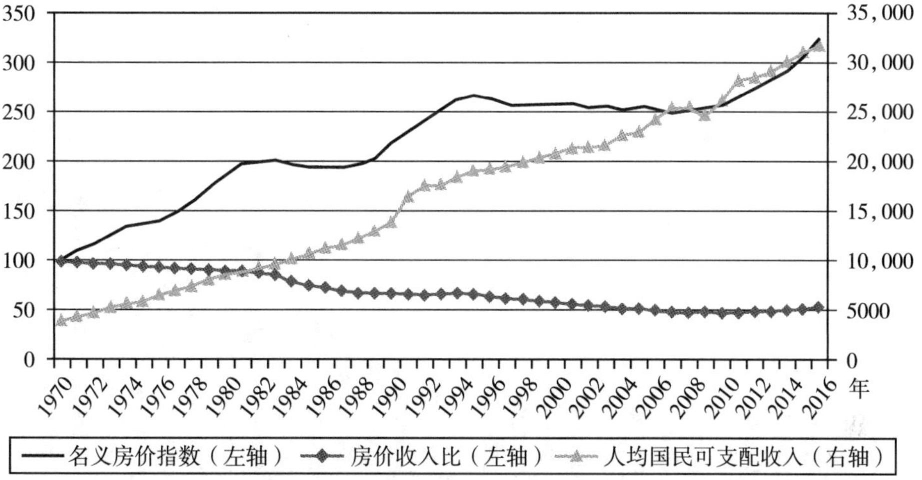

图 4－11　德国名义房价指数、房价收入比与人均国民可支配收入（欧元/人；1970 年＝100）①

图 4－12　2017 年 6 月 10 个主要国家房价收入比（年）②

在全球主要发达城市中，德国核心城市的房价收入比也偏低。在全球房价收入比排名前 30 个城市中，德国有 5 个城市上榜，分别是慕尼黑 13.55、杜塞尔多夫 10.18、汉堡 9.22、法兰克福 9.13、斯图加特

① 资料来源：OECD 数据库、WIND 数据库。

② 资料来源：NUMBEO 数据库。

7.50。在全球首都城市和经济发达城市中，德国城市的房价收入比都是处于偏低的水平，远远低于中国的深圳 39.76、香港特区 38.61、北京 37.80、上海 36.91、广州 20.12（见图 4-13）。

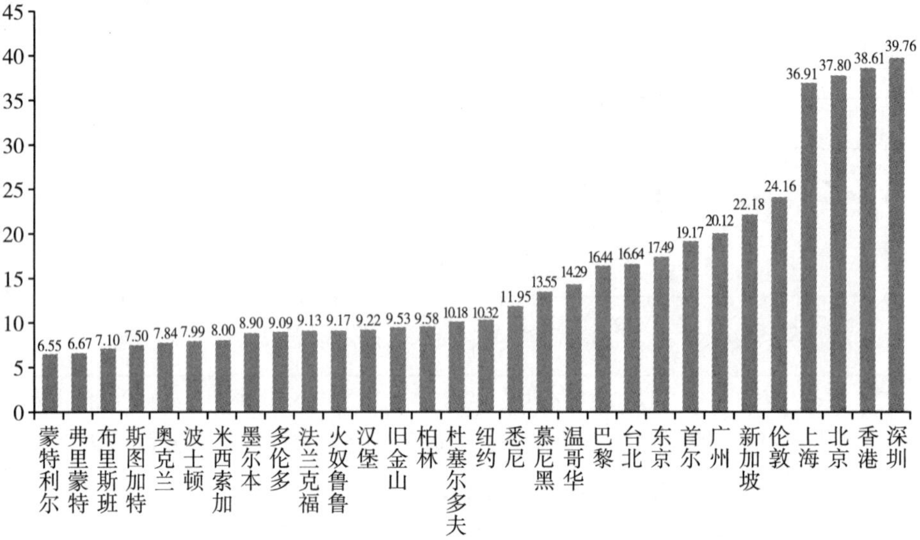

图 4-13　房价收入比前 30 城市排名[①]

（三）德国住房市场与经济发展形成良性互动

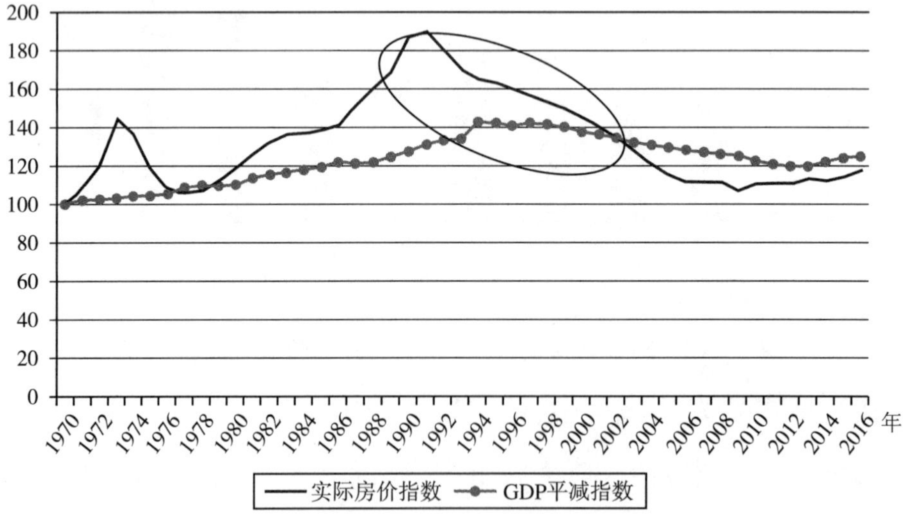

图 4-14　日本实际房价指数与 GDP 平减指数（1970 年 =100）[②]

① 资料来源：NUMBEO 数据库。

② 资料来源：OECD 数据库。

纵观全球房地产市场与经济发展历程，各主要经济体经济发展都深受房地产泡沫的危害。如日本在1985～1991年发生了严重房地产泡沫，1991年后，日本名义房价指数一落千丈，3年后的1994年日本GDP平减指数开始下滑，并陷入长期的下滑趋势之中。房地产泡沫的破裂对日本经济带来了沉重打击，导致日本经济长期一蹶不振，陷入失去的20年（见图4－14）。2007～2008年次贷危机全面爆发并迅速蔓延成国际金融危机，美国经济首当其冲，其严重程度号称“百年一遇”，2007年后实际房价指数与GDP价格指数呈现出相似的趋势性（见图4－15）。相反，德国经济受房价影响较小，这与德国房价长期能够保持平稳有很大关系，从趋势上看，德国实际住房价格与GDP平减指数之间并无相似走势（见图4－16）。

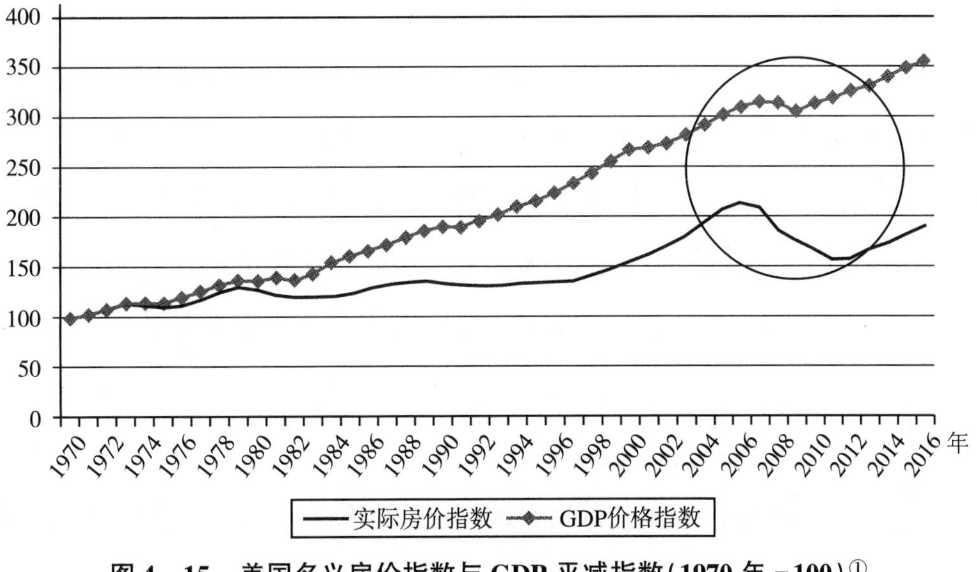

图4－15　美国名义房价指数与GDP平减指数（1970年＝100）[①]

① 资料来源：OECD数据库。

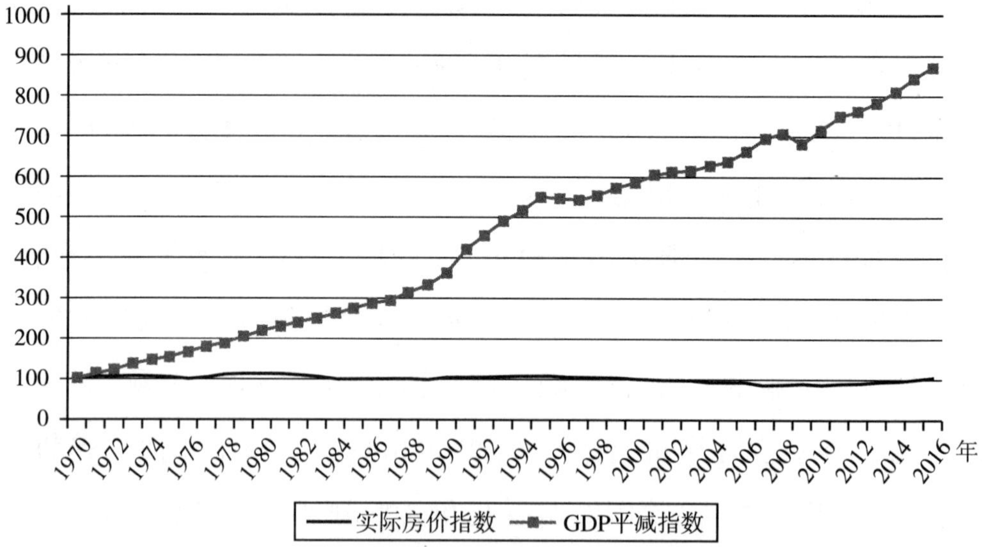

图 4-16 德国名义房价指数与 GDP 平减指数（1970 年 =100）①

通过比较日本、美国的实际房价指数与 GDP 平减指数走势，我们发现两者走势存在很大的相似性，通过简单的回归估计，发现日本实际房价指数与 GDP 平减指数的相关性为 0.86，美国最高，为 0.98，而德国实际房价指数与 GDP 平减指数存在微弱的负相关，为 -0.058，这就说明德国的房价并没有因为 GDP 的上升而出现大幅上涨，而房价的波动也并未对经济发展形成危害，这主要得益于德国实际房价的长期稳定，使得经济发展与房地产发展之间形成良性互动关系。

二、德国房地产发展的经验及启示

（一）实行以居住为导向的住房制度顶层设计，强调居住属性，遏制投机需求，并以法律形式保障

德国住房制度顶层设计一直都非常明确。政府未将房地产业定位为推动经济增长的支柱产业，而是更多依靠汽车、电子、机械等高端

① 资料来源：OECD 数据库。

制造业来推动经济发展。

强调住房居住属性,遏制投机需求。德国政府通过税收手段遏制和打击针对土地和住房的炒作和投机,使住房市场长期处于理性、健康的发展轨道,未出现明显房价泡沫。例如,德国对住房交易及所获得收益征收高额土地购买税和资本所得税。土地购买税率是3.5%,税基是土地和地面建筑物的总价。住房交易需支付的税费主要包括过户费3%、评估费5%、资本利得税[①]25%,整体约占住房交易金额的10%左右。

完善的住房法律体系。完善的住房法律体系是德国房地产市场健康发展的重要保障。例如,德国《宪法》《住宅建设法》都明确规定,保障居民住房是联邦政府首要的政策目标之一。《经济犯罪法》对地产开发商的定价行为进行了严格规定,如果开发商制定的房价超过合理房价的20%,购房者可向法庭起诉;如果超过50%,则定性为"获取暴利",开发商将面临高额罚款和最高三年徒刑严惩。此外,德国政府还针对住房补贴、住房租赁、私人提供租赁住房等方面有专门的立法。

(二)多元化住房供应体系,住房供给充足稳定

加强顶层设计,制订住房建设规划。德国政府每年按照人口需求制订住房建设规划,对高、中、低档房屋的结构做出明确规定,特别是对低收入者,各地方政府都会根据当地人口结构明确规定所有住房中保障房的比例,来满足不同收入阶层居民的住房需求。

鼓励合作建房,并给予政策扶持。德国住房合作社制度是德国房地产市场发展的一大特色,在德国住房供给体系中发挥了重要作用,

① 若住房持有超过10年,不需支付资本利得税;若未满10年出售,需缴纳的应税资本利得为"房屋出售价格—取得房屋成本价格—可抵扣的修缮成本价格",并严格按照个人所得税累计税率进行征税,该税率还适用于买卖房地产公司的股票。

被誉为德国房价“稳定器”。该制度主要是通过合作建房的方式来解决普通成员住房问题，住宅产权归集体所有，合作社成员购买或租赁住宅后仅有使用权，社员申请退出时由合作社收回住房并返还入股的本金和所交的房租，合作社建房资金来源包括社员加入时缴纳的股本资金、政府提供的贴息贷款以及社会捐赠。德国政府对该制度提供了多方政策扶持，具体包括提供长达30～40年的低息贷款，贷款最高额可达到建房成本的80%～90%；政府出让或者出租廉价的土地供应给住房合作社；对合作社征收较低的所得税和交易税等；对承租合作社住房的成员补贴部分租金。

(三)租赁市场发达，租赁住房保障体系完善

推动公共租赁住房建设，保障租赁住房供给。战后，面对严重的住房短缺现状，德国政府在20世纪50～70年代大力推出公共租赁住房，规定政府有义务为无房居住的德国公民提供公租房。企业申请建设新房的土地和信贷时，需要答应政府在建成后一定时期内将房屋优先用于出租或者接受补贴后以低租金向特定群体出租。贷款购房者在还清贷款前，需将房屋出租给低收入无房家庭。

鼓励私人和机构提供租赁住房，并给予政策优惠。德国政府通过税收减免、优惠来刺激和鼓励私人和机构投资租赁住房，主要举措有：实行税收减免，年减免税率为2%，期限50年；老旧租赁房减免税率为2.5%，期限40年；加速折旧。总折旧期限为50年，但折旧率因不同时期市场供需状况不断调整，有时前10年高达到4%，有时前8年为2.5%，其余年份折旧率为1.25%；减免10年的资本利得税，以更好地保护投资者利益。

以法律形式保障住房租赁市场健康发展，注重保护承租人利益。

一是针对租赁市场进行立法,保障住房租赁市场健康发展。德国《住房建设法》《住房补助金法》《住房租赁法》《私人住房补助金法》分别为社会保障住房供给、中低收入者房租补贴、租赁市场的规范、私有住房供给等提供了法律保障,成为德国住房政策的“四大支柱”。二是保护承租人权益,实行租金管制。德国《住房租赁法》规定,房主只在承租人不支付房租、损坏财物、有反社会行为或房主要将租赁房改为自住和出售时,方可终止租赁合同。在无补贴的租赁房市场,初始租金的确立要参照近 4 年同地段、同类住房的租金水平,政府虽取消了租金管制,但仍保留租金上浮上限,3 年内涨幅不得超过 15%,租金涨幅不得高于平均租金水平的 10%。此外,合法的租房者和购房者享有同样的当地公共服务。三是房租补贴。根据德国《住宅补贴法》和《住房补助金法》,政府根据不同家庭的收入和房租的支出水平,提供房租补贴,确保低收入家庭能够满足住房租赁的需求。根据该政策,约有 86% 的德国居民能享受到的购房和租金补贴。

(四)多元化住房金融体系对稳定房价产生积极作用

为减小住房信贷风险,充分利用现有的各融资渠道,德国通常不允许居民家庭从单一金融机构获得全部的住房贷款,居民的住房贷款一般需要同时从多家住房金融机构获得,一般的贷款构成为:储蓄银行或抵押银行占 55%,住房互助储蓄银行占 15%,商业贷款占 20%,家庭的积累占 10%。因此,这就出现了德国拥有多元化的住房金融体系,住房储蓄银行、住房信贷协会、抵押银行等都肩负一定的住房保障功能,并非以营利作为主要经营目标,对稳定住房价格、支持中低收入者的建房和购房需求发挥了重要保障作用。

住房储蓄银行和住房信贷协会对于稳定德国住房价格的作用主

要表现在以下四个方面:第一,该制度能够有效地集合社会闲散资金,充分发挥居民的合作互助作用,提高建房和购房的效率,从而遏制过度依赖市场化开发和商业住房贷款而导致的开发商哄抬房价和投机性购房的冲动;第二,住房储蓄制度实行固定的低利率,独立于市场化利率体系,很少受到市场影响,有利于确保该制度下居民能以较低的融资成本获得贷款,提高居民偿付能力;第三,该制度下政府对于普通居民的住房存款实行了较大的奖励,因此降低了购房者负担,增加了居民的有效购房需求;第四,该制度有一套公平合理的配贷机制,根据借款人储蓄年限、资金积累状况以及对储蓄的贡献来进行综合评估,按照评估值的高低来确定配贷资格及顺序,因此能够确保储蓄者合理公平的获得贷款。

抵押银行的优势在于其将政策性与商业性相结合。其利用住房作为不动产的属性,将住房作为抵押物,降低了贷款的风险,在公开市场上发行债券来筹集资金,以较低的成本获得充裕的资金来源。同时,考虑抵押贷款的期限较长,在债券到期后还可以通过资产证券化的方式提高抵押贷款的流动性,获得新的资金来源。正是上述模式的灵活性,抵押银行的债券在德国债券市场占据了较大的比例,对住房市场的中长期融资发挥了重要支撑作用,较好地满足了居民的住房需求,维护了住房市场价格的稳定。

住房租赁对购房的替代效应分析[①]

住房具有消费品和投资品的双重属性，既可满足居住消费需求，又可作为投资渠道，因此，存在租房或买房的选择问题。而租房与买房分别发生在住房买卖市场和住房租赁市场，两个市场之间就存在关联性。

一、交易市场与租赁市场的制衡机制和替代效应

对住房买卖市场和租赁市场的关系，国内外学者进行了深入研究，并得出住房买卖市场和租赁市场之间存在理论上的制衡机制的结论。1992 年，迪普（DiPasquale）和怀特（Wheaton）对这两类市场的关系进行了创新性的研究，他们构建的“迪普—怀特模型”揭示了两者的关联性，较好地解释了房地产市场特有动态运行机制。他们认为，住房买卖市场和租赁市场之间的关联性形成了房地产市场的自我调节机制，使房地产价格、租金、开发建设量等相互制约。房地产的市场价值是由租金来决定的，而房地产价格正是围绕由租金决定的房地产市场价值上下波动。

他们认为，在房地产租赁市场上，租房需求量受人口、收入水平、

① 根据 2017 年系列研究整理。

产业结构等宏观社会经济变量制约,在正常社会经济状况下,需求量不会大幅波动,因而通常不会产生因需求变化而导致的租金在短期内的快速变化。所以,在上述机制作用下,房地产买卖市场上的价格也会受租赁市场上的租金制约而相对稳定。这就意味着,从长期来看,房价增长应该与租金增长相当,房价与租金之间存在长期均衡关系。

“迪普—怀特模型”所揭示的房地产市场动态运行机制基于消费者的住房“租买选择”,后来的学者称为“住房租买选择机制”。“迪普—怀特模型”描绘了房地产市场在这种机制作用下的一种理想状态,是一种“市场有效”状态,在此状态下,只要社会经济正常发展,房地产市场就不会出现过度投机和泡沫。

早期对住房租买选择的研究大都建立在一个理想的前提下,包括完全竞争市场、完全信息、可分割的资产、零交易费用及中立的税收制度。在这样的假设前提下,人们获得住房的模式,即购房和租房是无差别的,或者说无论是租房还是买房,单从居住的角度讲,由于住房服务在品质上都是无差异的,完全是可相互替代的。

当租买在一定条件下无差异时,人们会理性地根据自己的收入和支付能力在生命周期的不同阶段来选择不同的住房消费形式即租赁或是购买。很多收入较低且无力支付超负荷房价的家庭本想或本该租赁住房,却做出节衣缩食的购房决策,这势必扩大购房需求,推升住房价格。如果大力发展住房租赁市场,使其所供给的住房服务具有稳定性以及良好品质,那么租赁住房所提供的住房服务与居民自有住房所提供的住房服务可完全替代。在此情形下,低收入家庭将作出租房而不是购房决策。

当然,我们也应该看到,住房租赁市场对住房买卖市场的替代是需要一定的假设前提和条件的,如市场的有效性和发达的租赁市场。

在租赁市场缺失或不发达的情况下，租金就无法真实反映房地产的市场价值；如果市场是无效的，那么，两个市场之间的制衡机制就无从谈起。同时，我们也应考虑国别差异和市场差异，各个国家的房地产市场所处发展阶段的不同，住房租赁市场的发达程度也不同，因此，通过理论分析所得出的结论具有一定的局限性，并不是所有国家的数据都能佐证这一结论。

二、租买选择机制

发达国家的房地产市场发展较早，住房买卖市场和租赁市场发展相对完善，理论上讲，应该存在“租买选择”机制，国内外学者的研究也证实了这一点。如 Gallin（2004 年）用误差修正模型和长期回归模型来检验房价租金比对未来房价和租金变化的预测能力，研究表明，美国房地产市场中，租金与房价存在长期的均衡关系，当房价租金比偏高时，未来租金波动较大，而未来房价的波动较小，也就是说美国住房买卖市场和租赁市场之间是存在制衡机制的。中国学者崔裴等（2014 年）对美国、德国住房买卖价格指数与租金指数的实证检验，以及就房地产租赁市场对房地产租买选择机制形成的作用进行理论与实证分析后发现，在住房租赁市场发育成熟的国家，住房租买选择机制的存在使得住房买卖价格受住房租金制约而减少了波动。

中国住房市场的房价与租金的变化却无法用正常的理论加以解释，如 2009 ~ 2017Q2 年中国售租比大幅攀升，市中心、市郊售租比分别达到 57.81、45.82（见图 4 - 17），远高于美国的 9.03 和 8.29、加拿大 18.78 和 16.78、德国 27.43 和 24.82、法国 30.39 和 25.67、英国 29.55 和 24.62、澳大利亚 21.11 和 19.34、新加坡 40.87 和 31.39、日本

51.64 和 39.52、韩国 54.74 和 48.82。[①]

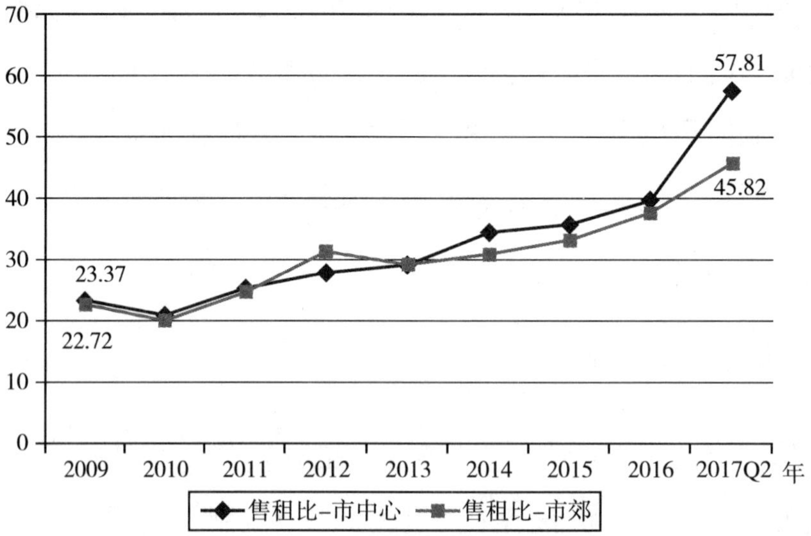

图 4－17 2009～2017Q2 年中国售租比走势[②]

由此可见,中国的房价和租金之间不存在长期的均衡关系,即“租买选择机制”缺失。国内学者的研究结果也支持了该结论,如周京奎在 2005 年对 1999～2004 年中国房屋销售价格和租赁价格的季度数据进行了协整检验,发现两者不具有协整性。刘仁和、程昆和莫金玲在 2011 年对北京、上海、广州和深圳四城市 1993～2010 年的住房价格指数与租金指数进行了协整检验,结果也表明两者之间不存在协整关系。在此研究之前崔裴、严乐乐 2010 年的研究也得出相同的结论。这些学者的研究揭示了中国住房市场价格与租金的关系偏离了长期均衡的理论关系这一事实,证明了中国住房市场上租买选择机制的缺失。

中国“租买选择机制”的缺失与中国缺少完善的住房租赁市场、住房租赁市场所提供的住房服务品质有很大的关系。一方面,由于中

---

① 资料来源于 NUMBEO 网站。

② 同上。

国处于工业化、城市化的快速发展期，由土地升值推动的房地产升值非常明显，由此支撑了十多年来的房价持续上涨，加之租赁住房供给主体的缺陷以及住房需求者的心理、制度环境等因素的影响，大多数中国居民以买房为主，租房为少数，导致“租买选择机制”缺失。另一方面，租赁住房的服务品质不能给承租人带来居住和心理的稳定，尤其是不能享有和房屋拥有人同等的权利，如子女就近入学、医疗等。这和中国住房租赁市场的供给主体有密切关系，中国住房租赁市场以个人出租为主体，无法保证租赁供给在长时期内的持续性以及配套服务的品质（如房屋维修、家具更新等），导致租赁住房不可完全替代自有住房，进而导致“租买选择机制”的缺失。

三、住房租赁对购买替代效应的数据佐证

国内外学者对住房买卖市场和租赁市场的关系进行了较为充分的探讨，但是对两者之间的替代关系仅停留于理论和定性分析，定量和实证分析较少。我们尝试用美国、英国、德国和日本的数据对两者的替代关系进行佐证。

首先，英美等发达国家房地产发展历史表明，随着房价攀升、居民可支配收入相对下降，租房对买房替代效应增强，居民租房比率呈提高趋势。近 10 年美国和英国租房比率提高很大程度上是由房价高企、居民可支配收入相对下降导致的。2006～2017 年上半年末，美国平均房价由 1100 美元上升到 1900 美元，美国（OFHEO）房屋价格指数由 366 上升到 399，导致美国新增 760 万家庭中，选择租房的比例从 2006 年 31.2% 上升到 36.3%（见图 4－18）。2006～2017 年上半年，英国（National Wide）房屋价格指数由 319.82 上升到 418.87，2006

年,英国房价约为居民年可支配收入 6 倍,到 2017 年上半年末,这一比值已上升到 11.10 倍,导致英国租房比率由 2006 年的 30% 上升到 2017 年 6 月的 36.5%(见图 4-19)。

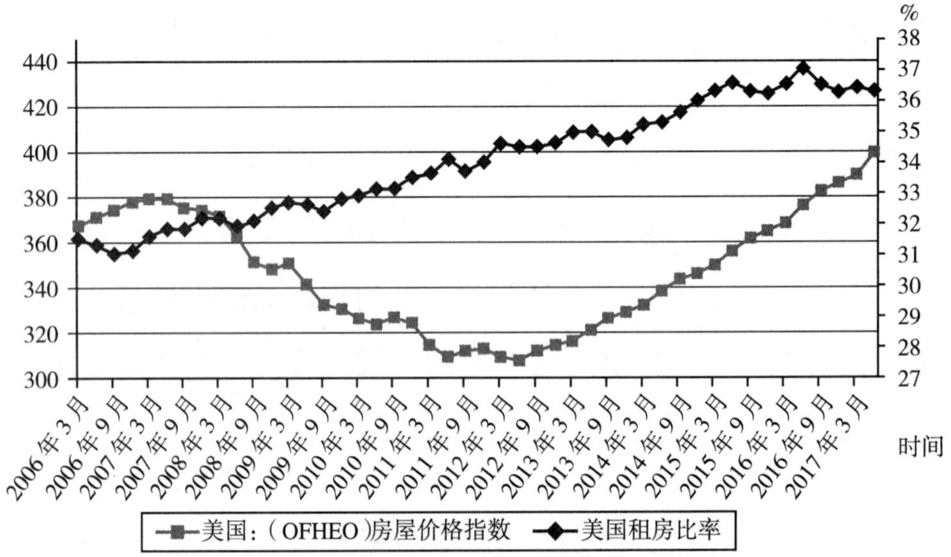

图 4-18 2006 年 3 月~2017 年 6 月美国房价指数和租房比率走势[①]

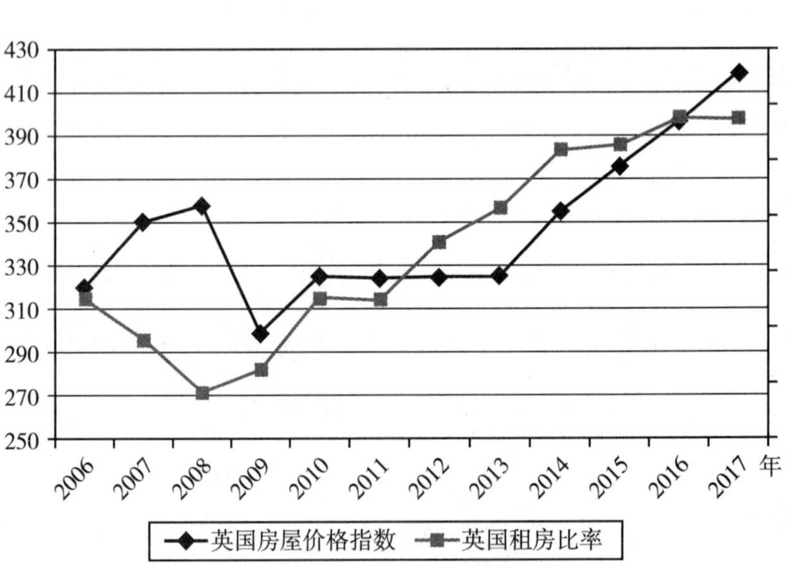

图 4-19 2006 年 3 月~2017 年 6 月英国房价指数和租房比率走势[②]

① 资料来源:WIND 数据库。

② 同上。

其次,德国房地产业发展表明,房价长期稳定甚至有所下降、居民可支配收入相对提高,买房对租房的替代效应上升,会带来居民租房比率下降。1970~2017 年上半年末,德国实际房价涨幅仅 4.98%,是 OECD 国家中房价最平稳的国家。2006~2017 年上半年末,德国实际房价指数由 103.88 上升到 119.70,上升 15.82,远远低于同期英国和美国房价指数上升幅度(33 和 99),导致德国居民租房比率由 2006 年的 57.40% 下降到 2017 年上半年末的 49.60%(见图 4-20)。

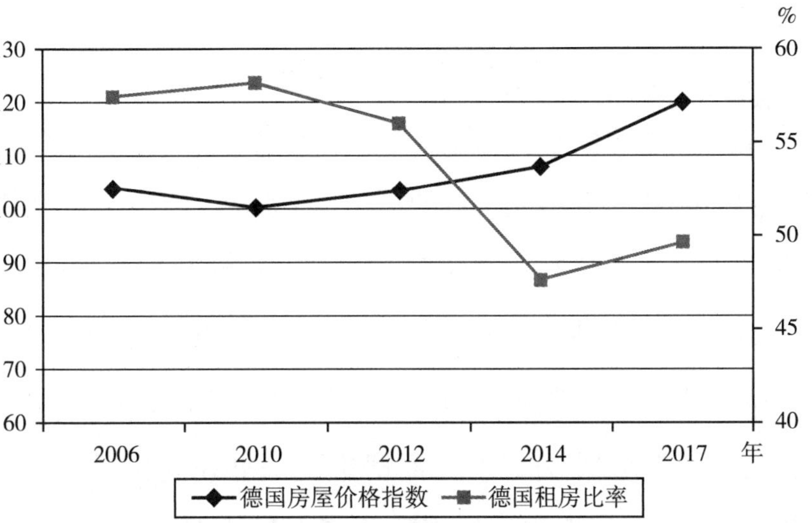

图 4-20　2006 年 3 月~2017 年 6 月德国房价指数和租房比率走势[①]

再次,世界超级城市房地产数据表明,在同一国家内城市房价越高租房对买房替代效应越强,居民租房比率越高。在房价高企的核心城市,居民购房负担更重,租赁需求更加旺盛,租赁比率远高于其他城市和全国平均水平。纽约、伦敦、东京等国际大都市,由于房价高昂,居民租房比率较其所在国平均水平明显偏高。例如,纽约市房屋结构中,总租赁房套数为住房存量的 66%,与整个美国 36% 的租房比率形成强

① 资料来源:德国联邦统计局。

烈反差。东京的租房比率为90%,而整个日本租房比率仅为35.5%。伦敦租房比率为60%以上,而整个英国租房比率为37%(见表4-10)。

表4-10 世界几大超级城市房价和租房率[1]

指标	纽约	伦敦	东京
房价(美元)	12,889.81	18,178.35	14,085.71
租房率(%)	66	60	90
全国平均房价(美元)	2225.81	5801.01	9195.14
全国平均租房率(%)	36.30	37	35.50

最后,中国近年来房地产市场发展表明,房价高昂的大城市租房对买房的替代率更高,居民租房比率显著高于全国平均水平。截至2017年上半年,中国房价排名最高的三大城市北京、上海和深圳,房屋租赁比率分别约为37%、30%和60%,远远高于18%的全国平均水平(见表4-11)。其中,深圳的租房比率最高:2017上半年深圳租金缓慢回升趋势形成,全市从1月68.8元/平方米/月的租金水平缓慢回升至目前71.5元/平方米/月,而房价仍旧处在高位,租金回报率仅有1.5%左右,导致深圳租房比率显著高于其他大城市。

表4-11 中国三个特大城市房价和租房比率(单位:元)[2]

全国平均	—	18%
北京	66,428	37%
上海	48,604	30%
深圳	47,713	60%

① 资料来源:WIND数据库。

② 同上。

四、结论

从现有研究看,住房买卖和租赁市场之间存在理论上的制衡机制,在一定条件下可产生替代效应,当然,这是在一定假设前提下和理想状态下得出的结论,在现实中并不一定都完全成立。现有研究也证实了这一点,认为在住房租赁市场发达的国家存在“租买选择机制”,如德国和美国,而中国缺乏完善的住房租赁市场以及住房租赁市场所提供的住房服务品质较低,导致中国“租买选择机制”缺失。因此,建议要大力发展住房租赁市场,这有利于房价的长期稳定。

房地产金融化与住房租赁市场

自古以来,住房都是中国居民重要的投资渠道,随着改革开放和住房商品化的推进,住房的投资属性已经使中国的住房市场演化成为国内最大的资本市场。住房市场中出现的诸多问题,部分源于其产业特性,但更多的是来自其附加的金融属性。用一般产业的研究方法分析住房市场的发展,用产业治理体系管理带有明显资本化属性的投资活动,难免挂一漏万,甚至南辕北辙。厘清住房市场的资本特征,遵循投资市场治理的一般规律,是管理住房租赁市场比较现实可行的选择。

一、房地产金融化的特征与问题

通常来说,住房市场与资本市场是两类不同性质的市场,但在中国,由于体制和历史原因,城市住宅除有居住的实用价值外,还被赋予了明显的投资品属性:一是城市住宅的保值增值水平已经超越了黄金白银、股票证券,成为家庭财富配置的重要产品;二是与子女教育、医疗资源、社会服务便利相关联的城市住宅,已经成为居民家庭获得公共资源“溢价”收益的重要甚至唯一载体。当住房的这种投资属性在市场中大大超过其使用属性时,住房市场演化为投资市场和资本市场就顺理成章。一个典型的现象就是,尽管租房和买房都能满足居住的使用需要,且综合来看租房要划算得多,人们依然会选择买而不是租。

如果抽象掉住房的使用属性,仅从居民投资的角度来看,中国的住房市场与股票市场极为相似,体现出了资本市场发展行为的一致性。投资人买卖的实际上是长期投资的获益权利,投资看重的是投资标的价格上涨产生的溢价收益,而不太在意投资对象的实际回报(租金或分红),投资市场形成了一级市场(增量市场)和二级市场(存量市场),二级市场规模远超一级市场,等等。

与一般资本市场不同的是,由于中国住房市场的发展并没有参照资本市场进行规划和管理,其资本化进程具有典型的自发性色彩,从而形成了不同于一般市场的两个明显特征。

一是体量大、配置效率低。

1994 年至 2017 年,中国住宅(不包括公寓、别墅、商业房等)销售金额累计 71.1 万亿元,销售面积 140 亿平方米。按 2017 年住宅成交均价 7614 元/平方米计算,住宅的市值规模为 106.6 万亿元,是股票总市值的 1.88 倍。即使按历史成本计算,住房市场的累积资金沉淀在 2011 年就超过了当年股票总市值。

大量的社会资金资源在完成一级市场交易后,出现了明显的“漏损”,相当比例的住宅由于持有人缺乏交易的意愿而被搁置或闲置。在一般投资市场中,投资人会充分考虑资金的时间价值,但在住房市场中,只要长期价格预期不变,投资人往往不在意短期的资金收益。特别是对于度假房(季节性居住)、传代房(为子女准备的未来用房)、拆迁房(拆迁补偿的多套住房)等形成的多套住房,其被搁置或闲置的现象更加明显。这种状况随着居民财富的增加、棚户区改造等,不断发展,最终导致二级市场的资源配置规模锐减,整体配置效率十分低下。

二是存量市场的心理预期价格成为住房市场价格的决定因素。

中国量入为出的文化传统,使得大部分家庭在购买房屋时,会仔细测算其供房能力。即使有所偏差,家族的力量(如所谓的六个钱包)基本上也能支撑其渡过难关。在这种情况下,只要持有人对其房屋价格的长期心理预期不变,短期的房价波动对其持有房产的意愿影响有限。价格上涨时,部分家庭出于变现的需要可能会出售其房产,但当价格下跌时,预期价格不变的情况下,持有人不会出售其房产,会形成有价无市的特有交易格局。

存量市场的这种价格反应机制,决定了住房市场的总体价格最终会向二级市场的价格回归。一二级市场形成价格倒挂时,一级市场必然发生抢购。存量市场的投资人越多,房产投资对货币时间价值的敏感性越低,住房市场的价格就会越稳定。现行的限购、限贷、限价等管理措施,可以改变增量市场交易特征,但不会影响存量市场微观主体的房屋出售策略,最终对市场的影响力也会十分有限。

二、住房租赁市场对房地产金融化的影响

中国住房市场的发展历程和资本化特征,是分析研究住房问题,调控房价和租金价格必须面对的历史。很难想象一个配置效率低下的市场,会形成良性发展的路径。提高住房资源配置效率,盘活存量市场,解决住房市场有效供给与有效需求之间的矛盾,将是中国住房市场发展的必经之途。

总体来看,中国住房市场的供需并没有大的问题。国家统计局测

算，全国人均住房面积 2016 年就已经达到了 40.8 平方米，已超越英国、德国等发达国家。考虑到城市一般家庭的实际居住情况，特别是城市租房人员的个人租用面积，大致可以推断中国住房的总供需已经逐渐或者说基本趋于平衡，关键是有效供给和有效需求严重失衡。

在这种情况下，由于增量市场的比重较小且逐年递减，调节和控制增量对投资主体资产结构的影响明显，但对有效供给和住房市场整体配置效率的影响不大。在存量市场配置效率下降时，增量所形成的房屋资源供给的增加很有可能被存量市场下降的配置效率所抵消。反应在供需上，有效供给和需求之间的矛盾并没有缓解，同时还会造成总供给的不断膨胀，最终导致总供给和总需求的失衡。一旦达到某个临界值，或者房屋资源被大量释放，总供需的失衡还会形成巨大的系统性风险。供需之间的矛盾，决定了解决中国住房市场问题的重点必须放在存量市场。

在存量市场中，住房资源可以通过再交易（二手房买卖）和租赁两种方式配置。再交易方式要发挥资源配置主导作用，就必须有足够规模的存量房愿意出售，这就需要满足两个条件之一：要么是房价上涨超过投资人的心理预期，构成“出手”诱惑；要么是房价大跌，形成可以置信的“套牢”威胁。前者与国家政策相背，后者在现实中出现的可能性极小。用房价指数简单计算，大中城市 10 年前、部分城市 5 年前购置的住宅持有到今天，“浮盈”均超过 200%，房改房、早期的单位集资建房等其“浮盈”水平接近 10 倍。这就意味着只有当房价下跌七成以上，才有可能大面积触动存量持有人的价格“恐惧”，改变存量市场的交易格局。换言之，二手房市场有效供给的大量增加与存量市场房价下降或可控，在现实中不可能同时实现。这种状况决定了存量市场中的再交易配置方式,依然无法成为提升住房市场整体配置效率的中坚。

与交易市场投资人复杂的预期转变、利益权衡、产品比较等决策行为相比,人们是否愿意出租房屋的决策过程简单得多。在现实中,任何人只要没有法律合规问题,只要不麻烦且能保护好其房屋,都不会排斥可获取的租金收益。也就是说,租赁市场有效供给的决定机制可以简化为出租收益和交易费用的比较问题,其中交易费用包括装修费用(毛坯房)、谈判费用、中介费用、税赋、维权成本(如房屋受损产生的法律费用和时间成本)等。当出租收益大于交易费用时,无论持有人是否在意短期回报,本着"有胜于无"的心态,都会愿意出租其房屋。当前一些中介公司通过加价的方式能够有效扩大房源,就印证了在交易费用不变的情况下,租赁市场的有效供给与租金价格呈现明显的正相关关系。反之,在租金水平不变甚至下降的情况下,只要交易费用下降的幅度超过租金收益下降的幅度,依然能缩小总供给和有效供给之间的缺口。

租赁市场中有效供给不仅具有价格弹性,而且具有交易费用弹性,同时,交易费用中很大一部分可以通过制度和政策进行调控,比如可以通过规范性合约降低谈判和交易维持成本,通过税负减免和改进征税方式降低税费、减少麻烦,通过规制建设有效维护双方利益等,这些特点为政府管理住房市场提供了另一种可能。政府通过在费用端发力,可以同时实现价格管控与有效供给增加的双重目标,并从根本上缓解有效供给与需求之间的矛盾,提升住房市场的配置效率。

三、住房租赁市场培育与住房整体市场的优化

住房租赁市场在住房资源配置中的特有地位和作用机制,对于当

前走出行政化管制的怪圈，形成租金价格长期稳定的市场化机制，十分重要。突破传统产业发展和管理的思维，遵循住房市场资本化所形成的内在规律，用金融治理的方式培育和建设住房租赁市场，是发挥租赁市场提升住房配置效率、稳定市场价格的基础。

（一）通过试点的方式，选择培育规范化的市场平台

规范、透明、高效的市场体系，是任何资本市场或类资本市场发展壮大的前提。目前，中国虽然已经形成了以专业化中介公司、房地产商、金融机构等为主体的住房租赁撮合机制和市场，但这种自发式、完全市场化的撮合体系与住房市场附加的金融属性格格不入。在缺乏政府或管理部门监管介入情况下，其规范性缺乏保障，透明度缺乏监督，由于“麻烦”形成的交易成本无法有效下降。

从金融治理的角度看，政府应以制度保障、政策供给和行为监管的身份，介入住房租赁市场。比较有效且可行的方式是，选择 3 ~ 5 家现存的住房租赁平台，完善市场基础制度，引导和培育符合租赁市场发展需要的市场平台建设。

一是在试点平台上，探索通过降低交易费用稳定租金价格、扩大有效供给的办法和方式。可以参考其他资本市场的管理经验，在一定时期内减免税费，实行代扣代缴制度，促进“灰色”交易的合法化和租赁交易的便利化等。

二是严格规范试点平台的业务模式，有效管控相关风险。试点平台应主要从事经纪业务（交易撮合），严格控制自营业务（转租）。经纪业务的佣金、自营业务的比例等，必须符合国家政策的指导。同时，严格控制自营业务现金流的证券化，防止租赁市场成为另类的美国次贷抵押市场或 P2P 市场。

三是采用金融扶持的办法,解决租赁市场发展的资金需求。对于符合国家政策的试点平台融资需求,按照“堵歪门,开正门”的原则,由金融机构按照市场原则提供信贷支持。对符合政策导向和要求的银行贷款,给予诸如下浮定向准备金等政策支持。

(二)利用交易数据,建设真实透明的信息发布体系

及时、有效、准确的信息体系,对于任何市场的规范运作和良性发展都至关重要。总体来看,中国住房租赁市场数据与指标的生成和发布体系尚处在原始阶段,已经成为影响租赁市场健康发展的隐患。

目前,国家层面发布的统计信息颗粒度较粗,难以成为交易组织者和市场主体决策和管理的依据,中介机构根据局部信息编制的指数往往以偏概全,一些媒体为吸引眼球甚至人为编造相关数据,这些问题已经影响到租赁市场的有序发展。

现阶段可以参照金融市场信息管理的一般规则,由相关部门明确住房租赁市场信息编制和发布的规制,由试点平台根据其实际交易数据,研究编制发布多层级、结构化的指数体系,尽快完善信息基础设施体系的建设。

第五章　金融创新的市场逻辑

银行理财产品的监管框架[①]

目前社会比较关注的资管新规和资产管理业务，实际上都缘起于商业银行的理财业务。从规制的角度来看，理财业务发展中出现的很多问题，大多不是来源于规制本身，而是业务的管理能否随着市场的变化而变化，遵循市场规律，严肃市场纪律。

理财业务（财富管理）的历史可以追溯到18世纪，但真正兴起并成为商业银行的一项重要业务，则始于20世纪90年代。主要原因一方面是由于金融业竞争的加剧，使商业银行认识到吸引能为银行带来利润的高端客户并提高其忠诚度，是确保银行长远发展的基础。因而，商业银行有压力也有动力改变其传统的经营模式，将单一化、标准化的服务方式转化为综合化、组合式的服务模式，在客户细分的基础上，为客户提供差异化的服务。另一方面是IT技术的发展，使得综合化、组合式服务具备了实现的技术条件，流程再造和综合服务具备了现实意义上的经济性。

在这一背景下，一些发达市场经济国家的金融监管当局开始调整相关监管规制，以促进本国商业银行理财业务的规范与有序发展。在这一过程中，各国监管当局普遍面临着一个问题，即当以审慎经营为

① 2005年中国银行业监管机构理财业务培训班授课稿。

原则、其活动主要依赖于场外市场的商业银行,涉足于传统的以行为监管为圭臬、以公允价值为标准的投资推介与运营活动时,如何界定这类业务的性质,并处理好商业银行和投资人之间风险与收益的平衡,既要避免给商业银行强加一些不合理的责任,又要避免因为信息不对称而使客户承担不合理的风险和利益损害。经过 20 世纪 90 年代后期的探索,就理财业务监管的这一基础性问题,多数发达市场经济国家形成了较为一致的意见。

一是确定理财业务的性质是一种以场外市场为主体的投资中介与管理服务,尽管这种服务可以将银行储蓄等资产负债作为一种投资标的,形成包括银行储蓄或贷款在内的"混合产品",但其本质上仍属于代理客户进行的投资业务范畴。例如,美国货币监理署(OCC)规定国民银行可以从事 5 大类、22 小类业务,其中与"理财"相关的业务主要包括:金融咨询业务(Consulting and Financial Advice)和其他业务中的协助性服务(Supporting Services, In General)。[①] 所谓"协助性服务",是指国民银行可以作为个人或公司的代理商,且如果所从事业务为非自行决定且本质为代理性质时,可以未经事先获准而使用信托权力。英国金融服务局(FSA)认为,储蓄的安全性不受银行是否倒闭清算的影响,而"投资则并不能保证资金可以全部收回"。存款属于储蓄,而"理财"属于投资。[②]

二是既然商业银行开展的理财业务属于投资业务范畴,商业银行的监管就不能再局限于审慎监管,必然也必须要采用适当的产品监管和行为监管,且就理财业务本身的监管而言,后一种监管更加重要。

---

① OCC, 2003, Activities Permissible for a National Bank, www. occ. treas. gov/corpapps/BankAct. pdf.

② A cash component of an ISA which does not include the qualifying investments prescribed in paragraphs 8(2)(c), (d), (e) or (f) of the ISA Regulations.

换言之，商业银行理财业务监管首先应强调的是合规、透明、公平的原则，客户对象也应当符合“合格投资人”的要求，其次才是审慎要求。因此，对商业银行理财业务的监管应至少包括：金融产品营销的合规性、对客户的分类与评估、提供金融咨询服务与销售、产品披露和客户的取消与终止权利、交易与管理、对客户的报告等（如英国、澳大利亚、中国香港等，美国则是直接规定理财业务适用于相关金融投资产品的监管规定）。

2004 年，在借鉴了发达市场经济国家理财业务监管经验的基础上，中国开始理财业务的监管规章制定。考虑中国分业经营、分业监管的体制因素和商业银行理财市场尚未发展的现状，2005 年最终发布的《商业银行个人理财业务管理暂行办法》（以下简称《办法》）遵循了国际上理财业务监管的大多数原则，又根据国情进一步强调了理财业务的边界、性质和合规要求：

一是确定了理财业务的边界，引入了分类监管的思想。一方面是按照国际通行做法，将理财业务的边界界定为银行主动向客户提供咨询建议、推介产品（如证券、基金、保险产品等）、代理交易和管理客户资产（如各类理财组合或产品等）等专业化服务（银行传统产品，客户主动委托银行的代理交易活动……如外汇买卖不属于理财业务范畴）；另一方面为便于分类监管，将一般推介活动和理财产品进行了区分，将理财业务分为了理财顾问服务（财务分析与规划、投资建议、个人投资产品推介等）和综合理财服务（按照与客户事先约定的投资计划和方式进行投资和资产管理的业务活动）两类。

二是明确了理财产品的性质是针对特定目标客户群开发设计并销售的资金投资和管理计划，强调了理财产品设计的客户分层原则和理财产品销售的非公募性。

三是考虑当时中国理财产品的发展状况,《办法》的重点放在了营销合规性的规范方面,明确提出了商业银行应做到将适当产品卖给适当客户的“适当性原则”。在投资范围和方式上《办法》预留的空间较大,重点强调了产品开发设计的测算性(理财产品的开发设计必须建立在风险收益测算的基础上,不能开发销售“拍脑袋”的产品)、风险控制的针对性(对理财产品可能面临的主要风险有分析、有预案)和风险揭示与信息披露的充分性,并将“成本可算,风险可控,信息充分披露”作为理财业务监管的最基本要求。

总体来看,中国银行业理财业务的监管规制和体系设计与境外发达市场经济国家相比差距不大,部分制度设计在国际金融危机后一度还成为一些发达市场经济体的学习对象。

银行理财市场的问题与规制①

在商业银行理财业务监管存在的诸多问题中,最根本性的问题是理财业务管理与监管的基础性原则和要求有许多在实践中未得到落实,相关规章的实际执行率很低,并呈现出与国际通行的监管原则相背离的变动趋势。要提高理财业务监管的有效性和针对性,在很大程度上可能需要正本清源,切实遵循理财业务发展和管理的一些内在要求和基本原则。

一、理财业务监管中存在的主要问题

(一)监管规制变异的问题

第一,理财业务监管边界的人为分割与利益冲突。

由于种种原因,2006 年中国银行业理财业务的边界开始被不断分割,在实际监管和管理活动中,逐步将银行主动向客户提供的投资咨询业务、金融产品(如基金、保险产品等)推介营销活动排除在了银行理财业务的监管范畴之外。同时,《商业银行理财产品销售管理办法》规定应当参照执行的信托公司、财务公司等非银行金融机构的理财业务活动,也逐步被分离出来。理财业务基本上成了商业银行理财

---

① 根据 2011 年理财业务研究整理。

产品的代名词。

理财业务监管边界的内陷,不仅使同一性质的业务出现了不同的监管原则和标准,而且迅速使理财业务的发展呈现出两个不好的趋势:

一是由于理财顾问服务不再纳入理财业务监管范畴之内,使得商业银行投资咨询与推介产品活动失去了应有的约束,不断向客户推销,甚至诱使客户购买各类保险产品、基金产品成为普遍现象。按照国际通行的做法和我们的规章要求,银行开展理财顾问服务必须要坚守平衡利益冲突的底线,即券商和保险公司往往会给银行的销售部门和销售人员提供“当时兑现”的销售数量激励,由此就会形成银行销售人员与客户的利益冲突,理财业务的监管要求当出现利益冲突时,银行应将客户利益放在首位,以避免错误销售。为确保如此,各国的监管规制都要求从事投资咨询和推介活动的银行人员必须是经过培训、了解所卖产品的理财人员,要坚持“买者自负,卖者有责”的原则,我们的监管规制中也体现了类似要求。但在实践中,由于种种原因这一重要的监管基点反而被有意无意忽略,其结果必然会导致银行和客户源于利益冲突产生的矛盾、纠纷和诉讼不断上升。现实中也会出现客户去存款,就会受到“热情”的推销(尤其是中老年客户),不留神就会发生“存单变保单”的现象。这类问题近年来不仅一直成为社会舆论关注、争议和诟病的热点,而且已经引发了多次群体事件。

二是由于理财监管对象、监管标准的分割,理财监管形成了多头、多政策、多标准的模式,理财监管制度的稳定性和严肃性不断被削弱。这种现象既存在于银行业内部,也存在于与其他监管机构协作的活动之中。如近年来,证监会、保监会和银行业监管机构相关部门均开始按产品制定各具特色的产品推销管理与激励方式，银行在很大程度上沦为了“大卖铺”，为获得看得见的短期利益，往往不惜增加更大的看不见的声誉风险和法律风险。其结果不仅是银行“推介”产品的热情和力度完全脱离客户的需求，随着相关产品激励利益高低的变化而起伏，而且银行发现可以通过各种“银某合作”方式，绕开大多数的理财监管制度约束。以银行代理基金公司的千元理财产品为例，由于商业银行的理财产品销售有起点金额要求，而目前代理基金公司的理财产品销售则无起点金额要求，所以部分银行就会“聪明”地想到，可以通过“银基合作”的模式，将自己的产品包装成基金公司的产品，然后再来代销以规避监管。这种做法不仅会损害客户利益、增加客户风险，也会使得那些尊重规律的真正理财业务失去竞争能力，并不断恶化银行理财市场的竞争环境。

第二，理财产品风险收益测算的豁免与产品变异问题。

开发设计理财产品时进行必要的市场预测和风险收益测算（所谓的“成本可算”），是避免商业银行错误销售和欺骗式营销的基础，也是避免商业银行之间通过“跟随加价”恶化理财产品市场竞争的基础。鉴于中国商业银行在风险收益测算方面经验不足，我们提出了一个两步走的策略：即“先解决有没有的问题，再解决准不准的问题”，以促使商业银行逐步提高风险收益测算的意识和竞争能力。按照这一策略，商业银行在上报和公开披露的理财产品资料中，起码在形式上要有这一方面的内容和说明。但由于种种原因，这一基本要求在现实中的执行情况并不理想，至今不少理财产品实际上被豁免了测算要求。

商业银行向客户推介理财产品，必然也应该向客户说明该理财产品的可能投资收益与风险情况,或者说可能的预期收益率分布,这是客户形成投资与否的基础。如果商业银行对于产品投资风险收益的计算,不是建立在信息和数据分析的基础上,或者对此缺乏适当的监管,就会形成所谓的"拍脑袋收益率"和"跟随收益率":部分银行为吸引客户人为编造夸大"预期收益率",其他银行为了竞争,干脆就在前一银行"预期收益率"的基础上加上一些基点,形成自己的所谓"预期收益率"。由此,银行理财市场的"宣传战""价格战"就会不断升级,理财市场的恶性竞争的结果不仅会损害银行利益,也在不断提高着客户被"忽悠",甚至被欺骗的可能性。现实中,"拍脑袋收益率"与理财产品的实际投资收益往往差异很大,对于这种差异一些银行采取了"相机抉择"的办法:当客户不易"闹事"时,支付客户实际投资收益,结果是客户的"被骗感"和对银行的不满情绪不断积累;当可能会出现群体事件时,就"想办法"利用其他方式提高支付给客户的最终收益,结果是银行"赔本赚吆喝"。无论哪种方法,长此以往其可能产生的副作用都是显而易见的。

当银行理财产品的"预期收益率"不是建立在对产品实际投资收益的预期之上,且银行可以利用其他手段人为调整理财产品收益情况时,理财产品监管的另一个基本原则,即"投资收益独立性"原则,也就会被虚置,理财产品就会从"代客理财"的工具变异为"贴标产品",各类名不副实的理财产品就会层出不穷,理财产品变异成"准储蓄产品"或者"准贷款产品"在现实中就会成为必然。这种变异不仅会导致理财监管规制的混乱,也会影响到国家相关政策和其他经济金融管理部门制定的规则的执行,自然也就会受到相关部门、学界和社会舆论的质疑与诟病,甚至引发国际组织对这种不是理财产品的"理财产品”风险的担忧，乃至对整个中国银行业发展的质疑。

这些做法一旦成为常态，理财业务监管就有可能从清晰走向混沌，在一些偶发因素下累积系统性风险。比如，近年兴起的所谓“资金池”式的理财产品，完全割裂了客户资金与该资金实际投资收益的关系，商业银行不仅是理财产品的投资管理人，实际上成了不同产品、不同时期客户投资收益的分配人，不少银行在理财产品清盘时根本无法向客户提供独立的理财产品投资收益报告。尽管一些银行为此建立了一系列的制度和办法，但从法理上讲，这些制度和办法缺乏基本的法律法规依据，其蕴藏的法律风险不容小觑。同时，如果银行相关部门有权分配投资收益，在现实中就可能会引发内幕交易、利益输送，甚至贪污挪用等一系列新的问题。

（二）管理与监管体制的问题

鉴于理财产品特殊的性质和理财业务监管的专业性、复杂性，多数市场经济发达国家对理财业务、理财人员和理财产品都采取了准入管理的方法。由于中国《行政许可法》和分业监管的限制，在 2005 年设计理财业务管理和监管体系时，我们采取了一些变通的做法，主要是通过强调商业银行理财业务管理责任的主体性和理财产品的报告制来达到类似的监管目的。

所谓商业银行责任主体性是说，在中国理财业务的管理和监管活动中，我们首先强调的是商业银行的管理责任，主要包括商业银行对监管机构和客户必须要有一个责任承担主体，即指定一个理财业务牵头部门；商业银行要有内部的责任明确机制，即要建立理财业务的内部报告与审批流程，明确相关部门的责任；商业银行要建立清晰的责任落实和追究制度，能够确实承担起理财业务管理、纠纷处理，乃至舆情宣传等责任。

理财产品报告制是指,在不能对理财产品进行审批的情况下,通过事前报告的方式使监管部门在银行理财产品发售前有一定的反应时间,尽可能避免在理财产品发售后,发现银行理财产品违规进而处罚银行的同时也对客户利益造成重大损害,或者出现因为要保障购买违规理财产品的客户利益,不得不默认违规的现象(所谓的“绑架效应”)。

这种变通做法,优点是赋予了商业银行发展理财业务更大的空间,缺点是不可能像准入制管理那样严格和准确。这就要求我们在监管体制上进行一定的调整,以弥补规制的不足。创新部的设立,正是这一需求的结果。

设立创新部的初衷,简单来说就是试图将原来的“块块监管”(机构监管)调整为“条块结合”(机构监管与功能监管、行为监管相结合):一是适应银行业务变化的现实,及时补充必要的监管功能;二是通过“条条管理”及时发现并纠正行业问题,避免“块块管理”模式下,行业问题缺乏明确的管理主体和管理滞后的问题;三是有利于对新业务形成相对统一的监管标准,避免逆向监管竞争;四是对于专业性和复杂性较强的业务,不可能将所有的“块块”监管人员(类似与门诊医生)都培训成各类业务的专家(类似与专科医生),“条块结合”可以有效地提高监管效率,节约监管人力资本。

虽然这种体制设计会带来一些新的问题,但总体上看,“条块结合”的监管模式是一种趋势(实际上在金融危机后,西班牙、意大利,以及不少西欧国家或地区借鉴了我们的做法,成立了类似功能的部门),也是提高理财业务等(包括衍生业务、资产证券化、电子银行、银行收费等)监管有效性的重要机制保障。但遗憾的是,由于种种原因,创新部的这种功能定位实际上并没有能够顺利实现。上述监管规制中出现的问题,在一定程度上就是源于理财业务管理和监管体制的这种先天不足,最终又进一步影响了理财业务监管机制运行的基础。

就商业银行理财业务内部管理体系和责任主体性落实情况来看,由于各银行的自觉性和不同监管部门的重视程度与要求的不同,银行内部理财业务的管理可谓各具特色。部分银行甚至至今都搞不清自己到底有多少理财人员和多少理财产品,七八个乃至十几个部门各自为战的情况也不少见。总体上中国商业银行的理财业务发展已经达到了相当的规模,但理财业务管理的制度建设和基础性建设(如合规审查、信息统计、产品跟踪等)提升有限,理财产品的有效竞争力依然较为低下。

从理财业务的监管体系和产品报告制落实情况来看,现实中出现了很多矛盾的现象:一方面是机构监管部门面对大量的理财产品报告缺乏人员和专业的支撑,宁愿商业银行不报或者少报;另一方面功能监管部门却又无法获得相关的产品资料,行业问题的应对实际上是随着媒体公开的信息而“起舞”。一方面我们不断发布规章和规范性文件,不断变化监管标准;另一方面已发布的规制实际执行率低下,至今都很难找到一个完全符合监管规制的处罚案例。一方面是不断累积风险的大量貌似理财产品持续增长,另一方面符合理财产品性质、有利于真正业务创新的产品步履维艰,等等。

二、提高理财业务监管的有效性和针对性

客观地讲,这些年来中国的理财业务监管的确取得了不少成绩,

特别是我们经受住了国际金融危机的考验。但不容忽视的是，这些年来理财业务领域所谓的“四个不满意”程度（国务院领导、相关监管部门、商业银行、客户）也在不断上升，理财业务风险集聚引发的国际和国内关注也越来越多。由于理财业务涉及的领域和客户众多，一旦某些风险问题由于某种偶然因素被“引燃”，在各方不满情绪的推动下，就有可能引发一系列的连锁反应。因此，及时调整理财业务监管机制，防止风险的进一步集聚并演化为重大系统性风险隐患，是理财业务监管工作紧迫而又必须完成的一项工作。

考虑目前银行业监管机构监管体系的复杂性，剧烈的监管机制调整可能会由于种种原因难以推行，甚至在原有的责权体制下事与愿违，因此，目前的监管体制调整可能就需要采用一种“急用先行”的方式。

第一，将理财顾问服务重新纳入理财业务的监管范畴之内，尽可能保证理财业务监管规制的完整性、监管标准的统一性和基本规则的严肃性。

第二，开始严格理财产品的报告制度：一是尽可能保证大部分理财产品做到基本上的形式合规，二是通过报告制抑制变种理财产品迅猛增长的势头，三是通过产品报告资料的统计分析，对理财业务的实际发展情况大致有数。

第三，放松甚至建立专业人员会内会外的发声渠道。社会各界、舆论媒体和我们内部的人员对理财业务监管的评论和批评之声，近年来一直呈快速增长的态势，其中不乏真知灼见，但也有许多是源于对理财业务发展与监管缺乏基本的认识和专业分析，以讹传讹。一些科研院所和行业组织为经济利益搞的所谓排名和评比，与现实的差距更是很大。适当放松对专业人员向内、向外传递理财业务发展信息与监管政策信息的管理要求，简化逐级审批机制，甚至有意识地鼓励并积极建立专业人员与银监局和媒体的信息沟通机制，虽然不一定能够解决那些实质性问题，但起码可以在一定程度上扭转目前舆论媒体“一边倒”的发展趋势。

第四，建立理财业务专业监管与协调小组，明确理财业务监管的责权。由于种种原因，目前在理财业务监管方面表现出来的“心不所属”和“力不从心”现象越来越明显。以 2011 年为例，1 ~5 月银行理财产品已经呈现出成倍增长，6 月中旬商业银行和我们都意识到了风险问题并就应采取的措施和安排达成了基本一致的意见，但因现有体制的偶发因素而付之流水。其结果是，6 月最后两周理财产品的发行量居然超过 1 ~5 月的总和。如果不能改变这种状况，很有可能会使理财业务的风险快速集聚到危险的边缘。考虑监管体系大的调整可能会遇到的困难和扰动，目前似可采取一种变通的做法，成立一个非正式的跨部门小组，尽快使理财业务研究、指导和监管责任落地，使相关规制和会领导的相关指示精神逐步顺畅有效地得以执行，切实控制住理财业务风险集聚的势头。

中小企业融资与金融业发展[①]

中小企业发展对中国金融结构调整和金融法制建设具有积极意义。但在世界范围内,如何加强对中小企业发展的金融支持一直是非常重要的研究课题,对于加入世界贸易组织后的中国更显重要。

一、中国发展中小企业融资的积极意义

二十多年来,中国经济的突飞猛进举世瞩目。人民生活水平大幅提高,工业化进程加快,改革不断向纵深推进,中国成为全球国民经济发展最快的国家。中国的金融部门在这一过程中起到了极其重要的作用。工业化和体制改革在金融资源的配置和相关金融服务方面影响深远。这不仅表现在国民经济和工业发展方面,也表现在城乡发展方面。

为了达到可持续发展的目标,中国必须解决两大发展"瓶颈":资源的有限性和发展的不均衡性,中国农业人口占到总人口的70%,没有农村的繁荣就没有国家的繁荣。而农民主要依赖土地和地上资源生存,如果资源被消耗过度,这种发展模式将不可持续,因为自然资源是有限的。所以必须采取行动,运用最重要的金融资源和金融服务来

---

① 2005年"第四届亚洲律师峰会"演讲稿。

维系农村的可持续发展。如若措施不力,则发展不均衡的问题就会严重危及经济、社会的发展乃至国家的稳定。虽然资源配置不均衡、交通的便捷程度、发展战略等会也导致非均衡发展,但地区间金融资源和服务分配的不均衡也是导致地区差异扩大的重要因素。

中国银行体系的分层结构为金融资源分配的不均衡埋下了制度上的隐患。目前,中国银行体系主要有三层:第一层是商业银行普遍采用了现代管理模式,为了自身运营的经济合理性,商业银行会倾向于把资金从贫困地区或低回报率的部门转移到发达地区或高回报率的部门。第二层是政策性银行的业务主要针对国家级、省级重点工程。第三层是城市信用合作社和一些农村信用合作社倾向于把农村储蓄转移到发达地区以补充投资资金的不足。位于乡村的农村信用合作社缺少专业化和有效的管理机制,金融服务的质量尚不尽如人意。上述结构都导致了金融资源与服务配置的扭曲,加大了地区差异。

作为解决方案,有两种策略可解决资源有限性和发展不均衡的问题:一是促进中小企业的发展;二是优化金融构建、建设区域金融服务体系。

美国的金融服务体系力图使每个人都能得到最优的金融服务,使他们能以较低的成本获得金融资源。其他国家也在致力于建设有效的金融体系。中国希望能学习借鉴国际经验,以促进金融业的发展。地方企业需要地方金融的支持,地方银行应该多从战略角度考虑,满足当地企业与个人的金融需求,同时意识到自身对推动地区发展的责任。

正如美国小企业业务发展一样,为中小企业提供更多的金融资源与服务,会推进中国中小企业发展,有助于构建区域金融体系,及时有效缩小地区差异,加强地方金融机构与中小企业的联系,提升区域金融服务体系;有助于调整区域竞争优势,促进区域发展,避免发展的不均衡;有助于银行开辟新的利润空间,使产品结构多样化,风险分散化,金融体系更加健康发展。

二、中国中小企业融资发展历程

中国政府一直重视推动中小企业发展,中小企业的发展也反过来对中国社会、经济的发展发挥了重大积极作用。

回顾过去,在中小企业和非国有企业发展过程中有一些里程碑的事件:1992 年邓小平关于经济体制改革的“南方讲话”;1999 年关于宪法当中非国有部门作用的修改;1999 年 3 月,人大会对《宪法》作出了重大修改。其中一个重大修改就是对非国有部门作用的认定,用“社会主义市场经济的重要组成部分”代替了“社会主义市场经济的补充”;2001 年中国加入世界贸易组织。

在政府宏观政策的提振下,作为中国经济腾飞的重要组成部分,中小企业在很多领域都有上佳的表现。中小企业的发展创造了大量就业机会,创造了国民财富,提高了当地人民生活水准;提升了企业竞争力,培养了企业家,创造了外部效应,提高经济生活的效率、推动创新、增加产量;中小企业有资源依赖的特点,而且分布在全国各地,它们会充分利用当地资源,推动区域发展,它们的发展促进了农村开放,缩小了城乡差距,提高资本收益率,提高生活水平,减少贫困。

中小企业的发展亦面临诸多挑战,其中一个主要障碍是融资难。第一,融资渠道窄和区域金融服务体系欠缺。渠道和多样化金融服务供应的相对优势使国有银行成为金融服务的主导,而农村金融机构由于管理不力,难以满足中小企业日益增加的金融需求。至于其他金融渠道,例如基金、风险投资、证券市场仍处于起步阶段。另外,中国的商业银行采用了集约化的管理模式,基层行的信贷审批权被上收集中。更进一步的限制了对中小企业的金融服务。

第二,国有银行的特性和中小企业不完全匹配。中国的金融改革要求商业银行遵循"效益性、安全性、流动性"原则,走"自主经营、自担风险、自负盈亏、自我约束"的道路。贯彻谨慎原则对国民经济健康、稳定发展非常重要,但是,这也会导致对高风险中小企业的金融支持不足,另外,因为硬预算约束和非经营性贷款义务,中国的国有商业银行并不愿意为中小企业提供融资。比起大企业,中小企业具有更多的不确定性,容易受到外部环境的冲击。另外,中小企业的融资需求频率高但金额小,所有这些因素都导致中小企业融资问题更复杂,成本更高。

第三,中国多数中小企业不够成熟。例如,多数中小企业的会计体系达不到金融机构开展业务的要求,比方说银行贷款。

第四,中国的信用担保机制还不成熟。中小企业贷款申请需要第三方担保或抵押,但多数中小企业资源、信用记录有限,难以满足这些要求。因而,急需建立成熟的中小企业信用担保机制。

针对上述问题,中国政府相继出台了一系列措施促进中小企业的融资,加大对中小企业发展的支持力度,促进国民经济和中小企业的共同发展。

除国家层面的立法外,一些给予中小企业其他的金融支持的措施相继出台,包括《中小企业促进法》于 2002 年 6 月 29 日通过,自 2003 年 1 月 1 日起施行,这是继《公司法》《乡镇企业法》及《独资企业法》

之后又一部企业领域的重要法律。2004 年年初，国家发改委联合其他相关部门着手起草《关于鼓励支持和引导个体私营等非公有制经济发展的若干意见》，同年 2 月 24 日开始实施。进一步消除了非公有部门经济发展的体制障碍，推动了立法和政策制定，为非公有部门发展提供更为合理的市场环境。除了立法外，其他中小企业发展支持政策也陆续出台：财政上设立中小企业发展基金，加大公共财政支持力度；拓宽融资渠道；构建中小企业信用担保机制；税收优惠政策；土地使用政策等。

三、加强中小企业金融支持的未来方向

展望未来，鉴于中小企业是地方发展最活跃的主体，为保持地方活力，必须想办法解决中小企业的融资困境。目前中小企业金融支持中的不足即是未来政策着力的重点。

目前看，至今还没有出台明确银行部门对中小企业金融支持的相关规定，这一制度性问题亟待解决。此外，金融资源的配置状况不尽人意。在许多地区，特别是西北地区、农村和欠发达地区，资金的获得非常有限，而且成本较高。区域金融服务体系的缺失可能加大地区差异，加剧中国经济发展的不平衡。

为解决上述问题，方向上，第一，应当加强立法，加强执法，在支持中小企业的政策中，立法是首要的途径；第二，建立区域金融服务体系，强化金融部门的社会责任；第三，构建中小企业信用担保体系，强化贷款违约的处置机制，增强合同执行效力；要求银行声明贷款审批标准及指引；第四，借鉴国际经验，丰富中小企业融资渠道。

具体举措上，尤其应推动建立区域金融服务体系。构建区域金融

服务体系有助于促进经济发展,缩小地区差异,打造更健康、更具有活力的金融体系。如前所述,经济增长需要投资来拉动,而金融资源是推动增长的关键因素。但是银行的投资行为有自身的轨迹。很难估计商业银行到底从贫困、低回报地区向发达、高回报地区转移了多少储蓄,这些行为限制了地方企业的融资,也阻碍了经济发展。金融资源和服务配置不均拉大了地区差异。因而,亟须建立区域金融服务体系。另外,区域金融服务体系的建立有助于降低贷款违约率,人民银行的调查显示,农民的守信程度最高,他们的贷款违约率仅为2%。区域金融服务体系和集体投资可以汇聚个体力量,促进区域经济发展,同时也可为银行带来利润。简言之,建设区域金融服务体系可以形成共赢格局。另外,金融部门应像每一个个体一样承担社会责任,关键是如何界定、管理、规范和监管银行的社会责任。在美国,有很多法规鼓励商业银行推动经济、社会发展,例如社区投资和发展,公共福利投资。同时,这些法规明确了美国货币监理署有不同的标准检测银行的社会职责履行情况。总之,中国当下需要能够为所有人提供高质量金融服务的金融体系。建设区域(社区)金融服务体系,加大中小企业金融支持将会对区域发展和经济长期增长带来长远而积极的影响。

金融创新的市场边界

——消费者权益保护[①]

银行的金融业务创新涉及制度、技术、市场和金融消费者保护等诸多问题,从制度层面看,一套符合法治精神和市场规律的规则体系,是鼓励和规范创新,保障金融市场健康的基本制度安排。以银行发行理财产品为例。中国银行业从 2004 年开始发行理财产品,就是光大银行在国内率先推出了第一款理财产品“阳光理财计划”,当年人民币理财业务的规模仅有 300 亿元;到了 2008 年,83 家开展理财业务的中外资银行发行理财产品募集金额高达 3.7 万亿元;2013 年年末,根据中国人民银行发布的《中国金融稳定报告(2014)》,银行业理财产品余额已高达 9.5 万亿元,截至 2014 年 11 月,理财产品规模大约 12 万亿元。理财仅是银行创新的一个产品,在金融市场上还有诸如信托、保险和债券等。然而,对于如此快速发展的金融业务创新市场,我们缺少国家层面的专门立法,相关监管机构出台若干规章和规范性文件又主要大多是矫正金融机构在创新产品发行销售和投资运作中的不当行为,但大多是应景式,比较零散,没有较好地解决银行业务创新和市场监管问题,相反给市场一种“头痛医头、见招拆招”的信号,银

---

① 2014 年 11 月在北京大学授课稿。

行金融业务创新的法治建设没有实质性推进。无独有偶,金融消费者的权益屡屡受损又难以获得救济,又如“刚性兑付”的魔咒始终无法破解等。市场资金价格也一直高企,资金在市场间的配置和流动效率极低。鉴于此,我认为应当从增强市场信心、优化创新产品交易结构着手,在监管层面完善和加强金融消费者保护机制、建立金融产品销售的经纪商制度和金融产品运作的强制独立托管制度等。

一、银行金融业务创新基点在于保护金融消费者权益的法治要求

金融创新的目的,本来应该是提高效率、控制风险,以更好地满足消费者多样化的金融需求。但在金融业的实际运行中,金融创新往往异化为规避现有法律规则的代名词,甚至沦为监管套利的工具。各类创新产品层出不穷,产品的结构也日益复杂;但消费者对产品的认知能力和风险意识却没有丝毫改进,金融机构与消费者产生权益纠纷的案例屡屡见诸报端。

过度、无节制的金融创新,被认为是2008年国际金融危机的重要原因;加强对金融消费者的保护,已经成为全球金融危机后各主要经济体金融监管当局的共识。各国纷纷出台法案、设立机构,提高金融产品的透明度,改进金融纠纷解决机制,加强对金融消费者的教育。短期来看,加强金融消费者保护,强化对金融机构的行为约束,可能会使金融创新的步伐暂时放缓,但从长远来看,信心才是金融行业存在和发展的根基,完善的消费者保护体系能够为金融业的健康发展提供有力支撑;而且,加强金融消费者的立法、执法和司法保护,能够引导、促进金融机构更谨慎地进行创新,也有利于促进创新产品交易运作的监管法治。正如伯南克所说:“监管机构所面临的挑战是如何实现平

衡,即在不损害有效创新给消费者带来利益的前提下,如何为消费者提供最大限度的保护。”①

(一)“保护金融消费者”是金融监管的根本理念和核心价值,这种理念和价值应在立法的层面中予以确立

保护金融消费者权益,这是个世界性难题。美国自20世纪60年代以来就制定了一系列保护金融消费者权利的法律,英国在2000年《金融服务和市场法案》也将保护消费者确立为四大法定监管目标之一。但在“创新优先”还是“监管优先”的问题也一直莫衷一是。不少人认为,2008年国际金融危机是放松监管、过度创新、对消费者权益保护不够的后果。在中国,金融市场起步较晚,但发展速度较快,在发展的过程中,也多次出现过诸如“规范中发展”还是“发展中规范”的讨论,今后也必然面临参与全球金融市场竞争的问题。在全球化的背景下,参与国际金融市场活动,提高国际竞争力,我们要避免在监管标准上“向底线竞赛”,放任金融机构以可能损害消费者权益的方式进行创新。我们必须在立法层面上将保护金融消费者的理念,升华为一种稳定的法律制度,而且,这种制度本身必须整体达到法治和道德要求,才能保证金融业务创新和金融市场的长期健康发展。

(二)保护金融消费者权益的监管职能覆盖金融创新过程

金融危机后,世界各国都设立或重组了专门负责保护金融消费者权益的监管部门,比如美国的消费者金融保护局(BCFP)、英国的金融行为监管局(Financial Conduct Authority,FCA)、欧盟的欧洲监管机构

---

① 伯南克:《金融创新和消费者保护》,载银监会网站:http://www.cbrc.gov.cn/chinese/home/docView/20090522E966C6DD542D0B56FF253B5F3A027B00.html。该文系美联储主席伯南克2009年4月17日在美联储第六届社区公共事务研究会议上的讲话,载美联储官方网站:http://www.federalreserve.gov/newsevents/speech/bernanke20090417a.htm,2014年10月30日访问。

(ESAs)等。中国的“一行三会”也分别设立了相应的消费者权益保护机构,负责制定各自监管领域内消费者权益保护总体战略、政策法规,并建立完善投诉受理及相关处理的运行机制。但从整体来看,这些专门机构的职权尚需进一步明晰,比如,目前在对金融消费者权益保护机构的职责设定中,更多地倾向于对金融机构不当行为的监督检查和对消费者投诉的处理方面,对于金融产品创新方面,金融消费者权益保护机构并没有话语权。比如建立金融消费者权益保护机构对创新产品进行审核的机制,由消费者权益保护机构来审查确定一项创新产品的发行、销售和投资运作是不是可能导致消费者权益受损,如果认为某种产品的创新可能存在损害消费者权益的地方,那么消费者权益保护机构对该金融产品应当具有一定的否决权等。

(三)有关金融消费者权益保护立法的公开性和透明度

第一,制定创新产品监管规则时要有公众参与。中国早先的银行监管立法和规则制定过程中,银行业监管机构居于绝对主导地位,这种规则制定模式虽然在一定程度上确保了监管规则的专业性、降低了监管成本,但也存在公开透明方面的机制保障不足、实际执行效果不尽如人意等问题。“保护金融消费者”理念的确立,需要在监管立法和规则的制定过程中,保障公众参与的权利,尤其是在制定涉及消费者权益的监管规则时,要广泛听取、吸收和采纳社会公众的意见。

第二,强化金融机构的信息披露义务。金融危机后,美国通过《多德—弗兰克法案》设立了消费者金融保护局(BCFP),其目的就在于提高金融产品服务市场的透明度,保证消费者获取并能够利用他们需要的信息,来对消费金融产品服务作出合理决策。英国监管当局也提出“合适、合理”(fit and proper)原则,要求金融机构为消费者提供易于理解且高度透明的金融产品和服务。在中国,金融机构对其所发行的理财产品相关信息披露相对较少,尤其是一些创新产品,由于涉及商业秘密等原因,往往对交易结构、估值方式等语焉不详,或仅满足最低限度的监管要求,客观上不利于金融消费者权益的保护。

第三,不断提高金融消费者的认知能力和风险意识。提高消费者的风险认知能力和金融知识水平,是提高金融市场透明度的重要组成部分。即使最充分的信息披露也不能解决所有问题,无论进行多么明确的信息披露,某些日益复杂的产品还是无法得到消费者的充分理解或评价。[①] 因此,监管当局、金融机构和消费者都应积极参与金融教育和知识普及,并由监管当局组织开展深入的教育活动。

(四)重点规制金融创新产品的销售和交易行为

金融危机后,各国进一步加强了对金融产品销售行为的立法规制,美国《金融监管体系现代化蓝图》提出将监管划分为三个层次,其中第三层次是着眼于消费者保护,解决商业标准问题的商业性行为监管;《多德—弗兰克法案》进一步明确 SEC 可以制定规则,禁止证券交易商和投资顾问的某些销售行为。2010 年 6 月,中国香港证监会也就投资产品及销售过程方面加强了监管,主要内容包括金融产品发行方必须向投资者提供产品重要数据和自身收益情况,并赋予消费者在“冷静期”退出产品的权利。

从中国银行创新产品的实践来看,销售环节是消费者权益受到侵害的主要阶段,存在欺诈、虚假宣传、误导客户、过度营销等不当销售

---

① 参见[美]伯南克:《金融创新和消费者保护》,载银监会网站:http://www.cbrc.gov.cn/chinese/home/docView/20090522E966C6DD542D0B56FF253B5F3A027B00.html。该文系美联储主席伯南克 2009 年 4 月 17 日在美联储第六届社区公共事务研究会议上的讲话,载美联储官方网站:http://www.federalreserve.gov/newsevents/speech/bernanke20090417a.htm,2014 年 10 月 30 日访问。

行为，如消费者本来只想到银行办理存款业务，并无意购买理财产品，但银行工作人员以收益更高为由，反复向其推销各类理财产品，或者通过群发短信、邮件等方式宣传理财产品，并使用“规模有限、欲购从速”等具有诱惑性的表述等。虽然监管部门有一些行政规章和规范性文件，对此类不当销售行为提出了禁止性要求，但法律层级较低，无法从合同效力和民事责任分配上，对金融机构的不当销售行为给予否定性评价。

二、引入“经纪商”制度，确立创新产品的交易流程和法律结构

在金融产品销售中引入经纪商，由专业的经纪商代理消费者与金融机构进行交易，为消费者选择适当的金融产品，可以有效解决金融产品销售中的适当性问题。

第一，经纪商独立于金融产品发行机构，是中立的第三方，可以有效避免金融产品销售过程中的利益冲突，确保最终向消费者推荐的金融产品是最适合其实际需求的。根据美国 1934 年《证券交易法》，经纪商是除银行外任何为他人从事证券交易的人；英国 1889 年《经纪人法》也规定经纪人是代理人之一。可见，英美法系对证券经纪人与投资人的关系界定是代理关系；而在大陆法系国家，证券经纪商与消费者之间的法律关系多界定为是行纪或居间关系。无论是代理还是行纪、居间，都意味着经纪商接受了消费者的委托，应对其负有信赖义务。例如，在瑞士，零售产品销售过程中金融机构和客户之间的关系受传统民事法律关系原则的约束，依照民法中的代理关系，代理人负有一般性责任。除了其他事物之外，特定情形下会产生信赖义务。根据客户和银行或经纪商之间的合同关系的类型（如投资组合管理、投

资建议或者仅供执行的经纪人佣金账户)的不同,信赖义务具有不同的内容。而且,从美国的司法实践来看,当经纪商违背了适当性原则、向消费者推荐超出风险承受能力的金融产品时,美国 SEC 和司法判决主要是通过援引 1934 年《证券交易法》,以构成欺诈为由要求经纪商对投资者承担民事赔偿责任。这种事后救济的法律架构可以确保经纪商能够在事中就从消费者利益出发,向其推荐适当的金融产品。

第二,经纪人具有专业金融知识和投资技能,熟悉相关金融业务和法律法规,对金融产品尤其是复杂、创新金融产品的市场风险和法律风险了解更为透彻,并利用自身的信息系统收集、分析、评价各金融机构发行金融产品的收益和风险情况,可以减少金融产品发行和销售中的信息不对称问题,帮助消费者做出更加专业的判断,避免消费者作出非理性投资决策。例如,美国对证券经纪人专业能力、职业素养、道德操守等的要求都非常高,因此从最初的招聘开始,很多券商对于经纪人的真正录用往往要经历严谨而烦琐的招聘程序与长达 1 ~ 2 年的实习考察和持续职业培训,并在实习期内至少通过相当于从业资格考试的美国证券交易商协会系列 7 考试(the NASD Series 7 exams),甚至可能会被要求取得相当的业绩才能成为正式的经纪人。[①]

第三,经纪商可以对消费者进行详尽的尽职调查,从家庭整体财务状况、投资理财目的、风险承受能力、金融知识和投资经验等方面进行综合判断,确定金融产品是否适合消费者。实践中,一些银行对金融产品的目标客户缺乏准确的定位与分析,仅依据金融资产总额作为客户分层依据;也有的银行分支机构对消费者的风险承受能力评估流

① 参见证券业协会美国考察报告:《美国证券经纪人管理模式及对国内证券公司的启示》,载《中国证券》2010 年第 8 期。

于形式，评估严谨性与有效性严重不足，个别环节形同虚设。而从美国的实践来看，许多证券经纪人不单是消费者在金融理财方面的顾问，他们可能还是某些客户可以倾诉畅谈的密友、健身伙伴、球友、家庭生活顾问乃至公司事务顾问或管理教练，甚至参加消费者的私人聚会。[①] 经纪人与消费者的联系更加紧密，对消费者的整体财务现况和未来发展更为了解，这有助于其对销售金融产品的定位更加准确。

因此，中国现阶段立法引入商制度，至少可以解决两个问题：

（一）改变创新产品的"二元化"交易结构模式

金融创新产品通常具有挑战既有规则的特征，其中蕴含的市场风险和法律风险，客观上要求投资者具备较高的风险承受能力和专业经验技能。实践中，当金融产品未能达到预期的收益甚至出现亏损时，消费者会要求金融机构赔偿损失，很重要的一个原因就在于他们认为受到了金融机构欺诈和误导，购买的金融产品与自身风险承受能力不匹配。

出现这种现象，表面上看是由于金融机构客户评估不准确、风险提示不充分以及消费者认知能力欠缺等问题，其深层次原因则在于我们目前的金融产品交易模式系"金融机构—客户"的二元结构，参与交易的市场主体较少，一旦出现问题，双方各执一词、互相攻讦，难以形成稳定的交易框架，引发大量的纠纷。要想有效解决此类问题，我认为有必要借鉴国际上比较成熟的经纪商（Broker）制度，在创新金融产品的销售结构中引入经纪商，形成"金融机构（发行方）—经纪商（中介）—消费者（购买方）"共同参与的交易框架。

---

① 参见证券业协会美国考察报告：《美国证券经纪人管理模式及对国内证券公司的启示》，载《中国证券》2010 年第 8 期。

（二）解决创新产品交易过程中的“适当性”问题

美国的证券市场就是一个代理商市场，经纪商与经销商（Dealer）是组织整个证券市场交易与运行的基本要素。经纪商在金融产品交易中专门接受客户委托、帮助客户买卖各类金融产品并从中收取报酬，为客户提供金融产品信息咨询、专业理财分析、投资组合设计等服务。从美国金融业发展的历史阶段来看，1999年《金融服务现代化法案》正式终结了分业经营历史，传统证券经纪商与银行等金融机构同台竞争，大量金融产品充斥市场，消费者在产品、渠道方面面临更多选择，为经纪商促销各类金融产品提供了更为广阔的舞台，经纪商的销售和管理模式等方面也得到了长足发展。而随着金融产品供应爆炸式增长、市场竞争加剧以及互联网为代表的信息时代来临，金融产品的信息高度透明化、咨询服务同质化问题凸显，推动经纪商不断强化客户关系管理和提升综合理财服务能力。作为连接金融产品发行和客户理财服务的中间环节，经纪商至今依然在金融产品销售市场中扮演着重要的角色。

经纪商具备专业知识和投资技能，能够有效解决金融产品销售中的“适当性”（Suitability）问题。国际清算银行（BIS）在《金融产品和服务零售领域的客户适当性》报告中指出，金融机构在推荐零售客户购买某种金融工具时，应当认定该金融工具对该客户而言是否“适合”或适当；而“适当性”则是指，“金融中介机构所提供的金融产品或服务与客户的财务状况、投资目标、风险承受能力、融资需求、知识和经验之间的匹配程度”。适当性原则起源于美国，最初是美国证券经纪商协会（NASD）的自律性规则，即要求NASD的会员在向客户推荐某种证券产品时，要有合理根据认为这种推荐适合该特定投资者的财产状况和融资需求。此后,“适当性原则”逐步被美国证券监管实践和司法判例所确认和完善,也被世界各主要经济体作为证券市场中维护投资者权益的重要原则;世界各国普遍要求经纪商推荐金融产品时必须就其是否适合该客户进行适当性认定,并且只有在符合适当性要求时才能进行推荐(如美国、欧盟以及日本等)。①

在中国,监管部门也吸收了“适当性原则”的精神,并通过行政规章形式予以明确。例如,银行业监管机构《商业银行理财产品销售管理办法》中明确要求,“商业银行销售理财产品,应当遵循风险匹配原则,禁止误导客户购买与其风险承受能力不相符合的理财产品。风险匹配原则是指商业银行只能向客户销售风险评级等于或低于其风险承受能力评级的理财产品”。但是,在实践中,客户风险承受能力评估往往无法真正起到约束商业银行、向消费者销售合适理财产品的目的。究其原因,在银行方面体现为:销售机构对客户分层依据过于单一,对客户风险承受能力缺乏足够认识,以及在销售自身产品时具有主观倾向性;在消费者方面则体现为对金融产品风险认知能力的欠缺,以及过度追求高收益等。因此,当理财产品出现亏损时,消费者与银行就会发生纠纷。

三、引入独立托管制度,对创新产品交易流程进行市场监督

“独立托管制”是指设立全国统一的金融产品托管清算机构,或

① 在欧盟各国,《金融工具市场指令》(*Markets in Financial Instruments Directive*,MiFID)要求金融机构提供具有推荐特点的服务(投资建议和投资组合管理)时,须对该服务或交易的“适合性”进行评估;提供投资服务的信用机构(银行业)也和“纯粹的”投资(证券公司)公司一样受同样的规则约束。日本在2000年《金融商品销售法》和2006年《金融商品交易法》规定,在判断是否符合适当性原则时,除了考量客户的知识、经验和财产状况外,还要考量缔结契约之目的,从而进行综合判断。在澳大利亚,销售之前无论何时提供给零售客户“个人化建议”,包括投资组合管理,都必须履行适当性审查的义务。

者引入第三方托管机构,接受金融消费者的委托,独立地进行资产保管和资金清算的制度。

(一)引入第三方机构对金融产品进行独立托管和清算,可以有效增强对产品发行机构的市场监督,避免利益冲突

当前,银行的理财产品多采用资产池模式进行运作,通过滚动发售不同期限的理财产品持续性募集资金,以动态管理模式保持理财资金来源和运用平衡,呈现出"滚动发售、集合运作、期限错配、分离定价"的特点。在这样的模式下,发行银行作为消费者的受托人,掌握了理财产品募集、设立、运行、终止、清算等各个环节,既要受客户之托负责对理财资金进行投资和管理,为客户谋取最大利益;又要谋取自身利益最大化,收取更多的费用,增加中间业务收入,难免会出现利益冲突,而且运作过程也并不透明,消费者也无法利用类似基金份额持有人大会的组织机构等制度安排,来监管银行运作理财产品的重大决策。同时,由于银行发行的理财产品数量众多,规模庞大,仅依靠监管机构的力量也难以做到对所有银行理财产品的监督,而只能借助市场监督力量来克服银行可能产生的道德风险。因此,迫切需要在法律机制上进行创新建构,设立"独立托管制",引入独立第三方对理财产品进行托管和清算,实施市场化的外部监督,以规范创新产品的操作流程、保护消费者权益。

(二)引入第三方机构对金融产品进行独立托管和清算,可以解决金融产品的资产对应和流动性问题,保护消费者资产安全,避免产品投资运作失败后无法向消费者兑付

创新金融产品本身蕴含的市场风险和法律风险巨大,投资失败、出现亏损的概率也更大。如果没有第三方机构的独立托管和清算,消

费者的权益将难以得到保护。

从世界发达经济体的经验来看，各国都很重视金融产品清算结算机构的作用。美国《多德—弗兰克法案》提出：金融市场功能的正当发挥依赖于对支付、证券以及其他金融交易安全高效的清算与结算安排；组织和支持多边支付、清算和结算业务活动的金融市场设施可以降低市场参与者和更大范围内金融体系的风险。美国托管业十分发达，2013 年上半年，仅布朗兄弟哈里曼银行（Brown Brothers Harriman & Co.，BBH）一家，托管资产规模就超过 20 万亿元人民币，接近 2012 年中国托管行业的整体规模。

在中国，包括银行理财产品在内的大量金融产品，并没有进行第三方独立托管的强制性法律要求，最多只由发行机构自身单独开立不同的内部账户进行管理，其风险隔离的有效性难以保障。引入第三方机构对金融产品进行独立托管和清算，使第三方托管机构作为消费者的受托人，为每只金融产品开设独立的托管账户并负责资产保管和资金清算，对金融产品所投资的信贷资产、股权性融资等各类非标准债权资产，按照客观公允原则进行每日估值，并将估值情况及时披露，保障消费者及时获知相关信息并做出合理的投资决策；同时，在产品投资失败或产品发行方陷入流动性困难时，可以由托管方独立向消费者清算剩余资金，有效维护消费者的权益。

监管部门已经开始逐渐意识到第三方托管对风险防范的重要作用，出台了一些监管规则，比如人民银行要求，申请在银行间债券市场开立债券账户的理财产品，须由独立的托管人托管理财资金；银行业监管机构 2014 年 7 月出台的《关于完善银行理财业务组织管理体系有关事项的通知》（银监发〔2014〕35 号），也提出要规范银行理财产品的运营行为,建立独立的托管机制。总体来说,对金融产品强制独立托管的制度建构尚处于起步阶段,需要在今后相当长的一段时期内进行完善。

四、结语

"市场经济的本质是法治经济",这一点已经成为当今社会的共识。法治不仅为市场经济提供规则和规范,也为市场创新发展提供路径和动力。人们总是推崇欧美金融业发展的效率和规模,以及在经历危机后的自我修复能力,并将其归功于高度发达的实体经济、充分竞争的市场环境和自由放任的经济政策,却忽视了健全完备的法律体系和细致严密的制度框架,也是推动金融创新和发展的动力源泉。健全完备的法律体系可以对市场参与者给予充分的保护,是市场信心的根本保证;细致严密的制度框架则确保了金融市场效率和秩序的平衡,使交易成本降至最低。中国金融市场发展起步较晚,法律制度等各种基础设施也不完善,在很大程度上需要我们以更加富有前瞻性和全局性的思维和视角,去构建和运行良好法律体系和制度框架,保护市场主体、防控系统风险,同时促进创新发展、提高经济效率。

商业银行市场风险的制度图谱[①]

市场风险是银行风险管理的重要内容,银行有效管理市场风险的关键在于建立与其业务性质、规模和复杂程度相适应的、功能齐备的市场风险管理体系,确保有效识别、准确计量、持续监测和适当控制市场风险。政府监管则是促进银行审慎经营、有效管理风险的外部因素,发挥补充、督促和指导作用,但不能替代银行内部的风险管理。在经济全球化、市场化发展趋势下,银行监管越来越强调商业银行自身的风险管理,越来越转向以风险为本的监管方式,越来越强调从监测银行的具体业务活动和静态的财务指标转向关注银行的风险管理能力,督促银行建立有效风险管理体系。就市场风险而言,可以说,构建有效的市场风险管理体系是商业银行有效管理市场风险的基础和前提。

一、市场风险管理五大要素

人们对市场风险的认识是伴随金融市场的发展逐步深化的,金融市场发展越快,对市场风险的把握就应更加具体化。正是基于对金融市场与市场风险相关性的理解,以及对市场风险管理重要性和必要性

---

① 本文收录于2006年10月17日《上海证券报》。

的认识，无论是银行机构还是监管当局都对市场风险管理的基本要素及其内涵有了完整的认识。有效的市场风险管理主要包括五个基本要素：

（一）董事会和高级管理层的有效监控

只有董事会和高级管理层高度重视并切实履行其市场风险管理职责，商业银行才能有效管理市场风险。因此，董事会和高级管理层必须具备相关的专门知识，并承担对市场风险管理实施监控的最终责任，确保商业银行有效地识别、计量、监测和控制各类市场风险。

具体说来，董事会应当负责审批市场风险管理的战略、政策和程序，确定银行可以承受的最高市场风险水平，督促高级管理层采取必要的措施识别、计量、监测和控制市场风险，并对市场风险管理的全面性、有效性以及高级管理层的履职情况进行监控和评价。

董事会虽然可以授权其下设的专门委员会（如风险管理委员会或市场风险管理委员会）履行上述部分职责，但市场风险管理的最终责任始终应当由董事会来承担。银行的高级管理层负责市场风险管理政策及程序的制定、修订和具体实施。为了能够履行上述职责，董事会和高级管理层应当对本行与市场风险有关的业务、所承担的各类市场风险以及相应的风险识别、计量和控制方法有足够的了解。同时，商业银行应当设立专门的部门，业务复杂程度和市场风险水平较高的银行还应建立专门的市场风险管理部门负责市场风险管理工作。负责市场风险管理的部门必须具有足够的独立性，要与业务经营部门（如资金交易部门）保持相对独立，并向董事会和高级管理层提供独立的市场风险报告。同时，负责市场风险管理部门的工作人员应当具备相关的专业知识和技能，能够充分了解与市场风险有关的业务、所承担的各类市场风险以及相应的风险识别、计量、控制方法和技术。

(二)有效的市场风险管理政策和程序

商业银行应当制定适用于整个银行机构的、书面的市场风险管理政策和程序。

市场风险管理政策和程序要与银行的业务性质、规模、复杂程度和风险特征相适应,并与其总体业务发展战略、管理能力、资本实力和能够承担的总体风险水平相一致。

银行还应对不同类别的市场风险(如利率风险)和不同业务种类(如衍生产品交易)的市场风险制定更详细和更有针对性的风险管理规程。

对于具有分支机构和附属机构的银行来说,其市场风险管理政策和程序必须是统一的、集中的,即银行市场风险管理的实施应当是一个纵向、垂直的体系。

银行的市场风险管理政策和程序应当明确规定银行可以承受的最高市场风险水平,即确定银行的风险偏好。同时,市场风险管理政策和程序还应规定新产品、新业务的市场风险管理标准和程序。

在引入新产品和开展新业务之前,商业银行应当充分识别和评估其中包含的市场风险,建立相应的内部审批程序、业务处理系统、风险管理和内部控制制度,由业务部门、风险管理部门、法律部门/合规部门、财务会计部门和结算部门等相关部门对业务处理和风险管理程序进行审核和认可,必要时还需获得董事会或其授权的专门委员会的批准。

国际上好的银行正是因为具备有效的新业务内部审批程序,所以其监管机构一般不对具体的新产品进行审批。

而在中国多年的银行监管实践中，一直对新业务实行比较严格的准入管理，其中一个重要原因就是中国商业银行的风险管理和内部控制普遍比较薄弱，尚未建立和实施有效的新业务审批程序，因此只能将银行内部的新业务审批责任前移到监管机构。但是，监管机构的审批人员要及时、完备地掌握新产品、新业务的技术要点和风险特征也不容易，这反而导致审批演变成一种多余的权力，一定程度阻碍了创新。如果银行具备了有效的新业务内部审批程序，监管机构应该逐步淡出对新业务的市场准入管理，从而在根本上解决目前中国银行业创新不足的问题。

(三)有效的市场风险识别、计量、监测和控制程序

商业银行应当对所有类别的市场风险进行充分识别、准确计量、持续监测和适当控制。

市场风险有多种计量方法，不仅不同类别的市场风险计量方法不同，而且同一类别的市场风险也有不同的计量方法。市场风险的计量方法包括缺口分析、久期分析、外汇敞口分析、敏感性分析、情景分析和运用内部模型(VaR 模型)计算风险价值等。

其中，敏感性分析、情景分析和内部模型法适用于各种类别的市场风险，外汇敞口分析则只适用于汇率风险。利率风险的计量方法有重新定价法和模拟法两大类，其中，重新定价法包括缺口分析和久期分析两种敏感性分析方法，模拟法包括静态模拟和动态模拟方法，采用的则是情景分析方法。

市场风险的每一种计量方法都有其适用的前提条件，而且每种方法都有局限性。比如，VaR 模型的优点是将不同业务、不同类别的市场风险用一个确切的数值——风险价值表示出来，提供了能在不同业

务和风险类别之间进行比较和汇总的风险计量方法,从而有利于进行风险的监测、管理和控制及绩效考核,适宜董事会和高级管理层了解本行市场风险的总体水平。

但是,VaR 模型也存在一定的局限性,主要表现在:第一,所计算的风险水平高度概括,不能反映资产组合的构成及其对价格波动的敏感性,因此需要辅之以敏感性分析、情景分析等非统计类方法。第二,不能涵盖价格剧烈波动等突发性小概率事件,但往往是这些事件给银行的安全造成最大的威胁。为此,银行需要采用压力测试来对 VaR 模型进行补充,即模拟和估计在市场价格发生剧烈变动,或者发生特殊的政治、经济事件等极端不利情况可能会对某项资金头寸、资产组合或机构造成的潜在最大损失。第三,VaR 模型关于正态分布的假设(方差—协方差法)、根据历史推测未来的假设(历史模拟法)以及模型参数的设置等,不一定在任何情况下都是对实际市场状况的合理近似模拟,因此,VaR 模型计量结果的可靠性要受其假设前提合理性的限制。第四,大多数市场风险内部模型只能计量交易业务中的市场风险,不能计量非交易业务中的市场风险。第五,大多数 VaR 模型计量的是一般性市场风险,纳入特定市场风险对模型提出了更高的要求,这也是目前 VaR 模型发展所面临的一大难题。

因此,商业银行在选择和运用市场风险计量方法时,需要充分了解不同方法的优点、局限性和适用的假设前提,恰当理解和运用计量结果,并采用压力测试等其他分析手段对所用的计量方法进行补充。同时,为检验和提高计量方法或模型的准确性、可靠性,银行应当定期实施事后检验,根据检验结果对计量方法或模型进行调整和改进。

需要指出的是,市场风险内部模型只是市场风险管理体系的一个组成部分,商业银行应当充分认识其局限性,不能盲目相信和过度依赖模型进行市场风险管理,不能将模型当成“灵丹妙药”,也不能使模型变成了“黑匣子”。没有一个良好的内部风险管理体系,缺乏准确、可靠的数据,不仅模型的作用难以有效发挥,反而可能会传递误导信息,严重时还可能导致灾难性的后果。

商业银行管理市场风险的目标之一,就是要将所承担的市场风险控制在可以承受的合理范围之内。合理风险水平的确定没有绝对的标准,只有相对标准,即银行可以承受的市场风险水平是由其风险管理能力和资本实力决定的。如果银行的风险管理能力较强,而且资本充足,那么就有能力承担较高的市场风险水平。换言之,即使该银行从事一些较复杂、风险较大的业务,只要风险得到了有效的控制,其经营仍然是审慎的。

控制市场风险有多种手段,如运用衍生工具进行套期保值和限额管理等。其中,限额管理是控制市场风险以及其他各类风险的一项重要手段。市场风险限额体系由不同类型和不同层次的限额组成。常用的市场风险限额包括交易限额、风险限额和止损限额等。限额可以分配到不同的地区、业务单元和交易员,还可以按资产组合、金融工具和风险类别进行分解。银行负责市场风险管理的部门需要监测对市场风险限额的遵守情况,并及时将超限额情况报告给管理层。

市场风险限额的设定应当与其采用的风险计量方法相一致。同时,限额水平的确定要合理,限额设得过低会限制银行的业务发展,设得过高则容易使其形同虚设,不能有效发挥控制风险的作用。银行还需要定期对限额体系进行评估,及时调整不适用的限额水平,必要时还需要调整限额的种类和结构。近年来,导致中国企业参与境外衍生产品交易出现重大损失(如“中航油”和“国储铜”事件)的一个重要原因就是没有实施有效的限额管理来及时控制风险。在国际金融市场变化多端的情况下,资金交易活动出现一定程度的损失是不可避免的。但如果投资机构能根据自身的风险承受能力设定恰当的止损限额,并能严格按照事先设定的止损限额及时平仓,即使产生了一定的损失,也能被控制在所能承受的范围内,而不至于使损失不断放大,最终付出惨重的代价。

(四)有效的内部控制和独立的外部审计

商业银行应当建立有效的市场风险管理内部控制体系,作为银行整体内部控制体系的有机组成部分。市场风险管理的内部控制应当有利于促进有效的业务运作,提供可靠的财务和监管报告,促使银行严格遵守相关法律、行政法规、部门规章和内部的制度、程序,确保市场风险管理体系的有效运行。

为避免潜在的利益冲突,商业银行的内部控制安排应确保各职能部门具有明确的职责分工,以及相关职能适当分离。特别是商业银行的市场风险管理职能要与业务经营职能保持相对独立。交易部门应当将前台、后台严格分离,前台交易人员不得参与交易的正式确认、对账、重新估值、交易结算和款项收付;必要时可设置中台监控机制。

同时,商业银行的薪酬制度和激励机制不应与市场风险管理目标产生利益冲突。薪酬制度不应鼓励过度的冒险投资,绩效考核也不应过于注重短期投资收益表现,而不考虑长期投资风险。负责市场风险管理工作人员的薪酬不应当与直接投资收益挂钩。

内部控制的另一项重要内容是建立有效的内部审计和必要的外部审计机制。银行的内部审计部门应当定期(至少每年一次)对市场风险管理体系各个组成部分和环节的准确、可靠、充分和有效性进行独立的审查和评价。内部审计报告应当直接提交给董事会。内部审计部门还应跟踪检查改进措施的实施情况,并向董事会提交有关报告。内部审计力量不足的商业银行,应当委托社会中介机构对其市场风险的性质、水平及市场风险管理体系进行外部审计。

(五)适当的市场风险资本分配机制

商业银行应采取适合本行情况的计算方式,为所承担的各类市场风险分配足够的资本。这里所讲的资本管理是指商业银行内部的经济资本配置,而非仅仅满足监管机构的监管资本要求。

目前,各国实施的市场风险监管资本要求尚未涵盖全部的市场风险,所包括的是交易账户中的利率和股票价格风险以及银行全部的汇率和商品价格风险,尚未纳入银行账户中的利率和股票价格风险。巴塞尔《新资本协议》的第二支柱要求银行为银行账户中的利率风险计提资本,但未规定统一的计提方法。监管资本要求仅仅是银行实行资本管理的最低标准,从银行内部经济资本配置的角度,只有为所承担的各类市场风险都分配了足够的资本,其资本才可以说是充足的,这也是国际先进银行内部经济资本管理的普遍做法。

需要指出的是,巴塞尔委员会和各国监管当局对采用内部模型计算市场风险监管资本均提出了一些定量标准,如置信水平采用99%的单尾置信区间,持有期为10个营业日等。规定这些定量标准的目的是使不同银行计算的市场风险监管资本具有可比性,同时从审慎监管的角度出发,对一些参数,如对持有期做出了相对保守的规定。但这些定量标准仅限于在计算监管资本时必须采用,银行实施内部风险管理和经济资本配置时,完全可以根据本行的具体情况选用不同的参数。而在模型技术方面,即使是计算监管资本,巴塞尔委员会和各国监管当局也未做出硬性要求,允许银行自行选择任何一种模型技术。

二、市场风险的审慎监管

如前所述,市场风险管理的第一位责任应当由银行自己来承担,在银行内部,则应由董事会承担市场风险管理的最终责任,由高级管理层负责市场风险管理的具体实施。监管机构的角色是制定风险管理的审慎标准和指导原则,对银行识别、计量、监测和控制市场风险的管理体系进行检查、评价,确保银行按照审慎原则开展业务并进行有效的风险管理和控制;同时,监管机构还应要求银行为所承担的市场风险提取充足的资本,防止其超过风险管理能力和资本允许的范围过度承担风险。因此,市场风险的审慎监管框架通常包括两方面的内容:一是监管机构制定市场风险管理(或者针对某一类市场风险或交易业务)方面的指导性文件;二是监管机构规定市场风险的监管资本要求。而这两方面又是相互联系、相互促进的。由于银行采用内部模型法计算市场风险监管资本,需要满足监管当局规定的定性和定量标准。因此,制定和实施市场风险管理方面的指导性文件,也有助于促进商业银行提高风险管理水平,完善风险管理体系,逐步达到采用内部模型法计算市场风险资本的定性标准,从而为采用内部模型法计算市场风险资本奠定基础。

中国银行业监管机构于2004年12月底颁布的《商业银行市场风险管理指引》,就是旨在借鉴国际先进银行市场风险管理经验的基础上,对商业银行构建市场风险管理体系,即对市场风险管理体系的五个基本要素提出系统性的要求和指导性意见。同时,银行业监管机构于2004年2月颁布的《商业银行资本充足率管理办法》,对市场风险的监管资本要求做出了规定。2005年10月,银行业监管机构又发布了《商业银行市场风险监管现场检查手册》,提出了对商业银行的市场风险管理实施现场检查的检查要点、方法和程序。当然,这些指导性文件存在一定的技术性和可操作性方面的问题,但能够引导商业银行关注市场风险的关键环节和核心内容,为市场风险监管提供具体指导。另外,银行业监管机构于2004年3月颁布了《金融机构衍生产品交易业务管理暂行办法》。因为市场风险是衍生产品业务所涉及的主要风险,加强市场风险管理和监管,有利于促使商业银行建立相应的风险管理体系,有效地管理和控制衍生产品业务中的市场风险。当然,我们必须看到,因发展战略、业务性质、规模和复杂程度不同,在自主承担责任的前提下,商业银行选择具体的风险管理方式,应拥有一定的自主权和灵活性。在内部风险管理方面,监管机构不宜对市场风险计量、控制的具体方法,包括市场风险内部模型的技术方法、假设前提和参数,做出统一的规定。这也是银行业监管机构制定《商业银行市场风险管理指引》所遵循的基本原则。

三、市场风险挑战中国商业银行的管理能力

随着中国银行业改革开放不断深化,以及中国汇率、利率体制改革不断推进,金融市场的广度和深度不断发展,商业银行也越来越多地涉足外汇、有价证券及其衍生产品的交易,所面临市场风险的种类和规模都将成倍增长。相对于信用风险和流动性风险,中国银行业在市场风险的管理和监管方面才刚刚起步,市场风险管理体制和运行机制面临较大的挑战,存在一些从现在起就必须加以高度重视并着手解

决的问题。这些问题是：

一是缺技术。市场风险管理涉及很多技术问题，如对金融市场不断推出的各类外汇、有价证券及其衍生产品的了解和认识；对各类市场风险即利率风险、汇率风险、股票价格风险和商品价格风险识别、计量、监测和控制方法的学习和掌握；风险管理模型的引进和运用；基础数据的采集；管理信息系统的建设；组织结构的调整等。对中国商业银行来讲，这都需要在相当长的时间里逐步学习、了解、掌握和完善。

二是缺人才。市场风险所涉及的业务、产品和风险管理方法、模型都具有高度的专业性，需要由一大批专业人士来从事和管理。对监管者而言，则既需要了解和熟悉银行的业务和风险管理体系，还必须有能力对其风险管理体系，包括风险管理模型的假设前提、运作原理和基础数据等的合理性、可靠性、有效性进行检查和评价。当然，这仍然涉及监管理念和监管方式的调整。

三是缺管理。拥有先进的系统、模型和一批技术专家仅是解决一个专业技巧问题，比技术和人才更重要的是银行的管理能力。银行管理风险最根本的措施是要在内部建立有效的风险管理体系，董事会和高级管理层要牢牢树立风险管理理念，要通过建立和实施一整套风险管理政策和程序，将风险的识别、计量、监测和控制与全行的战略规划、业务决策和财务预算等经营管理活动有机地融合。对中国的银行业来说，构建包括市场风险管理在内的有效风险管理体系是一个迫在眉睫的任务，必须从现在起下决心、花工夫，采取切实有效的措施去处理，这需要中国商业银行与监管机构共同做出长期不懈的努力。

第六章　金融科技与银行转型

金融科技发展与金融生态演进[①]

金融业之所以存在，从经济学的观点来看，基本原因就在于信息不对称问题。在缺乏专业化的产业机构有效组织下，信息不对称会导致金融领域资源配置的交易费用十分高昂，以至于很难形成有效的金融市场。因此，金融业的经济学使命就是通过解决信息不对称问题，不断降低市场交易费用，提升金融市场的有效性。

在金融机构产生之初，解决信息不对称问题的主要方式是规模化和专业化。中介类金融组织（证券公司、资产管理公司等）通过双向收集资金供需双方的财务信息、信用信息和风险信息等，实现了信息的专业化分析判断和规模化撮合，架起了资金供需双方的桥梁。银行类金融组织（商业银行、保险公司等）则在此基础上更进了一步，将专业化优势物化成存贷款产品，直接向资金供需双方提供明确标价的简单产品，解决了借款人和贷款人之间直接交易产生的期限、价格、规模、风险水平等一系列匹配问题，隔离了借款人与贷款人之间的直接风险，利用集中式专业化的资金与风险管理技术，极大地扩展了市场的宽度和深度。

随着金融业的发展，金融机构和金融市场不断完善，信息不对称

① 根据《金融科技研究与评估》一书序言等材料整理。

问题从解决形式开始向提升效率、降低成本的方向转换。一方面金融机构创建了一系列的信用评级、贷款分类、风险量化等技术方法，力争使信息的处理更加及时、准确和高效；另一方面金融组织一直在改善信息和数据收集、储存、传递、管理的技术方式，从基础层面提高信息采集与利用的准确性、安全性和效率，金融业成为对信息技术发展最敏感的行业之一。

就此而言，可以说现代金融业的发展史也就是信息技术的发展应用史，人类每一次重大的科技信息演进，都会对金融业的发展产生重要甚至革命性的影响。信息加密方法的发展奠定了纸币广泛应用的基础，电报的发明促成了全球银行电子结算系统的诞生，计算机技术的应用使金融机构的数据信息处理方式从纸质化转成电算化，进而形成信息化，并通过客户数据、产品数据、风险数据等管理和处理方式的变化引领了金融机构客户管理和业务发展的一系列变革。毫无疑问，目前快速发展的大数据、云计算、区块链、人工智能等信息技术，也必然会促进金融业的进一步演化。

与过去科技只是支撑金融业务的技术工具和手段不同，当下数据信息技术的发展正在打破“业务是业务，技术是技术”的边界，业务和技术的结合诞生了“金融科技”这一新的术语和领域。金融科技从字面上很容易被理解成为金融领域的科技，或者服务于金融的科技，但实际含义并非如此。科技应用，尤其是信息科技在金融领域的应用已经有相当长的历史，如果只是将大数据、区块链、人工智能等技术简单地视为服务金融业务的工具，这些技术再新再好仍然是被应用的技术，探讨“金融科技”就失去了意义。

“金融科技”与“科技应用”的根本不同点在于：“金融科技”正在

从基础层面改变着信息不对称的解决方式和方法，正在挑战金融理论的基础。如前所述，在经济学上金融业之所以有存在的必要，就源于资金供需双方直接交易的模式由于信息不对称而无法形成有效市场，但在金融科技领域，第三方支付、大数据融资、智能化投资顾问、互联网金融（P2P、网络保险）等的出现和部分成功，就意味着在一定范围内即使没有专业化的金融机构，利用当下和未来的技术就有可能解决信息不对称的问题。同样，依托于大数据技术形成的信用评估，依托于区块链形成的分布式信息安全和自动合约，依托于人工智能形成的风险管理和自动交易等，都在一定程度上表明，部分金融业务离开了传统金融机构的专业化、规模化优势，不依赖传统金融集中式的信用管理和专用网络，依然可以有效展开。"金融科技"的重点已经不是技术的简单应用问题，而是在可以预见的未来对金融理论、金融市场、金融模式形成的重要影响，由此推动的也不再是商业银行等金融机构技术水平的简单提升，"金融科技"改变的是金融机构的生态环境，导致的将是金融业的一次进化。

如同其他生态体系一样，金融活动是以金融机构为主体的各类组织之间相互依存、相互作用机制的具体体现。按照适者生存的原则，积极探索、研究新的环境变迁，观察、评估竞争对手的"进化"，积极适应新环境，事关金融机构未来的生存和发展，也事关一国金融业在新格局中的"丛林地位"。正因如此，国务院发展研究中心和中国建设银行研究院利用双方优势，联合在一起将金融科技列为今后一段时期研究的重要课题，并将全球重要银行金融科技的评估作为研究的起点，以期能为金融科技的发展状况和竞争状态勾勒出一个较为清晰的轮廓。

金融科技引领银行业战略转型[①]

英国文学家查尔斯·狄更斯(Charles Dickens)在《双城记》(*Tales of Two Cities*)中曾说过:这是一个最好的时代,这也是一个最坏的时代。我们回顾历次工业革命,蒸汽机的改良、电力的普及、自动化的应用,无不让人感受到了科技带来的效率提升,带来的生活便利,即便是现在,我们都可以想象当时人们使用"高科技"所享受的那种自豪感和对未来满满的信心。但是我们回过头来看,工业革命和现代金融的发源都在欧美,中国改革开放以后是学习借鉴他们的理论制度、方法技术和操作工艺。目前我们尚在不断经历、不断探索、不断学习的量子科学、人工智能和5G通信等一系列技术,可能不是线性的由此及彼,不单受一种技术驱动,可能是综合利用多领域技术的集大成,不是所有新技术都建立在自我积累之上。从这个角度讲,没有永远的老师。我们宁愿把这个过程想得快一些,如果我们不抓住这样的机会,通过技术创新的方式解决中国银行业转型的问题,我们可能会错过机会,只有主动谋求转型,积极思考研究,身体力行地去探索、去解决这些问题,我们才有可能拥有话语权,成为老师,我们的银行业才会在世界上真正占有一席之地。

---

① 2017年亚洲金融协会中东欧金融前沿问题高峰论坛演讲稿。

一、金融科技与金融发展

说到金融科技，大家脑海里第一时间浮现出的大概就是大数据、区块链、人工智能这样一些高大上的词语，金融科技只有这些吗？恐怕还真不是。2016 年3 月，金融稳定理事会首次发布了关于金融科技的报告并指出，金融科技是指技术带来的金融创新，技术进步是因，金融创新是果，金融科技从金融诞生之日起就一直与之共同发展。

从这个角度讲，每一次技术革命，也是金融科技的革命，最典型的例子就是电报。电报的发明解决了人类如何跨地域进行便捷沟通的问题，彻底改变了人类信息传递的方式，电报被发明出来之后，首先被广泛运用的便是金融领域，纽约股市开盘价格传递到费城所需的时间从 30 分钟缩减为几秒钟，为纽约成长为金融中心奠定了坚实基础。从 1918 年开始，电报逐渐成为美国联邦电子资金转账服务系统的重要基础设施。1973 年，全球银行业开始建立跨银行支付清算系统，其架构正是基于全球电报通信网，这也就是大家熟知的广泛运用于国际贸易结算的 SWIFT 系统。

20 世纪 90 年代，随着计算机在中国的普及，中国人民银行开始着手金融信息化建设，随后互联网的运用带来了网上银行、第三方支付、电子商务等一系列与金融息息相关的创新。金融信息化的一项重要贡献，就是利用金融科技的进步，逐步破解信息不对称的问题，实实在在地推动了中国社会信用体系的建设。信用体系不是一开始就摆在那里，大家不要一味地抱怨社会没有信用，不讲诚信，即便信用体系再完善的国家，也有失信的人，照样有信用卡的坏账问题。原来商业银行是一对一的办业务，很多信息孤立存在，没有互通、没有流动，随着科技进步，获取信息的便利化程度大大提升，分析使用信息的效率大大提升，市场上信用贷款越来越多，这是信用体系进步的印证。所以我们可以看到，科技进步可以从根本上、从最基础的层面来解决金融业自始至终面临的问题——信息不对称。电报的发明解决了信息最基础的传播问题，人与人之间、不同地域之间的信息传递效率实现了质的飞越；计算机的出现有效地解决了信息高效存储和计算的问题；互联网的出现又朝解决信息不对称问题的方向更进一步，从根本上改变了信息产生、传播和共享的方式；大数据的应用让我们的行为全部数据化，对数据的分析成为描述和预测人类行为的新维度；区块链通过分布式的记账方法以及密码学的方法，为解决陌生环境当中人与人之间相互信任的问题提供了方案。人类从未积累过如此丰富、充分的信息。科技的发展不断推动信息不对称问题的解决，对于金融发展至关重要。金融科技的内涵是丰富的，随着技术的持续进步，金融科技将成为金融发展的一种趋势。

二、金融科技与传统银行业的关系

那么这种发展趋势会不会带来颠覆性的、零和性的结果呢，数字金融、互联网金融、大数据金融会不会完全替代传统金融呢？实际上也不会替代，虽然金融科技催生的新生业态改变了银行业的版图，但我更愿意把它看作客观上促进了对传统银行业的提升，通过双向互动，优势互补，形成了竞合发展的局面。

金融科技创新提供的服务更多是分布式、入口式、扁平化的，很多是基于场景发生的，这样的模式在面对相对标准化的需求很有优势，比如我遇到了某个生活场景产生了相应的金融服务需求，对通过数字化接入就能得到快速响应。但回过头来看,我们的银行业形成了什么模式?我们实现了从算盘到存折、卡片,再到计算机、网上银行、移动支付的进步,也用到了高科技,形成了中心化运作,垂直化管理的体系。这样的体系在面对一些对体验要求很高的标准化业务的时候,确实出现了一些不适应,但是这么一整套完备的体系,在比较复杂的投融资领域的服务过程中,被证明是可行的、有效的(当然效率肯定有很大提升空间)。所以我们看到,在目前的技术水平下,金融科技在投融市场更多提供的是面向资本二级市场这样标准化程度较高的领域,提供投资决策分析、风险管理等一些工具。比较复杂的、标准化程度较低的项目融资、股权投资领域,由于法律关系复杂、参与主体多样,市场上通过传统手段解决的还是大多数。所以对于金融科技要有客观的判断,既不能盲目崇拜,更不能视而不见,我们主张根据不同市场的不同特点,运用多种金融形态共同进行服务。

尽管我们在一些领域优势尚存,但并不意味着我们可以高枕无忧。最典型的就是数据利用的问题。银行业是个地地道道数据最密集的行业,每百万美元营收所使用的数据量达到了820 GB,是互联网行业的4倍多。但是守着这么多数据,我们却苦于开发不出来理想的产品,国际金融机构对数据的实际利用率仅为34%,国内这一数值可能更低,这么大量的数据处于沉睡状态,大数据的全面应用也就无从谈起。又比如我们银行业经过几十年发展形成的数据大集中和中心化的IT构架,与分布式、去中心化的区块链技术怎么融合,怎么运用?面对这些问题,我们不能就技术谈技术,就业务谈业务,更需要去思考如何利用金融科技的进步对银行业的经营理念、发展战略、组织架构等一些更为深层次的机理实施引领和变革。

三、借力科技进步推动银行业转型

根据我们的观察，过去一些大型金融机构的转型，往往以体制机制、组织机构的变革为引领，过程比较艰难，结果喜忧参半。金融科技发展到今天，能否从科技进步的角度对银行业的转型发展提供更大的动力和支撑，我们有以下考虑。

技术领域的突破和成熟为科技引领银行业转型奠定了良好的基础。以大数据为例，业界公认2016年是大数据元年，但其实大数据概念提出来已经有一段时间，为什么直到2016年才叫元年？因为过去虽然已经有大量数据积累，但是数据的传输、处理、运算的效率问题和成本问题没有得到很好的解决，大量数据没有办法利用起来，随着技术进步，目前这些问题都有了技术可行、商业可持续的解决方案。又如人工智能，IBM电脑击败国际象棋世界冠军，一晃都20年了，之前的一些尝试，总体上效果一般，成本还挺高，但是随着计算机视觉、机器学习、自然语言处理、机器人技术、语音识别等人工智能技术快速发展，以"阿尔法狗"与李世石的围棋世纪大战为标志，人工智能的发展已经让人们看到智能时代近在眼前。因此，我们观察到以下现象：一是银行纷纷主动将金融科技运用于业务发展。我们从2016年开始已将"刷脸取款"在建行手机银行进行全面推广，2017年9月，建行全面开始"刷脸取款"时代。我们的人工智能客服"小微"累计服务用户超过19亿人次，每天服务用户400万人次，自动应答量是人工客服量的2倍，智能机器人服务占比达98.96%。最近，建行完成首笔区块链福费廷交易，金额近1亿元人民币，这是继实现区块链技术在国内信用证领域的应用后，我们在"区块链+贸易金融"领域的又一重大突破型创新。二是银行布局对金融科技公司的投资。在这一点上,国际先进银行走在了国内银行的前列。美国银行、花旗银行、高盛等机构纷纷投资大数据、人工智能领域的初创公司,这些公司可以提供包括反洗钱识别、欺诈检测、客户购买意愿预测、资金流向分析等一系列服务。值得一提的是,这些机构不仅是金融科技公司的投资人,同时也是其大数据分析和预测技术的使用者。西班牙对外银行(BBVA)设立了20亿欧元的金融科技投资基金BBVA Venture专注于投资优化客户体验的新技术、革新基础设施及平台的新技术、创新产品及服务等三大领域的优秀初创公司。由此可见,相关技术的突破和成熟对科技与金融的全面融合提供了很好的契机,有助于金融机构通过金融科技创新,实现转型升级。

金融科技能够更加直接、有力、有效地推动转型。直观地看,金融科技的发展首先有效突破了物理限制,驱动了银行渠道的融合,迫使银行对实体网点、互联网、自助终端等渠道进行优化布局,也使金融服务的送达能力、服务效率、用户体验都得到大幅提升。以直销银行为例,直销银行发展于20世纪90年代末,是银行顺应互联网时代而采取的业务模式,它脱离银行物理渠道,完全立足于数字化的互联网世界,不发放物理介质的银行账户或卡,客户主要通过互联网、电话等电子媒介来获取银行产品和服务。直销银行打破了传统银行网点在时间和空间上的限制,实现为客户提供全天候、不间断的金融服务,能够更快地响应客户的各种金融需求,提供更好客户体验。中国银行业直销银行发展较晚,直至2014年年初,民生银行才推出第一家完全互联网化的直销银行,但经过短短2年时间,客户规模已达到500万户,管理资产突破500亿元。据不完全统计,国内已有90多家银行试水直销银行业务。其次,金融科技的运用引领了银行业务模式的变革,这是传统的产品创新或者制度创新难以企及的。招商银行于2016年推出了针对普通个人投资者智能理财服务"摩羯智投",起投金额2万元,可依据用户风险承受度、投资期限以及投资偏好等条件,自动筛选匹配"一揽子"公募基金组合,无须人工介入,解决了有限的理财经理无法为大量客户提供最优化理财组合方案的问题,又将这部分员工解放出来投入更需要他们的地方。建行开发了智慧柜员机新型渠道,先前办理业务平均需要五分钟,现在缩短到只要两分钟。目前智慧柜员机投放4.3万台,每天开户10万笔,手机银行业务20万笔,相当于逐步释放了3万余名柜员的生产力。上述规模的人力资源释放,纯粹的组织变革是很难做到的。此外,金融科技丰富了风控手段,银行依靠底层海量数据,通过挖掘分析提供充分参考信息,并依托线上模式,可以逐渐形成一套行之有效的风控策略,从而提升风险管理的有效性。可以说,在传统组织架构、体制机制变革之外,金融科技已成为助推银行业改革的重要动力,为银行转型开辟了一条新路径。

中国金融科技优势明显,可着力打造核心技术,树立专利标准。以往,中国银行业往往是国际金融规则的被动接受者,参与规则制定的话语权虽然逐渐扩大,但仍没有很大优势。中国商业银行和一些大型互联网企业在金融科技实践方面已经走在了国际前列,要利用这一优势,整合相关技术,上升为专利,并利用专利优势改变国际金融行业流程,形成新的行业标准,切实提升中国银行业的核心竞争能力。

展望未来,大数据、区块链、人工智能在银行业的运用将是一个不断深入、不断融合的长期过程,我们不能仅陶醉在过去到现在进步的喜悦中,更要仰望星空,着眼长远,拥抱技术进步、拥抱金融科技的发展，利用金融科技让我们的银行更加高效、更加普惠、更加智能，更加便利，更好地为我们的实体经济发展提供金融方案，为全球金融发展贡献中国智慧。

大数据:未来金融模式的底层逻辑[①]

中国金融体系的主体是银行业,银行信贷市场发育和发展的程度直接影响着中国金融转型进程。传统上,银行信贷融资的主要方式,甚至是唯一方式,就是信用评估式融资,即贷款发放与否是建立在银行信贷人员对“人”(法人或自然人)的信用风险评估判定基础之上。这种方式不可避免地会将那些不符合银行信用风险判定标准的信贷需求,排斥在市场之外,信贷市场和金融服务的广度和深度都受到制度安排的制约。大数据技术的兴起,为信贷融资提供了另一条发展路径,商业银行利用大数据技术可以较全面地勾勒出融资对象交易、交际、消费、金融等“信息图景”,从而使得建立在数据统计和分析基础上的融资成为可能。在中国特定的二元经济结构下,大数据融资对于那些多批次、小金额的融资需求,具有传统信用风险式融资不可比拟的成本优势,对于拓展中国中小微企业融资和金融市场,提升中国金融服务现代化的质量具有不可估量的作用。

一、大数据对中国金融的影响

近30多年以来,尽管中国资本市场在不断成长发展,但总体来

---

① 2015年参加台北诺贝尔大师论坛演讲稿。

看，商业银行依然是中国金融业的主体。近10多年来，依赖于中国经济的投资驱动方式，商业银行的利润一直保持两位数的增长，信贷规模也膨胀到了百万亿元之上。但在这种繁华的表象下，商业银行的服务广度并没有得到有效拓展，无论银行大小，更多都关注精英客户和大企业，小企业、普通居民享受的金融服务受到很大限制。以小微企业为例，有近九成无法从传统银行渠道获得信贷支持。这种信贷融资的二元结构化，已经日益受到市场的质疑。

自2013年以来，中国步入经济新常态，商业银行开始面临规模增速放缓、利润增速回落、不良贷款集中暴露、客户需求多元化等多重经营难题。即使商业银行依然想坚持原有的发展路线，也已经缺乏市场环境的支持，商业银行甚至不得不开始消化过去只重视大企业、大资金融资产生的后遗症。

与此同时，大数据技术的兴起，迅速对商业零售、物流、医药、文化产业等行业产生了冲击，并逐步向金融业扩展。第三方支付、P2P、网贷、众筹、余额宝等互联网金融的迅速发展，使商业银行感受到了前所未有的压力。

这些因素综合的结果，就使得商业银行无论愿意与否，都不可避免地面临大数据金融的碰撞。

二、大数据金融的关键价值

所谓“大数据金融”就是依赖于大数据的理念和技术，打破传统的信息壁垒以及客户关系，重新构建新型的商业模式从事信用中介、资金中介和风险中介的活动。大数据金融的核心是数据积累技术、数据处理方法和利用数据对客户的信用评估应用。与传统金融模式比较，在思维模式、盈利模式、风险管理模式方面都有重大突破。一般来说，它至少具有以下四大特征（如图6－1所示）：自动化的风险管理、普惠金融、金融生活化以及精准化个性化定价。

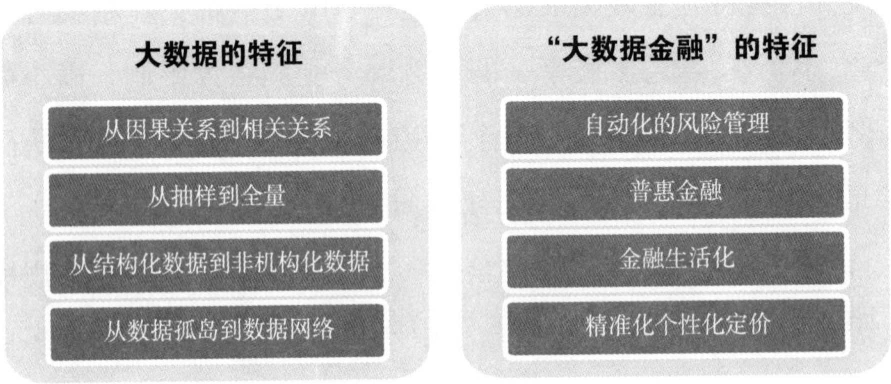

图6－1　大数据与“大数据金融”的特征

在大数据金融时代，以往传统的或跨界的金融机构可以集合海量的结构化与非结构化数据，通过对其进行实时分析，获得更为完整的客户全貌，分析和挖掘客户的交易和消费习惯，并准确预测客户行为，结合传统金融服务，开展资金融通、创新金融服务。在大数据浪潮的影响和冲击下，众多金融机构纷纷布局，越来越多的传统银行通过整合数据资源，提升数据分析效率，助力业务转型、创新和发展，提高精细化营销、管理和决策水平。当然，业界不少人还有一个认识，就是大数据也好，互联网也好，是从技术上对传统金融的一个补充，只是使传统的金融业务效率变得更高。但从实践发展情况看，大数据对金融业的改变是全方位的，正在且即将产生革命性的影响。我们已经在实践中可以看到，大数据金融改变了传统金融服务的供给和需求结构，解决了长期以来市场存在的“金融压抑”，大幅扩展了金融服务供给的范围；大数据金融打破了金融服务业的边界，传统上由于存在严格的监管，金融服务流程与生产、交易流程被严格分割，大数据技术的出现,一方面使服务的边界在技术上被打通,另一方面依托海量的数据更容易洞察客户的全面需求,为客户提供“一站式”全面服务;大数据金融改变了金融业传统的信用理念,以专业信用评估、抵押和客户经理监控为主的信用风险管理,正在回归真正的“信用”本质,在大数据背景下,客户的一举一动都被数据化,可以被银行获取和分析,通过数据对客户真实信用状况进行判断;大数据金融还对银行传统的“信用中介”的商业模式造成了巨大冲击,在信息足够充分的条件下,市场对资金风险、期限、价格等判断能力变得更加透明,资金供需双方越来越脱离传统银行体系进行交易,以众筹、P2P 为代表的商业模式发展迅速,使客户精准定价成为可能。

首先,基于大数据的金融科技可实现更高级的风险管理。在大数据金融技术,大幅降低信息不对称性,管理理念和工具也将随之调整。对客户的评价将是全方位、立体的、活生生的,而不再是一个抽象的、模糊的对客户画像。基于数据挖掘的客户画像将成为风险管理的主要手段,动态、实时的监测而非事后的回顾式评价将成为风险管理的常态性内容。

在风险管理的工具上,以客户提供信息和客户经理实地走访为主要内容的风险管理方式,将逐渐变成以主动采集客户信息,实时监测和预测客户风险为手段的管理方式。事前、事中、事后的三层级风险管理流程也将很大程度上通过计量模型实现自动化的识别和跟踪。

其次,普惠金融服务长尾客户。经过上百年的发展和演进,传统金融业,尤其是银行业已经形成了一整套高度专业化和严密的经营管理和服务体系,其问题并不在于不够先进,而是其擅长的领域局限在了资金密集型业务，[①]而不大愿意从事劳动密集型业务，[②]由此表现出来的“嫌贫爱富”逐渐与社会追求平等化的格局不相适应。

与传统金融服务偏向“二八定律”里的20%客户不同，大数据金融使得争取到剩余80%的“长尾”客户成为可能。这些“长尾”客户的金融需求既小额又个性化，在传统金融体系中往往难以得到满足，而大数据金融在服务小微客户方面有着天然优势，可高效率地服务客户个性化需求。首先，大数据的积累使得金融机构通过全面分析商业银行内部数据和外部的社会化数据，精确地描绘出客户的性格、偏好、意愿，精准定位不同客户群体的真实需求和潜在需求，这是批量实现较高水准的个性化客户服务的基础。其次，大数据金融的许多流程和动作都在线上发起和完成，有些动作是自动实现的。在合适的时间，合适的地点，把合适的产品以合适的方式提供给合适的消费者，企业交易成本也会大幅降低。另外重要的一点，在传统金融业通过人工录入等方式获得数据的代价太高，而大数据金融的数据体系是开放的，能够以较低成本从其他途径批量获取外部数据，这些都使大数据金融高效地服务长尾客户成为可能。

举个例子，在大数据金融体系中，银行可以一定程度上解决风险管理中的信息不对称并降低因此带来的成本。相较于传统的财务报表数据，企业类客户尤其是中小型企业客户的交易行为数据、舆情数据甚至企业主的行为数据，可以更加及时、真实地反映企业潜在的风险。银行将这些数据转化为金融属性数据，能够在贷后实现更为准确的风险预警，也可以通过搭建自动审批和授信模型，在贷前实现快速、

---

① 对大企业、大客户开展的大资金业务，也就是社会上通常说的“垒大户”“傍大户”。

② 需要投入大量人力的金融业务，主要是小微企业、一般社会公众的小额金融服务。

低成本、大批量的客户筛选,使服务“草根”客户成为可能。

再次,大数据拓展了金融的服务边界。传统的金融服务与客户日常的生活、消费和社交是相对独立的,而在大数据金融时代,金融与消费跟社交场景已经非常地紧密了,像余额宝和以微信支付为代表的互联网金融产品与客户的生活场景结合是非常紧密的,金融产品边界变得非常模糊了。

对于传统的金融机构来讲,由于缺少能够反映客户生活、消费行为的数据,数据应用多局限于存、贷、汇等核心业务的结构化数据,其仅能从一定程度上反映客户与银行业务相关的金融行为,而能够体现客户生活习惯、消费倾向的大量行为数据资源并没有得到充分挖掘。借助于大数据思维和大数据技术,这些金融机构可以通过整合外部数据,了解客户在各种生活场景中的金融需求,通过客户的视角来营造一个“衣、食、住、行”一体化的金融生态圈,让金融产品和服务融入客户生活的方方面面,与客户之间形成稳定、长达一生的关系。

最后,基于单一客户的精准定价。数据资源共享是大数据时代的必然选择,在这种模式下,金融机构获取客户信息的方式就不仅限于自身创建的渠道和触角,而是可以通过数据的互联互通,以及单一客户识别,从而更加全面和细致的了解客户的所有信息。全方位的信息将彻底改变以往以产品维度进行定价的方式,逐渐演变成以细分客户群为主体的定价方式,最终实现以单一客户为主体的精准化、个性化定价。也就是说,对客户的定价不仅会基于客户的财务数据,还款能力,还会包括客户的信誉程度,其社交或者供应链网络,甚至是客户的影响力范围。

三、大数据金融产生新的商业模式

从过去几年互联网企业跨界金融的过程中,我们不难看出大数据金融已经成为金融业发展的一种十分有益的补充,由此萌生出的新商业金融模式,新的细分行业,新的竞争业态,都对完善中国金融体系格局大有裨益。

(一)有助于拓展商业银行信息收集和应用效率

传统商业银行具有两项基本功能:资金媒介与信息媒介。银行作为资金媒介可通过专有技术实现规模经济,降低资金融通交易成本;作为信息媒介可以运用专门信息处理能力,解决资金借贷方之间因信息不对称引发的逆向选择和道德风险。在传统商业银行主导的融资模式下,银行是社会经济信息收集中心,企业需向银行提供信息,以此获得信用。

但在大数据时代,银行将不再自然而然地成为经济关系的信息中心,区块链搜索引擎、社交网络、物联网、移动互联网、云计算、大数据等新兴信息技术改变了传统的信息产生、加工、传播利用的方式,特别是基于互联网技术和移动支付技术的网络金融打破了信息不对称和物理区域壁垒,通过信息流、数据流引导各类资源的充分有效分配,甚至资金供求双方可通过网络直接获取信息并参与交易,促使传统的生产关系发生变革,形成了联网机构相对平等的关系。这为商业银行信息收集工作提供了新的方式,商业银行将改变过去自然的、被动的社会经济信息收集中心角色,以开放的方式与客户平等交流,主动收集客户信息。比如,银行通过建立或者借助电商平台实现客户信息流、物流、资金流的“三流合一”,对收集的非结构化客户信息与数据仓库中的结构化客户信息进行整合分析，形成完整的客户拼图，从而对客户更加全面和深入的理解，建立客户信用评价和风险管理，完成信息中介功能。而其他的金融参与者只要有能力掌握独有的信息流、数据流，他们就能够在新的金融格局中分到一杯羹。

（二）更细粒度的客户认知带来新的商业模式

除了客户信息收集参与者的多样化，对客户信息收集的广度和深度也前所未有。在对客户家庭、生活、行为轨迹、事业发展等全方位深层次的了解下，客户的金融需求被深度地发掘甚至是激发出来。由此带来的潜在市场将远远超过金融业原本的认知。

新的市场必然造就新的模式。大数据金融在带来金融服务、产品创新以及用户体验的改善的同时，还将创造新的业务处理和经营管理模式，给金融服务提供商的组织结构、数据需求与管理、用户特征、产品创新力来源、信用和风险特征等方面带来积极影响。由于这种新的商业模式是基于中国市场条件和中国13亿客户的数据，使得这些创新将带有明显的中国创造元素，从而使得中国金融业形成自己独有的商业方法专利成为可能。

（三）大数据金融将促使中国金融体系进一步完善

传统金融的“同质化”使中国金融体系并不完整，改革完善金融体系已经成为社会共识。虽然中国金融市场化改革的方向已经确立，但是改革的过程却异常艰难，因为对固有的金融体系进行改革，阻力大、风险高。而大数据金融的到来，却让中国金融改革看到了新的方向，在现有金融改革乏力的情况下，增量改革是最佳选择。大数据金融就像一条市场的鲶鱼，打破了商业银行既有的利益格局，随着市场参与者的不断增加，客户需求的不断提高，金融行业的竞争压力也会逐步加大,如此循环往复,将逐渐形成新的竞争格局。虽然大数据金融快速发展和监管套利的行为引发了很多监管难题,但是目前决策层和监管层对金融创新包容和鼓励的态度是基本明确的。大数据金融极有可能成为金融改革的抓手,有助于中国金融体系的进一步完善。

四、大数据金融——中国商业银行转型路径选择

大数据金融客观上加剧了银行业市场竞争的同时,也为商业银行的创新发展打开了另外一扇大门。商业银行在发展大数据融资业务的过程中,由于制度和游戏规则的不同,境内商业银行基本上不太可能照搬照抄境外银行的模式,也不可能去仿造电商金融的路径。商业银行开展大数据金融业务需要探索一条新路径。

(一)商业银行开展大数据金融,可与电商金融形成专业分工

商业银行的传统优势是长期积累的专业管理水平、人才和客户资源,持续的数据积累和金融安全的良好口碑。劣势是管理制度体系固化,难以适应互联网金融快速变化的要求;内部协调难度高,协同速度慢;劳动力成本高等。虽然在传统商业银行的模式下,相互的快速跟进是一种惯例,也是这种惯例导致了商业银行之间的同质化水平极高。但是在新的形势下,跟随电商的脚步重复已有的产品和平台,显然并不是明智之举。因为银行与电商或者互联网公司之间本身就有着不一样的血脉。商业银行应该利用自己的优势走出自己的路。

(二)立足现有客户,提高客户忠诚度,创造极致的客户体验

商业银行目前已有客户群体已经非常庞大,但是与客户的接触点过于单一,存贷款、支付结算仍然是其主要的业务范围,这也局限了我们从客户身上获取的信息。但是大数据金融给商业银行创造了全方

位了解客户的机会,如果能够很好地利用这些信息,在风险管理的工具不断丰富的情况下,商业银行完全有能力占据资金流动过程中最专业也是最具价值的环节。此外,充分的增加与客户的接触点也非常的关键,虽然说数据共享在一定程度上可以解决行为数据缺失的问题,但是客户的行为习惯已经在改变,方便、快捷成为共同的选择。是以合作的方式,抑或是自造平台的方式,最终的目的都是需要搭建其与客户的金融生活闭环。

(三)发现新市场、新机会,找到业务发展的新蓝海

2014 年,中国 GDP 首次突破 10 万亿美元,人均 GDP 达到 7500 余美元,同期,美国 GDP 为 17.4 万亿美元,人均 GDP 为 53,000 余美元。目前,中国的人均 GDP 仅为美国 1/7,未来,试想,中国的人均 GDP 能够达到美国现在的人均水平或者是美国现在人均 GDP 的一半水平,中国经济的发展仍然具备相当广阔的发展空间。据统计,2011 年中国具有法人资格的中小企业 1000 多万户,占全国企业总数的 99%。全国工商联调查显示,规模以下的小企业 90% 没有与金融机构发生任何借贷关系,小微企业 95% 没有与金融机构发生任何借贷关系。国际经验显示,国内银行若能借助大数据为小微企业贷款提供重要技术保障,创新贷款流程及风险管理工具,拓展客户基础,新的盈利增长点的空间将不容小觑。

在“大众创业、万众创新”的时代,这些没有与金融机构发生借贷关系的庞大的小微企业群体中潜藏着多少未来的苹果、华为。如果用传统商业银行的经营模式是难以挖掘的,通过大数据分析,从中挖掘出大量潜在的优质小微企业,及早介入,助力企业发展,实现银企双赢。

(四)打造大数据核心技术,树立专利标准

基于大数据创造的新的交易模式、大数据采集处理和分析技术都将成为中国银行业的核心竞争能力。以往,中国银行业往往是国际金融规则的被动接受者,参与规则制定的话语权虽然逐渐扩大,但仍没有很大优势。中国商业银行和一些大型互联网企业在大数据金融实践方面已经走在了国际前列,要利用这一优势,整合相关技术,上升为专利,并利用专利优势改变国际金融行业流程,形成新的行业标准,切实提升中国银行业的核心竞争能力。

金融创新与金融知识产权[①]

人类进入信息时代后,知识产权已成为国家发展的重要手段。为增强国力、促进经济社会协调快速发展,各国都高度重视知识产权的创造和运用。由于金融业与信息产业的发展密切相关,在信息革命和经济全球化的演进过程中,占有、配置、创造和运用知识或智力资源,已经成为银行业赖以生存的基础。知识产权已成为未来金融竞争的重要战略储备,甚至是战术工具。银行自身竞争力的增强及银行业的改革开放都离不开金融创新,而不论是业务技术方面的创新、金融产品的创新还是结合硬件技术的商业方法类的创新,又都离不开知识产权的保护——以确保因创新的独占性给银行和银行业带来的竞争力。

从党的十六大提出"完善知识产权保护制度"到十七大明确提出"实施知识产权战略",可以看到中国知识产权工作的不断深化。而在这5年间,银行业的知识产权保护工作也进入了快速发展期。要实施国家知识产权战略,对银行业机构来说,需要深化知识产权保护意识,制定自身的知识产权战略;对企业,特别是高新技术企业融资来说,重要的是利用知识产权担保融资问题。这都需要一个完善的知识产权保护体系,以政府部门为导向支持创新,引导银行业机构在转型

---

① 2008年深圳中国知识产权战略与资产评估论坛参会材料。

期间将知识产权工作结合到整体发展战略中去,而企业也能在更完善的市场评估体系中更多地发现自主知识产权的价值。

一、商业银行知识产权保护的进展

1985~1997 年,在中国金融机构改革之前,中国所有银行业机构的每年专利申请数量和授权的数量都只有个位数。从 1985 年至 2007 年 9 月,申请人为银行业机构的专利申请数为 443 项,其中大部分是在 1998 年之后申请的专利。从 2001 年开始,国内中资银行业金融机构知识产权保护状况发生了质的飞跃,特别是 2004 年后专利申请数量大幅上升,每年中资银行业机构的专利申请数量都保持在 100 件以上。2005 年之后中国银行业机构各类知识产权保护都进入了快速成长期。大中型银行也开始注重在海外主要国家的知识产权保护,为将来的对外发展做好铺垫。

目前从整体上看,中国商业银行知识产权保护发展程度与银行规模存在递增关系,大中型商业银行知识产权保护起步早、发展快、投入多、保护较完善,中小型的股份制商业银行和大部分城市商业银行在知识产权保护方面起步较晚,知识产权保护比较薄弱。

银行业机构商业方法类专利的授权也在 2005 年成功实现了突破。在银行业监管机构的指导和推动下,兴业银行于 2003 年 12 月 29 日申请的"实现不间断服务的数据处理方法和系统"专利于 2005 年 7 月 13 日获得国家知识产权局授权(专利号:ZL200310116036.8)。由此,兴业银行成为第一家以业务系统和方法作为专利客体并获得中国国家发明专利授权的国内商业银行。民生银行申请的发明专利"计算机键盘信息干扰实现密码保护的方法"于 2007 年 10 月 24 日获得国家知识产权局授权；实用新型专利"移动理财装置"于2007年10月3日获得国家知识产权局授权。在获得这两项专利授权的同时，民生银行借此正式制定了该行的知识产权战略，并且该知识产权战略已列入民生银行总体发展的首个五年规划。

除此之外，银行业监管机构在近年的监管工作中对知识产权保护给予了充分关注，并在相关监管法规和政策文件中多次强调知识产权的管理和保护。先后发布了与知识产权相关的办法和指引：《电子银行业务管理办法》《银行业金融机构信息系统风险管理指引》和《商业银行金融创新指引》。

在知识产权融资方面，2007年6月发布《银行开展小企业授信工作指导意见》，放宽了抵质押品范围，鼓励银行可开展商标专用权、专利权、著作权等知识产权中的财产权质押。这一规定对科技创新型小企业融资来说，具有重要的意义，由此改变了科技型小企业银行融资的整体环境，为有效缓解中小企业的融资"瓶颈"提供了良好的市场渠道。在该项业务中，资金投向主要为生物医药业、材料制造业、环保节能、奥运经济等行业，其中，高科技中小企业为主要客户。该项业务的推出及其发展和深化，对实施国家知识产权战略，提升市场整体的知识产权环境打下了一个良好的基础。商业银行通过开展这项业务，不仅仅是为企业提供了融资，更是向市场和社会提供了一种价值取向：立足于本国的市场实际，金融业务创新和知识产权保护的良性结合，不仅有利于银行业的发展，而且还有利于社会科技水平的进步，有利于一国社会生产力的提高。

二、银行业机构知识产权急需研究解决的问题

随着中资银行走出去的步伐加快、跨国电子银行业业务的发展，

中国银行卷入专利纠纷的风险将继续增大。我们要认识到中国银行业机构由于起步晚、经验缺乏,在认识、制度建设、技术和人才等方面还存在诸多问题,急需引起更大关注,并采取切实措施加以解决。

(一)金融创新和知识产权保护意识不够,动力不足

目前中国中资商业银行对知识产权保护的认识程度参差不齐,大中型银行和发展历史较长的银行知识产权保护的意识较强,规模较小银行和发展历史不太长的银行由于自身技术、商誉等积累不多,对知识产权保护于自身发展的战略意义认识还不够深入,还没有形成足够的保护意识,有的甚至还缺乏基本的认识。由于外资银行才刚刚开始在中国境内谋篇布局,而国内的银行业知识产权保护也才刚刚兴起,相关风险还处于潜伏期,很多中资银行尚未感受到知识产权保护不力的切肤之痛,没有立即加强知识产权保护的足够动力,采取观望态度的较多。

(二)银行业金融机构缺乏知识产权整体战略

目前很多中资商业银行尚未就知识产权保护建立专门的管理制度,部分已经建立专门管理制度的银行,相关制度也多处于试行阶段,有待健全。这导致一些银行在知识产权保护方面缺乏整体考虑,把握不好知识产权保护的成本和收益,造成周期不匹配,导致成本的浪费。银行机构的知识产权保护工作与机构整体发展战略没有很好地整合,很多机构还没有知识产权方面的战略,也影响了银行业知识产权保护的发展。

(三)金融产品档次和技术含量不高

目前中资商业银行专利申请主要集中在“实用新型”“外观专利”等方面,而金融服务产品发明专利甚少,这导致境内中资商业银行的

专利保护整体技术含量偏低。这主要体现在两个方面：第一，国内金融专利中发明专利比重偏低。数据显示，国内发明专利在三种专利中所占比重仅为32%，而国外的发明专利比重占到83%。第二，国内发明专利的授权比率低。就核心层面的涉及商业方法的发明专利授权数字来看，国内的授权率仅为8.7%，而国外在这类专利上的授权比例高达20.6%，中外差距显著。

（四）专业人才缺乏，创新能力受约束

银行业专利保护是一项专业性较强的工作，从产品研发到专利申请，再到最终获得授权，不仅过程耗时较长，中间所经历的程序也较复杂，需要投入大量专业知识和物力支持，特别是在人力资源配备方面要求较高。但是，目前中国银行业尚缺乏一批既熟悉银行业务、通晓计算机技术且懂法律、可以专门从事该项工作的专业人才。

（五）知识产权难以转化为实际生产力

虽然近年来银行业机构知识产权申请和授权数量都有快速增长，但是转化为实际生产力的比例并不高。一是由于银行业机构知识产权管理体系不完善，对通过商业化运作自主知识产权以创造更高价值没有太多经验；二是知识产权交易的市场化程度低，缺乏完整的服务模式和交易平台，使得银行业机构难以发现其他机构有价值的知识产权。并且在现有环境下，知识产权转化过程中的成本、各类风险都不少，使得知识产权的交易和转化缺乏动力。

三、银行转型期间业务创新中的知识产权保护

（一）银行业务需要战略转型

中国商业银行经过近年的财务重组、股份制改造、引进战略投资

者等措施，目前中国银行业的改革已经进入攻坚阶段，商业银行能否成功实现战略转型，转变成为具备核心竞争力的现代商业银行是这一阶段改革能否成功的关键。在商业银行的管理转型、业务转型中，商业银行必须要进行流程银行改造，改善公司治理和风险管理机制，并在业务方面改变过去集中竞争大客户和业务同质化的问题。业务转型要求商业银行大力发展和逐步规范小企业金融服务、个人零售银行服务和有特色的理财服务，以培养自身的核心竞争力，拓展利润空间。在上述新型金融服务中，传统的业务服务模式和业务品种得让位于以信息技术为依托的新业务和新服务模式，包括银行卡、电子票据、电子银行、委托理财、资产证券化、衍生品交易等业务。对商业银行来说，谁直接拥有和掌握了信息技术，谁就有可能在未来日益激烈的商业竞争中成功实现战略转型，占据主导地位。而知识产权作为信息技术保护的主要法律手段，对于信息技术在金融业的开发应用起着至关重要的作用，在很大程度上决定了商业银行未来发展核心竞争力的高低。

当然，中国的商业银行在现阶段面临的是改革和发展的双重任务，既要改变旧体制下的陈旧管理模式和业务服务方式，也要在经济金融全球化和信息化的环境下进行创新，在知识产权保护问题上就需要鉴别推出的新措施和新业务是否真正属于金融创新。创新的成果需要采取保护措施，而对不具备创新意义的产品、服务，或其他银行、企业已有智力成果的利用，则需认真考虑知识产权保护的成本和收益问题，有的甚至还要考虑是否侵犯他人知识产权的问题。为什么这么说呢？这是因为有的银行对目前战略转型的理解有偏差，将其简单理解为利润来源多元化，单纯追求非利息收入的增长，在中间业务、个人业务领域相互模仿，竞相压价竞争。这样导致的后果是，模仿性的产品多，原创性产品少，技术含量不高，尽管银行业务种类发生了变化，但业务同质化的局面没有根本改观，利润也无法得到实质提升。当然，这种竞争也谈不上尊重知识产权，保护知识产权，更谈不上开发具备创新意义的自主知识产权。

（二）银行转型期间企业的知识产权转化问题

银行自身业务的战略转型是一个问题，另一个面临的问题是企业知识产权的转化。现阶段虽然银行的业务种类开展均较为全面了，但是中小企业融资的问题相对突出。如何解决转型期间的中小企业融资问题可以借鉴一些国外的经验。例如，美国旧金山的科技银行，需要注意的是那不是一家银行，而是发放高科技贷款的贷款公司，对硅谷发展发挥了重要作用。

转型期间的社会环境问题，比融资的问题更加复杂：比如法规不完善的问题，出问题就互相推脱的道德问题，缺乏信用信息的问题等等。《物权法》的颁布与融资过程中的抵质押问题密切相关，而该法的颁布又涉及其他许多配套法规和规章，这些法规之间的协调一致还需要一个过程。信用制度的问题在转型期间也很突出，在2008年国际金融危机中表现得尤为明显。因此，银行业对违反信用规则的贷款人必须强制按信用规则和标准办事，将违约人不良信用记录在案，并形成信用报告体系网络，要让人们意识到银行的钱不易取。不过在这个信用体系下，还存在整合性及隐私等问题，还要有相应的法律法规来解决。如果法律环境问题、信用信息体系问题解决了，知识产权质押的问题就容易解决了。

四、银行业创新中的知识产权保护问题

金融创新是现代金融市场发展和提高金融机构竞争力的力量源

泉,创新带来的无形资源与有形资产一旦结合就能创造出巨大的效益。实践证明,鼓励金融机构创新的最有效方式是知识产权制度。适当合理的知识产权保护会极大地推动市场主体从事创新的积极性,激发其创新潜能,最终提高创新效率,实现创新目的。

知识和科技相结合使得知识产权成了当前金融竞争的一个战略制高点。发达国家和一些新兴市场经济国家的金融机构不仅在本国投入大量的人力、物力研究和发展金融知识产权,且已将触角延伸到了发展中国家。以中国为例,近年来中国大部分金融类专利的申请人是外资企业,其中又主要集中在外资金融机构和外资 IT 企业。大致估算,银行信息化和电子银行发展的核心技术有 90% 以上都已被国外企业和外资金融机构申请了专利。

更令人忧虑的是,20 世纪 90 年代后期,美国、欧洲、日本、韩国等国家和地区,在知识产权保护方面采取了新举措,允许对"商业方法"授予专利权。"商业方法"是人们在社会经济活动中总结出来的,符合经济发展规律,并为社会所接受且普遍使用的商业活动基本规则和实现方式,对其实施专利保护,其影响非常深远。商业方法专利出现后,外资金融机构基本上都积极参与到此类专利的申请中来,这些国家的机构不仅在国内积极地申请金融类商业方法专利,并且在海外也战略性地对这些专利积极的申请授权。比如美国花旗银行在 1992 年 11 月 12 日至 2000 年 2 月 12 日通过其各个子公司向中国知识产权局共提交了 19 项商业方法专利申请。通过 EPOQUE 检索系统在德温特世界专利索引数据库(WPI)中对这 19 项专利申请进行更加细致的检索,结果发现,在这 19 项专利申请中,有 16 项已经在其他国家获得授权。尤其是,这 19 项专利申请中有 13 项在美国申请了专利,并且已经有12项被授予了专利权。日本的机构(包括非金融机构)在中国申请的金融类专利的数量仅次于美国。这种状况如果长期延续下去，势必会对中国金融业尤其是银行业的未来发展产生全局性和根本性的影响。同时,这些影响并不会立即显现出来,而是逐渐“浮出水面”(因而有人将其称为“潜水艇”式专利),带有较强的隐蔽性,更加需要引起高度警惕。

总体来说,从短期来看,虽然许多商业方法专利已在国外(主要是美国)获得授权,但目前实际应用的并不多,大多数商业方法专利的申请带有“跑马圈地”的性质。中国金融业在知识产权方面的劣势已经非常明显。对于那些被实际投入使用的专利,专利持有人或是出于占领网络“疆界”、扩大使用用户市场等战略性的考虑,在国内一般也没有要求实质意义上的保护,短期内还不会对网络金融业产生直接影响。但从长远来看,随着“方法专利化—专利标准化—标准行业化—行业标准国际化”的发展趋势,中国金融业不可能绕开商业方法专利问题的挑战,商业方法专利的影响带有全局性和系统性的特点,必须引起高度重视。

五、知识产权质押融资面临的现实问题

银行业的知识产权战略不仅应当大力加强金融创新中的知识产权保护,还应当着力于实施中国的知识产权整体战略,为企业的知识产权开发和利用提供融资便利和其他金融服务,提升中国知识产权的整体水平,营造开发知识产权和保护知识产权的良好环境。中国知识产权整体水平的提高,有助于中国信息科技水平的提升,而信息科技的发展对银行业的创新和发展也具有决定性的作用。

在中国整体信用状况不佳的环境下,商业银行出于风险控制的需要,在融资业务中注重财产担保,尤其是不动产等有形财产的担保。而对很多企业来说,无形财产是其财产的一个重要组成部分,这从无形财产在上市企业融资和价值评估中发挥的作用可以体现出来。但是,过去企业无形资产的价值在银行融资市场上发挥的作用还远远不够充分,商业银行很少接受无形资产作为发放贷款的担保。对于在创建中国科技型和创新型社会中发挥重要作用的高新技术企业来说,充分发挥无形资产的价值显得更为重要,因为这些企业多是处于创业阶段的中小型企业,有形财产积累不多,其拥有的知识产权和商业秘密等智力成果在其资产中占有重要的比例。创业型企业对融资的需求旺盛,银行如果能接受其知识产权作为担保物发放贷款,就能充分发挥其无形财产的融资功能,并有助于其利用银行的输血推广其智力成果的实际应用,或者进一步提升科技成果的层次,形成良性循环。

首先,银行应当充分认识做好此项业务的意义。中国目前的改革开放正处于非常关键的阶段,要成功实现从世界大国向世界强国的转变,依然必须坚持科技立国的基本方针。从该项业务本身来看,可能是解决中小企业的融资需求问题,但从深层次看,却是以解决科技成果转化的资金"瓶颈"问题为激励,鼓励、支持企业自主创新,建设创新型国家的根本性问题。银行业监管机构近年倡导此项业务的着眼点即在于此。我们的银行只有认识到这一深远意义,才能去努力克服现在面临的各种困难,克服具体业务中的畏难情绪,想方设法推动业务的拓展和深入。另外,银行也应当认识到,通过推出此项业务,也可为开展其他创新业务提供经验和借鉴。

其次,要规范业务操作,防范风险。知识产权质押融资业务虽然拓展了银行的业务空间，但相对不动产抵押而言，其风险还是相对较高的。银行应当制定细实的业务流程，严格业务操作程序，有效防范知识产权质押贷款发放过程中的风险。这包括对每笔贷款进行详细的可行性研究，选择符合国家宏观产业政策、技术含量高、市场价值转换易实现的知识产权作为质押物；量体裁衣制定符合本业务特点的审贷程序、放款程序和贷后检查程序，规范操作流程。在贷款前期评估中，应当注意提出综合评估报告，不仅要对知识产权本身进行评估，还应当对借款企业各方面情况进行综合评估，不仅要评估企业的资产状况，还要评估其公司治理、行业地位、信用状况等，以为贷款决策提供全面依据。例如，招商银行决定给电影《集结号》放贷5000万元时，凭的只是电影脚本。招商银行看重的是导演冯小刚本人的信用价值，贷款5000万元没有问题。但是要管控的关键是这笔贷款的用途。招商银行当时认为该影片是有市场价值的，这就涉及实际贷款过程中的知识产权资产评估问题，实际情况中，我们的执法环境使得知识产权资产评估很困难，我们对知识产权保护的严厉程度也不够。我相信，只要严格执行相关的内控制度和风险管理制度，知识产权质押的风险是可控的，银行不应因知识产权风险管理的相对复杂性而忽视此项业务。

最后，要提升开展业务的外部环境。商业银行也反映，在中国目前的制度和市场环境中，还存在很多不利于开展知识产权质押融资业务的因素，既有本项业务特有的不利因素，也有中国中小企业融资共同面临的不利因素。这些不利因素使业务的开展和推广存在不少困难，而且这些困难仅凭商业银行自身是难以改善的，需要由包括相关主管部门在内的多方共同努力来解决。

一是知识产权价值的准确评估难度大，增加了企业的融资成本。由于知识产权的新颖性和独创性，缺乏同类的市场价值参照物，增加了评估的复杂性，影响评估的准确度。银行多采取综合性的方式来为此类融资寻求担保，如要求采用复合担保方式、多家中介机构服务等，大大提高了企业的融资成本。为此，要有意识地培育权威性的知识产权评估机构，规范评估操作规程，为企业提供专业高效的评估服务，降低融资成本。

二是知识产权交易市场不完善，流通变现不易。银行要实现担保权，需要有规范、活跃的知识产权交易市场，在市场流通中将知识产权变现，市场要认可知识产权的价值。美国监管部门不懂复杂的衍生品，出了问题。这就需要市场来制约和评估，如果存在一个完善的市场交易平台，银企就能实现双赢。而中国目前的产权交易制度还无法给知识产权搭建顺畅的交易平台，这在很大程度上成了知识产权质押融资的制约因素。为此，应当有计划地逐步建立全国统一的知识产权交易市场，并制定相应的交易规则。

三是借款人征信体系不完善，银行很难掌握小企业的资信状况。知识产权质押物变现的方式和变现价值在很大程度上依赖于借款企业自身的信用状况和行业特征，因此该项业务对企业及其投资人的资信状况等信用信息的要求更高。但是，由于中国目前的征信体系刚刚开始建立，还远远无法满足银行开展此项业务的要求，再加上中国小企业普遍信用程度不高，制约了知识产权质押业务的顺利发展。这个问题需要多方的努力来逐步解决。

四是中国目前的制度环境和执法环境不利于银行实现担保权。该问题与上一个问题一样，是所有银行融资业务中面临的一个普遍问题,也需要在发展中逐步解决。

在提升内部管理和外部环境的过程中,知识产权主管部门和银行业监管部门的作用尤为重要。银行业监管部门在风险监管、窗口指导和行业形势分析等方面可以发挥重要作用,要明确给中小企业贷款的政治取向。银行还要有社会责任感,比如 HSBC 对贫困地区 4000 万美元的救助,银行对受灾地区、对贫困地区降低标准发放贷款等,对中小企业的发展也要给予平等的金融服务。而知识产权主管部门可以在市场构建、中介机构培育和规范市场行为等方面提供有力支持。另外,这两个部门在相关制度改进的综合协调方面也应当发挥积极的作用,共同推进中国知识产权战略的有效实施,鼓励银行业的金融创新。

只有市场、信用、法律环境三者得到很好的解决,在部分人的带领下,加上政策推动以及银行和企业等各方的继续努力,知识产权交易市场的发展和知识产权质押融资问题才能得以解决,才能真正实现银企双赢,实现多方共赢。

监管数理导向及其反思[①]

回顾近10年来的银行业监管，可以清晰地看出“政策国际化”和“发展数字化”一直是银行监管的两条主线。

所谓“政策国际化”是指我们的监管政策一直在力求与巴塞尔委员会和英美国家的监管政策变化“同呼吸，共跳动”，甚至在部分巴塞尔相关协议和规则实施方面，经常处于世界前列。政策国际化本身本无可厚非，但是如果我们不是立足于中国银行业的现实发展阶段和背景，不是在真正领会国际金融变革的内在逻辑、金融创新和银行竞争力精髓的基础上实施政策国际化，只求“形似”，国际化就会演变成发展的数字化：用发达国家商业银行的部分数字指标，而不是可以构成竞争力的品质指标作为中国银行业的发展目标，迫使商业银行的经营管理只是围绕着追求数字化指标的增长而动，反而忽视了那些能够真正保障银行长远发展和安全的品质属性，如依法合规、社会责任、客户忠诚等。其结果在短期内会表现为市场的“数字疲劳”，即投资者不再会因为可观的数据和排名对上市银行产生投资热情，从长期来看，还有可能加大中国银行业的不适应和风险波动，甚至危及银行业和金融体系的安全。

---

① 2013年仲冬成稿于北京。

第一,银行业数字化增长的可持续问题日益加重。

在政策国际化衍生出来的数字指标中,资本充足率无疑是银行监管和商业银行管理的最重要指标之一。提高资本充足率对于保证商业银行稳健安全运营的意义毋庸置疑,但如果脱离一国实际,盲目追求资本充足率的增长,就反而可能会损害银行体系的安全性。

要使资本充足率获得提高,要么扩大分子,补充资本,要么缩小分母,降低风险资产规模,或者二者并进。由于欧美国家的银行所有者一般不愿意稀释自己的股份,商业银行更多的是通过金融创新和多元化经营的办法,减少所持有资产的风险头寸,进而保持了比较高的资本充足率。中国商业银行的金融创新还处在非常简单的阶段,一些降低所持资产风险头寸的金融工具不仅不发达,甚至尚未得到监管部门的理解,在现实中银行提高资本充足率的主要甚至唯一办法,就是不断增加资本。在这种情况下,如果我们盲目地向“国际先进银行”看齐,甚至要求银行业领先于世界,最终就会使我们整个银行业陷入“数字化陷阱”之中。

以银行贷款的资本要求为例,近 3 年来银行年均新增贷款超过 8 万亿元,按照《巴塞尔协议Ⅲ》的资本要求简单计算,每年所需新增资本超过 8000 亿元,这些资本从何而来?正规的途径主要有三:股票市场增资扩股、银行利润留成和在银行间市场发行所谓次级债与混合资本工具。即使我们不考虑目前“团团持有”式的次级债和资本工具存在的问题,三者加起来也满足不了银行资本增加的要求。为了实现数字目标,商业银行只好“另想它法”,资本充足率这一指标本身的真实性和严肃性难以保障,甚至这一指标的具体计算都会成为问题。其结果,一个为保证银行经营真实稳健的指标异化成了有损银行真实性、适应性和市场信誉的指标。

第二,国际化数字式监管对金融市场的干扰不断加大。

由于商业银行是中国社会融资的主导力量,同时已成为中国证券市场中的中坚力量,数字化监管不仅会影响银行业,也会影响整个金融市场。

如前所述,当商业银行只能依靠不断扩张资本实现资本充足率提高时,证券市场就不可避免地要承担起每年商业银行新增资本融资的任务。据不完全统计,2010 年,16 家上市银行中有 14 家完成融资,总共募集资金超过 3413 多亿元,其中直接融资 2763 亿元,占 A 股市场融资额近 30%。如果按照这一态势发展下去,证券市场将很难在保证自身健康发展的基础上承受如此之重。

由于数字化监管侧重的是某一时点的相关数据能否满足监管要求,商业银行在特定的时点对数据的追求就会成为一切工作的中心。鉴于中国商业银行在社会融资中占据绝对地位,为满足监管要求而产生的"冲时点""拉数据"等行为,就不可避免地会加大整个社会融资体系的波动和不稳定。以商业银行的存款为例,稳定的、可信的储蓄存款是商业银行实现"化短为长,变小为大",有效匹配资产的重要条件,但实际上近年来银行存款的波动幅度在不断急剧。2011 年,在季末时点之前银行存款会急剧增长,在季末时点之后又会迅速撤离,前后 30 天内存款波动幅度已经高达 4 万亿元。

为满足"冲时点"的要求,商业银行不惜高息揽存,客观上又会提升这一时期民间融资回报,激励高利贷活动。为了"冲时点",利用理财产品、信托或其他工具获得短期融资的需要,就会压倒科学合理发展这些业务的理性安排,导致理财市场和信托市场的混乱。当商业银行这种非必要、非市场化、非理性的行为成为一种周期性的惯例时，整个金融市场的稳定性和安全性就会受到很大影响。

第三，监管有效性的虚置。

在“数字为纲”的监管理念下，亮丽的数字不仅是商业银行的需要，也会成为监管业绩的重要衡量指标。监管者和被监管者在数字利益上的一致性，必然使得监管者对于被监管者在谋求数字过程中的诸多行为保持最大的宽容，其结果就是监管质量和监管有效性的下降。

近两年社会各界对地方融资平台贷款的关注，其重点并不在于贷款本身（实际上这类贷款一直存在），而是这些平台贷款背后体现出来的监管机构对银行违规行为的纵容和商业银行为追求数字业绩表现出来的非理性行为模式，以及由此引发的银行监管与银行经营道德风险的加剧。历史经验证明，银行业道德风险不断上升的结果一定会导致银行贷款的损失。按照目前中国商业银行的总资产和总资本规模，只要银行坏账损失超过了资产的6%，银行业就又会陷入“技术上破产”的窘境。

监管虚置或不作为不仅会直接导致监管质量的下降，而且会导致监管文化的扭曲和寻租活动的上升。其直接表现就是监管的随意性、个人化会取代监管的有序性和系统化，非专业化手段会取代专业化技术，然后是专业人员的流失和监管队伍整体素质的下降。这种现象在商业银行理财业务中体现的十分明显：6年来理财市场高速增长，理财产品存量高达3万亿元以上，部分银行的违规行为在所难免，但实际中我们很少能够看见监管部门对银行理财业务违规行为的处罚，更多的是当理财业务不规范达到一定程度后简单“叫停”某一类产品，致使理财业务的监管陷入恶性循环。

后　记

银行转型和法治是当代金融发展的两个至关重要的问题，前者标志着现代金融业随着社会进步和金融创新的“进化”程度，后者决定着金融创新和银行“进化”是否能够在健康有序的道路上循迹。

在布雷顿森林体系解体后，全球信用货币体系形成了经济形态货币化、资本化的演进趋势。随着这一趋势，金融创新不断深化，经济形态和金融生态不断演化，银行业必须进化和转型，才能在新的生态中持续发展。当今世界，新技术变革风起云涌，数字时代触手可及，未来已来。这一次金融与科技的融合呈现出了不同于以往的更多交叉性、复杂性和多样性特征。金融业出现了更多新产品、新模式、新业态。金融科技推动全球产业结构、生产工具、劳动者素质等生产力要素和人们的生产方式、生活方式、思想观念发生新的革命性变化。在2019年夏季瑞士达沃斯论坛演讲时，我曾说过，数字货币 Libra 一旦成功，或将颠覆金融业。因为在我看来，科技正改变货币形态，而货币是金融大厦的拱心石。

金融创新在成就了金融发展和金融市场的繁荣，也蕴含着风险。创新本身没什么不好，不创新会使金融体系失去动力和灵魂，不创新就难以推动金融业的可持续发展。但是，不当金融创新和不受监管的金融创新会带来经济灾难和社会病痛。譬如2008年始发于美国的次贷危机,最终演变成一场席卷全球的金融风暴。危机并非没有征兆,之后大家都认为源头在于美国房贷市场的不当创新。传统金融监管法律法规未能及时对新的金融主客体,以及由此构建而诞生的新的金融交易关系做出调整,因此产生了监管俘获和规避监管,以致基于次级抵押贷款的金融创新造就全球灾难。

对金融创新扬其长避其短,有赖于金融法治的建设与不断改进。法治固然有天然滞后性,金融法治化亦不可能包医百病,但这并不能作为不可知论、无作为的借口。我坚持认为,经济活动之复杂性不能仅靠数学模型计算。数学模型不可能穷尽、推演出复杂的金融活动的所有运行场景。传统经济学中对理性人的推断,也完全没有办法涵盖复杂经济活动中万千参与者各种各样不同的行为。中国金融业健康可持续发展应该坚持在法治化道路上砥砺前行,方得始终。坚持推进法治化也是发展市场经济、实现更高水平发展质量的应有之义。清晰可有效实施的法律规则,良好的法律环境,能够防范、预警、降低金融市场常规性风险,为金融市场稳定运行提供支撑。

近三十年来,我有幸参与了金融监管规则和政策制定。在《商业银行法》《人民银行法》《中国银行业监管法》及一系列金融监管规则制定和修改过程中,我常将对重要法律法规条文的理解、看法、经验借鉴记录下来。继2009年出版的《银行监管与金融创新》《银行监管法律研究》之后,我再次将近十年自己对金融监管的法律框架、法治路径、法治定位,以及自己对房地产金融化、商业银行市场化改革、金融科技发展等重大问题的思考形成的文稿精心挑选,按照学术逻辑进行了重新整合。呈现在读者面前的这本书稿既包含了我对中国银行业如何在新时代成功转型的探索和向往，更包含了我作为一个法律人对实事求是、推进依法治国的追求。

必须特别说明的是，本书出版时对集结出版的文稿进行全面细致的文献检索和诚信压力测试，基本达到原创性思考和研究的标准。本书是二十多年不同时段形成的研究成果，一些成果未公开发表，另一些成果发表前在不同会议和场合曾与参与人分享，部分内容和观点曾被一些报纸、书刊和网络等媒体公开发表的文章引用并形成了事实上的版权。对此，本书公开出版前对照电脑记录和原始纸质文稿进行了细致考证，本着尊重历史和尊重相关制作者劳动的原则作了技术处理。但是对于不便作引注处理和无法替代的文字描述，如法律文告、法学专业经典表述、超过保护期的知识产权（版权）等公共信息和公共资源，未能加注和特别说明。

本书的出版没有占用包括建设银行在内的其他公共的资源，也不代表任何单位的观点。本书的思想、立论都是自己在工作和研究中形成的，文责自负。

本书的付梓得到了家人、同人们的支持与帮助，在此谨表示诚挚感谢。

2019 年 11 月于北京

图书在版编目(CIP)数据

金融创新与秩序 / 黄毅著. -- 北京 : 法律出版社,
2020
ISBN 978-7-5197-4610-0

Ⅰ. ①金… Ⅱ. ①黄… Ⅲ. ①金融法-研究-中国
Ⅳ. ①D922.280.4

中国版本图书馆 CIP 数据核字(2020)第 093872 号

金融创新与秩序
JINRONG CHUANGXIN YU ZHIXU

黄 毅 著

策划编辑 赵明霞 肖 越
责任编辑 赵明霞 肖 越
装帧设计 汪奇峰

出版 法律出版社
总发行 中国法律图书有限公司
经销 新华书店
印刷 固安华明印业有限公司
责任校对 马 丽
责任印制 胡晓雅

编辑统筹 法商分社
开本 787 毫米×1092 毫米 1/16
印张 26.75
字数 278 千
版本 2020 年 8 月第 1 版
印次 2020 年 8 月第 1 次印刷

法律出版社/北京市丰台区莲花池西里 7 号(100073)
网址/www.lawpress.com.cn
投稿邮箱/info@lawpress.com.cn
举报维权邮箱/jbwq@lawpress.com.cn
销售热线/400-660-8393
咨询电话/010-63939796

中国法律图书有限公司/北京市丰台区莲花池西里 7 号(100073)
全国各地中法图分、子公司销售电话:
统一销售客服/400-660-8393/6393
第一法律书店/010-83938432/8433 西安分公司/029-85330678 重庆分公司/023-67453036
上海分公司/021-62071639/1636 深圳分公司/0755-83072995

书号:ISBN 978-7-5197-4610-0
定价:108.00 元